常·春·藤
THE BEST
READING

PICTURES AND DRAWINGS

世界上下五千年

The Power of Reading

总策划/邢 涛　主编/龚 勋

北京日报出版社

世界上下五千年

公元前四千年左右，生活在美索不达米亚的苏美尔人创造了文字，用以记录春种冬藏、部落战争等事情。自此以后，人类踏上了漫漫五千年的历史征程，从原始、落后、孤立、分散的封闭部群，一步步走到了被称为全球一体化时代的今天。

这本《世界上下五千年》以人类历史为主干，取材于历史，又尊重历史，以五千年来的古国文明、社会变迁、政治经济、风云人物、科学进步和地理发现等为多姿多彩的枝蔓，讲述了一个个寓意深刻、精彩鲜活的故事，展现五千年世界风貌；以形象明快的语言描述一个个栩栩如生的历史人物，勾画人类文明发展的轨迹。本书让年轻的朋友们能在紧张的学习和工作之余，轻松地徜徉于历史长廊之中，既了解历史，又拓展见识，更开阔胸襟。

英国著名史学家柯林武德曾说："今天由昨天而来，今天里面就包括有昨天，而昨天里面复有前天，由此上溯以至于远古；过去的历史今天仍然存在着，它并没有死去。"为能纵横驰骋于今日的世界，愿您熟知世界的昨天。

Contents | 目录

世界上下五千年

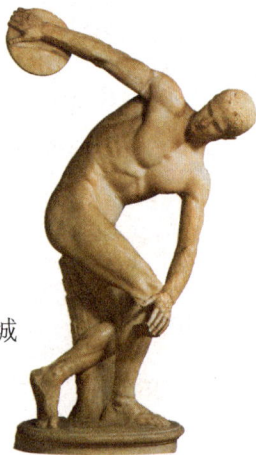

Part 8 第八章
灿烂的世界文明··

5

Part 12 第十二章 现代科技文化‥‥

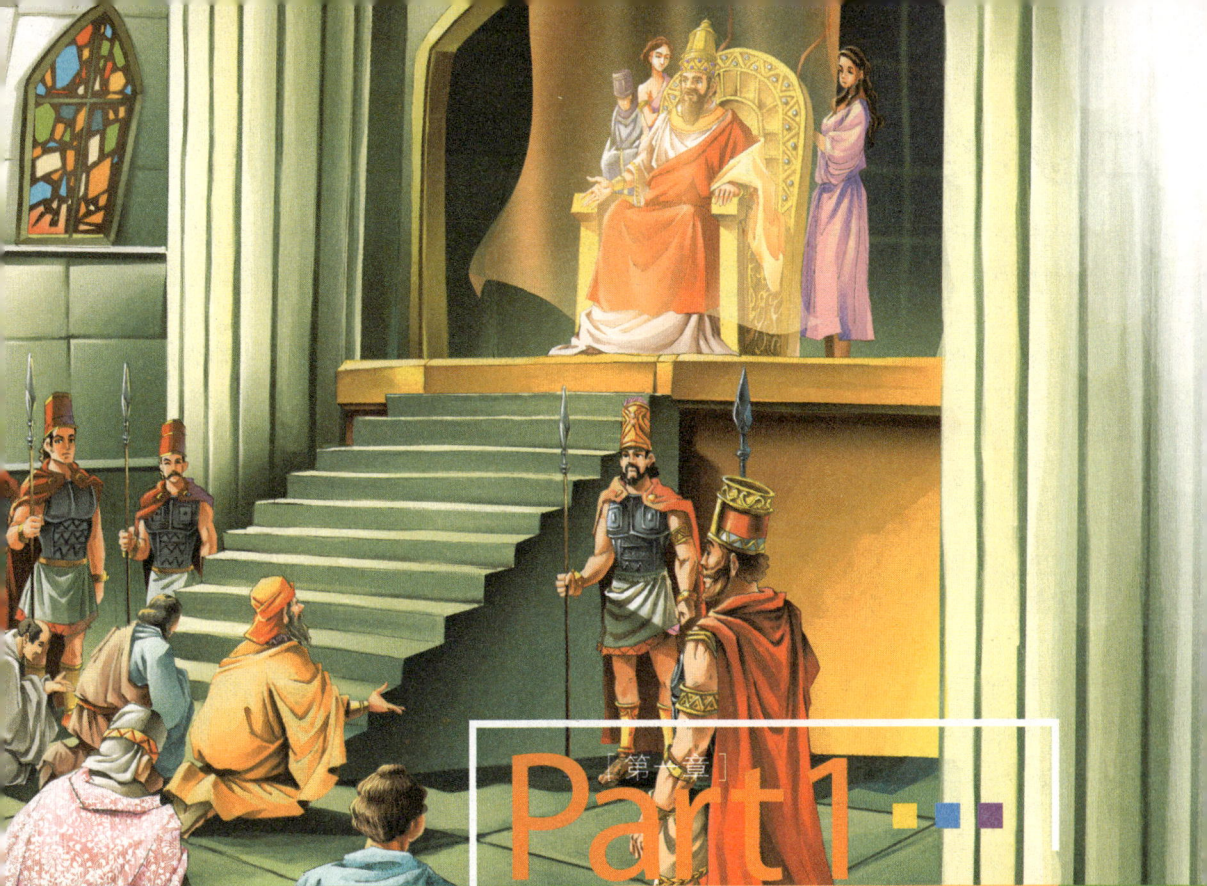

[第一章]

Part1 ···

两河流域文明

西亚的两条大河——幼发拉底河和底格里斯河，发源于土耳其境内，流经伊拉克后进入波斯湾。位于这两条大河之间的美索不达米亚平原，是迄今为止所知道的人类文明最早的发源地。数千年以前，这里兴建了人类第一座城市，诞生了最古老的文字，发明了第一个制陶器的陶轮，制定并实施了人类历史上的第一部法典，制定了第一个七天的周期，第一次阐述了创造世界和大洪水的神话……

□ 苏美尔文明

位于底格里斯河和幼发拉底河之间的两河流域，是世界文明的发源地之一。希腊人称之为"美索不达米亚"，意思是"两河之间的地方"。这一地区的文明过去被称为巴比伦文明或巴比伦—亚述文明。但实际上它的创立者既不是巴比伦人，也不是亚述人，而是更早的苏美尔人。他们大约在公元前4500年时就在两河流域定居了。属于塞姆语系的阿卡德人、巴比伦人、亚述人及迦勒底人，继承和发展了苏美尔人的成就，使两河流域的文明成为人类文明史上重要的一页。

苏美尔人很早就发明了制作陶器的方法。他们制作的陶器主要是彩陶，色彩艳丽。人们常用的生活用具如酒杯、油缸、炉子、灯盏等，几乎全是陶制的。

古代两河流域缺少石料，最主要的建筑材料是黏土。垒墙、盖房、铺路，都使用黏土掺上切碎的麦秸制作的土砖。古代两河流域的城市建筑物都是用这种黏土修建的。苏美尔人还是技艺精湛的金属制品生产者，他们在自己的作坊里生产出了精美的金器、银器和铜器。

苏美尔人的科学成就主要表现在数学和天文方面，他们创造了独特的60进

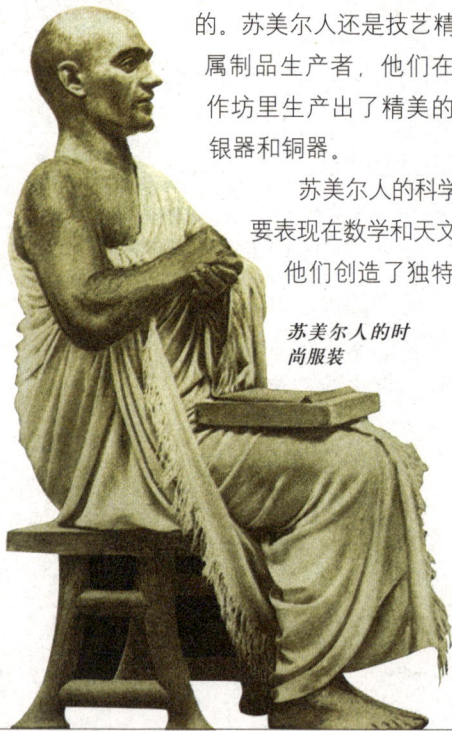

苏美尔人的头盔

位制。我们今天度量时间用的小时、分、秒，以及把圆周均分为360份，都是继承了苏美尔人的计算方法。苏美尔人还根据月亮的盈亏制定了太阴历。他们把两次新月之间的那段时间作为一个月，一年12个月，共354天，而与地球公转一周相差的天数，就用置闰的方法弥补。

在农业方面，虽然两河流域平坦的土地很适合耕种，可雨水很少，所以土地多数时候处于干旱状态。但幼发拉底河和底格里斯河每年都会暴发一次洪水，洪水会浸透干燥的地面。苏美尔人便趁这个时候挖沟掘河，把水储存起来，并引流到田里去。

苏美尔人很早就开始了对外贸易。苏美尔商人常常沿着运河、幼发拉底河和底格里斯河航行，进入波斯湾以及更远的地方。他们与不远万里从西方地中海海岸和印度河流域来的人们做生意。

另外，古代两河流域人民在文化上也有巨大的成就，他们发明了楔形文字，创作了人类第一部史诗，在人类文化宝库中留下了一笔丰厚的遗产。

苏美尔人的时尚服装

苏美尔的金属制品

人类最早的学校

人类最早的学校建于公元前3500年左右的两河流域地区。那时的学校称"埃杜巴"，意思是"泥板书屋"，又可称书吏学校，其办学目的主要是为王室和神庙培养书吏或书记员。学校的课程设置大体分为三类——语言、科技知识以及文学创作。学生首先要学习苏美尔语，以便适应神庙祭祀和宗教活动的需要。除此之外，学生还要学习算术、几何以及其他科学知识，以适应管理土地和商业贸易活动的需要。

□ 奇妙的楔形文字

现代人对古代各国历史的了解，主要靠的是文字记述的资料。世界上最古老的文字除了中国的汉字外，主要还有三种：埃及人在公元前3500年左右就使用的图画式的象形文字、古代苏美尔人和巴比伦人使用的楔形文字、公元前1000多年腓尼基人发明的字母文字。

早在公元前4000年左右，苏美尔人在开发两河流域的同时，就创造了灿烂的苏美尔文明，而最能反映这种文明特征的便是他们的文字——楔形文字。

最早的楔形文字是从右到左直行写的，后来因为书写不便，苏美尔人就把字形侧转90度，改成从左到右的横行。最初，这种文字是象形的。假使要表示复杂的意义，就用两个符号合在一起，例如"天"加"水"就是表示"下雨"，"眼"加"水"就是"哭"等。后来又发展到可以用一个符号代表多种意义，例如"足"又可表示"行走""站立"等，这就是表意符号。再到后来，一个符号也可以表示一个声音，例如"星"这个楔形字，在苏美尔语里发"嗯"音，如果用来表示发音的话，就与原来的"星"这个词的含义没有关系了。只表示发音，这就是表音符号。为了表示有关的楔形字应该是什么意思和发什么音，苏美尔人又发明了部首文字。比如，如果一个人名之前加上一个特殊符号，就表示这是一个男人的名字。

苏美尔人还不懂得造纸。他们就用黏土做成长方形的泥板，用芦苇或木棒削成三角形尖头在上面刻上字，然后把泥板晾干或者

拉格什国王的塑像
雕像的衣服上刻有楔形文字。

用火烤干。这就是后来人们所说的泥板文书。一开始，苏美尔人的泥板是圆形或者角锥形的，不便于书写和存放，后来苏美尔人便将泥板改为方形的。苏美尔人的大部分文字材料

英国楔形文字研究的先驱亨利·克雷齐克·罗林逊。他破译了楔形文字，从而为后来的学者读懂苏美尔语奠定了基础。

都是刻在这种方形泥板上才保存下来的。由于苏美尔人用的是芦秆或木棒做成的、尖头呈三角形的"笔"，落笔处印痕较为深宽，提笔处较为细狭，所以人们就把两河流域的这种古老文字称为楔形文字。

楔形文字后来流传到亚洲西部的许多地方，对西亚许多民族语言文字的形成和发展产生了重要影响，给人类文明做出过重大的贡献。巴比伦王国把这份文化遗产继承了过来，并且有了更大的发展。可是，由于它极为复杂，所以到了公元1世纪就完全消亡了。

这块泥板书是公元前3100年前后制作的。上面记录的内容是33坛油。油是用刻在泥板书上的传统的油坛图案表示的。

苏美尔语

除了使用楔形文字书写外，苏美尔人还有自己的语言，即苏美尔语。苏美尔语是公元前3世纪美索不达米亚南部地区苏美尔人使用的语言，不与现在已知的任何语言相近。

楔形文字

□ 人类第一部史诗

苏美尔人用来祭祀女神的祭品

　　古代两河流域的文学创作是十分丰富的，其中最著名的是《吉尔伽美什》。它是人类历史上的第一部史诗，早在4000多年前就已在苏美尔人中流传，经过千百年的加工提炼，最终在古巴比伦王国时期（约公元前19世纪~前16世纪）用文字形式固定下来，成为一部巨著。

　　这部史诗讲述了英雄吉尔伽美什一生的传奇故事。吉尔伽美什是乌鲁克（今伊拉克南部）国王，半人半神。众神创造了他完美的身躯，并赋予他美貌、智慧、勇敢，使他具有世人无法具有的完美品质。但是吉尔伽美什当上了乌鲁克国王后，性情暴戾，荒淫无度，弄得民不聊生。

　　天神听到百姓的哭诉后，就为吉尔伽美什创造了一个对手恩奇都，让恩奇都去制伏吉尔伽美什。他们俩经过艰苦厮杀后，不分胜负。最后，两人相互敬佩，结成了莫逆之交。他们一起为民造福，如打败嗜血的食人狮、杀死伤害人类的怪物洪巴巴等。吉尔伽美什还拒绝了女神伊什塔尔的求婚，并在恩奇都的帮助下，击毙受女神指派前来报复的天牛。但是恩奇都后来患上致命的疾病，离开了人世。

　　挚友的去世使吉尔伽美什悲痛欲绝，同时也开始对

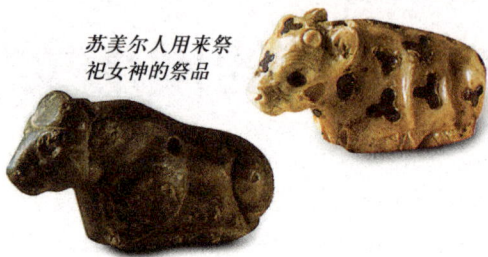

这些泥板叙述了苏美尔的乌鲁克城半神半人的国王吉尔伽美什奇妙的经历。

死亡产生了巨大的恐惧。吉尔伽美什决心到人类的始祖乌特·纳比西丁那里去探寻永生的秘密。他经过长途跋涉，历尽千辛万苦后，终于找到了乌特·纳比西丁。乌特·纳比西丁向他讲述了人类曾经历大洪水的灭绝之灾，但自己一家却因得到神的帮助而获得永生。后来，吉尔伽美什在乌特·纳比西丁的指点下得到了一株可以长生不老的仙草，他决定拿回去救活恩奇都，并与广大的兄弟姐妹共享幸福。可惜这株仙草不幸被盗，吉尔伽美什只得万分沮丧地回到了乌鲁克。最后，在与恩奇都的亡魂对话后，吉尔伽美什才明白人类是不能获得永生的。全诗至此结束。

　　史诗《吉尔伽美什》是两河流域的早期人类留下的文学珍宝。它塑造了一个具有坚韧不拔的战斗精神的英雄形象，反映了古代人民力图探寻自然法则和生死奥秘，以及渴望掌握自己命运的理想。

苏美尔时期的楔形文字泥板叙述了神创造人的故事。

人类早期的文学成就

　　两河流域在文学上的主要成就是谚语、神话和史诗。苏美尔人丰富的谚语有少数被记录在泥板上，其中一些反映了当时人们的思想和社会矛盾，比如，"穷人死掉比活着强"，"想吃肉就没有羊了，有了羊就吃不上肉了"。有的则是生活经验的深刻总结："鞋子是人们的眼睛，行路增长人的见识"，等等。

苏美尔城邦复原图

□ 阿卡德王国的兴起

4000多年前的一天，有一个园丁到幼发拉底河边打水。他刚提了一桶水上来，突然发现河中不远处有一个竹篮，里面隐隐约约还传来婴儿的哭泣声。他好奇地走过去，把竹篮捞起一看，竟然是一个出生不久的小男孩！小孩看到他，立刻停止了哭泣，两只大眼睛还朝他眨呀眨的。他情不自禁地说道："多可爱的孩子，是谁这么狠心将你抛到河里？没关系，我会照顾你的。"园丁没有想到，这个孩子后来竟成了统一苏美尔地区的第一个霸主，他就是后来的阿卡德国王萨尔贡。

萨尔贡从小跟随园丁学习园艺。长大后，他来到苏美尔的基什国王乌尔扎巴巴的花园里当园丁。由于他聪明机敏，服侍周到，深得国王的宠信，成为近臣，专门为国王捧杯递茶。

但是萨尔贡知道自己是被丢在河中的弃儿，一心想改变自己的卑贱地位。当基什国被乌玛国打得一蹶不振的时候，他明白时机到了。萨尔贡发动了一次平民起义，夺取了基什的政权，成为"基什王"。地位巩固之后，他便于公元前2340年建立了一个新的国家——阿卡德王国。

萨尔贡建立了一支由5400人组成的军队，他先后出征34次，击败了乌玛王，用套狗的绳圈把乌玛王拖到神庙前活活烧死，当作供品祭祀神灵。紧接着，他又挥师南下，降服了苏美尔的众多城邦，建立了自己的霸权。从此，萨尔贡便自称为"天下四方之王""大地之王"。这是两河流域南部第一次实现统一。

在萨尔贡统治时期，中央政府已经建立起

萨尔贡是第一个统一苏美尔地区的王，这尊空心的青铜铸像表现了萨尔贡的后代——一位阿卡德君主的英俊形象。

用阿卡德语写的算术泥板残片

来，官员们管辖着各个地区。他采用的是集权统治，阿卡德铭文上说："他使全国只有一张嘴。"同时，他组建了一支军队，这是两河流域历史上的第一支常备军。

政治的统一带动了社会经济的发展，灌溉网不断扩大和完善，农业生产水平有了提高。统一还使交通更为便利，对外贸易的范围不断扩大，甚至远达印度流域。巴达赫尚的天青石、黎巴嫩的雪松、陶鲁斯山区的银矿，以及克里特岛的商品，在阿卡德王国都能看到。萨尔贡统治的时期，是两河流域发展的重要时期。

但是，由于萨尔贡不断征战，大量的战俘沦为奴隶，许多平民破产成为债奴，奴隶与奴隶主、贵族和平民之间的矛盾不断激化，反抗斗争此起彼伏。晚年的萨尔贡曾一度被起义者包围在阿卡德城内。

大约在公元前2159年，来自东北面伊朗高原的游牧民族入侵两河流域南部，阿卡德王国就此灭亡。

阿卡德时代的圆筒印章

阿卡德人俘获的战俘

腓尼基文明

腓尼基位于地中海东岸北部，即现今的叙利亚和黎巴嫩沿海地带。公元前2000年初，这里先后出现了一些奴隶制城邦，著名的有推罗、西顿、乌加里特、毕布勒、泰尔等。这些城市非常繁华、富庶。每一个腓尼基城市都是一个独立的国家，居民们推选自己的国王，崇拜自己的保护神。

腓尼基地区多山，山地盛产木材，特别是雪松等造船用的珍贵木材，所以腓尼基的造船业很早就发展起来了。由于它是西亚和地中海的海陆交通枢纽，因而商业相当发达。它的商业主要是中介贸易。腓尼基人从小亚细亚、两河流域等地运来手工业品和农产品，转运到地中海各地贩卖，马克思曾称他们为"出色的商业民族"。

腓尼基人的玻璃用品

与海上商业相适应，腓尼基的航海业同样发达。腓尼基人在航行中依靠太阳和"腓尼基人的星"——北极星的位置，并根据所熟悉的海岸地形与地貌来辨别航行的方向。腓尼基人的船是当时世界上最好的海船，船头往往雕刻着一个高高昂起的鸟头，船尾竖着一条鱼尾巴。他们就是驾驶着这种半鱼半鸟的航船，乘风破浪在大海上航行。公元前12世纪初，腓尼基达到极盛时期。从公元前10世纪起，腓尼基各邦开始利用航

腓尼基遗址

腓尼基的雕刻

海优势，向海外进行殖民活动，殖民地遍布地中海沿岸各地。公元前9世纪，推罗殖民者进军塞浦路斯，远征非洲，其在非洲北岸突尼斯建立的迦太基后来发展成地中海东部的强国。

正是因为航海业的发展，腓尼基人的对外贸易越做越大。他们所贩卖的商品荟萃了各个地方的特产，有来自远东和印度的谷物、酒类、纺织品、地毯和宝石，有来自黑海的铅、黄金和铁，有来自非洲的盐、象牙和奴隶……在开展贸易的过程中，他们逐渐需要进行书面结算，需要贸易账簿，需要书写商业文件。于是，腓尼基人为世界文明做出了一项杰出的贡献——他们发明了一套简单明了、书写方便的字母系统。目前已知世界上最古老的文字是西亚的楔形文字和埃及象形文字，但两者结构都比较复杂，书写速度慢，也不容易掌握。比较起来，腓尼基字母自然就要简单方便得多，同时它也是世界上最早的字母文字。

欧洲字母的渊源

腓尼基人发明了由22个辅音字母组成的文字系统，这些字母向东传播到西亚、南亚及东亚一些国家，成为这些国家文字的源头。后来，希腊人在这套拼音字母的基础上，加上几个元音字母，创造了希腊字母。后来，罗马人又继承了希腊字母，创造了拉丁字母。这就是现今欧洲各种文字字母的渊源。腓尼基字母还是阿拉美亚、希伯来、阿拉伯、印度、维吾尔等字母的祖先。

22字母泥板

□ 古巴比伦的兴衰

公元前2000年前后，来自西方的游牧民族逐渐渗透到美索不达米亚地区，接管了大片土地，并控制了好几个城市。这些城市包括幼发拉底河上游的马里城、北边的亚述城及巴比伦城。

公元前19世纪，游牧民族阿摩利人在幼发拉底河中游东岸以巴比伦城为中心建立了古巴比伦第一王朝。但那时的巴比伦不过是一个小小的城邦，时而依附这一邻国，时而又向另一邻邦称臣。公元前1792年，雄才大略的汉谟拉比（公元前1792~前1750年在位）登上王位成为第六代国王之后，对内勤于朝政，关心巴比伦的农业、商业和畜牧业的发展，对外则团结邻邦，集中全力打击一个主要敌人。他带领军队翻山越岭，来去如风，每战必胜。经过35年的征战，他攻灭了邻近的许多国家，统一了美索不达米亚地区，建立起强大的古巴比伦王国，定都巴比伦城。古巴比伦王国这个百里小国一跃成为当时两河流域显赫一时的大国。因此汉谟拉比在铭文中称自己为"神任命的牧者、常胜的国王、天下四方的庇护者、众王之王、众王之神、强大的国王、巴

这块石板可能是用来研磨大麦的工具。

古巴比伦人泥塑像

古巴比伦最后一位国王

比伦的太阳、光明照耀苏美尔阿卡德全境、四方威服之王"。这个尊号之长，超过了先前任何一个国王。

在古巴比伦王国时期，由于国力强盛，其农业、手工业以及商业也有了很大发展。农业方面，灌溉系统进一步完善，扬水工具和耕犁也有所改进，附设有播种漏斗。青铜工具普遍使用，手工业生产技术提高，并且有了制砖、缝纫、冶金、刻印、皮革、造船和建筑等分工。商业方面，巴比伦、西帕尔等城都是重要的商业中心。王室的商业代理人垄断着国内外的大宗贸易，负责国家税收，并进行高利贷活动和土地经营。此外还有许多奴隶主经营私人商业。国王拥有巨大的王室经济，全国各地的神庙经济均从属于王室经济，王室直接支配的土地数量也很可观。王室经济的基本部分（包括土地、畜群和手工业作坊等）主要集中在苏美尔地区。

但是古巴比伦王国的稳定并不长久，不久，这个国家便烽烟四起，开始衰落了。北方有加喜特人入侵，南方有伊新、乌鲁克等地发生暴动，王朝内部的斗争也十分激烈。给古巴比伦帝国最后一击的是赫梯人。约公元前1700年，赫梯人建立了赫梯王国。他们采用新的作战方法，主要是用战车发动快攻。公元前1595年左右，赫梯国王莫尔西利一世率领赫梯军队攻占了巴比伦，古巴比伦第一王朝就此灭亡。

古国的更迭

古代两河流域的文明古国相继更替，创造出灿烂的人类文化。苏美尔文明时期，该地区各城邦势力此消彼长。公元前18世纪前期，整个两河流域被古巴比伦王国所统一。公元前8世纪~前7世纪，亚述人重新统一两河流域，建立了地跨西亚、北非的亚述帝国。后来，亚述帝国又被新巴比伦和米底王国消灭。

祈求者
此像制于汉谟拉比末期。

《汉谟拉比法典》

在3700多年前，古巴比伦王国的汉谟拉比国王制定了《汉谟拉比法典》。这部法典被刻在石柱上，总共有282条。现在，当人们读着这部法典条文的时候，仿佛又回到了那个遥远的年代。

在炽烈的骄阳照射下，幼发拉底河畔的巴比伦城又闷又热。人们冒着酷暑来到一座大屋子里。今天，法官要在这里开庭审理案件。

"法官大人，他借了我的钱，至今不肯还，请大人裁决！"一个肥头大耳的人向法官诉说着。"法官大人，我不是不想还，只是因为我妻子生了一场病，用了不少钱，一下子还不出来，请大人宽恕几天！"一个骨瘦如柴的人辩解着说道。"啪！"法官一拍桌子，站了起来："现在我宣判！"胖子和瘦子都毕恭毕敬地站着聆听。"根据汉谟拉比陛下颁布的法典第117条规定，欠债者逾期不还，责令其妻子和儿子两人到债主家里充当奴隶三年，第四年恢复自由！"宣判结束后，两人一起走出了法庭。胖子高兴地笑出声来，但瘦子却伤心得痛哭起来。

过了一会儿，一个身强力壮的男子推着一个被绑得结结实实的人走了进来。"大人，我抓到了一个私逃的奴隶！"那个男子报告说。法官把

古巴比伦市民的日常便服

头侧向旁边的官吏："你去检验一下！"官吏走下座位，来到被绑缚的那个人面前，伸手揭开他的帽子，只见那个人的额头上露出了一个圆形的烙印。"他有烙印，是个奴隶！"官吏向法官禀报说。法官立刻站了起来说道："根据汉谟拉比陛下颁布的法典第17条规定，被抓到的奴隶应归还原主，抓逃奴的自由民有赏。好，赏他两个舍克勒！""舍克勒"是巴比伦人以白银作为货币时所用的单位，当时1舍克勒白银可购买的大麦折合120千克。在审判过程中，法官依据的法典就是古巴比伦国王汉谟拉比为巩固帝国的统治而制定的《汉谟拉比法典》。

虽然，《汉谟拉比法典》竭力保护奴隶主贵族利益，但这部法典是目前所知人类历史上第一部最完备的成文法典。该法典对诉讼手续、盗窃处罚、租赁、借贷、债务、婚姻、遗产继承、奴隶买卖等都有明确规定。那根记载着《汉谟拉比法典》的石柱，现在保存在法国巴黎的卢浮宫博物馆里。

汉谟拉比雕像

这是古巴比伦时期的一块界石，它代表一块由国王赠与的土地。为了表明王室交易的神圣性，柱状界石上往往刻有神祇的象征和对那些胆敢无视地界者的严正警告。

刻有《汉谟拉比法典》的石柱（部分）

□ 以色列王国建立

以色列王国是巴勒斯坦北部的古国，地处亚洲西部，位于地中海东岸南部。

古时的巴勒斯坦地区气候条件很好。春天是播种季节，雨水充沛，多余的水蓄于井中或池内，方便灌溉。这块土地被称为"牛奶与蜜之地"，在这里诞生了希伯来文明。

早在公元前29世纪，迦南人就已在这块土地上定居。公元前16世纪后期，埃及新王国开始向亚洲西部进行军事扩张。迦南人不敌埃及，在长达200多年的时间里年年向埃及纳贡。就在这时，阿拉伯沙漠中的游牧部落希伯来人进入了这一地区。他们在长期斗争中战胜了迦南人，同时也受到迦南人的影响，由游牧转入定居的农业生活。定居下来的希伯来人分为以色列和犹太两大部落联盟，以色列部落联盟在北方，犹太部落联盟在南方。

公元前13世纪，海上民族腓力斯丁人入侵巴勒斯坦沿海地区，后来更是深入腹地，以色列人和犹太人同之进行了艰苦卓绝的斗争。由于打仗需要领袖，于是希伯来人的第一个国王诞生了。这个国王叫扫罗，他是从以色列部落中选出来的。扫罗领导以色列人和犹太人打了一些胜仗，但是在没能够完成驱逐腓力斯丁人的任务时就战死疆场

摩西率众渡红海。

吹乐器的犹太人

了。犹太人部落和以色列人部落为争夺王位进行了斗争。犹太人大卫从小就很勇敢，长大后受到民众的拥护和爱戴，成为犹太部落联盟的首领。后来，大卫战胜扫罗的儿子，当上了国王（公元前1000年～前960年在位）。

在大卫的统率下，希伯来人终于战胜了腓力斯丁人，并建立了统一的以色列－犹太国家。大卫死后，他的儿子所罗门（公元前960～前930年在位）即位。在所罗门的领导下，以色列－犹太国家日益强盛。不过，以色列和犹太两个部落之间的矛盾与摩擦不断产生。所罗门死后不久，约在公元前928年，以色列－犹太王国就分裂为以色列和犹太两个国家。后来，这两个国家分别为亚述国和新巴比伦王国所灭。虽然以色列－犹太王国灭亡了，但是他们创建的希伯来文明对后世产生了极大的影响。

在伯珊发掘的人形泥棺，其头部的羽毛状头饰为典型的腓力斯丁人装束。扫罗王自戕后，人们将他的尸体钉在伯珊的城墙上。

大卫

腓力斯丁人

腓力斯丁人又称"非利士人""腓力斯人"，地中海东南沿岸的古代居民，被称为"海上民族"（可能来自爱琴海地区）。公元前12世纪，腓力斯丁人在巴勒斯坦南部沿海一带建立加沙、阿什杜德等小城。据《圣经·旧约》记载，腓力斯丁人曾与以色列人长期作战，在公元前10世纪被打败。"巴勒斯坦"希伯来语为Pleshet，意即"腓力斯丁人之地"。

□ 所罗门王的智慧

所罗门王是以色列－犹太王国的建立者大卫的儿子，是一位智慧超人的君主。他在位时，王国的经济和文化空前繁荣，史称"所罗门的荣华"。

一天，所罗门王的宫殿里吵吵嚷嚷，十分喧哗。发生了什么事呢？原来是两个妇人正吵得不可开交。"孩子是我的！"其中一个抱着小孩、年纪稍大的妇女嚷道。"你胡说，孩子是我的，是你抢过去的！"另一个妇女着急地说。"不是，是我的！""你撒谎……"两个女人吵作一团，众大臣听得糊里糊涂，孩子到底是谁的呢？大家不由得都把目光投向了宝座上的所罗门王。

所罗门王微微一笑，说："不要吵了。既然你们都说是孩子的妈妈，那就把孩子劈成两半，你们一人一半好了。"说罢，他猛地从剑鞘里抽出宝剑，锐利的剑刃闪出一道寒光，周围的人不由得倒吸一口冷气。"英明无比的王啊，您多么明智，多么公正！"那个抱着小孩的女人说。另一个妇女赶忙跑过去护住孩子，大哭起来："国王求求您，不要这样做，我……不要孩子了，千万不要这样做……"说着，她的泪水像断了线的珠子似的滚落下来。

所罗门王

所罗门王的宝藏

据说，所罗门王在耶和华神庙中央的"亚伯拉罕神岩"下修建了地下室和秘密隧道，那里存放着数不胜数的金银珠宝——而这也就是历史上著名的"所罗门王的宝藏"。

所罗门王大笑道："你别怕。现在我已经知道了，你才是孩子真正的妈妈，因为只有母亲才会疼爱自己的孩子。"大臣们这才明白过来，连连赞叹国王的英明。

所罗门王统治期间，教导人们遵守法律和秩序，劝导犹太人和以色列人和平相处，从事生产和建设。首都耶路撒冷从环绕一口井建立起来的小镇发展成为一座繁华的城市，财富得到成倍增长。所罗门利用贸易和外交将自己置于外国盟友的网络中心，埃及、非洲、阿拉伯及小亚细亚地区给他送来金银财宝、雪松、檀香木、象牙、马匹、孔雀等物品。所罗门在位期间最大的成就就是在公元前10世纪修建了一座雄伟的犹太教圣殿——耶和华神庙。至今每年还有不计其数的朝圣者从世界各地赶到这里，虔诚地参加朝拜活动。

所罗门王接受外国使节的拜见。

□ 亚述王称霸

公元前732年，巴比伦北面的一个小国亚述进攻叙利亚，包围了其都城大马士革。"把投石机拉上来！"亚述王提格拉—帕拉萨三世（公元前745～前727年在位）下了一道命令。

士兵们立刻拉上来20个投石机，投石机是亚述军队特有的一种攻击器械，它们是一个个巨大的木框，里面装有一种特制的转盘，只要用力一拉，就能射出巨大的石弹和燃烧着的油桶。石弹和油桶像雨点般射向城墙，坚固的大马士革城墙有很多地方被打坏或燃烧起来。士兵们又推上来许多奇特的攻城机。这种攻城机像一只只大笼子，下面有四个轮盘，前面是一枚又重又粗的大铜锤。大铜锤的头是尖的，直向前方，后面则用皮带牵动。只见一架架攻城器上的大铜锤猛烈地向城墙上的一个个堡垒撞去，随着"轰！轰！轰！"的声响，堡垒摇晃起来，砖纷纷碎落。

不久城门崩塌。身穿甲胄的亚述士兵一手持着青铜大盾，一手紧握戈、剑、戟，勇猛地冲进了大马士革城里。叙利亚人继续顽强抵抗。激烈的巷战进

亚述国王提格拉—帕拉萨三世

亚述精美的手工艺品

记录以色列国王臣服亚述国王史实的浮雕

好战的亚述人

亚述人是居住在两河流域北部的一支闪族人，也是一支出色的武士民族，这不是因为他们在种族上不同于所有其他的闪族人，而是由他们自己的生存环境决定的。他们的国土资源有限，还经常受到敌对民族进攻的威胁，这就养成了他们好战的习性和侵略的野心。他们征服的地方越多，就越感到只有不断征服才能保住获得的一切。每一次成功都刺激着野心，使尚武主义的链条拴得更牢了。

行了七天七夜。到第八天时，战斗结束了，大马士革的国王被捆绑着押到提格拉·帕拉萨三世的面前。"杀！"提格拉—帕拉萨三世凶狠地高叫。大马士革国王被斩首了。

军车隆隆，马蹄得得，亚述军队继续向前推进。公元前729年和公元前722年，亚述分别吞并了古巴比伦王国和以色列王国，称霸一时。

亚述帝国皇后墓中的饰品

亚述人攻城的场景

第一次环航非洲

腓尼基人以善于航海闻名于世。公元前7世纪时，埃及法老尼科二世把腓尼基最优秀的航海家召集到王宫里来，要求他们绕非洲航行一圈，腓尼基人答应了这次冒险之旅。

腓尼基人准备出海。

很快，三艘腓尼基航船在装满环航需要的粮食和与沿岸地区交换的商品后，便从埃及的港口起锚出发了。行驶了40天后，腓尼基人到达一个村庄。当地居民个个皮肤黝黑，半裸着身子。他们热情地请航海家们饱餐了一顿。善于经商的腓尼基人摆出了带来的各种商品，当地居民争着用各种东西交换这些商品，可腓尼基人只要一样，就是当地一种香气扑鼻的树脂——没药。

又航行了许多日子，天气越来越热了。船员们很想休息一下，可是找不到可以安全靠岸的地方，因为岸上的居民对他们非常不友善。那些居民不许腓尼基人上岸，看来他们对于这些从未见过的航海家是非常警惕的。

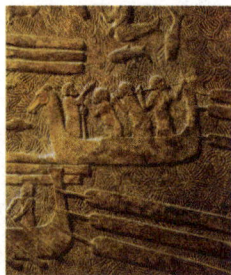

腓尼基商人在河上运送木材的情景

腓尼基人在这种情况下，只能选择待在船上并继续航行。航行了12个月之后，忽然发生了一件怪事。"怎么太阳是从北边照过来的呢？"一个船员惊奇地说。原来，当时北半球的人们从来没有越过赤道，只知道中午前后的太阳是从南边照过来的。现在他们来到了南半球，所以看到这种现象就惊讶不已。直到第二年航行结束时，午后的阳光从南方射过来，他们才又回到了北半球。又航行了好几个月，他们经过直布罗陀海峡进入地中海，结束了三年的航程，回到埃及。

腓尼基航海家们这次环绕非洲的航行，距今已有2600多年，它是人类航海史上的一个伟大创举。

紫红色之国

腓尼基人发现了一种红色的天然染料。当地的居民们就用这种染料染布做成衣服。这种衣服的颜色美丽高贵，而且即使把衣服穿破了，颜色也不会褪掉。周围国家和地区的人闻讯后，都来购买他们的布料做衣服穿，所以腓尼基以出产紫红色的布料而闻名遐迩。人们因此把盛产这种染料的地方称为"腓尼基"，即"紫红之国"的意思。

腓尼基的雕刻
雕刻表现的是一头狮子撕咬一个少年的场面。

用骨螺染出的丝绸

□ 空中花园

公元前605年，尼布甲尼撒二世（约公元前605～前562年在位）即位为新巴比伦王国的新国王，米底公主赛米拉斯做了他的王后。当这位公主来到巴比伦城时，只见一片平原，满地黄土，不觉生起思乡病来，整天愁眉苦脸，茶不思，饭不想。美丽的公主日渐消瘦。

这一下可急坏了这位巴比伦国王。伊朗高原是王后的故乡，那里山峦起伏，森林茂密。可是，在巴比伦连一块石头也找不到。所以，尼布甲尼撒二世只好请来了许多建筑师，要他们在城里建造一座大假山。

经过几年的营造，也不知奴隶们付出了多少血汗，才终于把这座假山造好了。

这座大假山每边长120多米，高25米，用石柱和石板一层一层向上堆砌，直达高空。当然，这些石头都是从很远的地方运来的。假山分为上、中、下三层，每层铺上浸透柏油的柳条垫，以防渗水。为了防止万一，上面再铺两层砖头，还浇铸了一层铅。经过这些措施以后，才在上面一层一层地培上肥沃的泥土，种植许多奇花异木。这些花木远看好像长在空中，所以叫作"空中花园"。

空中种了花木，浇水是个大问题。于是，尼布甲尼撒二世特意在顶部设计了机械的提灌设备，用螺旋泵不断地从幼发拉底河里取水。

空中花园里还建造着富丽堂皇的宫殿，国王和王后可以在这座宫殿里周览全城的风光。据说赛米拉斯从此兴高采烈，思乡病一下子全好了。

其实，空中花园只是巴比伦城建设的一部分。尼布甲尼撒二世把巴比伦城建成了当时世界上最大的城市，并且这座城市还是当时亚洲西部著名的商业和文化中心。

巴比伦人的宗教建筑
空中花园
伊什塔尔门
巴比伦城复原图

百门之都

巴比伦城是古代两河流域地区最壮丽繁华的都城。它有内外两道城墙，共有100座铜制城门，因此巴比伦城又被称为"百门之都"。百门中最著名的是伊什塔尔门，门上嵌有彩色琉璃砖，极为壮观。

黑玛瑙权杖

巴比伦城的伊什塔尔门

空中花园旧址

□ 传奇的居鲁士

古波斯帝国的创立者——居鲁士（约公元前550～前529年在位）是一位极富传奇色彩的国王，曾被犹太人奉为上帝选定的救世主，被巴比伦人奉为神所选定的君主，被波斯人奉为慈祥的父亲，被希腊人奉为君主的楷模。

居鲁士是波斯国王和米底公主的儿子。当时，波斯人还处在米底人的残暴统治之下。传说，在他出生之前，其外祖父——米底国王阿斯提做了一个奇异的梦，梦见女儿肚子里长出了葡萄藤，茂盛的葡萄藤蔓延开来，遮盖了整个小亚细亚地区。宫廷祭司告诉阿斯提，这个梦暗示着他的后裔将取代他的位置，并成为小亚细亚的霸主。阿斯提立即派人去波斯探访，果然发现公主已经怀孕。阿斯提担心这个孩子将结束自己的统治，便决定把女儿接回家，等他的外孙一出生就把他杀死。

但是，居鲁士出生后，受命处死居鲁士的大臣哈尔帕害怕阿斯提日后反悔，对自己不利，不敢亲自下手，就把这个任务交给了一个奴隶。哈尔帕对这个奴隶说："国王命令你把这孩子带到山上去杀死，不杀死这孩子，你就去死！"这个被吓得不知所措的奴隶把孩子带回了家。这时，恰巧这个奴隶的孩子刚生下来就死了。奴隶和他的妻子就移花接木，把居鲁士充当自己的儿子抚养长大。

后来，居鲁士仍然活着的消息还是被他的外祖父知道了。阿斯提残酷地处罚了违反命令的哈尔帕。阿斯提又叫来那个祭司，询问该如何处置居鲁士。祭司告诉他："这孩子在小时候游戏时曾成为过一次国王，所以他不会再

居鲁士朴素的陵墓

波斯帝国

波斯兴起于伊朗高原，曾受米底人统治。公元前553年，居鲁士率波斯人起义。公元前550年，波斯人获得独立，定都苏撒城。居鲁士、冈比西斯、大流士等人的不断扩张，使波斯的领土东起印度河、西至爱琴海及非洲东北部，形成了地跨欧、亚、非三洲的奴隶制大帝国。

公元前6～前5世纪的波斯铜制工艺品

第二次成为国王了。"阿斯提放心了，便下令把居鲁士送回波斯，继承他父亲的贵族身份。

一天，居鲁士召集了一群波斯青年贵族，对他们说："我相信波斯人在任何方面都不比米底人差，凭什么我们就该受他们的压迫？"这群波斯贵族早就心怀怨恨，不满米底人的统治，纷纷要求造反。阿斯提知道这件事情后怒不可遏，亲自带兵出城迎战。结果他被居鲁士率领的波斯军队打得大败，自己也成了俘虏。波斯由此获得了独立。

不过，居鲁士对他的外祖父仍然很尊敬，让他与自己住在一起，养尊处优，颐养天年。米底的贵族也受到特殊优待。因此，在米底人眼中，他不过是继承了外祖父的王位，完全是合情合理的。

波斯人普遍使用的角状饮具

波斯攻克巴比伦

公元前538年，波斯王居鲁士率兵进攻新巴比伦王国。这时的巴比伦城可以说是金城汤池，坚不可摧。听到这个消息，新巴比伦国王那波尼德（公元前556~前539年在位）心想："大胆的居鲁士竟然敢来攻打我的国家，我的城墙高而坚固，城墙都是用掘护城河时取出的土烧成的大砖砌成的，砖和砖之间还涂上沥青，宽厚的城墙呈四方形，所有的城门连门柱都是青铜铸造的，除了这些之外，我还有特殊的取水系统，把闸门打开，幼发拉底河的水就会汹涌而来，非把你淹死在河里不可！"想到这里，他禁不住得意扬扬地摸了摸下巴，哈哈大笑道："让他在巴比伦城下大哭吧，也许能把城墙哭倒。"

可就在这时，只见一个侍卫急急忙忙地跑来，上气不接下气地说："报告国王，波斯军队冲进城里来了！""什么？他们是怎么冲进来的？"那波尼德大惊失色。"是祭司们打开城门欢迎居鲁士的。"侍卫答道。

原来新巴比伦王国内部四分五裂，危机四

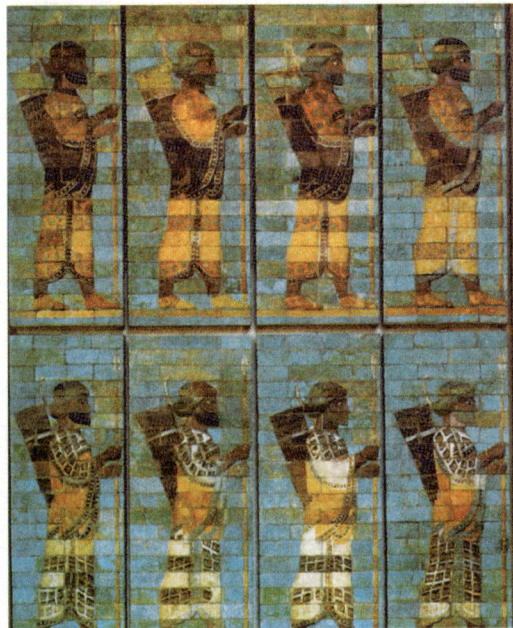
波斯贵族乘坐的战车

伏，祭司集团和以国王为首的军事贵族集团矛盾重重。居鲁士看到了这一点，收买了巴比伦的重要将领，所以不费吹灰之力便进了城。

居鲁士在巴比伦的政绩，达到了古代世界君主的最高峰。他严令禁止军队烧杀抢夺，努力维护社会治安，恢复生产秩序，尊重当地宗教传统，获得了当地居民的衷心拥戴。他还把巴比伦国王强制迁来的犹太人释放回乡，并帮助他们重建家园。

只用了十几年时间，居鲁士便灭掉了米底、吕底亚、新巴比伦三大王国，降服了犹太、腓尼基，把地中海东岸至中亚的广阔地区、众多民族都统一到波斯帝国之中。居鲁士还把波斯帝国的首都迁到巴比伦城，并且宣布自己是"宇宙四方之王"。

在占领巴比伦之后，居鲁士又想征服埃及。但是，他想在远征埃及之前，先巩固自己东部的后方。于是，他领兵向里海进军，准备消灭那里的马萨革泰人。在这里，居鲁士被马萨革泰人杀死，其子冈比西斯二世（公元前529~前522年在位）继承了王位。

波斯卫兵

米底人
米底人和波斯人的祖先同是约公元前20世纪出现在北伊朗的说伊朗语（属于印欧语系）的部落。从公元前9世纪起，米底国就屡遭亚述国的侵略，最终臣服于亚述国。到公元前7世纪中期，米底王国征服了居住在伊朗高原西南部的波斯各部落，脱离亚述国而独立。不久，米底王国又与新巴比伦王国联合出兵，灭掉了亚述国。

大流士一世改革

公元前522年，波斯祭司高马达趁着波斯王冈比西斯二世出征埃及期间发动政变，夺取了政权。冈比西斯二世闻讯返国，在途中暴卒。随军出征的"万人不死军"总指挥大流士回到波斯后，联合一部分波斯权贵杀死政变领袖高马达，登上了王位，史称大流士一世（公元前522～前486年在位）。

大流士一世宫殿的局部

大流士一世把整个帝国划为20多个行省，派总督和军事长官去治理。总督和军事长官直接对大流士一世本人负责，各个行省必须向中央缴纳贡赋。他还在各地安排了"眼目"，监督总督和军事长官执行中央的命令，整个国家的大权都集中在大流士一世的手中。

在军事上，大流士一世自任最高统帅，独揽军事大权。他建立了一支近卫军，由贵族骑士和1万名"不死军"队员组成。之所以称为"不死军"，是因为这些战士作战勇敢，而且人数永远不变，如果有人战死的话，立即由预备队的队员补上。他的军官大多是波斯人，军队也以波斯人为核心。因为他深知，要统治这么大的帝国，必须依靠波斯人。

在经济上，大流士一世制定了统一的货币制度，规定只有王室铸造的金币才能通行全国，各个行省只能造银币，也只能在本省内流通。金币正面是大流士一世的头像，背面是一个弓箭手战士的像，这种金币被称为"大流克"。

为了更迅速地调遣军队、传达政令，大流士一世还修建了一条长达2400千米的驿道。驿道从苏撒一直到小亚细亚的西岸，每隔25千米设一个驿站。在驿道上，信使骑着快马，像跑接力一样传递着文书，一封文书从爱琴海到达王宫只需要三天的时间。

大流士一世的这些措施有利于波斯帝国各地区之间的经济联系和文化交流，同时稳固了帝国的统治。

苏撒城中的柱头

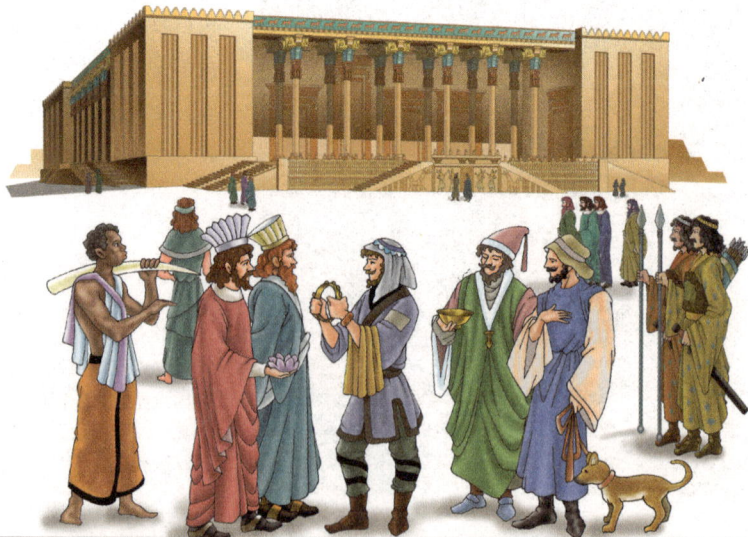

《贝希斯顿铭文》

在古波斯西部的贝希斯顿大悬崖上，有大流士一世所留下的《贝希斯顿铭文》。这个铭文的上半部分是浮雕，其上的大流士气宇轩昂，9名叛乱首领被雕刻得很矮小。下半部是用古波斯、埃兰、阿卡德语三种楔形文字写成的大流士的伟大功绩。

波斯波利斯宫殿是大流士一世于公元前520年开始修建的，持续了70年之久才竣工。

Part 2

古埃及文明

古埃及文明因其古老而神秘，因其古老而独特。近两百年来，探险家、考古学家、语言学家、历史学家们一步步走近古埃及，可是越走近却越疑惑：古代埃及似乎没有经历由原始演变为文明的发展阶段，就突然呈现出一种先进的文明。那些庞大的庙宇、挖掘自岩石的奢侈墓穴、巨大无比的金字塔、奇妙的象形文字、影响深远的天文历法，以及其他种种令人叹服的事物，仿佛是从地下突然冒出来的。这就是富有传奇色彩的古埃及文明。

古埃及的统一

在非洲北部的尼罗河中下游，有一条狭长的地带，从现在的埃及南方边境开始，直到埃及首都开罗附近，到了开罗，才渐渐开阔起来，这就是著名的尼罗河三角洲。在这个三角洲地带，有着充沛的水源和肥沃的土地，给埃及带来了生命的繁荣。古埃及人便定居在此。最初，他们用粗陋的工具清除了两岸的荆棘和草莽，开渠筑坝，在河水灌溉的土地上种植农作物，最后终于使这个气候干燥的地区变成了古代著名的粮仓。

随着经济的发展，古埃及开始从原始社会逐步进入了奴隶社会。公元前3500年时，尼罗河两岸约有40多个小城邦，每个小城邦都有自己崇拜的神，后来又出现了军队和用来代表自己部落的旗帜，实际上已成为一个个独立的小王国。各小国之间经过长期的战争和兼并，形成了北部和南部两个大的独立王国。北部称下埃及王国，国王戴红冠，以蛇神为保护神，以蜜蜂为国徽。南部称上埃及王国，国王戴白冠，以神鹰为保护神，以白色百合花为国徽。上下埃及经常发生战争。大约在公元前3100年左右，上埃及逐渐强盛起来，国王美尼斯便带领大军去攻打下埃及。

两军在尼罗河三角洲展开决战。美尼斯头戴装饰着神鹰的白冠，亲自在阵前督战。在阵阵呐喊声中，画着白色百合花或蜜蜂的军旗

这块石板记述了统一埃及的美尼斯的战功。

埃及统一象征
这个相互契合的鱼形雕塑象征着过去各自独立的上埃及与下埃及实现了大统一。

天神、法老和地神雕像

神秘的太阳神

埃及古王国时代尊奉太阳神为国神。法老被奉为"太阳神之子"，太阳神在古埃及宗教里有好几种形象和名字。太阳神呈人形，头上戴着上下埃及的白红两王冠时叫"阿图姆"；在呈甲虫形状时，名为"赫普里"。但太阳神最常采取的形象是隼头人身形，头顶太阳圆盘和眼镜蛇，这时人们叫他"拉"。

交错在一起，两军厮杀得难解难分。经过三天三夜的激战，下埃及军队被击溃了。下埃及国王取下红色王冠，跪在地上，双手把它献给美尼斯。

为了纪念这次战争的胜利，美尼斯把决战的地点命名为"白城"。这里就是统一的古埃及王国的首都——孟斐斯城。受降的第二天，美尼斯在白城大宴功臣。从此，美尼斯自称"上下埃及之王"，有时戴白冠，有时戴红冠，有时两冠合戴，象征上下埃及的统一。

古埃及统一之后，逐渐建立起一套专制统治机构。全国最高统治者是国王，国王之下设有各种官吏。每年都会有官吏清查全国的人口、土地、牲畜和一切财富，以确定租税数额。国王被认为是太阳神的儿子，神圣不可侵犯，他的意志就是法律。后来，人们不能再称国王的名字，而要尊称为"法老"。

从公元前3100年古埃及成为一个统一的奴隶制国家开始，一直到公元前11世纪，古埃及共经历了早王朝、古王国、中王国、新王国等几个时期，此后它逐渐衰落。

古埃及是世界文明的发源地之一。古埃及人民在文字、历法、艺术、科学等方面取得了巨大成就，对西部亚洲和欧洲曾经有过相当的影响，为人类社会做出了不可磨灭的贡献。

永世的城堡

古埃及的法老们不仅仅满足于生前统治着人世，而且幻想死后复活成神，仍是阴间的统治者。根据埃及的神话传说，只有保存好尸体，灵魂才有寄托的地方，才能复活。因此，他们把尸体制成木乃伊。金字塔便是存放木乃伊的地方，是其死而"复活"后的"永世的城堡"。这便是每个国王即位后就着手为自己建筑陵墓的宗教方面的原因。

在古埃及，最早的墓葬形式是在地上挖一个坑，再堆成一个沙堆。以后墓穴越挖越深，成为地下室，并在地面沙堆周围砌一层石墙。这种坟墓叫做"马斯塔巴"（意为石凳）。

到了公元前27世纪古埃及第三王朝时，法老约塞认为这种"石凳"不能作为法老的永久住所，于是要求建筑师修建一座巨大的石砌的"马斯塔巴"。但法老嫌一层不够雄伟，又在上面加了5个一层比一层小的"马斯塔巴"。它的下面有一个很深的竖坑，可以通往地下的走廊和房间；周围还模仿王城，筑起一道围墙，墙内建筑了祭祀用的殿堂。这就是埃及的第

一座塔形的陵墓。由于这座金字塔由下到上是一级一级的，所以人们又称它为"阶梯形金字塔"。以后，历代的法老像着了魔似的想给自己筑金字塔，并且越建越宏伟。因为它们的外形很像汉字的"金"字，所以我们中国人称它为"金字塔"。

一座座巨大的金字塔至今还矗立在开罗近郊翻滚起伏的沙漠之中，它们是古埃及悠久历史的见证。在这里，大大小小的金字塔共有80多座。其中以第四王朝第二代法老胡夫的金字塔规模最大。但是，人们至今还不甚明白，这么浩大而精致的金字塔到底是怎么建成的，它还隐含着哪些天文、哲学、神学奥秘，金字塔深邃的墓室内到底还藏着什么秘密……近百年来，世界各地许多科学家、史学家、考古学家进行了大量的研究和发掘，但都未能完全揭开金字塔的众多谜团。

金字塔的内部构造

国王的居室（停放木乃伊棺木的房间）
通气孔（可能是用于连接国王的灵魂与天上的星星）
上升的过道
王后的居室
大走廊
下葬前停放尸体的殡仪神庙
向下倾斜的过道

三重棺椁
这种人形棺椁被称为"木乃伊棺"，因为它们的外形是木乃伊的造型。对于古代埃及人来说，这里是死者灵魂居住的地方。

木乃伊
在古代埃及，人们认为人死后可以复生，而复生的重要前提就是要保护好尸体。穷人死后葬在沙漠中，遗体放在沙堆中得以干燥保存，而富人死后则解剖尸体，把内脏和脑髓取出，制成干尸"木乃伊"。

金字塔外形的演变

阶梯金字塔　　　弯金字塔　　　真正的金字塔

胡夫修建大金字塔

古埃及第四王朝第二位法老胡夫即位后不久，就命令皇家工程总管为自己修建陵墓，并要求比以前任何法老的陵墓都要大。尼罗河上游西岸吉萨平原上的一块地面被选定为胡夫金字塔的地基，经测量、平整后，挖出底部的石灰岩床以建墓室。随着第一块石头从附近的采石场采下，数千名工人便开始修建砌道，盖起营房和库房，开挖连通尼罗河的运河。同时向附近省份发出命令，征集更多的劳动力，安排调运工具、木材、绳索、食品、炊具以及无法计数的其他物品。

在胡夫法老统治的整整23年中，金字塔建筑工地上满是工人，他们为争取在法老去世之前完成建筑而忙忙碌碌。胡夫法老和他的建筑师们也使这项工程变得更加繁杂。皇家设计人员数次改变计划，扩大规模，并决定将墓室从原来的金字塔下转移到金字塔内。日复一日，年复一年，采石场的锤凿声叮叮当当，一艘艘运石船往返不断地从尼罗河上游的都兰和阿斯旺运来材质优良的石灰岩和花岗岩。而后，一队队工人将石料用滑橇运至指定地点，非常严密地砌在一起。石块之间的缝隙只有一页纸之厚。

金字塔建成之后，高146.59米（现高约137米），是埃及现存所有金字塔中最大的一座。这座金字塔的底面呈正方形，每边长230多米（现长227

坐西朝东的狮身人面像和法老一样戴着头巾。

狮身人面像

狮身人面像坐落在开罗西南的吉萨大金字塔近旁，与金字塔同为古埃及文明最有代表性的遗迹。雕像坐西向东，蹲伏在古埃及第四王朝法老哈夫拉（胡夫之子）的陵墓旁，像高21米，长57米。除了长达15米的狮爪是用大石块镶砌外，整座像是在一块含有贝壳之类杂质的巨石上雕成的。在古埃及，狮子是力量的象征，狮身人面像实际上是古埃及法老的写照。

米），绕金字塔一周，差不多要走1000米的路程。胡夫金字塔除了规模巨大令人惊叹以外，还以其高超的建筑技巧而著名。塔身的石块之间，没有任何水泥之类的黏着物，而是以一块巨石叠在另一块巨石上面。每块石头都磨得非常平整。数千年过去了，直到今天人们也很难把一把锋利的刀刃插入石块之间的缝隙。另外，在大金字塔北侧离地面13米高处，有一个用四块巨石砌成的三角形入口。这个入口如果不是三角形而是四边形，那么，100多米高的金字塔自身的巨大重力将会把这个入口压塌，而三角形则可以使巨大的压力均匀地分散开。古埃及人在4000多年前就对力学原理有这样的理解和运用，确实是十分了不起的。

胡夫金字塔的修建场景

埃及古都底比斯

在公元前14世纪中叶的古埃及新王国时期，尼罗河中游沿岸曾经雄踞着一座当时世界上无与伦比的都城。这就是古埃及的首都底比斯。

底比斯是一座充满传奇色彩的古城，它的兴衰是整个古埃及兴衰的一个缩影。

从公元前2133年埃及第十一王朝法老孟图赫特普兴建底比斯作为都城，到公元前27年底比斯被一场大地震彻底摧毁为止，在2000多年的漫长岁月里，底比斯在古埃及的发展史上始终起着重要的作用。

底比斯横跨尼罗河两岸，位于现今埃及首都开罗南面700多千米处。底比斯的右岸，也就是东岸，是当时古埃及的宗教、政治中心。底比斯的左岸，也就是西岸，是法老们死后的安息之地。在埃及古王国时期，底比斯是一个商业中心，通往西奈半岛和彭特的水路，通往努比亚的陆路，都要经过底比斯。底比斯的兴盛是跟阿蒙神联系在一起的。法老孟图赫特普把首都定在底比斯后，又将阿蒙神奉为"诸神之王"，并开始在底比斯为阿蒙神大兴土木，修筑神庙。底比斯在古埃及历史上的重要地位就这样被奠定了下来。

其后，古埃及第十二王朝法老阿门内姆哈特一世将都城从底比斯迁到孟斐斯附近的伊赛

底比斯穆特神庙廊柱

塔维，底比斯经历了第一次衰落，直到阿赫摩斯一世在公元前1570年建立第十八王朝并开创了新王国时代时，底比斯才再度成为古埃及的宗教、政治中心。但随着新王国的日益衰落，底比斯也开始了自己的厄运。公元前663年左右，入侵埃及的亚述军队火烧底比斯。公元前27年，一场地震又使底比斯城里的一些纪念性建筑倾塌无遗。到公元19世纪，只留下一堆废墟的底比斯，又成了古墓盗劫者的乐园。现在，人们只能在埃及的卢克索和卡纳克一带看到底比斯遗址的一些断垣残壁。

埃及法老的护身符

底比斯阿蒙神庙

完成于拉美西斯二世时期的底比斯阿蒙神庙，总面积达5000平方米，庙内有134根圆柱，中间的12根大圆柱高达21米，每根圆柱的柱顶上可以容纳近百人，规模之大为世界所罕见。阿蒙是底比斯的庇护神，后来被尊为太阳神，成为国家最高的神。埃及法老认为自己是太阳神的儿子，每次对外战争的胜利，都认为是阿蒙神保佑的结果。战争结束后，就把大批战利品包括土地、奴隶、金银、宝石献给阿蒙神庙。

底比斯西岸的拉美西斯二世庙

拉美西斯大帝国

体现了古埃及新王国光辉的最后全盛阶段的是法老拉美西斯二世（公元前1304～前1237年在位），或称拉美西斯大帝。其父塞提一世为培养注定的一人之下、万人之上的角色，做了极重要的准备工作。从十几岁起，塞提一世便让他的儿子参与朝政。

拉美西斯二世具有敏锐的洞察力，其性格也如鹰一般对埃及之敌迅速出击。在卡迭石之战中，他在叙利亚同赫梯人发生了冲突。后来他同赫梯人讲和，并在此后的长期统治中致力于自我充实，使其统治期间成为埃及的黄金时代。

拉美西斯大帝去世后的30多年时间内，古埃及经历了麦尔涅普塔赫、阿门麦斯、舍特、塞特那赫特等五代法老。在此期间，埃及不断遭到侵犯，国力被削弱，直到拉美西斯三世（约公元前1198～前1166年在位）即位后情况才有所改变。他统治埃及30多年，不负英

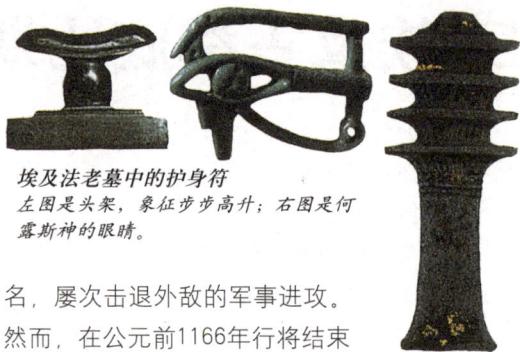

名，屡次击退外敌的军事进攻。然而，在公元前1166年行将结束时，这位征服者却几乎要被自家后院的一帮人掀下马来。拉美西斯三世后宫一名妃子图谋弑君，妄图以己出王子取王储而代之。卷入其阴谋的人中，既有后宫妃子，也有看管后宫的官员，还有国王的亲信。为了达到目的，他们无所不用其极，甚至使用了巫术。

这场内乱直到拉美西斯四世（公元前1166～前1160年在位）继承王位后才得以平定，埃及的秩序恢复正常。

埃及法老墓中的护身符
左图是头架，象征步步高升；右图是何露斯神的眼睛。

圣柱也是法老的护身符，代表着稳定和坚固。

拉美西斯二世雕像

阿布辛贝勒神殿

拉美西斯二世在埃及建造了很多巨大的建筑物。其中影响力最大的是建于尼罗河上游的阿布辛贝勒神殿，高33米、宽38米的岩石正面部分雕刻着四尊巨大的拉美西斯二世像（第二尊在地震中倒塌）。神庙经过精密的设计，在春分和秋分两天，阳光可以从入口一直照进60米深的祭台。

阿布辛贝勒神殿

卡迭石之战

公元前1700年前后，赫梯人建立了自己的国家后开始不断地向外扩张。公元前1610年，他们攻占了叙利亚和巴勒斯坦；几年之后，又攻陷了巴比伦帝国的首都巴比伦城，洗劫了这座当时世界上最为繁华的城市。为了争夺中东地区的地盘，赫梯人又与埃及人打了起来。这些行动严重威胁到了埃及的霸权地位。

公元前1298年，埃及法老拉美西斯二世决定与赫梯国王争夺叙利亚地区的统治权。他率领了3500辆战车和近4万战士，准备全力夺取赫梯在叙利亚的主要基地和军事要塞——奥伦河畔的卡迭石（在今天的叙利亚西部境内）。赫梯的国王穆瓦塔尔（公元前1315～前1295年在位）得知拉美西斯二世将来攻打赫梯，急忙联合各个盟国，在卡迭石严阵以待，准备给这个年轻的法老以迎头痛击，而拉美西斯二世却对敌人的行动毫不知情。

经过一个多月的行军，拉美西斯二世到达了卡迭石城外。一天，士兵们抓到了两个牧人打扮的赫梯间谍。两人欺骗法老说慑于埃及兵力的强大和法老的威严，赫梯人已经向北退了大

雄狮践踏着倒地屈服的人，人们认为这是赫梯人或亚述人的作品。

赫梯国王小金像

约150千米。拉美西斯二世信以为真，心中大喜，立刻命令乘势追击。他还不知道赫梯的部队早就做好了在城外伏击的准备。

拉美西斯二世率领他的四个军团毫无阻拦地渡了河。正当他命令部下在城外西北面安营扎寨的时候，赫梯人从四面八方涌了出来。拉美西斯二世大惊，这才知道自己中了计。很快，他的军队被赫梯人包围了，而闻讯赶来的一支后续部队也遭到赫梯部队袭击，损失惨重。

赫梯战士头像

被困的拉美西斯二世奋力抵抗，将护身的战狮放出来"保驾"，并急令另一支后续部队火速增援。这支埃及援军赶到后，以严整的战斗队形（呈三线配置：一线为战车并有轻步兵掩护；二线为步兵；三线为步兵和战车各半）攻击对方翼侧。穆瓦塔尔也投入步兵和战车，猛冲埃及中军，并令要塞守军8000人出击配合，战斗十分激烈。双方势均力敌，未分胜负。赫梯军退守要塞，拉美西斯二世亦无力夺取要塞，决定返回埃及。

这场战争中，双方都遭受惨重的损失。但是，赫梯与埃及的争霸并没有完结，战争又持续了16年。此战是古代军事史上有文字记载的最早的会战之一。运用军事计谋调动敌军、步兵与战车兵协同、要塞守军出击与野战部队配合等是这次会战的主要特点。

□ 埃及艳后

埃及女皇克里奥帕特拉七世是古代最具魅力的女性之一，她拥有极度的智慧和美貌，并把这两者用于埃及长远的政治目标。

熟知希腊传统和文化的克里奥帕特拉七世所在的托勒密王朝，是亚历山大大帝征服埃及后在此设立的王朝。公元前51年，埃及托勒密王朝的国王托勒密十二世去世后，其长子托勒密十三世和长女克里奥帕特拉七世开始争夺王位。在这场争夺战中，克里奥帕特拉七世败下阵来，并被逐出亚历山大城。就在她被放逐的这一年，罗马杰出的政治家、军事家恺撒率领3万多精兵，追击政敌庞培，一直到达埃及，并大获全胜。恺撒没有立即回国，而是准备在埃及休整一段时间。克里奥帕特拉七世心想："这真是天助我也！"她煞费苦心地打扮了一番，把自己藏在一张名贵的地毯里作为礼物送给了恺撒。

恺撒听说埃及女王送来了贵重的礼物，便命人抬到他面前来。地毯厚得出奇，恺撒不由得用剑去挑地毯。地毯伸展开来，竟走出一位绝世美女。恺撒在惊愕之余，眼睛不由得一亮，克里奥帕特拉七世一双会说话的眼睛正含情脉脉地注视着他。

恺撒一下就被克里奥帕特拉七世的美貌征服了。

在恺撒的帮助下，克里奥帕特拉七世在公元前47年不仅打败了弟弟托勒密十三世，还迫使他自杀，而她则成了埃及真正的统治者。

伊丽莎白·泰勒扮演的埃及艳后

罗马统治下的埃及

埃及被罗马征服后，成为"罗马帝国的粮仓"。埃及出产的小麦被大量运到罗马，供养罗马庞大的军队和迅速膨胀的城市人口，尤其是罗马城。埃及出产的其他物品，如优质的亚麻布、纸莎草和香油，在罗马非常受欢迎。另外，埃及的学者、诗人、科学家甚至角斗士，都在罗马帝国享有声名。在这一时期，罗马文化和埃及文化获得了很好的交流与融合。

埃及艳后雕像

恺撒遇刺身亡之后，重新爆发的内战使罗马帝国出现危机。安东尼作为罗马帝国的实际统治者，传唤了克里奥帕特拉七世。女王坐着一条豪华的游艇到达，用盛宴款待安东尼。安东尼被她的美貌所吸引，不久便宣布与克里奥帕特拉七世结为夫妻。后来，恺撒的养子屋大维为夺取政权，向二人宣战。安东尼和克里奥帕特拉七世调遣战船，与屋大维在希腊的西海岸进行了著名的亚克兴海战。在此战役中，安东尼被屋大维打败，伏剑自杀了，这位埃及艳后也在自己的王宫里放出毒蛇咬死了自己。

埃及艳后去世后，拥有3700年历史的古埃及文明就此宣告结束。从此，埃及这个神秘的国度被纳入了罗马人的版图。法老失去了王位，古老的神庙陷入一片死寂，曾经辉煌的古埃及文明从此被彻底掩埋在滚滚黄沙之中。

埃及出产的珠宝

Part3

古印度文明

古印度文明是人类最古老的文明之一，充满了东方魅力。印度人民创造了灿烂的古代文明，为人类做出了杰出的贡献。他们制定了完善的社会制度，创作了世界上最长的史诗和精美的绘画、雕塑，建造了大量的佛塔和神庙。这些不仅成为古印度的民族瑰宝，也是人类社会宝贵的文化遗产。古印度文明以其异常之丰富、玄奥和神奇深深地吸引着世人，对亚洲诸国包括中国产生过深远的影响。

哈拉帕文明

古代印度是人类文明的发祥地之一。古代印度是指整个印度次大陆，主要包括今天的印度、巴基斯坦和孟加拉国。印度文明的黎明可上溯到公元前3000年左右。从20世纪20年代开始，考古学家在印度河流域陆续发掘出上百座青铜文化遗址，其中哈拉帕和摩亨佐·达罗两城遗址最大，所以这一文化也被称为哈拉帕文化。这一文明是由印度地区最早的居民达罗毗荼人创造的。它的存在年代大约为公元前2500～前1500年。

从遗址发掘的情况看，当时的人们不仅种植小麦、大麦、瓜果、椰枣、棉花等，而且还驯养狗、马、猪、牛、大象和骆驼等动物。他们在制陶、编织、造船、雕刻等方面也拥有很高的技艺。考古学家在哈拉帕等遗址中发现了大量红色陶器，这些陶器是用磨细和耐火的黏土作原料制造的。有些陶器上用黑颜料画着多种花卉、飞鸟、动物、人物图案，这些图案表明当时的家庭副业和渔业相当发达。从哈拉帕等遗址所反映的情况看，当时印度已存在明显的阶级分化，但还没有发现像古代两河流域或者古代埃及那样的王陵，也没有特别富丽堂皇的宫殿遗址。

哈拉帕文明虽然统一性很强，不过却发展缓慢。直到文明发展末期，哈拉帕和摩亨佐·达罗这两个城市也没有多大变化，陶器、工具类型和印章及文字也都没有改变。所有这些都说明哈拉帕文明尚未达到古印度文明的繁盛阶段，但是它却为后来印度文化的发展打下了基础。

一辆由两头公牛拉着的牛车模型

哈拉帕文明时期的雕像

印度的青铜时代

哈拉帕文明时期是印度的青铜时代。虽然哈拉帕时代的居民没留下威仪堂堂的纪念碑，但他们在个人饰物、动物和人物雕刻等手工艺制作上显示了卓越的才能。在哈拉帕发现的两件石刻男子躯干造型，完美地符合解剖原理，比起1000年后的古希腊雕刻更具有生气。

印 章

这些印章可能是用来在商品上做标记的，在伊拉克也发现了同样的印章，显示出印度河流域和两河流域已有贸易往来。

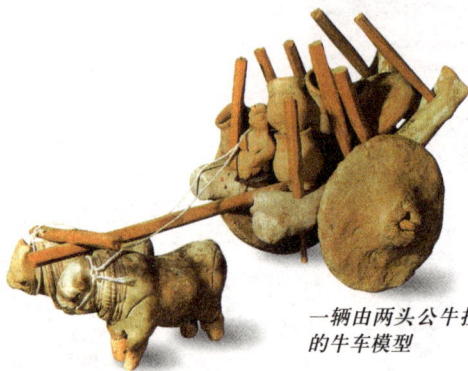

摩亨佐·达罗古城的城市生活

□ 吠陀时代

公元前1500年前后，古印度进入了一个新的时代。由于这一时期的传说材料收集在一些被称为"吠陀"的古代文献中，所以这个时代便被称为"吠陀时代"。吠陀时代是印度从原始社会到阶级社会的过渡时期。

吠陀是指包含了大量的各种知识的宗教文献，它是在相当长的一段时间内，由许多人口头流传下来的。吠陀既是文学的瑰宝，也是珍贵的史料。从吠陀的记述中，我们得知，吠陀时代分前期和后期，前期即梨俱吠陀时期，约在公元前1800～前1000年；后期约为公元前1000～前600年这段时期。

早期吠陀时代是雅利安人的氏族部落解体的时期。在家族中，男性家长是主导，但妇女也享有一定的地位。后来，私有制逐渐产生，贫富差别开始出现。穷人缺衣少食时，只能向富人借债，如果过期不能偿还，就必须为债主服一段时间的劳役。

道格女神

破坏神湿婆

古印度的神

吠陀正义神伐楼拿浮雕
伐楼拿手中所握的为捆绑罪犯用的绳索。

到了后期吠陀时期，经济有了很大发展。铁器的使用大大促进了农业生产。商业也开始兴起，从事贸易的商人们往来于各地之间，互通有无。随着阶级矛盾的产生和发展，国家诞生了。部落的军事首领成为世袭的君主和国王，他们依靠贵族和官吏辅佐来统治国家。

这个时期，印度人的宗教信仰由早期的自然崇拜，发展成为完整的婆罗门教。原来的太阳神不再简单地是自然力的化身，而是更多地被赋予社会功能。国王加冕时会举行盛大的祭祀，以示王权来自神授。一个国王如果想成为霸主，就举行盛大的"马祭"。即选一匹骏马，让它在一年之中任意奔驰，一批战士跟随在马后，马所到之处为自己的土地，如果当地的国王阻拦，战士就与之作战。一年之后，将此马带回，并作为贡品向神献祭。国王举行马祭后，就表示自己所向无敌，可以称霸天下了。

吠陀之典

关于印度雅利安人及其社会发展状况的最早纪录是古代典籍《吠陀》，它同时也是印度最早的宗教典籍。典籍包括《梨俱吠陀》《耶柔吠陀》《娑摩吠陀》《阿达婆吠陀》四部。其中，《梨俱吠陀》是最古老、最重要的一部，它所反映的社会时代被称为"早期吠陀时代"。另外三部反映的时代相对较晚，称为"后期吠陀时代"。

□ 世代不变的种姓制度

在大约4000年前，印度中部有一个很大的村庄，村里住着非常富有的婆罗门（执行祈祷的祭官）和一些其他的居民。婆罗门认为自己是高贵的人，而把另外那些居民看成是低等的"贱民"。如果他们不小心碰到了"贱民"的身体，就得赶紧洗澡以除去秽气。村里有一个婆罗门孩子叫阿提拉，他长得眉清目秀，十分可爱，就是皮肤不像其他孩子那么白。因此，别的孩子便怀疑他不是婆罗门。

有一次，几个婆罗门小孩放学回家，要阿提拉拎书包。他不肯，大家就打他，骂他是"小杂种"。阿提拉哭着回家，一头扑在妈妈的膝盖上问道："为什么人家老说我不是婆罗门？""孩子，别管他们，"妈妈吻了吻阿提拉，"我们是从别的省搬过来的婆罗门……""可是，其他的婆罗门人可以当祭司，还经常出席婆罗门的宴会，可我们为什么不行？为什么他们不让我们同他们一起吃饭呢？"虽然母亲尽力安慰阿提拉，但阿提拉还是闷闷不乐。

树神药叉雕像

第一等级：僧侣和学者

第二等级：国王和武士

第三等级：商人、手工业者和农牧业者

种姓制度

第四等级：出卖劳力的人和奴隶

可怕的事情终于发生了。在一个阴沉的日子里，婆罗门祭司把全村人集中在村头的场地上开会。这是一个惩罚犯人的大会。按照当时的法律规定，低等种姓的人如果伤害了高等种姓的人，就必须将伤害了高等种姓人的那一部分肢体斩断，动手的斩手，动脚的斩脚。在处罚犯人的过程中，阿提拉始终一声不响地站在母亲身旁，默默地低着头。突然，祭司高声宣布："今天，我们要清除一个冒充婆罗门的人。这个人就是他——"祭司一伸手，直指着阿提拉。这孩子吓得魂飞魄散，把头埋在妈妈的怀里。"这女人也不配当婆罗门，"祭司指着阿提拉的母亲狂叫道，"昨天，从外省来的婆罗门举报，她曾同一个首陀罗通婚。你看她的孩子，皮肤黑黑的，哪里像婆罗门！从今天起，宣布她们一家为贱民！"

从那天起，阿提拉和他母亲被赶到村外居住，永远不能与婆罗门接触。他们走在路上，身上要佩带贱民的标记，嘴里要不断发出特殊的声音，或者敲击着瓦罐，告诉婆罗门和刹帝利不要碰到他们，因为他们已经成了"不可接触的人"。阿提拉的母亲忍受不了这种痛苦，不久就死了。阿提拉扑在母亲的身上，气愤地喊道："为什么人要分等级啊！"

这种严酷的等级制度，在印度流传了几千年，直到今天还有着一定的影响。

种姓制度

雅利安人进入印度河流域后，建立了一套种姓制度，把社会成员分成四个等级。第一等级是婆罗门，他们是僧侣贵族，地位最高，掌握神权，垄断教育和文化。第二等级是刹帝利，他们是军事贵族，包括国王、贵族和武士，把持行政、军事大权。第三等级是吠舍，包括手工业者、自由农民和商人，他们必须向国家纳税，供养婆罗门和刹帝利。第四等级是首陀罗，他们是失去土地的农民或被征服的人，实际上处于奴隶地位。

□ 20万行长诗

在一年一度的印度庙会上，年老的艺人总要朗诵印度著名的史诗《摩诃婆罗多》，它是世界上最长的史诗，长达20万行。据说，它是公元前5世纪由传说中的印度大圣人毗耶娑创作的，是古印度文化艺术的光辉结晶。全诗共18篇，附录1篇，长达10万颂，每颂两联句，主要叙述了婆罗多族的两支后裔俱卢族和般度族之间大战的故事。直到现在，它的故事内容和艺术风格还影响着印度的文艺创作。

传说，古印度半岛上的月种国国王有两个儿子，老大叫持国，老二叫般度。老大生来就双目失明，因此老国王死时，把王位传给了般度。可是，持国有100个儿子，称为"俱卢兄弟"；般度只生了5个儿子，称为"般度兄弟"。

两族王子长大以后，互相之间的斗争开始激烈起来。般度五兄弟聪明好学，武艺娴熟，遭到了俱卢兄弟的嫉妒。他们想方设法要害死这五兄弟。一天，俱卢兄弟对般度兄弟说："亲爱的兄弟们，我们已经为你们盖好了一座豪华的宫殿，请住进去吧。"般度兄弟推脱不过，只好住了进去。俱卢兄弟当夜就派人火烧宫殿。可是早已有人通知了般度兄弟，他们在放火之前就逃走了，从此流浪各国。

后来，般度兄弟娶了班扎腊国的公主，并在班扎腊国的帮助下，回到月种国，要回了一部分荒凉的土地。由于般度兄弟勤奋治国，荒凉的土地很快变成了富饶之乡。不久，般度兄弟举行了一次公开的祭祀，将本国的强大展示给全印度看。这下，俱卢兄弟又嫉又恨。他们引诱般度兄弟前来，用掷骰子来决定胜负。般度兄弟不知有诈，

用于宗教仪式的赤陶象塑

把王位、财产、妻子全输掉了，还被再一次放逐。漫长的13年过去了，般度兄弟要求把国土归还给他们，却遭到无礼的拒绝。般度兄弟忍无可忍，发誓要夺回曾有的一切。一场大战爆发了！很快，全印度的部落和国家都卷入了这场战争。大战进行了18天，般度兄弟大获全胜，可是战场上惨死的人不计其数，血流成河。

当般度兄弟庆祝胜利，举杯痛饮时，手中的美酒似乎变成了同胞的鲜血，他们想起了兄弟的自相残杀，给人民带来了重大的灾难。于是，他们决定与俱卢兄弟讲和，化战争为和平，化干戈为玉帛。

这部史诗广泛展示了印度从氏族社会向奴隶社会过渡时期的面貌，反映了他们渴望国家统一的强烈愿望。全诗围绕主干故事插叙了许多英雄故事、神话传说、治国之道、宗教哲理、风俗习惯、伦理道德，几乎概括了整个时代的社会面貌，故被称为印度古代社会的百科全书。

《摩诃婆罗多》中描绘的俱卢百子战争的场面

《罗摩衍那》中的两位英雄弓箭手——罗摩（左）和他的兄弟

印度两大史诗

《摩诃婆罗多》和《罗摩衍那》是古印度最为著名的两部史诗。《摩诃婆罗多》汇集了当时印度政治、社会、经济、历史、宗教、伦理、文学、哲学等多方面的知识，成为印度后世文学艺术创作汲取素材的宝库。《罗摩衍那》意为"罗摩的漫游"，全诗共7篇，2.4万颂，写的是居萨罗国阿逾陀城十车王之子罗摩与妻子悉达悲欢离合的故事，生动曲折，在艺术上独具特色，对世界文学的影响很大。

孔雀雄主阿育王

桑奇佛塔

公元前323年，印度北部摩揭陀国的旃陀罗·笈多建立了一个新王朝，称为孔雀王朝。约公元前273年，孔雀王朝第二代君主的儿子阿育王（约公元前273～约前232年在位）在其父死后，与其兄修私摩展开争夺王位的斗争。约公元前269年，阿育王取胜并正式登基后，大肆杀戮异己，以巩固统治。在稳定了国内统治后，他开始向南方大举用兵。当时最强大的敌人是位于印度东海岸的羯陵伽。阿育王对羯陵伽发动了大规模战争。在这次战争之后，除南端一小部分地方外，整个印度地区都归于阿育王的统治下。阿育王由此建立起印度历史上第一个统一的大帝国——孔雀帝国，印度文明开始进入一个新的发展时代。

阿育王统一印度后，对血洗羯陵伽进行了悔悟，开始由

阿育王石柱顶部
石柱上的狮子是现在印度的徽章。

阿育王石柱
阿育王在帝国境内的很多地方开凿岩壁，树立石柱，上面镌刻敕令，称为"法敕"。

一个残暴的统治者转变为一个虔诚的佛教徒。为了使佛法得到贯彻，他采取了许多措施。他派人到全国许多地方刻立石柱，宣扬"法"的内容。阿育王的"法"在一定程度上顺应了人民的要求，有利于维护庞大帝国的稳定。在他统治的时代，政治稳定，经济繁荣，农业、手工业和商业都得到迅速发展。阿育王还派人到其他地方传教，使佛教走向世界。

阿育王在位时间长达40年左右，尽管他有雄才大略，但晚年受到朝臣和后宫的控制。在他死后不久，孔雀帝国就分崩离析了。

佛塔建筑

佛塔是存放舍利的地方。印度最早的佛教建筑之一是释迦牟尼成佛后传教的第一站——达麦克塔。另一座早期佛塔菩提伽耶是在释迦牟尼成佛之地修建的，在公元前5世纪时，这里就已成为圣地。桑奇佛塔是早期佛塔中现存最大、最完整的一座佛塔，位于印度中央邦首府博帕尔郊外的桑奇村。桑奇佛塔的整体建筑完成于公元前3世纪。

阿育王的象军

第四章

Part4

古希腊文明

古希腊文明诞生于巴尔干半岛和爱琴海域，是西方历史的开源，持续了约650年。在那时的希腊地区，奴隶制已经确立，经济活动空前活跃，希腊人有大量与多种文明接触交流的机会，城邦民主制的独特政治体制也促进了浓郁的文化气氛的生成。但任何文明都是有生命的，所以它难逃衰亡的劫数。罗马军团所向披靡的挺进奏响了希腊文明的挽歌，古希腊文明在向世界展示了自己的辉煌后逐渐黯淡了下来！

克里特岛上的米诺牛

在远古时代，克里特岛上有一个国王叫米诺斯，他的儿子在雅典的阿提刻被人阴谋杀害了。为了替儿子复仇，米诺斯向雅典人发起挑战，而此时，雅典由于神的惩罚，正充满了灾荒和瘟疫，所以雅典人不得不向米诺斯求和。米诺斯答应了，但要求他们每隔9年送7对童男童女到克里特岛。

米诺斯在自己的城邦里建造了一座地下迷宫，迷宫中道路曲折纵横，谁进去都别想出来。在迷宫的深处，他养了一只人身牛头的野兽米诺牛。雅典每次送来的7对童男童女都是供奉给米诺牛吃的。

这一年，又是供奉童男童女的时候了，有童男童女的家长们都惶恐不安。雅典国王爱琴的儿子忒修斯看到人们遭受这样的不幸，深感不安，于是决心和童男童女们一起出发，并发

克里特岛上的王宫遗址

誓要杀死米诺牛。他和父亲约定，如果杀死米诺牛，他在返航时就把船上的黑帆换成白帆。

忒修斯到达克里特岛后，米诺斯的女儿爱上了忒修斯，并送给他一把魔剑和一个线团，以免他受到米诺牛的伤害。忒修斯一进入迷宫，就将线团的一端拴在迷宫的入口处，然后放开线团，沿着曲折复杂的通道，向迷宫深处走去。最后，他终于找到了怪物米诺牛。他抓住米诺牛的角，用魔剑刺穿了它的心脏。然后，他带着童男童女，顺着线团走出了迷宫，并和公主一起逃出了克里特岛，起航回国。可是兴奋的忒修斯忘记了和父亲的约定，没有把黑帆改成白帆。这时，爱琴国王正在海边翘首等待儿子的归来。当他远远地看到归来的船上挂的仍是黑帆时，以为儿子已被米诺牛吃了，悲痛欲绝，当即跳海自杀了。为了纪念爱琴国王，他跳入的那片海，从此就叫爱琴海。

克里特文明

公元前2000年，克里特岛进入青铜器时代，并出现了最早的国家。克里特文明分为前王宫和后王宫时期。其中后王宫时期，克里特岛上的城邦比以前大大增加，此时的克里特岛有"百城"之称。

石雕公牛
对米诺斯人来说，公牛具有特殊的宗教意义，一般被放置在神庙和宫殿的周围。

克里特岛居民的生活

特洛伊木马

大约在公元前13世纪中叶，希腊斯巴达城邦有一位美女名叫海伦，她被公认为是全希腊各城邦最美丽的女子。她嫁给了斯巴达王阿特柔斯的儿子墨涅拉俄斯，不久，墨涅拉俄斯成了国王。

一天，小亚细亚特洛伊王国的王子帕里斯出访希腊。帕里斯王子长得风流潇洒，海伦和他一见钟情，竟与他一起逃回了特洛伊城。墨涅拉俄斯觉得这是一个极大的侮辱，便去请迈锡尼城国王阿伽门农，也就是他的哥哥帮他复仇。于是阿伽门农联合了希腊许多小国，决定用武力消灭特洛伊城。不久，一支有10万人马、2000艘战舰的大军浩浩荡荡地开始远征特洛伊城。

这场战争整整持续了10年，希腊联军始终没有攻破坚固的特洛伊城。后来，希腊一位足智多谋的将领奥德修斯想出了一条妙计……

这一天的早晨，希腊联军的战舰突然扬帆离开了，平时喧闹的战场变得寂静无声。特洛伊人发现希腊人已经离开，城外只留下一只巨大的木马。他们惊讶地围住木马，不知道这木马是干什么用的。正在这时，有几个牧人捉住了一个希腊人，他被绑着去见特洛伊国王。这个希腊人告诉国王，这个木马是希腊人用来祭祀雅典娜女神的，希腊人估计特洛伊人会毁掉它，这样就能引起天神的愤怒而招来灾难，但如果特洛伊人把木马拉进城里，就会给特洛人带来神的赐福，所以希腊人把木马造得这样巨大，使特洛伊人无法拉进城去。

特洛伊人一听此话，赶紧想尽办法，把木马拉进了城里。当天晚上，特洛伊人欢天喜地地庆祝胜利，直到深夜才回家休息。

深夜，全城一片寂静。此时，藏在木马中的希腊战士全都跳了出来。他们悄悄地摸向城门，杀死睡梦中的守军，然后迅速打开了城门。希腊联军冲进城来，特洛伊城很快就变成了一堆瓦砾，海伦也被墨涅拉俄斯带回了希腊。

意大利画家圭多·雷尼所画的《诱拐海伦》

荷马史诗

特洛伊木马的故事源于荷马史诗。荷马史诗是相传由古希腊盲诗人荷马创作的两部长篇史诗《伊利亚特》和《奥德赛》的统称。荷马史诗在西方古典文学史中占有无可取代的地位，被认为是最伟大的古代史诗。其内容包括生产、天文、地理、历史、哲学和艺术等各方面的知识，反映了广阔而丰富的社会生活。

特洛伊木马模型

引发特洛伊之战的美女海伦

古代奥林匹克运动的兴起

古代奥林匹克运动会起源于古希腊，因举办地点在奥林匹亚而得名。其有文字记载的历史可以追溯到公元前776年，但在此以前，古代奥运会可能已经存在了几个世纪。运动会每隔四年举行一届。后来人们将这一周期称为奥林匹克周期。

关于古代奥运会的兴起，流传最广的传说是皮罗西娶亲的故事。古希腊波沙国王为了给自己的女儿挑选一个文武双全的夫婿，提出应选者必须和自己比赛战车。比赛中，先后有13个青年丧生于国王的长矛之下，而第14个青年正是宙斯的孙子，同时也是公主的心上人——皮罗西。在爱情的鼓舞下，他勇敢地接受了国王的挑战，最终以智取胜。为了庆贺这一胜利，皮罗西与公主在波沙城以西奥林匹亚山谷的宙斯庙前举行盛大的婚礼，婚宴上还安排了战车、角斗等竞技表演为人们助兴，古代奥运会就这样创立了。

古代奥运会的兴起，实际上与古希腊的社会发展有着密切的关系。公元前9～前8世纪，古希腊氏族社会逐步瓦解，城邦制的奴隶社会逐渐形成，建立了200多个城邦。城邦各自为政，无统一君主，彼此之间战争不断。

为了取得战争的胜利，各城邦都积极训练

有关古代奥运会的古希腊漆画

士兵。战争需要士兵，士兵则需要强壮身体，而体育恰恰是培养能征善战的士兵的有力手段。战争促进了古希腊体育运动的开展，也使古代奥运会的比赛项目带上了明显的军事烙印。但连续不断的战事使人民感到厌恶，普遍渴望能有一个赖以休养生息的和平环境。后来斯巴达王和伊利斯王签订了"神圣休战"条约。于是，为了战争而进行的军事训练和体育竞技，逐渐变成了和平与友谊的运动会。

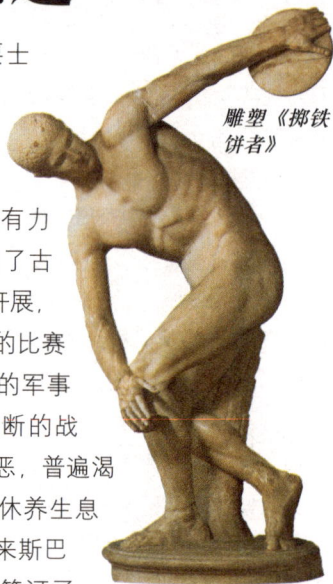

雕塑《掷铁饼者》

古代奥林匹克运动会一共举行了200多次。公元392年，侵入希腊的罗马皇帝狄奥多西下令禁止举行比赛，奥林匹克运动会从此中断了1500多年。后来，经过法国人顾拜旦的倡议和努力，第一届现代奥运会于1896年在雅典举办，并沿袭了四年一届的旧制。

为获胜者戴上桂冠。

古奥林匹克精神

备受后人尊崇和借鉴的古奥林匹克精神主要包括：（1）和平与友谊的精神——在"神圣休战"期间，各城邦人民可以自由交往，增进友谊。（2）尊崇公正、平等、竞争的精神——运动员赛前宣誓："不以不正当的手段取胜！"这反映了人们对公正、平等、竞争的渴望与崇敬。（3）追求人体健美的精神——古奥运会不仅是体能比赛，也是健美比赛，它体现了古希腊人对人体健美的追求。（4）以取胜为目标的奋进精神——运动员参加比赛，就是为了战胜别人，夺取冠军。

尚武的斯巴达人

斯巴达人崇尚武力，整个社会过着军事化的生活，就像是一个管理严格的大军营。斯巴达的婴儿一旦呱呱落地，马上就被抱到长老那里接受检查，只有身体健康、四肢健全的婴儿才会被留下来抚养，而身体羸弱或有残疾的婴儿则会当场被抛到荒郊野外的弃婴场。

斯巴达的男孩长到7岁的时候就被编入团队过集体生活。他们练习跑步、掷铁饼、拳击、击剑和殴斗等，以增强体力、勇气，并培养残忍的性情，同时严格训练绝对服从首领命令。为了锻炼忍耐性，每年在敬神的节日时，他们都要被皮鞭鞭打一次。孩子们跪在神殿前，火辣辣的皮鞭如雨点般落在他们稚嫩的脊背上，瞬间皮开肉绽，但没有人敢求饶或喊痛，因为那样做只会招来更厉害的鞭打。

男孩长到12岁时被编入少年队，所过的生活更为严酷。孩子们全都光头赤脚，无论冬夏只穿一件外衣。他们平时所得到的食物很少，但却被鼓励到外面偷食物吃。如果被人发现，回来要挨重打，因为他偷窃的本领不高明。

满20岁后，斯

整装待发的斯巴达士兵

巴达男青年才能正式成为军人。到30岁结婚后，他们每天还需要参加军事训练，就算到了60岁退伍，也仍是预备军人。

斯巴达的女孩虽然不被要求像男孩那样到军营接受训练，但她们不是整天在家做各种家务，而是每天进行体育锻炼，如跑步、竞走、掷铁饼、搏斗等。斯巴达人认为只有身体强健的母亲，才能生下刚强的战士。斯巴达的妇女个个勇敢坚强，她们送儿子上战场时，不是祝他平安归来，而是给他一个盾牌，说："要么拿着，要么躺在上面。"意思是说，要么拿着盾牌胜利归来，要么光荣战死被别人用盾牌抬回来。

斯巴达国王

正是这种严酷的磨炼，使得斯巴达军队拥有无与伦比的战斗力。凭借强大的军事实力，斯巴达成为伯罗奔尼撒半岛上的霸主。

古代斯巴达士兵

从小接受军事训练的斯巴达人

斯巴达人的政治制度

斯巴达人实行"二王制"。两个国王只有在打仗时才拥有无限的权力，一个充任统帅，一个留守国内。平时，一切重大问题都由30个人组成的"长老会议"决定。有五个执政官协助国王处理日常政务，但一切有关城邦的重大事务均由长老会议作出决定。然而，名义上还要由公民大会通过，方可有效。

泰勒斯智量金字塔

公元前6世纪的一个春天，天气晴朗，春色宜人。一个希腊游客来到了大金字塔前。人们听说他懂得数学，便问他："你能算出这塔有多高吗？""可以。这很简单！"游客的回答引起了人们的一阵哄笑，但他仍旧从容不迫地说道："这确实很简单，如果不相信的话，把你们法老请来，我当场算给你们看。"

第二天，人们果真把法老请来了，法老身后还跟着一大群随从官员。金字塔前已经聚集了好几千人，人们在那里比比划划，议论纷纷。不一会儿，在人们的簇拥下，那位希腊游客也来到金字塔前，几千人把他围成了一个大圆圈。游客抬头看了看太阳，比了比太阳的方位，然后每隔几分钟就叫人把他身影的长度量一量。待到身影和他的身长恰好相等时，他便立刻叫人在大金字塔影子的三角尖顶处做个记号，然后跑过去丈量塔底中心到塔影顶端的距离，很快就报出了该塔的高度。

"你怎样知道这就是塔的真正高度呢？"坐在一旁的法老看了半天，还不太明白。"这个道理很简单……"游客用手比划着给人们讲了如何利用"身影=身长""塔影=塔高"的数学道理。当时，阳光正以45°角射向地面，立在地面上的金字塔，其影子和擦顶而下的光线正好组成等腰直角三角形。在此三角形中，塔高和塔影是相等的两条"腰"。"只要量一下塔影的长度，就可以知道塔身的高度了！"游客话音一落，人群立即爆发了热烈的赞叹声。

这个聪明的游客到底是谁呢？他就是当时希腊的大科学家泰勒斯。泰勒斯把一生所有的精力都倾注在哲学与科学的钻研上，在数学、天文学、哲学等方面都有杰出贡献，素有"科学之父"的美称。据说他曾测知公元前585年5月28日的一次日全食。当时正值战争之际，泰勒斯向世人宣告，若不停战，到时天神震怒！到了那天下午，两派将士仍激战不已，霎时间，太阳在天空中消失，星辰闪烁，大地一片漆黑。双方将士见此景象，以为太阳神真的发怒了，要降罪于人类，于是立即罢兵休战，从此铸剑为犁，和睦相处。如果这是真的话，那么泰勒斯确实不愧于其墓碑上所镌刻的颂辞："他是一位圣贤，又是一位天文学家，在日月星辰的王国里，他顶天立地、万古流芳。"

泰勒斯

科学贤人泰勒斯

泰勒斯（约公元前624～前547年）出生于希腊的一个贵族家庭。他很小的时候就被送到著名的科学家和哲学家那里接受教育。十几年以后，他的学问超过了给他授业的老师，以渊博的学识、富于独创的思想闻名希腊。泰勒斯一生做过许多极有价值的事。例如，他推测出太阳的直径，预测过日食的发生，并推算出一年有365天。他还通过对尼罗河定期泛滥的研究，总结出精辟的数学理论。所以，古希腊人称他为"科学贤人"。

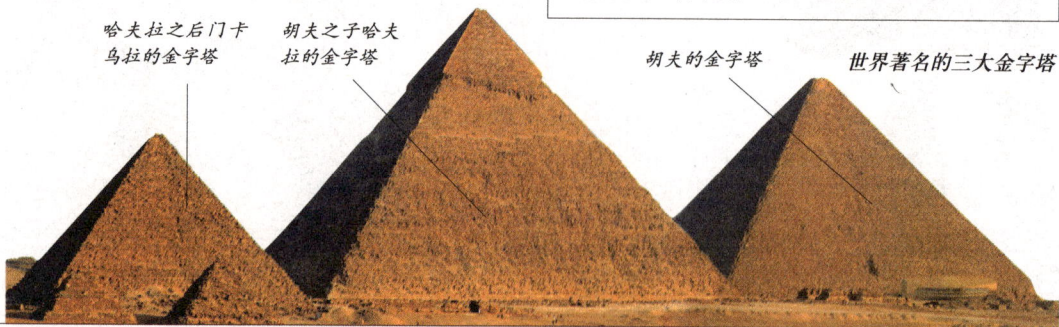

哈夫拉之后门卡乌拉的金字塔　胡夫之子哈夫拉的金字塔　　　　胡夫的金字塔　　世界著名的三大金字塔

伊索寓言

　　一头年老体弱的狮子无力自行觅食，只好躺在洞穴里，一副病入膏肓的样子。很快，狮子病重的消息在兽群中传开了，小动物们一个接一个地前来探望他。最后，狐狸也想来看个究竟，便站得远远地向狮子问好。狮子说："啊，我最亲爱的朋友，为什么站得那么远？来吧，在我耳边说句安慰的话吧，我快不行了。""愿神保佑你！"狐狸说，"但请原谅，我不能久留。我感到十分不安，因为我看到这里许多脚印都是走进去的，没有一个是走出来的！"

　　这个《狐狸与狮子》的故事便是著名的《伊索寓言》中的一篇。相传伊索是公元前6世纪古希腊某奴隶主的一个家奴，相貌丑陋但却绝顶聪明。他所生活的时代正是古希腊奴隶制城邦的形成时期。

　　在那个时代，奴隶主贵族作威作福，而奴隶和下层平民则备受欺凌。但奴隶和下层平民对奴隶主贵族的专制并不是逆来顺受的，他们把寓言当成武器，同奴隶主斗争。在众多的奴隶和平民出身的寓言作家中，伊索成为其中最具有代表性的一位。在他所创作的寓言故事中，奴隶主贵族常被比喻成狮子、毒蛇、狐狸等，揭露出他们贪婪残暴的嘴脸。这触犯了奴隶主贵族的利益，因此奴隶主贵族对伊索恨之入骨，千方百计地想杀害他。据说公元前560年的一天，伊索被押到了爱琴海边一块高耸的岩石上。在生命的最后一刻，伊索仍然昂首屹立，坚贞不屈。最后，刽子手把他推下了山崖……

伊索寓言故事石刻

　　伊索死后，他创作的寓言一直在人们中间流传着。不过，伊索在世时以及他死后很长一段时间内，他的寓言都没有成书。直到公元前3世纪左右，一个希腊人才把当时流传的200多个故事汇集成册，题名为《伊索故事集》。到了1世纪初，一个希腊奴隶大体取材于上书，用拉丁文写了寓言100余篇。同时，另一个人用希腊文写了寓言122篇。经过这样多次收集整理，改写增删，就形成了我们今天所读到的《伊索寓言》。

伊索寓言《农夫和蛇》

希腊神话中的诸神

古希腊的人与神

　　古希腊人的生活中既有民主自由，又有激烈竞争。在这样的环境中，古希腊人创造了璀璨的希腊文明。他们不仅发现、孕育和创造了美，而且也创造了神。希腊人心目中的神就是最完美的人，因此希腊人尊重人，把人提高到神的高度加以肯定，神与人同形同性。希腊人把希腊神话视为艺术的精神本源，正如马克思所指出的："希腊神话不仅是希腊艺术的宝库，而且是它的土壤。"

□ 梭伦改革

这是公元前6世纪初的一个清晨，雅典城的中心广场上聚集了成千上万的农民、手工业者和新兴的工商业奴隶主。兴致勃勃的人们正急切地等待着一个重要时刻的到来：新上任的首席执政官梭伦将在此宣布一项重要的法律。

在众人的注视下，梭伦大步登上讲坛，环顾四周后，径直走向一个大木框。此时，嘈杂的会场立刻变得鸦雀无声。人们凝神屏息，视线不约而同地随着梭伦投向了那个大木框。梭伦用手一拨，将架在木框中的木板翻转过来，刻在木板上的法律条文便呈现在人们面前。梭伦高声宣读了这项旨在打击没落贵族、促进奴隶制经济发展的新法律——"解负令"：由于欠债而卖身为奴的公民，一律释放；所有债契全部废除，被抵掉的土地归还原主，因欠债而被卖到外邦做奴隶的公民，由城邦拨款赎回。梭伦还以洪亮的声音庄严声明："此法律的有效期为100年。"顷刻间，掌声雷动，欢声四起，那些无力还债的农民更是兴奋不已，整个雅典城被一片欢快的气氛所笼罩。

在此之前，雅典平民的境况是极其艰苦的。穷人借了富人的债若还不清，富人就会在借债者的土地上竖起债务

大穿衣铜镜是古希腊的时尚物品，不过只有富裕家庭才买得起这种奢侈品。

梭伦的新措施

梭伦在改革之后又采取了一项新的措施：根据财产的多少，将雅典公民划分为四个等级，各等级的公民享有不同的政治权利。财产越多的人，等级越高，享有的政治权利也就越多。第一、二等公民可担任包括执政官在内的最高官职，第三等只能担任低级官职，第四等级不能担任任何官职。这一制度打破了贵族依据世袭特权垄断官职的局面，为非贵族出身的奴隶主开辟了取得政治权利的途径。

碑石。借债者因此沦为"六一农"，他们为富人做工，收成的5/6给富人，自己只有1/6。如果收成不够缴纳利息，富人便有权在一年后把欠债的平民及其妻儿子女变卖为奴。梭伦的这项法令出台后，富人们再也不能这样做了，广大平民摆脱了沦为奴隶的厄运，那些因欠债而被卖到异邦的人也能回来了。

这些措施适应了当时雅典工商业发展的需要，减轻了下层人民的某些痛苦，因而受到工商业奴隶主和小农的欢迎。他的改革也为雅典的奴隶制民主奠定了基础。梭伦在任期满后，便放弃了全部权力，离开雅典远游去了。后人称颂他为"希腊的贤人"。

梭伦

梭伦改革前夕，贵族间进行了一场大辩论。

一个幼小的奴隶正在为自己的女主人系鞋带。

□ 雅典的公民大会

公元前508年的一天，雅典公民都怀着紧张而激动的心情来参加公民大会，因为这一天是投票的日子。像这样的会议在雅典大约每隔10天就要举行一次，开会通知一般在5天前公布。

随着开会时间的临近，会场外挤满了焦急的人群，只见6个监察员和他们的助手正按照名册检查到会的人员。按照雅典城邦的规定，男性公民年满20岁就在公民大会上享有选举权。不过，实际上在雅典享有这种权利的人还不到居民总数的1/10，因为奴隶、外邦人以及全体妇女是不允许参加公民大会的。

会议开始后，大会主席看看人数大致到齐，便大声宣布：“现在开始祭祀神灵！”一个祭司牵着一只小猪在会场四周绕行一周，然后走到讲台前的一个小祭台上，当场把它宰了。这是开会前的一种宗教仪式。

仪式结束后，大会主席宣读申请担任下届官员的人的名单，并征求到会者对每个提名人的意见。“我发言！”只见一个石匠往台上走去。这时主席递给他一个月桂花冠，它等于是大会所颁发的发言许可证。戴上花冠的人在发言时，如果有人胆敢侮辱发言人，主席就要把他赶出会场，甚至还要罚款。但发言人也必须有礼貌，不应侮辱或谩骂到会的人。如果违反规定，人们就不准他发言，或者被

陶片放逐

公元前6世纪末，希腊民主政治制度的创始人克利斯提尼制定了一项法令：凡是破坏国家民主制度、企图实行独裁统治的人，均交“陶惩审判庭”审判。每个有投票资格的雅典公民在陶片上写上他认为应该被放逐的人的姓名，投票结束后，公民大会的工作人员在公民公开监督下进行统计。如果某个人的票数超过了6000票，他就要被判放逐10年，期满后才能回到雅典，恢复他的公民权。

雅典公民投票时用的陶片

主席宣布是失去荣誉的人。石匠开始发言了，他指出，刚才宣布的名单中，某人还不满30岁；又说某人去年已经担任某项职务，今年不应该再重复当选……讨论候选人是很热烈的，如果谁被揭发没有缴过税或没有完成国家的债务，不仅要被取消候选人的资格，而且要受到严厉的处罚。全部候选人都审查通过了，主席宣布：“开始选举！”这次大会要选出10名将军、10名步兵统帅、2名骑兵统帅以及1名司库员。将军和步兵统帅、骑兵统帅掌握着军队，事关国家命运，司库员掌握国库的钥匙，也是一个重要的职位，所以一定要通过大会表决并任命。大会主席喊着候选人的名字，由公民举手表决，书记员把它一一记录下来。谁获得票多，谁就当选。

雅典的民主在当时有很大的进步性，称得上是当时希腊地区奴隶制民主制度的典范，但雅典的民主统治归根结底还是为奴隶主阶级服务的，因为广大的农民和手工业者并不是这个民主的真正主人。

水 钟
这是法庭的计时工具。

古雅典陪审团的青铜选票

在这幅艺术作品中，雅典娜主持投票，四周是即将投票的公民。

□ 希波战争

公元前6世纪，希腊城邦国家已经最后形成并蓬勃发展。与此同时，位于亚洲的波斯不断扩张，并把侵略的矛头指向了希腊。希腊各城邦国家奋起反抗，双方最终爆发了战争。

公元前515～前514年，波斯占领了黑海海峡和色雷斯一带，直接威胁到希腊半岛诸城邦的安全和海外贸易。小亚细亚西部遭受波斯压迫的希腊城邦以米利都为中心爆发了反波斯起义，雅典和埃雷特里亚城邦派了25艘战船进行支援。公元前494年，起义被波斯军队镇压了。早有西侵野心的波斯国王大流士一世以雅典和埃雷特里亚曾援助米利都起义为借口，出兵远征希腊本土，希波战争爆发。

战争大致分为两个阶段：第一阶段（公元前492～前479年），波斯军队进行了三次远征，但连遭失败。在这几次远征中，波斯兵力虽然占优势，但由于它的士兵多是从被征服民族中强行征来的，士气低落，而且波斯军劳师远征，补给困难，所以连连失利。而以雅典和斯巴达为首的希腊城邦在这场战争中，为保卫国家的自由和独立暂时捐弃前嫌，团结对敌。希腊将领正确指挥，灵活运用战略战术，充分利用天时、地利、人和等有利条件，在马拉松战役和萨拉米斯战役中创造了以少胜多、以弱胜强的奇迹。

第二阶段（公元前478～前449年），希腊人反攻节节胜利。波斯军第三次远征失败后，以雅典为首的希腊联军逐渐转入反攻，并乘机扩张海上势力，企图建立

陶器上描绘了波斯国王大流士一世把俘虏放在柴堆上活活烧死的场面。

古希腊士兵的铠甲

雅典在爱琴海的霸权。公元前478年，雅典舰队占领赫勒斯滂，打开通向黑海的通路。同年，雅典联合爱琴海沿岸各城邦组成了雅典海上同盟。后来希腊联军又在将领西门的指挥下，攻占了色雷斯沿海地区和爱琴海的许多岛屿。公元前468年，在欧里墨东河口会战中，西门指挥希腊海军大败波斯舰队。公元前449年，希腊海军在塞浦路斯以东的海域重创波斯军。同年，双方媾和，并在波斯首都苏撒签订《卡利阿斯和约》。和约规定，波斯放弃对爱琴海、赫勒斯滂和博斯普鲁斯海峡的控制，承认小亚细亚希腊诸城邦的独立。希波战争到此结束，雅典也由此成为爱琴海地区的新霸主。

希波战争是小国联合打败大国、以少胜多、以弱胜强的范例。希腊之所以获胜，是因为希腊的社会经济发展水平比波斯高，军队的组织编制优越。更重要的是，希腊进行的这场战争是捍卫独立的战争，是正义的战争。战争进程和结局对雅典城邦制度的发展和雅典的对外扩张影响尤深，促进了雅典民主政治制度和奴隶制的发展。

□ 马拉松之战

在希波战争中，雅典军队与波斯军队于公元前490年9月在马拉松平原进行了一次会战。波斯将领达提斯和阿塔非尼斯率领约2万余人的强大舰队，在雅典城东北约40千米的马拉松平原登陆，发动了对雅典的战争。雅典全城紧急动员，组成约1万人的重装步兵部队赶赴马拉松。

雅典军队只有1万人，而波斯军队的人数是其两倍。面对强大的敌军，雅典军队的统帅米太亚得对战士们说："雅典是戴上奴隶的枷锁，还是永保自由，就看你们的了！"这激动人心的话语，鼓舞了战士们的战斗勇气。

在敌强我弱的情况下，米太亚得决定不与敌人硬拼，而是把战线稍稍拉长，并将精锐步兵安排在两侧。雅典军队占据有利地形后，其中间部队趁波斯军骑兵主力尚未赶到之机，率先发起进攻。装备精良的波斯军立刻进行反击。雅典军队的中间部队佯装败退，波斯军不知是计，随后紧追，这样它的战线越拉越长。

步兵对垒

此时，埋伏在两侧的雅典士兵突然冲出，从左右夹击波斯军。波斯军队完全陷入了雅典军队的包围，首尾不能相顾，一时之间乱了阵脚。他们仓皇地逃到海边，想登船逃跑。雅典军队尾追至海边，和波斯军队展开了夺取军舰的战斗。一位名叫基纳尔的雅典战士奋不顾身地抓住战船，却被波斯士兵砍掉了一只手。他忍住疼痛，用另一只手抓住战船，终于和战友们一起夺取了这艘战船。在这场战役中，波斯人丢下了6400具尸体和7条战船后，狼狈逃走，而雅典仅牺牲了192人，其中包括执政官卡利乌斯和几位将军。

战斗结束以后，斯巴达的援军才赶到。不过，他们已经没有仗可打了，只能向雅典人表示祝贺。雅典军队首战大捷，这也增强了希腊人团结抗战的必胜信心。

马拉松无名战士冢

马拉松男孩雕像

纪念马拉松战役中阵亡战士的骑手游行浮雕

马拉松赛跑

马拉松之战告捷后，米太亚得派遣士兵中著名的"飞毛腿"斐力庇第斯去报信。斐力庇第斯为了更快地让他的同胞们听到胜利的消息，一口气跑到了雅典中央广场。当他到达时，只说了声："我们胜利了！"就倒地牺牲了。为了纪念斐力庇第斯，人们在1896年举行的第一届现代奥林匹克运动会上，把距离42195米的长跑作为一个竞赛项目，定名为马拉松赛跑。这个距离正是斐力庇第斯从马拉松跑到雅典的距离。

血战温泉关

公元前480年，波斯国王薛西斯率海陆大军渡过赫勒斯滂海峡，沿色雷斯海岸分水陆两路入侵希腊。波斯大军来到温泉关时被阻，这个关口极狭窄，仅能通过一辆战车，但这个关口是从希腊北部南下的唯一通道。它依山傍水，呈东西走向，西端被称作"西门"，依托的山岭并不陡峭，易于军队攀援通过。进入西门后，通道变宽，沿通道前行约3500米，山势突然升高，形成1000米高的悬崖峭壁。悬崖下方是汹涌波涛，其间只有宽约1500米的过道，人称"中门"，距中门约3000米处山势渐缓，形成通道的另一出口"东门"，与中希腊平原相连。这时希腊人正在举行奥林匹克运动会，因此，温泉关上只有斯巴达国王李奥尼达率领300名勇士驻守。

波斯军队发动了猛攻，可是由于斯巴达人有温泉关的地形优势，结果波斯人倒下了一批又一批，攻打了一天又一天，却始终没

斯巴达王石雕
斯巴达武士的残缺雕像，雕刻的可能是斯巴达王李奥尼达。

温泉关战役中的李奥尼达

波斯军队

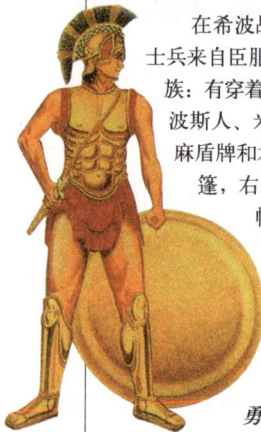

在希波战争中，波斯帝国参加远征的士兵来自臣服波斯的46个国家、100多个民族：有穿着鳞状护身甲、携带短剑长矛的波斯人、米底人；有头戴铜盔、手持亚麻盾牌和木棍的亚述人；有身穿紧腰斗篷，右肩挂着长弓的阿拉伯人；还有帽盔上装饰牛耳、手执皮盾和短矛的高加索各族士兵。波斯军队的人员如此庞杂，武器装备又是五花八门，使得这支大军很像一次各族军队和军备的大展览。

勇猛的斯巴达战士

能前进一步。正当薛西斯无计可施的时候，一个名叫埃彼阿提斯的当地农民来报告说，有条小路可以通到关口的背后。薛西斯大喜过望，立即命令这个希腊叛徒带领军队沿着小道直插后山。前后夹攻的波斯人潮水般扑向关口，腹背受敌的斯巴达人奋勇迎战。英勇的斯巴达人用长矛猛刺，长矛折断了，又拔出佩剑劈砍，佩剑断了，他们就用拳脚、牙齿同敌人搏斗。

在战斗中，李奥尼达牺牲了。他的勇士们为了夺回他的遗体奋不顾身，连续四次打退敌人的进攻。斯巴达的士兵越来越少，逐渐被压缩到一个小山丘上。杀红了眼的波斯人将残余的斯巴达人死死围住，在口令声中将雨点般的标枪投向他们，直到最后一个人倒下。至此，温泉关才最终被攻占了。

温泉关虽然被攻占了，但是波斯军队也付出了沉重的代价，共有2万波斯士兵在这场战役中身亡。薛西斯一想到英勇顽强、宁死不屈的斯巴达勇士，就心惊肉跳不已。

希腊武士与波斯武士的战斗

□ 最有智慧的人

苏格拉底（公元前469~前399年）是古希腊赫赫有名的哲学家，他年轻时就已因博学善辩而闻名于雅典。有一次，苏格拉底的一个好朋友为了证明苏格拉底是最有智慧的人，便跑到神庙中去向神请教。庙里的女祭司告诉他，没有人比苏格拉底更有智慧了。这个人听后兴奋地把女祭司的话告诉了苏格拉底，而苏格拉底对这一回答却感到十分困惑，他说："我充分意识到自己毫无智慧，但神为什么要这样说呢？"

为了证明神是错的，苏格拉底便试图找出一个比自己更具智慧的人。为此，他拜访了许多颇有声望的政治家、诗人、熟练的手工艺人。通过与他们的交谈，苏格拉底认识到，这些人对自己所从事的专业的确是精通的，但没有哪个人是全知全能的。因此，在苏格拉底看来，最聪明的人拥有的智慧也只不过是沧海一粟。苏格拉底意识到自己的智慧是微不足道的。他开始奔走于世间，去学习各个方面的知识，也向人们播撒智慧的种子。

苏格拉底以教授学生为乐。一天，他的一个学生问他："尊敬的老师，请您告诉我什么是善行？"苏格拉底说："盗窃、欺骗、把人当奴隶贩卖，这几种行为是善行还是恶行？""是恶行啊。"学生肯定地说。"那么，欺骗敌人是恶行吗？把俘虏来的敌人卖为奴隶是恶行吗？"苏格拉底又问道。"这是善行。不过，我说的是朋友而不是敌人。""照你说的，盗窃对朋友都是恶行。但是，如果朋友要自杀，你盗窃了他准备用来自杀的工具，这是恶行吗？""是善行。""你说对朋友行骗是恶行，可是，在战争中，军队的统帅为了鼓舞士气，对士兵说，援军就要到了。但实际上并无援军，这种欺骗是恶行吗？""这是善行。"通过这种一问一答的方式，学生无形中受到很大启发。苏格拉底称自己的这种对话方式为"助产术"，目的在于促进对话者"诞生"自己对真理的领悟。

苏格拉底通过一生的研究，还提出了治国论，他认为各行各业，乃至国家政权都应该让经过训练、有知识有才干的人来管理，而反对以抽签选举法实行的民主。他说："管理者不是那些握有权柄、以势欺人的人，不是那些由民众选举的人，而应该是那些懂得怎样管理的人。"

苏格拉底

苏格拉底在狱中还不忘教诲学生。

哲学是"爱智慧"

古希腊哲学非常发达，诸子争鸣，百家蜂起。他们对世界的本质和运动以及人生伦理诸问题进行了认真探索。他们非常重视科学研究，在许多科学领域都取得了令后人赞叹的成就。哲学（philisophy）一词源自希腊文，由phileo（爱）和sophia（智慧）构成。1874年，日本哲学家依据中国古代文献中"哲，智也"译为"哲学"，意即"智慧之学"。后由晚清学者黄遵宪介绍到中国，这个词为学术界普遍接受。

□ 伯罗奔尼撒战争

雅典和斯巴达，这两个希腊最强大的城邦都想打败对方，称霸希腊。雅典成为海上强国以后，一直威胁着斯巴达。两个城邦的冲突越来越激烈，一场争夺希腊霸权的战争终于爆发了。这场战争从公元前431年开始，到公元前404年结束，历时27年。因为战争是以斯巴达为首的伯罗奔尼撒同盟首先发起进攻的，所以被称为伯罗奔尼撒战争。

交战的前十多年，双方各有胜负。公元前415年，雅典的一位将军亚西比得（即阿尔基比阿德斯）提出新的作战计划。他极力鼓吹远征西西里岛，攻占支持斯巴达的叙拉古城。大部分雅典人接受了这个主张，建立了拥有100艘三层舰船的庞大舰队，亚西比得被任命为指挥远征的将军。

在出征的前一天，雅典城内的赫尔墨斯神像突然无缘无故地碎裂了。这似乎是一个不祥的预兆。一些反对远征的人以此为由延缓出征，但希望以远征改变战争僵局的雅典人民不同意。可是，在亚西比得离开雅典后不久，反对远征的贵族操纵公民大会通过决议，要召回他进行审判。

雅典海上同盟态势图

亚西比得听到这个消息后，大为愤怒，于是他选择背叛雅典，逃往斯巴达，并向斯巴达献计献策。斯巴达人采取了他的计策，封锁了雅典城，而远征西西里岛的雅典军队也战败了。正是西西里远征的惨败，决定了雅典人在伯罗奔尼撒战争中的败局。

伯罗奔尼撒战争虽然以雅典的最后失败而告终，但是，受到战争危害的却是整个希腊。战争使希腊的经济遭到严重破坏，各大城邦无论战胜或战败，都没有力量恢复过去的繁荣了。从此，希腊走向了衰落。

雅典海上同盟

公元前478年底至前477年初，雅典组织中希腊、爱琴诸岛和小亚细亚的一些城邦形成同盟。它的目的原是为继续对付波斯而联合作战。后来这个同盟几乎包括爱琴海和西亚的所有希腊城邦。它的军事外交皆得听从雅典指挥，实际成为雅典施行霸权的工具，亦称"雅典海上同盟"。

雅典人大战斯巴达军队。

□ 柏拉图与《理想国》

苏格拉底因得罪贵族被处死之后，柏拉图（公元前427～前347年）作为他的学生，受到牵连而被迫离开了希腊。通过在外的多年磨炼，柏拉图头脑里已经涌现了一幅理想国家的蓝图。他迫切需要把它完整清晰地呈现给世人。

可是当时的各国都不接受他的观点，柏拉图便决定把自己的哲学思想和政治思想记录下来，这就是最著名的哲学著作《理想国》。柏拉图认为，国家是放大的个人，个人是缩小了的国家，个人有三种品德，即智慧、勇敢和节制。所以最理想的国家，应具备不同品德的三种人：第一等人是治国的哲人，即少数奴隶主贵族，他们生来就有智慧的品德，治国要依靠他们；第二等人是卫国的武士，他们生来具有勇敢的品德，应当担任哲人的辅助人员；第三等人是农夫、手工艺者和商人等民间艺工，他们生来具有节制的品德，应当专门从事劳动生产，为养活前两等人服务。

柏拉图完整地提出了理想国的内容后，有人怀疑地问他，这个理想国能否在希腊实现。柏拉图回答："理想的东西不一定都能实现，但不能因此而否定它。它虽然不是真的，但却是唯一合适的。如果各城邦都能以它为榜样，变成一个近似理想国的城邦，那就如我的愿了！"

拉斐尔所作的《雅典学院》

世界上第一所大学

柏拉图被允许回国之后，他在雅典近郊的阿卡德米体育场创办了一所学园——阿卡德米学园（即雅典学院）。学园的主要课程是数学和哲学。他在学园大门上刻着几个字："不通几何者免入。"此外，学园还有天文学、音乐、文学、历史、法律等课程。柏拉图对这些学科都进行过深入的研究，并且有许多独特的见解，足以向学生传授这方面的知识。当然，他还聘请了一些学者当他的助手。柏拉图主持阿卡德米学园长达40年。这所学园存在的时间长达900多年，直到公元329年才被东罗马帝国的皇帝下令封闭。人们普遍认为，阿卡德米学园是世界上第一所大学。

讲学的柏拉图

□ 马其顿的兴起

马其顿位于希腊最北部，西部山区称上马其顿，东部沿海地区称下马其顿。马其顿的居民是由色雷斯、伊利里亚和一些与希腊人有血缘关系的部落混合而成的。公元前5世纪后期至公元前4世纪初期，马其顿国家逐渐形成。

国王阿刻劳斯（公元前419～前399年在位）时期，马其顿国家初具规模。公元前4世纪中期马其顿逐渐强盛，国王腓力二世（公元前359～前336年在位）实行了一系列改革。在政治上消弱部落首领的军事力量，把军政大权集中到自己手里；在经济上，实行货币改革，兼用金币和银币，两种货币按固定价格兑换，促进了马其顿商业的发展，加强了国家的经济力量；在军事上，建立常备军，组成密集而纵向深入的马其顿方阵。

腓力二世依靠精悍的兵力，在很短时间内占领了色雷斯等地的沿海地区，此后便把扩张的矛头直接指向希腊各城邦。腓力二世对希腊一方面实行军事威胁，另一方面用外交手段和金钱收买拉拢希腊各邦亲马其顿的政客。当时各国都存在亲马其顿派与反马其顿派，两派之间展开了激烈的斗争，这一斗争在雅典表现得尤为尖锐。雅典的亲马其顿派由大奴隶主组成，他们要求把希腊交给马其顿来统治，以便建立起强大的政权并进行对外扩张。反马其顿派则由那些有海外贸易的工商业者组成，他们的经济利益与马其顿的扩张有矛盾，又害怕马其顿会破坏希腊的民主传统，

制作军队装备

马其顿士兵所装备的盾牌、头盔和武器都是由能工巧匠手工制作的。制作盔甲时需要使用铜片，而制作矛头和剑时则需要用铁。铸剑的方法是：先将铁放在炭火中加热，然后把它敲成剑的形状，再投入冷水中，最后在磨石上打磨抛光。

腓力二世

因此要求希腊各邦抗击马其顿。一般的公民都站在反马其顿派一边。

公元前340年，马其顿巩固了在北希腊的统治后，开始向中希腊扩张势力。中希腊各邦组成了反马其顿联盟。不久马其顿军南下，公元前338年，双方在喀罗尼亚进行决战，结果希腊联盟军战败。

公元前337年，马其顿国王腓力二世在科林斯召集全希腊会议。会议决定：希腊与马其顿之间订立永久的攻守同盟，以腓力为盟主；不许没收财产，不许重新分配土地，不许废除债务，不许因政变而解放奴隶。会议还宣布由马其顿领导希腊对波斯作战。科林斯会议标志着希腊城邦时代的结束，此后各城邦名存实亡了。

马其顿征服希腊后，准备向波斯进军，但腓力二世在他女儿的婚礼上被一名贵族青年刺死，其子亚历山大即位，当时年仅20岁。

盾牌手
盾牌手在方阵的边上作战，保护没有防护措施的方阵右翼。盾牌手还随身配备双刃短剑。

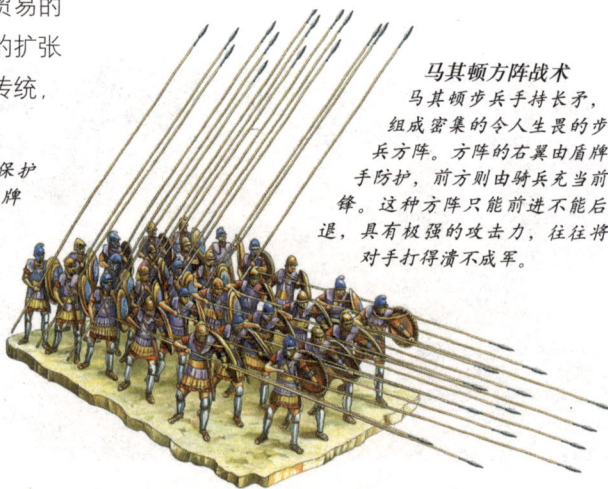

马其顿方阵战术
马其顿步兵手持长矛，组成密集的令人生畏的步兵方阵。方阵的右翼由盾牌手防护，前方则由骑兵充当前锋。这种方阵只能前进不能后退，具有极强的攻击力，往往将对手打得溃不成军。

亚历山大东征

公元前334年春，亚历山大率步兵3万、骑兵5000远征波斯，开始了他的东征之旅。

亚历山大率军侵入亚洲后，首先在小亚细亚的格拉尼库河畔打败了波斯军，接着用外交笼络手段使小亚细亚的一些城市不战而降。公元前333年秋，亚历山大的军队到达叙利亚，波斯国王大流士三世（公元前336～前330年在位）率大军十多万迎击。两军会战于伊苏，大流士三世大败而逃。此后，亚历山大率军南下，攻占腓尼基后，又进军埃及。公元前331年，亚历山大从埃及回师东指，穿过叙利亚向美索不达米亚进发。在尼尼微附近的高加米拉又与波斯军相遇，发生了一次大战，波斯大败。战后亚历山大继续东进，迅速占领了波斯首都。

公元前329年，亚历山大又进军中亚，侵入帕提亚、巴克特利亚、索格地安那，遭到当地人民的抵抗。中亚人民的抵抗使亚历山大军队无法在当地控制成片领土，而只是占领了一些据点。亚历山大向北扩张遭受挫折，便转向东南方。公元前327年，他侵入印度河流域，利用印度河一带诸国的矛盾，将其各个击破。之后亚历山大又妄图征服恒河流

全副武装的马其顿士兵

民族融合

在远征以前，亚历山大认为只有希腊民族才有开化的文明。随着东征的深入，亚历山大逐渐认识到波斯人同样具有杰出的智慧和才能。为了促进马其顿人和波斯等东方民族的融合，亚历山大和大夏贵族结婚，并鼓励马其顿人和东方女人结婚。在苏撒城，亚历山大和波斯国王大流士三世的女儿结婚。同一天举行婚礼的马其顿将士有1万对之多。

马其顿士兵使用的头盔

域，但士兵连年苦战，厌战情绪滋长，又受到酷暑、暴雨及热带病的袭击，迫使亚历山大不得不从印度撤军，于公元前324年回到了他的新都巴比伦，至此亚历山大东侵结束。

通过东征之战，亚历山大建立起一个空前庞大的帝国，其领土西起希腊，东到印度河流域，南括埃及，北抵中亚。亚历山大东征给东方各族人民带来了深重的灾难。许多城市被劫掠一空，甚至化为废墟；成千上万的人民惨遭杀戮或被卖为奴隶。但是，东征在客观上促进了东西方之间的经济文化交流。亚历山大在所征服的地区，兴建了许多城市，它们起初只不过是军事要塞，后来逐渐发展成为经济和文化的中心。

马其顿甲胄

亚历山大受降图

□ 亚历山大之死

亚历山大东征之后，他很想再远征西方，征服北非和意大利。公元前323年，他的远征计划已经准备停当，但他的末日也快来到了。

亚历山大远征印度时，曾在距离巴比伦不远的地方，迎面碰上了一些精通天文和占卜的祭司，他们劝他不要去巴比伦，否则凶多吉少。虽然他没有停止前进，但是此后却变得心情阴郁。一次，他驾驶着战舰在湖泊上游逛。突然刮来一阵风，把他的帽子吹走，掉在芦苇丛中，正好落在古亚述国王的墓上。所有的随从以及亚历山大本人都认为这是很不吉利的事。而派去追赶帽子的水手，在泅水回来时，竟大胆地把它戴在自己头上，这就更加强了亚历山大的不祥之感。他一怒之下把这个水手杀了。有人认为这会触犯神灵。

果然不久，在亚历山大准备再次远征前的一天晚上，他同一个好友一起饮酒作乐，然后又去洗澡。突然，他开始发烧，从此一病不起。但他还是每天召见军官，指示他们如何准备行军。过了几天，他已经不能说话了，可是他还用眼神来示意军官们要继续西征。临死时，他留下话来：在他的丧礼期间，要举行盛大的军事竞赛。这一年，亚历山大才33岁。

这种观点比较迷信，听起来似乎没有什么信服力。也许亚历山大的死很可能是由于行军路上的艰辛，加之经过多次作战，弄得遍体伤痕，在沼泽地里又感染上了疟疾等原因造成的。

亚历山大的头像

关于亚历山大的死因，还有另一种说法：亚历山大之死是因为在宴会上有人往他的酒杯里下了毒。如果这个传说是真的，那么亚历山大就不是自然死亡，而是死于阴谋。亚历山大死后，他的部下托勒密将军（后来成为埃及王）用灵车把他的遗体运往埃及，安葬在亚历山大城，并为他建造了一座富丽堂皇的陵墓。亚历山大大帝是一位赫赫有名的英雄，但同时也是一位神秘人物。有关亚历山大的传说数不胜数。遗憾的是，他生前的一些历史记载没有流传下来，而后来的一些传抄本及书籍又众说纷纭，矛盾重重，亚历山大之死至今还是一个未解之谜。

这幅浮雕上头戴狮头皮制头盔的骑马者是亚历山大。

图中浅黄色区域表示希腊化各国，除了这些国家之外，希腊文化还传播到了更远的东方。

分裂的帝国

公元前323年6月，亚历山大匆匆离开了人世。由于死亡突然降临，亚历山大未能明确他的接班人，导致了争夺王权的激烈斗争。将领们纷纷自立为王，横跨欧亚非三大洲的马其顿帝国从此分裂为若干个希腊化国家。亚历山大的庞大帝国虽然只存在了短短13年，但希腊文化却由此传播到东方国家，东西方的经济、文化交流也有了较大的发展。

亚历山大港的灯塔

两千多年前，亚历山大东侵埃及时，在尼罗河三角洲西端建立了亚历山大城，而城中最著名的建筑是亚历山大港的法罗斯灯塔。当时，法罗斯灯塔的名气远远超过了金字塔，人们一提到埃及，首先想到的是雄伟神奇的灯塔，而不是金字塔。它被称为古代世界七大奇迹之一。

公元前280年秋天的一个夜晚，月黑风高，埃及皇家一艘迎接新娘的船只在兴冲冲地驶往亚历山大港时，触礁沉没了。船上的皇亲国戚及从欧洲娶来的新娘，全部葬身海底。

这个悲剧震动了埃及朝野上下，埃及国王托勒密二世（公元前285～前246年在位）为此下令在最大的港口入口处修建导航灯塔。经过建设者的艰苦努力，一座雄伟壮观的灯塔屹立在了法罗斯岛的东端，距岛岸7米处的为巨浪所冲刷的礁石上，它就是亚历山大法罗斯灯塔。

这座雄伟的灯塔是由古希腊著名的建筑师索斯特拉特设计并主持建造的，整整花去了将近20年时间。灯塔总面积达930平方米，塔身用白色大理石砌筑，石缝之间用熔化的铅水弥合。塔柱、塔基为花岗岩石料，并用玻璃片充填。据说，经当时科学家和建筑学家试验鉴定，玻璃最耐海水腐蚀。

灯塔高135米，共分三部分：一层塔基，三层向上缩减的塔身，一个塔尖。方形塔基有14米高，在塔基正中拔起的下层塔身有71米高，同样为方形，上端四角各有一尊《波赛冬之子吹海

刻在硬币上的托勒密一世曾是亚历山大军中的一位将领，后来成为了埃及国王。

古代世界七大奇迹

古代世界七大奇迹是指七座古代建筑，分别是：埃及的大金字塔、巴比伦的"空中花园"、希腊奥林匹斯山上的宙斯神像、地中海罗德斯岛上太阳神巨像、小亚细亚以弗所的月亮神阿尔忒弥斯女神庙、土耳其国王摩索拉斯的陵墓、埃及亚历山大城法罗斯岛上的大灯塔。但是到现在这七大奇迹除金字塔依然屹立外，其余均已被毁坏。

螺》的青铜铸像，朝向四个不同的方向，用来表示风向和方位。中层塔身又缩成细柱形，9米高。在中层塔身的八角方位上立起八根石柱，共同支起一个圆形塔。塔中的火炬昼夜燃烧不熄。塔顶之上铸着一尊海神波赛冬青铜立像。

这座巨型灯塔屹立了1000多年之久才被地震所毁。从它建成并被点燃起，直到公元641年阿拉伯伊斯兰大军征服埃及，火焰才熄灭。法罗斯灯塔日夜不熄地燃烧了近千年，这是人类历史上火焰灯塔所未有过的。

亚历山大港的法罗斯灯塔

在亚历山大这座希腊化的城市中，各种建筑无不带有希腊风格。

数学家阿基米德

阿基米德(约公元前287～前212年)是古希腊伟大的数学家、力学家。他出生在西西里岛的叙拉古，从小就热爱学习，善于思考，曾经漂洋过海到当时的文化中心亚历山大城学习哲学、天文学、物理学，掌握了丰富的知识。回国后，他继续与亚历山大的学者保持紧密联系，因此他算是亚历山大学派的成员。

阿基米德继承了古希腊数学家欧几里得证明定理时的严谨性，但他的才智和成就却远远高于欧几里得。他把数学研究和力学、机械学紧紧地联在一起，用数学研究力学和其他实际问题。据说他确立了力学的杠杆定律之后，曾经自豪地说："给我一个支点，我就可以撬起地球！"

第二次布匿战争时期，罗马大军攻打叙拉古，阿基米德献出自己的一切聪明才智为祖国效劳。他创制了起重机。在罗马战船刚刚靠岸的时候，突然，从城墙上伸出了无数巨大的铁手，抓住罗马人的战船，把它们提到半空中，然后摔在岩石上，或是扔到海里，导致船毁人亡。这使得罗马人惊恐万分，不知所措。阿基米德又发明了奇妙的能射出大石和火球的机器，使罗马军队死伤无数；还用巨大的镜面反射日光去焚毁敌船，给敌人以沉重打击。罗马人一看到城墙上出现木梁或绳子，就抱头鼠窜，惊叫着跑开："阿基米德来了！"

不过到最后，叙拉古因粮食耗尽及奸细的出卖陷落了。罗马的将领早就听说城中有一位奇才，就派一个士兵去请他。此时阿基米德不知城门已破，还在凝视着木板上的几何图形沉思呢。当士兵的利剑指向他时，他却用身子护住木板，大叫："不要动我的图形！"他要求把原理证明完再走，但那个鲁莽无知的士兵竟用利剑刺死了这位75岁的老科学家。罗马将领知道后，勃然大怒，处死了那个士兵，抚慰阿基米德的亲属，为他开了追悼会并修建了陵墓。

后人对阿基米德给予了极高的评价，常把他和牛顿、高斯并列为有史以来三个贡献最大的数学家。

阿基米德在洗澡时发现了浮力定律。

阿基米德

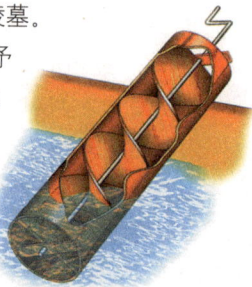
阿基米德泵示意图

"尤里卡"的由来

一次，国王要阿基米德检验金制王冠里有没有被工匠掺进白银，条件是不得对金冠有一丝一毫的损害。阿基米德冥思苦想也找不到什么办法。后来，他在洗澡过程中突然想出了测量的方法，猛然跳出澡盆，光着身子大呼道："尤里卡！"（希腊语，意为"我找到了"。）原来，阿基米德在洗澡的过程中发现了浮力定律，并利用这一定律鉴别出了王冠的真假。而"尤里卡"这句希腊语则成为人类在自然科学领域里有所发现和发明的代名词。

阿基米德曾利用光的反射原理，使阳光聚到罗马人入侵的战舰上，将敌人的船只烧毁。

第五章

Part5

古罗马文明

"光荣属于希腊，伟大属于罗马"——这句亘古不变的名言道出了西方世界的历史渊源与文化根本。古罗马人开疆拓土，从西方古典文明的摇篮——地中海直至欧、亚、非三洲，罗马的通衢大道联系了整个帝国，将文明的种子播撒到古代世界各地。当古罗马人傲视世界数百年后，帝国虽然衰落湮灭，但其孕育的罗马精神却深深植入了西方文明之魂，其创立的政治体系和法律体系也对后世的西方产生了重大影响。

罗马建城的传说

关于罗马城的起源，流传着一个"母狼哺婴"的传说。在古希腊特洛伊战争中，特洛伊城的一个王子埃涅阿斯逃出特洛伊城后来到了意大利，并娶了当地国王拉丁努斯的女儿拉维尼来为妻。在他死后，他的儿子在意大利中部一个名叫"拉丁姆"的地方建立了亚尔巴龙伽城，并成了这里的国王，此后王位世代相传。

当国王努米托尔在位时，王室家族发生了内讧。他的弟弟阿穆留斯篡夺了王位，并下令杀死努米托尔的儿子，还将努米托尔的女儿西尔维娅封为圣女。依据当时的规定，圣女是不能结婚的。阿穆留斯以为这样一来，就能断绝了他哥哥的后代，再也没有人向他复仇了。但后来西尔维娅却与战神玛尔斯生下了一对双胞胎儿子，这对阿穆留斯而言无疑是一个非常可怕的消息，于是他下令把这对双胞胎婴儿投入台伯河溺死。

谁知这两个孩子被水冲到了岸边，又冷又饿，大哭起来。孩子们的哭声引来了一只母狼，

母狼与孪生子青铜雕像

但这只母狼不但没有吃他们，反而用奶水哺育他们。后来，这对双胞胎兄弟被过路的牧羊人收养，分别取名为"罗慕洛斯"和"勒莫"。

兄弟俩长大后，知道了自己的身世并找到了他们的外公，也就是努米托尔。他们聚集人马重新夺回了王位，把亚尔巴龙伽城交还给了自己的外公，并决定在台伯河边母狼哺育他们的地方建一座新城。可是在为这个新城取名的时候，兄弟俩发生了矛盾，因为他们都想用自己的名字为新城命名。罗慕洛斯一怒之下杀死了自己的弟弟，宣布自己成为新城的最高统治者，这座新城也以罗慕洛斯的名字来命名，叫作罗马城。

传说这件事发生在公元前753年的4月21日，古罗马人就把这一天作为开国纪念日。

古罗马的钱币

古罗马遗址

罗马城的形成

后来被称为"罗马城"的这片土地位于台伯河左岸，距地中海约25千米。这里不仅是重要的交通要道，而且土壤肥沃，适宜培植各种谷物，便于发展畜牧业。约在公元前10世纪初，这里出现了原始村落群。到公元前5~前4世纪，这里才建起城墙，开出广场，逐渐形成早期的罗马城。罗马城的海拔高度得天独厚，正好高到可以在台伯河上架桥而过，同时又没有高到航海船只难以到达的程度，因此成为海陆交通的枢纽。

最早的"法西斯"专政

公元前510年，罗马统治者塔克文二世（公元前534～前510年在位）被推翻，罗马人于公元前509年建立罗马共和国，并推举鲁齐和柯来提努为执政官。王政时代就此结束，罗马历史进入了共和时代。

鲁齐原本是一个富有的罗马贵族的小儿子，塔克文二世杀害了他的父亲和兄长。鲁齐长大后，得知真相，决心伺机报仇雪恨。一次，塔克文二世的儿子依仗权势，当众侮辱了罗马一位广受尊重的妇女，激起了民众的愤怒。人们早就痛恨塔克文二世一家的专横残暴，于是纷纷拿起武器开始反抗。鲁齐一看时机已到，就在公民大会上发表演说，历数塔克文二世篡夺王位、滥施劳役、残害无辜等罪行，号召人民推翻塔克文二世残暴的独裁统治。罗马人举行公民大会，大会决定剥夺塔克文二世的权力，把他们全家驱逐出罗马城，并一致推举鲁齐为首领。

塔克文二世被逐出罗马城后，并没有死心，一直企图夺回已经丧失的权力。他暗中联络和煽动一些贵族青年反对共和国。他们约定，当塔克文二世率领军队到来时，这些贵族青年为他打开罗马城门，来个里应外合。但是，对塔克文二世等人高度警惕的罗马共和国公民察觉到了这个阴谋，及时将参加叛乱的贵族青年抓了起来。

在这批贵族青年中，竟有鲁齐的两个儿子。罗马人惊讶之余，都将目光投向了鲁齐，想看看这位新任执政官将如何处理他的亲

手持"法西斯"的侍卫官

人。鲁齐亲自审问了自己的两个儿子。他们毫不隐瞒地供认了自己参加阴谋叛乱活动的事实，并含着眼泪请求父亲宽恕自己的罪过。人们紧张地等待着鲁齐的判决。

"这两个人犯了反对共和国的严重罪行，"鲁齐表情庄重严肃地宣判，"应该用'法西斯'（"束棒"的音译，是一把被多根木棍围绑着的斧头，在古罗马是权力和威信的标志。）处以他们死刑。"说罢，他向站在一旁

正在发表演说的执政官

的侍卫官坚决地挥了一下手。侍卫官们立即从肩上解下束棒——法西斯，狠狠地抽打面前的两个罪人，直到把他们抽得皮开肉绽，然后让他们跪在地上，侍卫官从"法西斯"中抽出斧头，当众砍下了他们的头颅。

罗马执政官

罗马人赶走塔克文二世后，决定不再立新的国王，他们选出两个人替代国王执政，称为执政官。执政官最初被称为军政长官，后来才改称为执政官，他们平时是罗马的统治者和法官，战时成为罗马军队的统帅。不过，执政官的权力是受到限制的，其执政期为一年，到期后将变成普通公民。如果人民对执政官有不同意见，可以在公民大会上提出。

罗马执政官出行。

布匿战争

公元前273年，罗马征服整个亚平宁半岛之后，开始向外扩张，与地中海西部霸主迦太基发生冲突并引发了战争。迦太基是地中海强国，拥有着强大的海军。但是罗马早就想与迦太基争夺地中海霸权。罗马人称迦太基人为"布匿"，所以战争称为布匿战争。战争先后爆发了三次。

公元前264年，罗马出兵渡海击败迦太基军队，占领西西里岛大部地区。两年后又攻占了迦太基人在西西里岛西南岸的主要据点。但迦太基的海上优势却丝毫未损。在公元前260年的米拉角海战和公元前256年的埃克诺姆斯角海战中，罗马海军凭借新式装备大败迦太基舰队，随后乘胜登陆北非。公元前255年，迦太基发动反攻，在北非的罗马军大部分被歼灭，而前往增援的罗马舰队也遭遇到大风暴的袭击，几乎全军覆没。公元前241年，罗马并未气馁，又新建了200艘战船，组成一支浩浩荡荡的大舰队，终于打败了迦太基舰队。迦太基无奈之下，被迫求和，将西西里及其附近的一些岛屿割让给罗马，还赔了大笔钱款。这样，罗马在西西里建立了第一个行省。

在输掉第一场战争后，迦太基军队渡海进入伊比利亚半岛东南沿海，在那里扩充势力。公元前218年，罗马再次向迦太基宣战。迦太基统帅汉尼拔多次战胜罗马军。但是在以后的时间里，罗马采取迁延战术，汉尼拔孤立无援，只得退到亚平宁半岛南端困守孤城。公元前202年，他的军队与罗马军进行了决定战争命运的扎马之战。但这一战还是以汉尼拔的失败而告终。

迦太基输掉了这场战争后，丧失了军事和外交自主权。而罗马一跃成为西地中海地区的霸主，地中海成了罗马的内湖。

又过了50年，迦太基迅速复兴，招致了罗马的敌视，罗马蓄意消灭迦太基。公元前149年，

罗马统治下的布匿迦太基遗址

罗马出兵8.4万人围攻迦太基城。迦太基人同仇敌忾，奋勇抵抗，各家各户捐出所有金属铸成兵器，妇女们甚至剪下头发作为弓弦。所以，罗马攻打了两年，也没有攻下迦太基城。公元前147年，罗马新任执政官小西庇阿采用新的战

第二次布匿战争时期罗马执政官小西庇阿

术，断绝迦太基人与外界的联系，使城内发生饥荒。次年春，罗马军队强攻迦太基城，终于将其攻克。迦太基城市被一烧而光，5万残存居民沦为奴隶。至此，独立的迦太基国家便不复存在了。罗马在迦太基设置了阿非利加行省。这场历时百余年的战争终于宣告结束。

接舷吊桥

为夺取海上优势，罗马建造了大批的新兴战舰，并发明了新的海战技术装备——接舷吊桥（又称"乌鸦吊"）。它是一种活动跳板，板端带有抓钩，可以牢牢地钩住近处的敌舰，士兵借此能够登上敌舰，并在船上和敌人进行白刃战。罗马以此保证了他们在海战中的优势。

杜伊留斯纪念柱是为纪念罗马执政官杜伊留斯在第一次布匿战争中的功绩而建的。

□ 大将汉尼拔

汉尼拔（公元前247～前183年或前182年）是迦太基的著名统帅，在布匿战争中表现出了出众的军事才能。

汉尼拔出生于迦太基一个军事贵族家庭。他的父亲哈米尔卡是迦太基著名的将领，是布匿战争期间驻扎在西西里的军队的重要指挥员。公元前237年，迦太基政府派遣哈米尔卡率军渡海侵入伊比利亚半岛，年仅10岁的汉尼拔也随父亲来到了这里。公元前228年，哈米尔卡在战斗中不幸阵亡。公元前221年，年轻的汉尼拔成为迦太基驻伊比利亚半岛部队的最高统帅。他上任后积极准备对罗马的战争，不仅拟订了古代战争史上少有的周密而详尽的作战计划，还暗中派遣许多秘密使者去争取那些对罗马心怀不满的希腊城邦站在自己的一边。

汉尼拔完成一系列对罗马作战的准备之后，决定迫使罗马人先向迦太基宣战。为达此目的，他对罗马的同盟者——富足的萨贡姆城发起了进攻。

古罗马的一位军事家

公元前218年，汉尼拔率军翻越阿尔卑斯山进入亚平宁半岛。

萨贡姆城遭到突然袭击后，急忙派使者前往罗马求援。罗马元老院向汉尼拔发出警告，汉尼拔反而指责罗马干涉萨贡姆内政。公元前218年，罗马向迦太基宣战。第二次布匿战争正式开始。战争开始后，汉尼拔利用罗马和其各同盟之间的矛盾，孤立和削弱罗马。与此同时，他还与地中海沿岸的罗马邻国结成反罗马联盟。

汉尼拔

公元前216年8月，著名的坎尼战役爆发，汉尼拔率大军来到了在亚平宁半岛南部素有"粮仓"之称的坎尼，罗马军司令瓦罗也率罗马军前来应战。当时罗马有8万大军，而汉尼拔的军队不过4万人而已。经过12个小时的激战，罗马军大败，损失7万余人，而汉尼拔只损失不到6000人。这一战是西方军事史上第一次合围之战，创造了以劣势兵力围歼优势之敌的范例。

汉尼拔之死

公元前196年，汉尼拔当选为迦太基最高行政长官，实施了许多不利于贵族的重大改革。这些贵族准备把汉尼拔交给罗马人。汉尼拔闻讯出走，罗马人对他展开追捕。公元前183或公元前182年，在无路可逃的情况下，汉尼拔在异国他乡服毒自杀。

恩波利城在第二次布匿战争中发挥了重要作用。

□ 铁血独裁官

公元前82年，苏拉（公元前138～前78年）以征服者的姿态进入罗马，他在公民大会上宣称："对我的敌人，我将一个也不宽恕，并将以最残忍的手段对付他们。"于是，他几乎每天都公布一张"黑名单"。对列入名单的"公敌"，捕杀者有赏，告发者有奖，隐匿者有罪。罗马城人人自危，朝不保夕，丈夫在妻子面前被杀，儿子死在母亲怀里，甚至连财富也成为招灾惹祸的根源。有个叫奥列利乌斯的人平时安分守己，有天偶然去广场看公敌名单，竟然发现自己的名字也列在其中。他失声叫道："这是我的阿尔巴庄园要了我的命啊！"没走多远，他就被人杀死了。

在制造白色恐怖的过程中，苏拉的权势达到顶点。罗马元老院正式"任命"他为无限期的独裁官，罗马的立法、行政、司法、财政、军事大权都被他一手掌握。而罗马人对苏拉本人的崇拜也达到极点，罗马广场上竖起苏拉的镀金像，上刻"永远幸福的科尔涅尼乌斯"。苏拉

苏 拉

开创了罗马历史上军事独裁的先例，其统治是对共和体制的沉重打击。

公元前79年，正当苏拉权倾罗马、达到独裁专制的顶峰时，他却突然在公民大会上宣布放弃一切官职，不再过问政治。

古罗马士兵

这代表着苏拉独裁时代的结束。发表辞职声明后，他就在新执政官和自己的部下、侍卫的簇拥下离开会场。会场的听众都以为自己的耳朵出了毛病，谁也不敢相信，这位曾为攫取最高权力而履险赴艰、杀人如麻的一代枭雄，竟会甘心去当一个普通老百姓。就在人们的议论声中，这位铁血独裁官于公元前78年在自己的别墅中安静地死去，终年60岁。

马略与苏拉

苏拉当权前的竞争对手马略和苏拉在朱古达战争时期曾有过合作。公元前107年，马略当选执政官，全权指挥这场战争。作为马略的财务官，苏拉也参加了这场战争。后来马略又不断重用苏拉，在第二次任执政官时提拔他为副将，在第三次任执政官时举荐他为保民官。但苏拉仍不满足，当马略不再为他提供立功晋级的机会时，苏拉便离开马略，转投到另一个执政官卡图鲁斯门下。这件事使马略极为愤怒，两人从此分道扬镳。

这群贵族所穿的托加袍是典型的古罗马服饰。

悲惨的角斗士

2000多年前的一天，在罗马城的大圆形竞技场上，一场惊心动魄的角斗表演开始了。两名角斗士被裁判打开镣铐，推进场内。他俩头戴盔甲帽、护面罩，身披护胸，手持盾牌。一个握着长剑，而另一个则拿着匕首。"嗯，拿长剑的那个身材高大，他准能得胜！""拿匕首的那个也不矮。这一对身材差不多，我敢打赌是一场好斗！"观众们一见角斗士出场，立即兴奋起来，指手画脚地评论着角斗士的身材、举止、装备和架势，有的还打起赌来。

两个角斗士上场后，就开始了血腥的格斗。他们各自用盾牌护住身子，寻找机会，将手中的武器向对方刺去。突然，拿长剑的那个角斗士被狠狠地刺了一刀，鲜血从他肩部涌了出来。观众台立刻疯狂地大叫："好！好！""再来一刀！再来一刀！"在现场观众的呐喊声下，两个人同时向前，攻击对方。最后，肩部受伤的角斗士力弱不敌，被刺中要害，倒在了地上，但他还没有立即死去。见此情景，他的

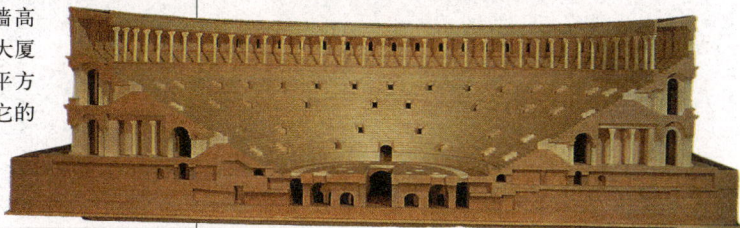

角斗士头盔的正面

角斗士头盔的背面

对手也停止了进攻。

这时，台上的一个女巫站了起来，会场上人们的目光顿时集中到了她的手上。现在将由这个女巫来决定斗败者的命运。按照规定，如果这个女巫大拇指朝上，那么斗败者还可以保住残身；如果她大拇指朝下，斗败者就要当场被处死。这一回，也许是那女巫觉得这场格斗并不精彩，便将大拇指往下一指。在观众们的一片欢呼声中，受伤的角斗士立即被杀死在已被他的鲜血浸湿的场地上。随即，裁判用烧得火红的铁棍在他身上一烙，他的肌肉已经没有一点跳动，证明他是真的死了，裁判这才宣布把尸体拖走。

紧接着，这个胜利的角斗士又投入了新的战斗。很快，观众们又要求进行分组分队表演。先是十多个人、几十个人的集体格斗，最后是300对角斗士的大角斗。在一片浓烟和火光笼罩下，角斗士的惨叫声、呻吟声和观众席上的喊叫声汇成一片。场地被鲜血染红了……

两个强壮的角斗士正在相互攻击。

圆形竞技场

大圆形竞技场是指罗马的科洛塞穆竞技场，它以其独特的建筑风格被称为"古代世界最宏伟最高超的建筑"，罗马人更是以其作为帝国精神的象征。科洛塞穆竞技场位于罗马古城区的威尼斯广场南面，这个竞技场以其庞大、坚固、精美和实用而闻名于世。它的外墙高48.5米，相当于现在一幢12层大厦的高度，总占地面积达到2万平方米，观众席上可容纳5万人。它的主要用途是进行角斗表演、海战表演和戏剧演出。

圆形竞技场的剖面模型

斯巴达克起义

公元前73年夏，在罗马中部卡普亚城的一所角斗士培训学校里，发生了一次暴动。被迫充当角斗士的奴隶们手拿菜刀、肉叉和各种带有尖刺的木棒，杀死卫兵，冲出了戒备森严的角斗士学校。组织这次暴动的领袖就是古罗马历史上极其著名的英雄斯巴达克。

当年，罗马发生了严重的灾荒，破产的农民不计其数，怨声载道。所以消息传开后，附近地区的奴隶和农民都纷纷来投奔他。起义队伍一下子就发展到了1万多人，斯巴达克被推举为领袖。

由于斯巴达克的军队渐渐形成了燎原之势，罗马统治者们慌了手脚，急忙派克劳狄率3000人的强大军团包围起义军所在的维苏威火山，并封锁了下山的唯一一条路，企图逼死起义军。但具有非凡指挥才能的斯巴达克打败了罗马军队，并很快占领了亚平宁半岛南部的广大地区，随后又打败了另外两个前来镇压的军团。而这时，他的起义队伍也迅速扩展到了12万人。

不久，斯巴达克率领军队南下，逼近罗马城。元老院再度恐慌起来，立即宣布全国处于紧急状态，并撤掉了两个执政官，由克拉苏（公元前115～前53年）出任独裁官。

公元前71年的一个夜晚，斯巴达克身先士卒，冲入敌营想亲手杀死克拉苏，不幸被一个罗马军官刺中大腿，跌下马来。一个起义士兵赶忙又为他牵来一匹马，哪知他斩钉截铁地

斯巴达克

角斗士

角斗，是罗马奴隶主贵族最欣赏的一种野蛮而残酷的"娱乐"活动。角斗士是受迫害最深重、处境最悲惨的奴隶。近年考古发现，角斗士中不仅有男角斗士，还有女角斗士。然而，压迫愈深，反抗愈烈。从公元前2世纪起，罗马各地不断地爆发奴隶大起义。在这些起义中，最著名的便是斯巴达克起义。

两个角斗士正在决斗。

说："如果胜利了，就能缴获敌人的马；如果打败了，还要这马干什么！"他单腿跪在地上继续同敌人搏斗，奋力拼杀到生命的最后一刻。

这次起义虽然很快就失败了，但斯巴达克的英名却流传千古，激励着一代又一代的被压迫者为自由而战！

角斗士使用的短剑

现存的圆形竞技场

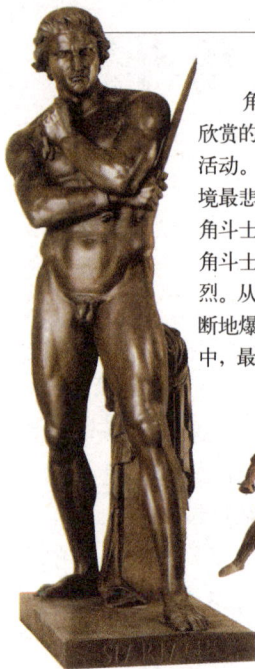

恺撒大帝

朱利叶斯·恺撒（约公元前100～前44年）出身于罗马的名门贵族，年轻时就渴望取得无上的权力。但他一开始在政治上并不得势。当时罗马的统治者是大独裁者苏拉，而恺撒的妻子又偏偏是苏拉一个政敌的女儿。

直到苏拉死后，恺撒才当选为大祭司，接着又于公元前61年当上了伊比利亚半岛地区的总督。公元前60年，恺撒与曾经以残酷镇压斯巴达克起义而闻名的克拉苏和庞培（公元前106～前48年）结成了联盟。这就是罗马历史上有名的"前三头同盟"。第二年，恺撒被选为执政官。又过了一年，恺撒在庞培的支持下，就任山南高卢总督。在任期内，他发动了高卢战争，统一了高卢全境。

恺撒的胜利引起了庞培的嫉妒。克拉苏死后，庞培将恺撒视为争夺罗马最高统治权的主要对手。恺撒的军事实力的增长和他的亲信克劳狄乌斯在罗马的活动都使庞培感到深深的不安。于是，庞培与罗马元老院日益接近，希望取得元老院的支持。

公元前52年

克拉苏

庞培

初，高卢人举行反罗马起义，恺撒率军前去镇压，庞培的亲信乘机杀死了平民派领袖克劳狄乌斯。这一事件使得各派政治力量间的斗争更加激烈，罗马城陷于暴乱之中。元老院不得不采取非常措施，任命庞培为执政官，为期两个月，因其兼有副执政官权，故庞培成了独裁者。庞培借助武力，迅速恢复了秩序。同时，他利用自己执政官的身份颁布法律，不允许恺撒延长高卢总督的任期，并解除恺撒的所有职务和军队。于是，"前三头同盟"的联盟彻底分裂了。

公元前49年初，恺撒班师回罗马，庞培逃离罗马。第二年的夏天，恺撒和庞培在希腊法萨罗进行决战，一举击败兵力比他多一倍的庞培。庞培乘船逃到埃及，但一上岸就被埃及人杀死了。

公元前45年，恺撒在伊比利亚半岛击败庞培之子，肃清了庞培势力之后，胜利返回罗马。罗马城为他举行了空前盛大的凯旋仪式。公民大会和元老院赠予恺撒"祖国之父"的荣誉称号。恺撒被宣布为终身独裁官、终身保民官以及为期10年的执政官。在广场上、神庙里树起了他的雕像，他的头像被铸到钱币上，他的身体是神圣不可侵犯的。罗马的每个城市都必须在他历次取得胜利的日期举行庆典。

一身戎装的恺撒

三V文书

恺撒率军进入小亚细亚后，只用了5天的时间就平定了庞培部下本都王子的叛乱。他用最简洁的拉丁文字写了捷报送回元老院："到，见，胜"（veni, vidi, vici）。这就是历史上著名的"三V文书"。这充分显示了恺撒用兵神速、语言简洁的特点。

恺撒

高卢战争

在"前三头同盟"中，恺撒深知要超过克拉苏、庞培，就必须掌握强大的军队和拥有雄厚的财富，这是斗争中的最大资本。于是他看中山南高卢总督这一肥缺，决定执政官任满后前去高卢。

高卢是罗马共和国北部的一大片土地，包括今天的意大利北部、法国、卢森堡、比利时、德国以及荷兰和瑞士的一部分。公元前58年，恺撒出任山南高卢总督，先后对山北高卢进行了八次远征。因为南高卢的发展水平远比北高卢要高，所以恺撒的军队每次远征都取得了胜利。公元前56年春，恺撒、庞培与克拉苏三人在亚平宁半岛的路卡城举行了会见，他们商定：本应在公元前54年期满卸去山南高卢总督的恺撒，任期再延长5年，并有权把他的军队增加到10个军团；庞培和克拉苏则担任公元前55年的执政官，并在届满后分别管理伊比利亚

恺撒渴望征服世界。

和叙利亚各行省。恺撒此时开始全力扩大自己的战争成果。在不到10年的时间里，他共征服了山北高卢300个部落，占领800多个城市。在远征山北高卢的历次战争中，恺撒对战败者进行了残忍的大屠杀和贪婪的掠夺。高卢战争不仅使整个高卢地区臣服于恺撒，也使恺撒利用战争之机掠夺了巨额财富。恺撒由此建立起一支拥有10个军团的强大军队，为他在罗马内战中战胜对手、建立个人独裁政权奠定了军事基础。

高卢战争是恺撒走向权力顶峰的转折点，也加速了罗马共和国的解体和走向帝制的步伐。数年之后，恺撒便取得了政权。

表现高卢战争的浮雕局部

高卢人雕塑
高卢战士在杀死自己的妻子后，宁可自尽也不愿向罗马人投降。

高卢人

当时的高卢大体上以阿尔卑斯山为界，分为山北的外高卢和山南的内高卢。外高卢即今法国、比利时等地，内高卢即今意大利北部。恺撒到任时，高卢行省的管辖范围还只是内高卢。外高卢地区土地肥沃，出产丰富，但是那里的民族骁勇强悍，不好对付。他们不剪发，不剃须，把头发染成火红色，向后梳成一个高高的髻，作战时头上戴着安有兽角的帽盔，看起来很吓人。许多高卢人的房屋栏栅上，挂着被割下来的风干了的仇敌的头颅，这是房屋主人勇敢的标志。高卢人死后，他生前所有的东西，包括心爱的饰物、牲口乃至奴隶，都要一起焚毁。奉献给神明的各种宝物——金银首饰、贵重武器等，就放在空地上，尽管没有人看管，可是谁也不敢擅自去摸一下。

这个陶碗制作于高卢的作坊。

恺撒被刺

恺撒在战场上所向披靡，但最终却被自己人所杀。

恺撒成为罗马执政官之后，罗马城内日益流传着恺撒即将登上皇帝宝座的消息。恺撒身边的亲信也在极力煽动这种情绪，使人们更加认为这种传闻是有根据的。再加上恺撒又将一些保民官的职务撤销，并将他们赶出了元老院，这引起了人们的不满，因为罗马人对专政始终怀有一种深刻的厌恶情绪。于是，想防止恺撒专政的人和恺撒的政敌开始筹划一次谋杀行动。

公元前44年3月15日，恺撒的妻子卡尔普尔尼亚做了一个噩梦，梦见恺撒被别人刺死了。罗马人大多相信，梦是神灵的启示。因此，卡尔普尔尼亚哀求丈夫这一天千万不要去元老院。恺撒在妻子的一再哀求之下，准备派自己的亲信马克·安东尼去元老院通知取消会议。这时，居心叵测的布鲁图突然来访，他花言巧语劝说恺撒自己亲自去元老院宣布取消会议，恺撒被他的话打动了，于是亲自前往元老院。

在途中，恺撒碰到一个占卜师。这位占卜师曾预言他3月15日将有危险。恺撒不以为然，笑着对占卜师说："今天已经是3月15日了！"占卜师反驳道："是啊，已经到了，但还没有过去。"

恺撒接着又遇到了他的朋友阿尔提米多洛

恺撒独裁

恺撒当政期间，曾实行一系列改革，如扩大罗马公民权，反对官员勒索，实行自治市法，修订历法，推行"儒略历"，等等。但是，随着权力的集中，他的独裁统治动摇了罗马的共和政体。他规定最高行政长官在就职时必须宣誓决不反对恺撒的任何命令。他还将元老院成员的人数扩大到900人，但这些新增成员基本都是拥护他的。恺撒的独裁统治使他和元老院贵族共和派的矛盾日益尖锐。

斯，后者把一个记着谋杀阴谋的纸卷递给恺撒，并要他马上打开看看。可是，由于遇到的请求者一个接着一个，恺撒应接不暇，虽然几次想打开这个纸卷，但直到走进元老院庞培议事厅，他也没来得及看一眼纸卷中的内容。

当恺撒刚刚在黄金宝座上落座时，一伙身藏短剑的阴谋者立刻围拢在他身边。这时，一个人跑到他面前，伸手抓住他的紫袍，这正是动手的暗号。阴谋者们一拥而上，掏出短剑向恺撒猛刺。恺撒腰上中了一剑，紧接着腿上又中了一剑，当他看到这一剑是他十分信赖和器重的布鲁图刺的时候，吃惊得大叫了一声："啊，还有你？你也背叛我了吗，布鲁图？"不久，他放弃了抵抗，用紫袍蒙住脸，听任密谋者一剑一剑把他刺死。

恺撒死后，罗马城人心惶惶，陷入一片混乱之中。

恺撒遇刺图

奥古斯都屋大维

恺撒死后，他的养子——屋大维（公元前63～公元14年）继承了他的事业，登上了罗马的政治舞台。

恺撒生前很喜欢屋大维，希望他将来能干出一番事业，就把他送到阿波罗尼亚去接受军事和政治教育。然而，只过了6个月，屋大维就接到了恺撒的死讯，急忙赶回了罗马。回到罗马后，屋大维借助老兵和平民的支持，当上了行政官，那年他只有20岁。

公元前43年11月，屋大维与罗马当时掌握实权的安东尼和李必达在一个小岛上举行会谈，达成了协议：屋大维立即辞去他的执政官职务，而由另一个人来代替，同时通过一项新法律，在执政官之下设立三名行政长官的职位，分别由他们三人担任。他们把罗马当成一块馅饼瓜分了，屋大维分得了地中海和非洲，安东尼则分得了高卢，伊比利亚半岛归李必达。这就是历史上的"后三头同盟"。

三人联合在一起后，罗马城内再也没有谁有能力与他们为敌了。屋大维也将复仇的剑指向了敌人，他做的第一件事就是惩罚杀害恺撒的凶手。城内到处贴着惩罚公敌的布告：如果谁杀死了被宣布为公敌的人，可以凭头颅领取巨额奖金；如果奴隶杀了公敌，不但有奖金，还可以恢复自由；那些窝藏公敌的人，则与他们同罪。在这次屠杀中，有300名元老和2000名骑士被杀死和被没收财产。后来，屋大卫解除了李

利维娅是屋大维的妻子。

罗马的黄金时代

屋大维统治罗马43年，使罗马的经济文化得到迅速发展。他统治的年代，是罗马经济上最富庶的时期，也是古罗马文学发展的黄金时代。那时，各国商人都到罗马做生意。一些著名的学者、诗人和艺术家都云集罗马，故有"条条道路通罗马"的谚语产生。

奥古斯都时代的奥里斯金

必达的军权，又因安东尼要把罗马的部分国土送给埃及女王克里奥帕特拉七世而招致元老院的不满，奉命杀死了安东尼。

从此，屋大维成了罗马唯一的主宰，开始了罗马的一个新时期——帝国时期。这年他刚刚28岁。从小生活

屋大维的青铜像

在刀林剑雨中的他对战争深感厌恶，决定重建罗马的和平，罗马由此进入了历史上的一个黄金时代。屋大维着手整顿国家，派军队清除在罗马各地横行的盗贼，维护社会的治安。他整顿元老院，把元老的人数减少到了600人，并且对担任元老的人提出了资格要求。他深知"水能载舟，也能覆舟"，所以尽量让平民们过上丰衣足食的生活。他还发给那些成天在城市游荡、什么事也不干的无业游民救济金。这样一来，罗马的秩序安定了，他的政权稳如泰山。此外，他还恢复了罗马古老的宗教崇拜和传统习惯，大兴土木，使罗马城的面貌焕然一新。

屋大维先后当过执政官、大祭司和保民官，享有"祖国之父"的称号。公元前27年，元老院授予他"奥古斯都"的尊号，意思就是"至圣至尊"，他的权力也由此达到了顶峰！公元14年，屋大维去世，罗马为他举行了隆重的葬礼。他死时的这个月也以他的名字来命名，称为奥古斯都（Augustus），现在的August（8月）一词便由此而来。

亚克兴海战

公元前36年，屋大维解除了李必达的军权，只为他保留大教长的虚衔。三头鼎立遂变成屋大维与安东尼两雄对峙的局面。安东尼在东方步恺撒后尘，与克里奥帕特拉七世住在亚历山大城，独断专行。他还正式与克里奥帕特拉七世结婚，宣称要把他统治下的罗马领土赠与克里奥帕特拉七世及其子女，并宣布克里奥帕特拉七世为"众王之女王"。这引起了罗马的众怒，也为屋大维反对安东尼提供了机会。公元前32年，屋大维和安东尼公开决裂。屋大维以武力迫使支持安东尼的两位执政官和300名元老东逃，并让元老院和公民大会宣布安东尼为"祖国之敌"，正式向安东尼和埃及女王宣战。

公元前31年9月，安东尼联合克里奥帕特拉七世的军队，在亚克兴附近与屋大维进行了一场著名的海上决战，史称"亚克兴海战"。安东尼和埃及女王率军10万、战船500艘来到希腊的西海岸。屋大维率军8万、战船400艘渡海东征，并控制了安东尼海军驻扎的出口。

安东尼将舰队分为左、中、右三个编队，成一线展开，亲率右翼编队迂回敌方左翼，女王率预备队尾随接应。屋大维针对敌方部署的特点，也将舰队分成左、

屋大维时的罗马军团战士

中、右三个编队，并成一线展开，由海军名将阿格里帕指挥左翼编队迎战安东尼。9月2日，安东尼率舰队进至海湾出口亚克兴角，其右翼编队从上风方向发起进攻。阿格里帕的左翼编队充分发挥了船体轻、航速快、机动灵活的优势，避开对方远程矢炮的轰击，运用撞击、火攻、接舷等战术进行反击。安东尼船大体重，运转不灵，被动挨打，损失惨重。作战中，其中央和右翼编队见势不妙，有的掉头回航。率领预备队的埃及女王不明真相，也下令其编队挂起风帆离开战场，驶向埃及。安东尼见大势已去，无心再战，命令战船尾随其后撤退。此战，安东尼损失战船300余艘，陆军全部投降。

亚克兴海战彻底清除了安东尼在埃及的势力，屋大维就此成为罗马最高统治者。

安东尼

屋大维

"后三头"联盟

恺撒死后，由安东尼接任执政官。公元前43年7月，屋大维率兵进入罗马，威逼元老院任命他为执政官，屋大维开始和安东尼势均力敌。当时李必达是恺撒的骑兵长官，罗马西部各省很多拥护恺撒的人都归依了他。屋大维、安东尼、李必达三人为了互相牵制和利用，于公元前43年结成了"后三头"的政治联盟，共同执政。公元前42年，"后三头"联盟消灭了元老院贵族后，内部展开了争斗。

被掩埋的庞贝古城

公元79年8月24日，一场毁灭性的灾难降临在古罗马的庞贝城。这天午后一点多钟，离城约10千米的维苏威火山突然喷发了。滚滚浓烟和无数火柱从山顶腾空升起，剧烈的爆炸声接连不断。顷刻之间，天色昏暗，大地摇撼，连平静的那不勒斯湾也翻腾起汹涌的浪涛。那些火柱是被喷起的熔岩，落地时已凝固成石块。大量的石块和火山灰把火山附近的地面全都覆盖起来。接着又下起暴雨，引起了山洪的暴发。山洪挟带着无数石块和火山灰，形成一股巨大的泥流，向山下猛烈冲来。庞贝，这座建于公元前6世纪的古城，就这样整个被埋没起来……

18世纪初，意大利农民在维苏威火山西南8000米处修筑水渠时，从地下挖出了一些古罗马的钱币以及经过雕琢的大理石碎块。1748年，人们又在附近挖出一块石块，上面刻有"庞贝"的字样。从1860年起，人们对庞贝城开始了有计划的发掘工作。经过一百多年断断续续的开掘，这座在地下沉睡了千年之久的罗马古城，如今大部分已经重见天日。

庞贝城四周绕有石砌城墙，设有7个城门。城内纵横笔直的大街，使全城呈井字形，分成9个地区，每个地区又有小的街巷。大街上铺着10米宽的

庞贝商店里的柜台说明当时商业很发达。

石板，两旁还有人行道。每个十字路口都设有水池。水池全是石制的，上面饰有精致的雕像，里面储存着清澈的泉水。

城内最宏伟的建筑物都集中在西南部一个长方形广场的四周，这里是庞贝政治、经济和宗教的中心。广场的东南方是庞贝城官府的所在地，有权势的人就在那里办公议事。它的另一面是法院，这是一所两层楼的长方形建筑物，也是商人们订立贸易合同的场所。广场的东北方是商场，当时这里店铺鳞次栉比，商品琳琅满目，生意非常兴隆。在庞贝城的东南角，有两座规模宏大的公共建筑物——竞技场和大剧场。古城庞贝的发现，使人们对当时的罗马城市建筑有了直观的认识。

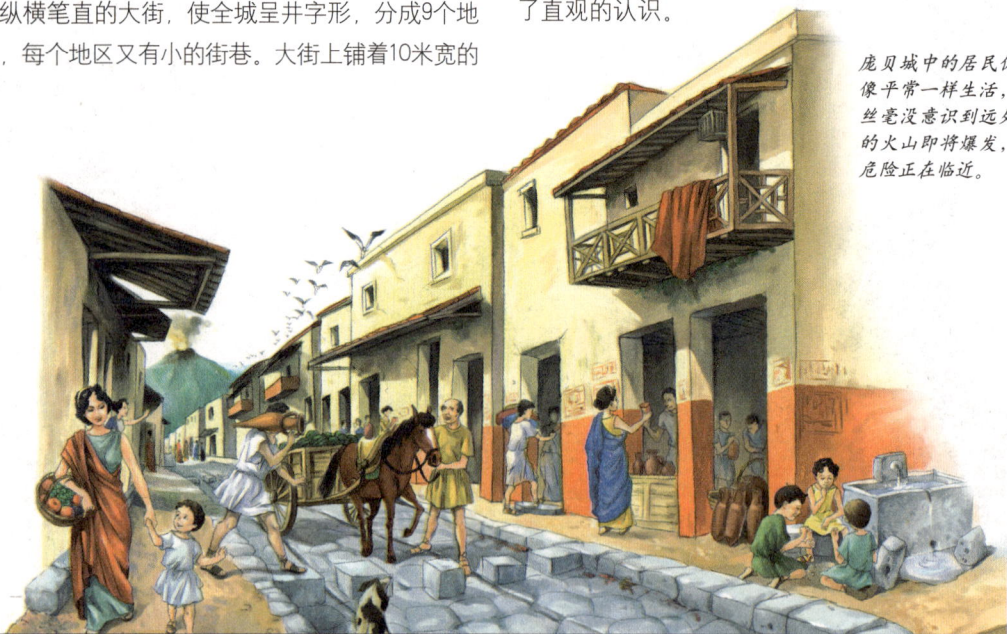
庞贝城中的居民仍像平常一样生活，丝毫没意识到远处的火山即将爆发，危险正在临近。

戴克里先称帝

公元3世纪，罗马的奴隶制出现了严重的危机，农业衰落，政局动荡，帝国的没落已成无可挽回之势。奴隶主穷奢极欲，过着荒淫无度的生活。皇帝为了炫耀帝国的豪华，经常假借各种节日和纪念日举行盛大的活动。与此同时，统治者争权夺利的斗争越来越厉害。皇帝的更替日趋频繁，在公元235～284年这50年中，竟换了10个皇帝。

公元284年一个阳光灿烂的午后，一支庞大的罗马军队正匆匆行进。他们的皇帝在返程中突然死去，而他即位不到一个月的年轻儿子也得了重病，不得不躺在担架上返国。

"快走！快走！"近卫军首领阿培尔在担架旁来回奔走，时而揭开担架上的被子看看。就在

戴克里先

向士兵呵斥道："你们想造反吗？皇帝死了再选一个就是了，谁要聚众闹事，就地处决！"这时，一个高亢的声音响起："凶手就

这个雕像象征戴克里先和其他统治者连成一体，团结一致。

阿培尔揭被的时候，抬担架的士兵闻到一种腐臭味，他们对此产生了怀疑。原来，他们的皇帝早已被人害死了，担架上其实是皇帝的尸体。"是谁杀死了皇帝？把凶手找出来！"激愤的士兵纷纷要求严惩凶手。阿培尔

表现四帝共治的雕像的一部分

古罗马元老院会场

是你！你这个人面兽心的东西，一个月就谋害了两位皇帝！"说话的不是别人，正是近卫军队长戴克里先（284～305年在位）。两人拔剑厮杀，阿培尔当场毙命，戴克里先被拥立为罗马帝国的皇帝。

戴克里先执政后，大兴土木，建造起奢华的皇宫。任何被准许谒见他的人，都必须对他行跪拜礼。皇权在这一时期大大加强，而统治者的称号也正式改为"君主"。这种君主制成为后期罗马帝国世代相袭的一种统治形式。同时，戴克里先也意识到，他一个人不可能对付得了奴隶起义及外族入侵。因此他委托好友马克西米治理帝国西部。于是，罗马帝国有了两个最高统治者，一切命令都以两人的名义发出。后来，他们又各自为自己配设了副职。从此，这四个人分别治理帝国的一部分，历史上称为"四帝共治"。

戴克里先的皇宫

戴克里先的皇宫位于古城斯普利特的中心，占地面积约有3.6万平方米，围墙有2.1米厚，高15～21米，与罗马古城堡的构建没什么区别。临海而建的戴克里先皇宫至今依然保存完好的有寝宫、大厅和穹顶门庭，还有周围以科斯柱围绕的八角形皇陵。与戴克里先执政时疯狂遏制基督教、迫害基督教教徒相对应的是，他的皇陵后来成为基督教的一个大教堂，这真是一个莫大的讽刺。

罗马日落

在公元4世纪下半叶，匈奴的势力逐渐强大起来，他们居住在顿河草原一带。在匈奴人西面，居住着两个日耳曼人部落联盟：一个是第聂伯河以西至德涅斯特河以东的东哥特人联盟，另一个是德涅斯特河以西至喀尔巴阡山之间的西哥特人联盟。西哥特人联盟的西南方，就是罗马帝国的领土。罗马人把他们称之为蛮族，对其避之唯恐不及。

匈奴人对顿河以西东哥特人控制的草原垂涎不已。374年，匈奴人向东哥特人发动进攻。在匈奴人排山倒海般的打击下，东哥特王自杀，一部分东哥特人逃到了西哥特人那里。匈奴随后追击，西哥特人遭到惨败，只得向西逃窜至多瑙河流域。匈奴人的这次进攻几乎把所有的日耳曼部落都驱动起来，纷纷向西逃窜，到罗马帝国境内寻求庇护。

东西哥特人得到罗马皇帝瓦伦斯（364～378年在位）的允许，越过多瑙河进入帝国境内的色雷斯地方避难，人多得无法计数。但罗马帝国官吏对这些流民也进行残酷压迫，导致哥特人纷纷起义。378年，瓦伦斯调集大军欲在阿德里亚堡一举消灭反抗的哥特人。但在哥特人的重装骑兵面前，罗马方阵步兵溃不成军，瓦伦斯和4万禁卫军全数战

油画《堕落的罗马人》

死。这一战动摇了罗马的根基，罗马帝国处于风雨飘摇之中。

实际上，罗马国内从4世纪开始就变得政局混乱，大权旁落，皇帝一个比一个昏庸，帝国一天比一天衰败。395年，罗马帝国最终分裂为东西两部分，也就是以黑海沿岸君士坦丁堡为都城

战争中的罗马人

的东罗马帝国（即拜占庭帝国）和以罗马城为首都的西罗马帝国。分裂后的罗马帝国已经奄奄一息，临近末日了。在西罗马帝国，奴隶和其他劳动人民的反抗斗争持续不断，冲击着帝国颤颤巍巍的大厦。这时的罗马帝国就像是一轮落日，逐渐褪去了往日的辉煌。

宏伟的尼克拉堡
帝国末期，罗马人大量修建堡垒以抵御"蛮族"的入侵。

匈奴帝国

匈奴本来是生活在中国北部蒙古大草原上的游牧民族。他们身穿短衣，从小生活在马背上，个个都是勇猛的战士。公元48年，匈奴分裂为两部，南下归汉的称为南匈奴。北匈奴被东汉和南匈奴击败后，部分西迁。5世纪上半叶，北匈奴人侵入中欧，以班诺尼亚为中心，建立起强大的匈奴帝国。到阿提拉统治时，帝国疆域东起里海，西至莱茵河，南抵阿尔卑斯山，北到波罗的海，国力达到鼎盛。

刻有东罗马帝国皇帝的金币

阿拉里克进罗马

罗马帝国分裂之后，建立不久的西罗马帝国陷入一片混乱之中。就在此时，它又遭到了新的危机：东方日耳曼人中的哥特人正在进军罗马。统率这支大军的是哥特人中最有名的勇士阿拉里克。

公元401年，阿拉里克出征前曾对妻子许诺说："我要打进罗马，让城里的贵妇给你当奴婢，把他们的财宝给你当礼物。"可是，西罗马帝国的司令官斯底里哥很快就把阿拉里克打败了。恢复了生气的罗马城举行了盛大的庆典，这是古罗马历史上最后一次庆祝胜利，也是角斗士最后一次进行竞技。

聪明而有军事才能的斯底里哥决定和阿拉里克结成联盟，以阻挡来自伏尔加河的匈奴人的入侵。这一策略遭到罗马贵族的攻击，他们制造谣言，说斯底里哥想利用哥特人来推翻皇帝霍诺留（公元395～423年在位）的统治。无能而又无知的霍诺留竟听信谣言，下令处死了斯底里哥。

408年，阿拉里克的大军又一次向罗马挺进。他们占领了罗马的港口，断绝了罗马的粮食来源。元老院决定派军使到阿拉里克那里求和。

"求和吗？可以，条件是交出城内的所有金银财宝。""那么，您打算把什么留给罗马的市民？""生命！""不过，城里还有很多人，士兵们每天都在操练，他们将进行殊死抵抗。"阿拉里克哈哈大笑："那很好，草长得越密，割起来就越省力！"

最后，双方终于达成了协议：罗马人向阿拉里克献出黄金2500千克、白银15000千克、绸料4000块、皮革3000张、胡椒1500千克。罗马人为了凑足2500千克的黄金，甚至将金质的神像都熔化

东哥特王国

东哥特王国是日耳曼人东哥特部落所建。东哥特人原住黑海草原，公元454年进入西罗马帝国境内多瑙河上游班诺尼亚（今匈牙利西部）；488年进入意大利，建立东哥特王国，定都于腊万纳。东哥特王国的领土包括今天的意大利和克罗地亚达尔马提亚一带。555年东罗马帝国入侵，东哥特王国灭亡。

这幅大理石双折画反映了东哥特首领对罗马的良好祝愿。

了。哥特人收到这些贡品后，才允许罗马人出城买粮食。

410年，阿拉里克决定打进罗马城，他向士兵们宣布："攻进罗马城以后，所有士兵可以任意抢劫三天。"一个雷电交加的夏夜，

东哥特人制作的金银器

穿着兽皮的哥特人吹着牛角号，冲进了罗马城。经过三天三夜的洗劫，四面八方的大火使巍峨的殿宇、壮丽的宫殿化为一片焦木。金质神像和黄金器皿装满一车又一车，都被拉走了。

节节败退的罗马军队

卡塔隆尼之战

阿提拉率领匈奴军与罗马军队在卡塔隆尼打得天昏地暗。

匈奴人真正强大始自阿提拉（公元434～453年在位，434～445年与其兄布莱达共王）成为匈奴王之后。与他的前辈相比，阿提拉更具雄心，更富于侵略性。阿提拉时期的匈奴帝国是匈奴史的最后一章，也是最辉煌的一章。

445年，阿提拉掌权后，马上发动了针对北欧和东欧的大规模战争并不断取得胜利。他在447年大举进犯东罗马帝国，东罗马帝国军队连战连败。阿提拉此时把目光投向了西罗马帝国。

450年，匈奴王阿提拉要求西罗马帝国割让一半土地给他。遭到拒绝后，他对西罗马帝国发起了进攻。451年初，阿提拉率50万大军侵入西罗马帝国的外高卢地区，一路抢劫和焚毁了很多欧洲大城市，巴黎也险遭劫掠。西罗马帝国组织了一支同样强大的联军来迎击阿提拉。同年6月20日，在马恩河畔沙隆附近的卡塔隆尼平原上，一场恶战发生了。

在阿提拉大军的阵列里，右翼是杂牌日耳曼军，左翼是东哥特人，最精锐的匈奴军队则处于正中位置。西罗马帝国军队则采取了另一种布阵：把最不可靠的阿兰军队放在罗马联军中间，用来对付匈奴人的正面突袭；把西哥特人部署于两翼，希望能够有效地打击匈奴人较弱的两侧，然后从两面包抄匈奴主力部队。

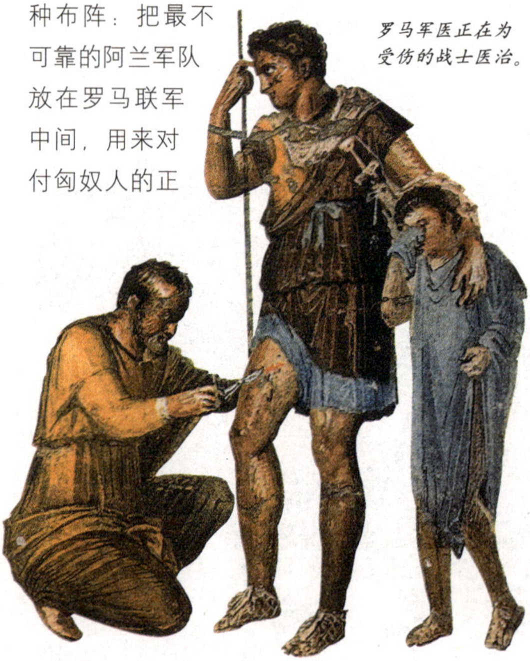

罗马军医正在为受伤的战士医治。

阿提拉

阿提拉在公元434年与其兄布莱达共同继承匈奴王位；约441年率军从多瑙河中游渡河南下，进攻拜占庭帝国，占领辛吉杜努姆（今贝尔格莱德）等地；443年进军君士坦丁堡（今伊斯坦布尔），迫拜占庭皇帝狄奥多西二世求和纳贡；约445年杀布莱达，独掌王权；447年侵入巴尔干半岛，迫使狄奥多西二世割让大片领土并继续纳贡；451年侵入西罗马帝国。他的征伐杀戮甚众，给欧洲造成了严重破坏。

战争开始时，阿提拉的主力军队与处于罗马联军中心的阿兰人发生了激烈的战斗。当匈奴人把阿兰人压退时，其右侧的罗马军队向匈奴军队的主力突然发动了进攻。同时，匈奴人向前突进也把自己另一侧暴露给了西哥特人。匈奴主力军的力量由此遭到重创。战争结束时，双方的死伤都极为惨重，总人数估计有16万～30万。

匈奴与西哥特人为保住各自的有生力量，签订了城下之盟。阿提拉率军撤离了西罗马帝国。452年，阿提拉再次率军侵入今意大利地区，攻陷了许多城市，西罗马军队无法抵御。但此时，匈奴军中发生瘟疫，其在多瑙河上的留守部队又为东罗马军队击溃。西罗马帝国遣使与阿提拉议和，匈奴退出今意大利地区。西罗马帝国因此得到了喘息的机会，其在历史上的存在时间也向后推迟了十几年。

匈奴人的金冠

第六章

Part6 ···

中美洲文明

　　古代中美洲的各种文明皆起源于丛林、盆地和高原地区，其主要创造者是最早进入美洲大陆的人类——印第安人。印第安人依靠自己的劳动和智慧开拓了美洲大陆，创造了奥尔梅克和玛雅等文明。他们有自己的象形文字、天文历法、数字系统、神话传说、文学艺术，以及可以同埃及金字塔媲美的美洲台式金字塔神庙建筑。但从15世纪末开始，西方殖民者侵入美洲，中美洲文明遭到了摧残。

□ 奥尔梅克文明

人们曾一度认为玛雅文明是中美洲最早的文明，但一些考古发现却使人们隐隐觉得，在玛雅文明之前可能还有一个更为古老的文明存在。

1938年，一支考古队在墨西哥海湾附近的森林里发现了十几颗巨大的玄武岩巨石人头像。这些头像构思完善，风格写实，艺术水准很高。更令人惊奇的是，头像均由整块玄武岩雕成，其中最重的达30多吨，而雕像所用的玄武岩石料，全部是从300多千米以外的地方搬运而来的。当时墨西哥地区以至整个美洲都还没有车轮，也没有牛、马、骆驼等畜力运输工具。如果只靠人力，他们是用什么方法把重达数十吨的巨石运进森林里去的呢？这至今仍是一个不解之谜。

不久，人们陆续在墨西哥湾沿海地区发现了三处古代文明遗址。根据碳14测年法测定，最早的遗址出现于公元前1200年前后，是当时中美洲发现的最古老的文明遗址，其居民为奥尔梅克人。而森林中的那十几颗巨大的玄武岩头像，正是奥尔梅克人所遗留下来的。

奥尔梅克文明的发祥地位于今墨西哥的维拉克鲁斯州和塔巴斯科州，西起帕帕洛阿潘河，东至托纳拉河，面积约为1.8万平方千米。这一带西部为洪泛区，东部为沼泽地，气候炎热多雨，河流众多，水草丰美，并且橡胶树成片，因此当地居民被称之为"奥尔梅克人"，意为"橡胶之乡的人"。

奥尔梅克文明的主体分为三个文化点：圣洛伦佐文化、拉文塔文化和特雷斯·萨波特斯文化，三个文化前后相继。由这三个文化点组成的奥尔梅克文明的影响不仅仅局限于墨西哥本地，而且遍及整个中部美洲地区。中美洲其后出现的玛雅文明、阿兹特克文明以及其他各种文明都与奥尔梅克文明有很深的渊源，奥尔梅克文明开创的各种传统都为日后的中美洲各个文明继承下来。

奥尔梅克人开创了中美洲文明的雕刻艺术时代。

这些传统有神权政治、金字塔神庙、美洲虎崇拜、玉文化、数字系统、天文历法、宗教神学和神话故事等。另外，他们重视可可豆和玉米的种植，尤其珍爱凤鸟的羽毛，这些传统也都传给了其后美洲的各种文明。所以，奥尔梅克文明享有"中美洲文明之母"之美誉。

公元前300年左右，奥尔梅克文明衰落中断，仅存遗风。但文明的火炬并未就此熄灭，而是被其他民族接过来，继续照耀着中美洲大陆的丛林与沟壑。另一个更辉煌的时代——玛雅时代来临了。

奥尔梅克巨石人头像

奥尔梅克的宗教礼仪

奥尔梅克人最早采用宗教领袖制度，这个制度是所有中美洲文明的支柱。奥尔梅克都城拉文塔没有军队驻扎的痕迹，纯粹是个宗教礼仪中心。居住在广大地区的人们，定期前往拉文塔礼拜、献祭和修缮。拉文塔的祭司权力极大，衣食无忧。在长达约400年的时间里，他们一直流行着一种风俗：埋葬的祭品都用玉和石制造而成。奥尔梅克人一生受宗教影响，生活艰辛却听天由命，这从他们的雕刻中得到体现，他们的雕刻大多面目迟钝。

这个石雕表现的是向神灵献祭婴孩的场面。

纳斯卡地画

在南美洲秘鲁南部的纳斯卡高原上，如果你从千米高空的飞机上俯瞰纳斯卡大地，就会惊奇地发现：在这片荒凉、贫瘠的土地上，竟"画"有一幅幅绵亘无垠的奇异的巨型图画。这些图案包括：三角形、长方形、梯形、平行四边形和螺旋形之类的几何图案，带有装饰风格的动物图形，还有一些纵横交错的很像今天飞机场跑道的线条和其他标志性图案。这些图案巨大而精美，据考古测量，它们至今已经存在了1500～2500多年。

考古学家通过挖掘纳斯卡地画附近古印第安人的墓穴和研究他们的随葬物品推测，纳斯卡地画是由居住在纳斯卡荒原的古代印第安人所制作的。他们以务农为生，在太平洋海岸的平原上耕种，没有文字。这些印第安人的尸体都放置成胎儿姿势埋葬，身旁摆放彩色陶器和其他工艺品。

卷尾猴图案

阴影突显出来，形象极为逼真。

蜘蛛图案

鲸鱼图案

这些奇特的图形面积大，线条又极其简洁，以致人们在地面上根本无法觉察。更令人诧异的是，这些栩栩如生的图形每隔一段距离又极其准确地重复出现，而且各个同类动植物的形象又一模一样。这些巨画在阳光下竟能借

纳斯卡地画都是用同一方法绘制的：刮去沙漠赤色砾石表层，露出下面的淡黄岩石。从痕迹来看，这些线条都是用手工刮的，没有使用牲畜作为劳力。每幅画都以连续不断的单线画成，线条笔直，看起来像是靠着一连串杆子，以肉眼校准后画成的。令人惊讶的是，有些长逾8000米的直线，每千米的偏差竟然不到2米。巨画制作者的身份至今仍是个谜。要知道，只有当我们在上千米的高空中才可能看清这些巨画的真正面目，而在地面上，我们看到的只不过是一条条刻在沙土上的杂乱无章的线条。在当时，古印第安人没有飞行器，因此在绘制时很难对其进行精确定位。同时，人们注意到纳斯卡平原的地理环境极其恶劣，在这里生活的土著居民有许多还停留在石器时代。但是，这些巨画却表现出高度的设计、测量和计算能力，同时也显示出制作者对几何图形较高的认识程度。这些都与纳斯卡平原现有的社会发展水平形成强烈的反差。这一切都让世人有理由相信：纳斯卡巨画很可能不是地球上人类的杰作。

纳斯卡地画分布图

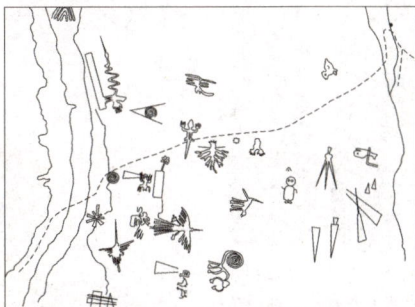

早期印第安人

最早来到美洲的人类属于蒙古人种，后来被称为"印第安人"。印第安人依靠自己的劳动和智慧开拓了美洲。他们中的奥尔梅克人、玛雅人、阿兹特克人和印加人，先后创造出了独特的文化。他们可能通过亚洲东北端离美洲最近的地方——白令海峡到达美洲。大约在7万年前，水深较浅的白令海峡曾露出地面，形成陆桥，把亚洲大陆和美洲大陆连接起来。古印第安人可能就是在这一时期通过陆桥由亚洲进入美洲的。

玛雅人的历法

考古学家们发现玛雅历法的精确程度已经到了令人惊异的地步，以至于有人怀疑这是来自于外星球的历法。玛雅人使用一套复杂的方法来记录重要事件的日期。它以三种不同的计时法——太阳历、太阴历和卓尔金历为基础。

玛雅的天文学家在长期观测太阳和星辰运行的过程中，发明了精准的历法。玛雅人称年为"哈布"，一年有18个月，每个月20天，每年另加5天称为"华吉"。又以360天为1"吞"；20吞为1"卡吞"，计7200天；20卡吞为1"巴吞"，有144000天；这便是计算历法的单位，最大的称为"阿劳吞"，共有23040000000天，即6300多万年。如此庞大复杂的历法，是世界其他古文明的历法所不具备的。

以太阳历来说，玛雅人精确地计算出太阳年的长度，即一年为365.2420日，现代人测算为365.2422天，误差仅0.0002天，就是说相隔5000年才会误差一天。这是16世纪的欧洲殖民主义者所望尘莫及的。因为那时的欧洲，普遍使用的还是粗糙得多的恺撒历。不仅如此，玛雅人还制定了太阴历，并找出了纠正太阳历和太阴历积累误差的方法。所谓的太阴历，也叫作金星历，就是指金星环绕太阳一周所需要的时间。玛雅人花费了384年的观察期，算出584天的金星历年(他们发觉金星在8个地球年中恰恰走了5圈，然后再重复循环，便用5除8个地球年的天数，即2920天，得出584天)，而今天的标准计算则为583.92天，误差每天不到12秒，每月只有6分钟。

保存于德国莱顿的玛雅玉碑是学者解开玛雅纪年系统的钥匙。

玛雅金字塔

玛雅人建筑的金字塔与埃及著名金字塔有所不同，埃及金字塔是空心，内部为帝王陵寝；而玛雅金字塔为实心，塔前广场是民众参加祭典的场所，塔顶则供教士们办公、居住、观察天象之用。他们金字塔的建造也是根据历法的指示，每隔52年建造一座，一天为一阶，一道平台表示一月，直到顶端共计365天，每一块石块都与历法有关，每一座完成的建筑物都需符合天文上一定的要求。

玛雅人喜欢将天文现象刻在玉石上。

当时绝对没有沙漏等计时仪，也没有任何天文望远镜或光学仪器，玛雅人竟然能准确无比地计算出金星历来，实在是件不可思议之事。

玛雅人还有一个令我们极其困惑的历法，那就是卓尔金历。现在我们知道，太阳历是地球绕太阳运转一周所需要的时间，太阴历是金星绕太阳运转一周所需的时间，但在太阳系中，人们并没有发现适用卓尔金历的行星。三种历日表达法，就像三个紧密咬合的齿轮，构成了一种错综复杂的机制。玛雅历法之精确可以从考古学上找到证据：在奇琴伊察、提卡尔、科潘和帕伦克等地，巨大的建筑物都是按照令人难以置信的玛雅历法营造的。

玛雅的金字塔既是用来祭祀的，又是用于观测天象的。

第七章

Part7

欧洲千年的黑暗

　　入侵与征服，纷争与同化，文明的曙光与抑制文明的黑暗，写满了中古时期欧洲的历史；拜占庭的辉煌波及了整个欧洲；北欧海盗的铁蹄踏上了欧洲大陆；以上帝的名义进行东征的十字军实际是贪婪的掠夺者；对宇宙的客观认识被认为是异端邪说……欧洲在这漫长而黑暗的时期艰难前行，但黑暗终将过去：麦哲伦开始扬帆起航去寻觅新的世界；达·芬奇开始在画室里涂抹中古时期的亮色；哥白尼用日心说对教会的权威进行了挑战……

□ 法兰克王国的成立

在西罗马帝国的北方和东方，历来聚居着许多独立的部族，其中最大的一支是日耳曼部族。公元481年，16岁的克洛维（公元465～511年）接替其父亲成为日耳曼部族中撒利部落的首领。几年之后，他便显示出惊人的勇气和才干，在486年发生的苏瓦松战役中打败罗马。这场战争使克洛维彻底控制了高卢。他在同一年建立了法兰克王国。496年，克洛维率领3000亲兵到兰斯教堂接受了洗礼，皈依了基督教。从此，在兰斯加冕也成了法兰西皇帝的传统。

在此之前，克洛维一直信奉多神教，但在一个偶然的机会下，他皈依了基督教。宗教信仰的改变，对克洛维在事业上的成功起了重大的推动作用。

事情起因是这样的：克洛维听说西哥特王的孙女克洛提尔德非常美丽聪明，便娶她为妻。克洛提尔德笃信基督教，嫁过来后一直劝说克洛维改信基督教，但克洛维始终没有答应入教。496年，克洛维和阿勒曼尼人作战时，一开始就遭到惨败，几乎全军覆灭。在这危机时刻，克洛维想起了克洛提尔德的话，便大声向基督耶稣呼救。不料，最后他竟反败为胜。克洛维相信这是耶稣救了他，决定皈依基督教。就在这一年的圣诞节，他率领3000名亲兵，接受了基督教的洗礼。从此，克洛维的扩张和统治都得到了教会的支持，而他在

壁 画

克洛维皈依罗马天主教。

法兰克人心目中的地位也空前提高了。

507年，克洛维发动了对西哥特的进攻。他打败并杀死了西哥特王阿拉里克二世，从而夺得了伊比利亚半岛和高卢南部的大片领土。然后，他接

描绘基督教的大理石纪念碑

受东罗马帝国的敕书，担任执政官，并在巴黎设立了驻所，成为法兰克族中权力最大的人。接着，他又采用种种手段制伏了同族的其他首领，或举兵征讨，或派人谋杀，把所有他疑心会夺自己王位的人，包括远近亲属在内，全部清除干净。当他干完了这些后，自己也不禁担忧起来："我真可怜啊！我好像是一个留在外地的旅客似的，一旦有了灾难，没有一个亲人来帮助我了！"

尽管如此，克洛维在事业上最终还是取得了成功，他在486年建立的法兰克王国日渐强大。508年，克洛维统一各部落，集大权于一身。510年，他将都城自苏瓦松迁至巴黎。克洛维及其以后的诸王，还把不少土地分给贵族、主教、修道院院长等，从而形成了封建主阶层。

撒利部落与法兰克人

撒利部落属日耳曼民族的一支——法兰克人。法兰克人原先散居在莱茵河下游，其中住在河口沿海一带的，称"海滨法兰克人"；住在偏南平原一带的，叫"河滨法兰克人"。公元3世纪时，罗马帝国已经面临着全面危机。法兰克人乘机渡过莱茵河，进犯处于罗马统治下的高卢地区，后来在高卢东北部定居。撒利部落属于海滨法兰克，也随族在高卢定居。

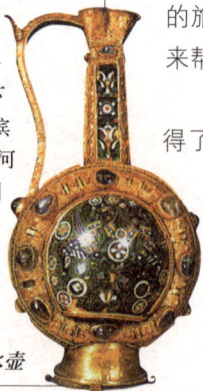

法兰克国王的典礼水壶

克洛维军中树威

公元486年，21岁的克洛维联合法兰克其他部落，从高卢北部向内地进攻，在巴黎东北的苏瓦松击败罗马残军，夺取了塞纳河与卢尔瓦河之间的大块土地（相当于今比利时与法国中部的地区）。

在这次大捷中，克洛维的军队掠走了基督教教堂的大量宝物。一位主教派教士去见克洛维，请求道："教堂的所有贡物，你们都可以拿去，可是有一只金杯却不能拿，因为那是我们基督教的圣物，请归还我们，不要玷污它。"克洛维听完后，说："如果我能拿到那个圣杯的话，一定归还给教堂，请你到苏瓦松等我的消息吧！"

按照法兰克人的传统，在战争中夺得的财物被平均分配后，由参战者用抽签的方法获取，不管是首领或者战士，都只能得到自己抽中的那一份。克洛维虽然是首领，也得遵守这个规定。克洛维心里明白这件事情很难办，于是在抽签的那天他指着金杯，对士兵们大声说："那是基督教徒的圣物，不管我有没有抽中它，请允许我交还给他们，好吗？"队伍骚动了一会儿，大家似乎觉得首领今天的话很奇怪，但很快恢复了正常。有人说道："我们眼前所有的一切都是您的，我们是服从您的权力的，不管在战场上还是在这里，如果您觉得合适，您就这样做吧！"克洛维正想向大家表示感谢，突然，有个战士大声喊道："首领，你没有权力这样做！除了你抽中的那份东西之外，这个金杯你拿不到手！"说罢，他

法兰克武士

举起战斧，把那只金杯砍了个粉碎。克洛维虽然战功赫赫，兵权在握，但他还不敢擅自破坏法兰克人的传统，任意支配战利品。他狠狠瞪了那战士一眼，不再说话。

墨洛温王朝是法兰克王国的第一个王朝，这是该王朝时期的首饰。
法兰克族的胸针

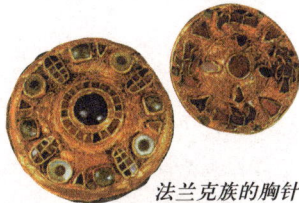

第二年，在按照惯例检阅部队时，他指责那位砸碎金杯的士兵武器保管不好，上面都生了锈，说着便把那人的斧子夺了下来，扔在地上。趁那个士兵低头拾斧子的空当，克洛维闪电般地举起斧子劈向他的头，喊道："这就是你砍碎金杯的代价！"这个令人震惊而又含义深远的行动使士兵们对他怀有极大的畏惧，没有人再敢公开违背他的旨意。

从此，克洛维的权势越来越大，许多部落都拥他为首领。他不再把法兰克人的传统放在眼里，想干什么就干什么。

法兰克王后的写字桌

法兰克武士

法兰克武士有的剃着光头，有的顶部束发，人人身穿轻便的甲胄，打起仗来无坚不摧，势不可当，扫清了挡在征服途中的障碍：罗马人、高卢人和西哥特人等。在战争中，法兰克武士用的武器是法兰飞斧和阔刀。法兰飞斧是一种可以扔出去再飞回来的弧形投掷手斧，阔刀是一种双柄宽刃剑。

□ 征服汪达尔

公元531年，非洲北部的汪达尔国国王希里德里克被他那个黩武好战的侄子格里梅尔推翻，并被投入监狱。由于希里德里克国王在青年时期曾与东罗马帝国皇帝查士丁尼一世（公元527~565年在位）关系较好，因此查士丁尼一世给格里梅尔写信，要求他释放自己的叔父。当要求遭到拒绝后，查士丁尼一世便在公元533年向北非派出了一支由贝利撒留指挥的远征军。尽管这是一支精选的部队，但是，其兵力十分有限，总共只有骑兵5000、步兵一万。对于它究竟能否取胜，人们很是怀疑，因为据传说，汪达尔人当时拥有一支10万人的军队。

查士丁尼一世和修士

贝利撒留到达西西里岛后就得知：汪达尔王国的属地撒丁爆发了起义，汪达尔人已把他们的部分精兵调到那里镇压起义去了，而格里梅尔本人也离开了都城迦太基。贝利撒留立即扬帆奔向非洲。为了避开强大的汪达尔舰队的拦截，他在距离迦太基城还有9天行军路程的地点登陆。格里梅尔获悉这个消息以后，立即命令部队火速向阿德西缪姆附近集中。那里地段狭窄，离迦太基只有16千米。格里梅尔想在那里围歼敌军。

贝利撒留在陆地上采取了极其快速的进攻行动，同时又从海上对迦太基城造成威胁。

当汪达尔军队还在集中的时候，贝利撒留乘虚而入，使得汪达尔部队陷入一片混乱之中。因此，汪达尔军队不仅没有击败贝利撒留，反而到处逃命，给贝利撒留空出了一条道路，为他抢占迦太基城提供了便利。此后，格里梅尔重新集结了兵力，并下令从撒丁调回远征军，准备进行反攻。与此同时，贝利撒留加紧修复了迦太基城的防御工事。

在以后的几个月里，汪达尔人曾经多次尝试把罗马人逐出城去，可是丝毫没有成效。不久，贝利撒留命令军队对汪达尔人展开全面进攻。汪达尔人猝不及防，抵抗很快就被粉碎了，其残余部队逃进了围着木栅栏的军营。当夜，格里梅尔本人从军营中逃跑。那些残余部队获知这一消息，也就纷纷自动散逃。贝利撒留立即组织追击，并在途中俘获了格里梅尔，因而胜利地结束了这场战争。东罗马帝国的势力也因此得到扩张。

拜占庭帝国士兵

汪达尔贵族

拜占庭帝国

东罗马帝国的国都设在君士坦丁堡，那地方的旧名叫"拜占庭"。公元330年，罗马皇帝君士坦丁大帝迁都到这里，才改成这个名称。所以历史上也称东罗马帝国为"拜占庭帝国"。

□ 教皇国的来历

教皇国梵蒂冈位于今意大利首都罗马的西北，虽然这个小国家面积只有0.44平方千米，但却是全世界数亿天主教徒心目中的圣地。这个国中国是怎么来的呢？

公元8世纪中叶，法兰克王国墨洛温王朝的宰相"矮子丕平"（即查理大帝之父）为了篡夺王位，迫切需要罗马教会给予政治上的支持，而与"矮子丕平"为代表的大封建阶级有着类似经济基础和相同政治利益的罗马教会，为摆脱长期以来所受的拜占庭皇帝的控制，消除伦巴德人入侵的威胁，也正需要寻求一个强大的世俗君主给予庇护。

751年，丕平在罗马教皇支持下夺取了法兰克王位，建立了加洛林王朝。756年，为报答教皇，丕平把从伦巴德人手中夺来的今意大利中部拉文那地区的大片土地送给了罗马教皇，史称"丕平献土"。

出于双方各自的需要，西欧王权与教会权的最初联盟建立起来了。借于这个联盟，天主教逐渐抬头，并靠丕平所献之地建立起了教皇国。教皇由单纯的天主教世界的精神领袖担任，罗马教会消除了伦巴德人的威胁，摆脱了拜占庭皇帝的控制，压制了罗马贵族的叛乱。矮子丕平及其继承人也依靠这个联盟将势力向西扩展至意大利，做了罗马人的皇帝，成了西

神圣罗马帝国

神圣罗马帝国包括今德国和意大利的中北部，德国皇帝兼意大利国王头衔。神圣罗马帝国的皇帝由教皇加冕，意味着"神授王权"，皇帝的地位高于其他国家的国王，肩负着保护其臣民和教会的双重任务。神圣罗马帝国为西欧唯一的"神圣帝国"，皇帝和教皇就成为西欧的权力掌控者。此后，西欧许多重大事件都与这两大权力的联合和斗争有密切的关系。

守卫梵蒂冈城门的瑞士士兵

大主教座椅

罗马帝国传统的合法继承者，可与拜占庭皇帝平起平坐。774年，丕平之子查理又把贝尼文托和威尼斯等城市赠予教会。962年，德皇奥托一世不仅赠予教会大片土地，并且还把该地方的行政、司法、财政等大权也赠予教会，教皇和教皇国的势力日益强大。教皇国的形成，是中古时期欧洲的重大事件。在无秩序的西欧世界，教廷成为秩序的代表，在西欧起着政治和精神统治的中心作用。查理曼帝国解体之后，西欧再度陷于分裂。这时，罗马教会成为西欧唯一的权力中心，教皇不仅掌握了西欧的宗教统治权，还竭力插手西欧各国政务，甚至废立国王。这就引起了各国国王和教会的矛盾和斗争。

教皇国一直持续了1000多年。直到1870年意大利统一时，教皇才被剥夺了统治教皇国的世俗权力，而梵蒂冈作为教皇的特殊领地却保存至今。

梵蒂冈全景

□ 查理大帝

公元768年，法兰克加洛林王朝国王矮子丕平去世，两子分治其国：查理（公元768~814年在位）统治王国北部，卡罗曼（公元768~771年在位）统治南部。771年，卡罗曼去世，查理成为全法兰克王。此时，法兰克王国的国力强大到了前所未有的程度。查理转战欧洲各地，征讨了东部的伦巴德王国，将亚平宁半岛和巴伐利亚地区并入法兰克版图。在与撒克逊人的斗争中，他将法兰克的北部边境推至波罗的海南岸，在南方又征服了伊比利亚半岛。随着法兰克王国版图的日益扩张，查理对国王的称号已经不再感到满足了。

799年，罗马城中的贵族与当时的教皇利奥三世发生了冲突。教皇乞求查理援救，查理马上率军奔赴罗马。罗马的贵族望风而逃，但很快就被查理抓住。随后，查理将这些贵族分别处以死刑或终身监禁，维护了教皇的尊严。

800年的圣诞节那天，罗马城的圣彼得大教堂灯火辉煌，装饰一新。为了报答查理，利奥三世教皇在这里为查理加冕，称他为"罗马人的皇帝"。从此法兰克王国成为"查理曼帝国"，查理国王变成了"查理大帝"，又称查里曼。

查理曼在统治法兰克王国的44年间，用武力使国家的版图几乎扩大了一倍。今天

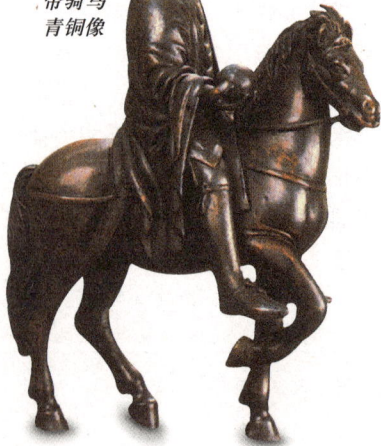

查理曼会见利奥三世的情景

的法国、德国、意大利、西班牙等国的许多领土，在当时都归查理曼帝国管辖。不过，由于帝国没有统一的经济基础，加上连年出征，农民负担很重，各地反抗频繁，封建大领主也不再服从皇帝的统治。后来，查理大帝的三个孙子之间发生内战，帝国更趋分裂。843年，三方缔结和约，将帝国一分为三。到9世纪末，在查理曼帝国的旧境上分布着三个主要的王国：一个是西法兰克，即法兰西王国；一个是东法兰克，即德意志王国，还有一个是意大利王国。近代西欧三个重要国家——法国、德国、意大利的疆域，就是在那时开始形成的。这三个王国瓜分后剩下的部分，就形成了后来的瑞士、比利时、荷兰和卢森堡。

查理大帝骑马青铜像

查理曼的宝剑

征服撒克逊人

查理一生中所发动的侵略战争历时最长的是对北方撒克逊人的征服。他以传播基督教为借口，从公元772年起先后发动八次进攻，时间长达33年。在这期间，撒克逊人爆发起义，杀死了许多法兰克将官、伯爵和基督教士。查理采取极端残忍的手段，将参加起义的4500名撒克逊人全部处决。他下令：所有撒克逊儿童都要用刀剑丈量身高，要是超过了规定尺寸，就要被砍头。804年，撒克逊人被彻底征服，成为法兰克国王的臣民。

撒克逊人的头盔

加洛林王朝的文化复兴

查理曼不仅是一位勇敢善战、野心勃勃的皇帝，也是一位热心于教育文化、开启民众心智的皇帝。他兴办学校，扶持教育，还颁布了一系列关于教育的法令，并且把欧洲最优秀的一批学者请到法兰克王国，由此开始了"加洛林王朝的文化复兴"。这一复兴终止了欧洲中世纪早期以来的文化衰退，是这一时期欧洲文化的第一次觉醒。

教育制度的建立是加洛林文化复兴最重要的成果。当时的欧洲人普遍处于文盲或半文盲状态，除了教士以外，几乎没有人识字，而普通教士的知识水平也非常低。为了改变这种状况，查理曼广泛招纳欧洲的优秀学者前来讲学，并恢复和兴办学校与图书馆。加洛林王朝复兴文化教育的重点和目

法兰克工艺品

的，主要是在于提高教士的知识水平和推进基督教文化的发展。查理曼特别指示，每一个教堂和修道院都要设立学校，以便教育和训练教士读和写，让他们更加理解《圣经》及教会先驱的著作。

在兴办学校、提高教士知识水平的同时，查理曼还改进了拉丁文体，使基督教文化获得了统一简便的语言表达形式。他下令改善书写方法，将以往所有字母都大写的方式改为统一的、以小写字母为主的"书写体"，也称"加洛林体"，使得书写更加流利，词汇更易辨认，阅读速度大幅度提高。

查理曼还在首都大兴土木，兴建了许多宫殿和教堂。这些建筑物的许多地方用金银装饰起来，正门、旁门都用坚固的黄铜制成。所有的大理石柱都是从罗马等地拆除了古代建筑运来的。

宫廷学校

在查理曼邀请的众多欧洲学者中，英格兰的著名学者阿尔琴是其中一位核心人物。公元782年，查理曼邀请阿尔琴主持帝国的"宫廷学校"。学校里的学生包括查理曼自己和他的妻儿、秘书爱因哈德、高级贵族以及那些将要被培养成皇帝差役的年轻人。查理曼是所有人中最用功的一个。宫廷学校里一项重要的教育内容是学习古典文化，即包括文法、修辞、逻辑、算术、几何、天文和音乐的"七艺"。不久，这所宫廷学校就成为一个活跃的学术组织和普及全国教育改革的中心。

查理曼

加洛林的文化复兴只是一首短暂的曲子。公元814年，查理曼去世以后，这支曲子伴随着帝国的衰落持续了一段时间之后，也逐渐地终结了。尽管如此，它所产生的意义却不容忽视，正是它使欧洲中世纪早期的文化出现了第一次生机。

建于9世纪的"查理塔"

□ 裂土分疆

查理大帝在政治上机智敏锐、洞察秋毫，但是智者千虑，必有一失，他在王位继承问题上犯下了严重的错误。他在大半生的戎马生涯中统一了西欧的广大地区，却决定在死后把帝国分给他的三个儿子。他认为这样做是避免王室内部纷争的一剂灵丹妙药。可是在他去世之前，他的长子和次子就先后去世了。公元814年，当查理大帝在亚琛死去时，他的第三个儿子"虔诚者路易"接管了整个帝国。

路易即位后，也像他父亲一样希望把帝国分给他的儿子们。817年，路易将帝国疆土分给了三个比较有才干的儿子：罗退尔、小丕平和"日耳曼人路易"。但在829年，"虔诚者路易"推翻了817年的划分，为他后妻所生的儿子"秃头查理"划出了一部分领土。后来在疆土分配问题上，兄弟之间展开了骨肉相残的斗争。在战争中，老国王路易和小丕平相继死去，形成了罗退尔、"日耳曼人路易""秃头查理"兄弟三人争夺疆土的局面。

843年，三个兄弟开始和谈，三方正式签订《凡尔登条约》，将帝国分为三部分：莱茵河以东归"日耳曼人路易"，称东法兰克王国；莱茵河以西归"秃头查理"，称西法兰克王国；而查理曼的长孙罗退尔获得两国中间的狭长地带，并承袭帝号，但对两个兄弟

休·卡佩

罗退尔一世画像

无约束力。至此，兄弟相残的局面才告结束。

在西法兰克王国，由于"秃头查理"的能力并不强，加洛林王朝的权力也日益减弱。987年，各诸侯拥立公爵休·卡佩为王，卡佩家族的目标是统一法国，把它建设成一个强大、繁荣的国家。在路易六世（1108~1137年在位）统治时期，卡佩家族的影响日益增长。而有50万平方千米的东法兰克王国由于管理不利，实际上分裂成了萨克森、士瓦本、巴伐利亚、法兰克亚等四个独立的公国。后来，萨克森公爵亨利继承王位，建立萨克森王朝，史称亨利一世（公元919~936年在位）。他把各诸侯国统一起来，形成了德意志国家。而处于中间地带的罗退尔死后，他的三个儿子又瓜分了他的领土。长子统治意大利，次子统治洛林，小儿子得到普罗旺斯。查理曼帝国的三分，奠定了后来法兰西、德意志和意大利各国的基础，促进了西欧封建制度的发展。但是，帝国领土的分裂大大削弱了查理曼帝国的力量。

查理曼之子"虔诚者路易"

帝国的消失和影响

查理曼帝国分裂后，三个法兰克王国开始长期遭受诺曼人、阿拉伯人的侵袭，皇帝的称号也在三个王国中有权势的人之间转移。公元887年，帝国最后一个得到公认的皇帝"肥人查理"由于对诺曼人的进攻束手无策，被贵族废掉了。查理曼帝国随之土崩瓦解。但是，帝国的短暂统一，使欧洲地中海沿岸的罗马人的古典奴隶制社会和大陆腹地蛮族人的原始部落社会，加快了向欧洲中世纪封建社会过渡的速度。

1350年左右制于德国的圣骨匣，用来装查理曼的部分头骨。

□ 北欧海盗

北欧海盗是指公元8世纪末期以后所有生活在殖民扩张和海外贸易时代的斯堪的纳维亚人，也称维京人。斯堪的纳维亚人在以武力征服世界之前是充满活力的商人。早在公元前1500年前后，他们就已经渡过北海，与凯尔特人和英格兰人交易货物。到公元1世纪时，他们又与罗马人进行贸易。到5世纪时，他们已经开始在繁荣的斯堪的纳维亚的商业城镇中接待外国商人了。对外贸易使他们发现了外国拥有的巨大财富，也使之萌发了向外征服掠夺的野心。

793年6月的一天，丹麦人驾驶着他们的维京长船在英格兰北海岸的林第斯法恩岛登陆，袭击并掠夺该地的修道院，屠杀了大量教士，并使这一地区的教士成为他们的奴隶。这场出人意料的袭击对基督教欧洲而言不啻晴天霹雳，同时也宣告了海盗时代的来临。但在海盗时代初期，这种袭击的范围往往只限于海岸地带，而且一般只有一小队人出动，并总是在掠夺到财物后便立即迅速地撤走。但不久以后，一支支组织严密的战斗队伍便在丹麦、瑞典和挪威相继诞生，他们在野心勃勃的国王或军事首领的指挥下，开始对外扩张，侵略别的国家，索取贡品和掠夺土地。

9世纪，挪威海盗控制了爱尔兰的大部分地区，并建立了都柏林和其他一些城镇。丹麦与挪威的海盗在爱尔兰和英格兰进行了激烈争夺，他们在英格兰的收获最为丰硕，直至阿尔弗烈德——威塞克斯的伟大国王出现。阿尔弗烈德将入侵者赶出了英格兰南部，并将他们驱逐到位于英格兰东北部的著名的"丹麦法施行地"。于是，丹麦人开始将敌对的目光转向法兰克王国。885年，丹麦人入侵塞纳河并围攻巴黎。虽然丹麦入侵者最终战败了，但却取得沿岸定居的权利。这迫使法国国王将诺曼底的罗洛割让给北欧海盗。与此同时，全副武装的瑞典人也开始向今俄罗斯地区进发，大量掠夺奴隶，并在诸如保加尔和基辅这样的市镇与来自于拜占庭和阿拉伯世界的商人进行贸易往来，基辅后来还成为瑞典人的要塞。几乎同时，北欧海盗还通过各种途径远征地中海及北非海岸。

北欧海盗的头盔

维京长船

维京船体态轻盈修长，世称"维京长船"，其长度为10～30米，平均排水量约有50吨。维京船操纵时使用右舷的操纵桨，常以左舷靠码头，高高翘起的曲线型船首和较深的吃水线使其具有良好的船舶操纵性。它以桨作为主动力，但也悬挂有一面大横帆，色彩鲜明。维京人在船舷两侧常用盾牌防御敌船弓箭的射入。维京长船不必掉头就能倒退航行：船首和船尾形状完全一样，只要朝反方向划桨就可以了。

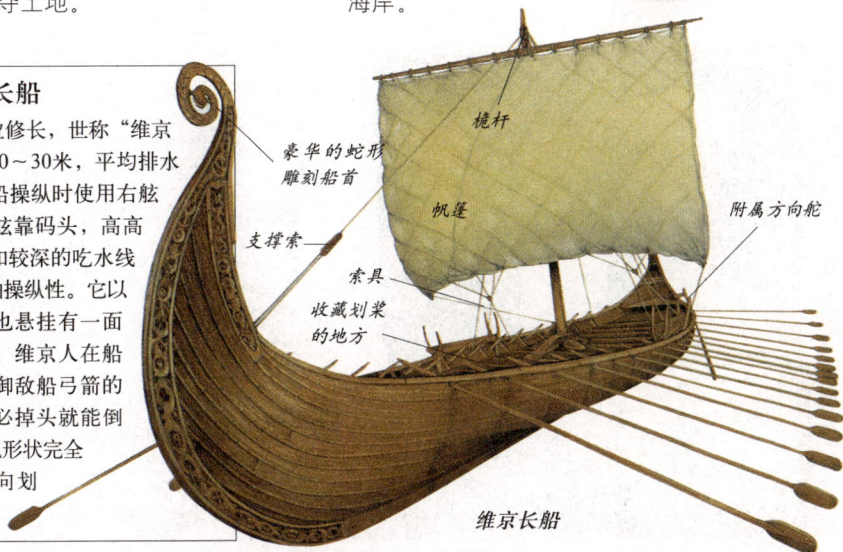

豪华的蛇形雕刻船首
支撑索
桅杆
帆篷
附属方向舵
索具
收藏划桨的地方

维京长船

西欧城市的出现

在公元5世纪西罗马帝国衰落后相当长的时期内，西欧几乎没有城市。奴隶制时期发展起来的城市早已遭到破坏，有的成为设防据点，有的是封建国王或主教的驻地，有的变成了废墟。

后来，由于生产力的发展，手工业从农业中分离出来，手工业者时常上集市出售自己的制品。他们总是到那些水陆交通比较方便、人口聚居较多的地方赶集，而流动的商人也带着外地产品到集市中来贩卖。日子久了，手工业者就来这里开设作坊，商人们也逐渐定居下来开设商店。于是，这些集市便渐渐发展成为城市。西欧的这种以工商业为中心的城市，是在公元10世纪前后兴起的。这时的城市通常不大，一般不过4000多居民，有2万居民的城市算是很大的了。这与当时已拥有百万人口的中国长安城相比，真有天壤之别。不过，正在兴起的城市吸引了大批农奴和处于农奴地位的手工业者，他们不堪领主的剥削压迫，从农村逃亡到城市定居，从而使城市日益发展。

当时城里人口虽然不多，居住地区却非常拥挤。狭窄而又弯曲的街道两旁，楼房一幢接着一幢，有的高达四五层。这些楼房往往上下互相交

石匠

行会

为了保障自己的利益，同一行业的手工业者就结成一个联盟——行会。每个手工业者必须隶属于一个行会，否则他就无权在城市里从事生产。每个行会选举自己的首领，设立自己的会所。行会规定：所属成员不得制造粗劣的产品，不得囤积大量原料，不得雇用超过规定数量的帮工和学徒，甚至禁止在窗前陈列显耀夺目的商品，或者招揽站在其他店铺门前的主顾，以避免互相竞争。

各行业的徽章
从上至下依次为面包师、裁缝和酿酒工行会徽章。

错，上层楼突出于下层楼之外。街道两旁相对的房顶几乎相碰，以致晒不到阳光，显得非常阴暗。房屋大多是木造的，顶上盖着厚厚的麦秸。由于用火石打火很费时间，所以在"熄火"钟打过以后，居民通常把火种整夜埋在灰烬里。由于晚上点松脂火把照亮，因此很容易失火，而且一旦发生火灾，往往整个住宅区都会被焚毁。

街道的路面是泥土的，比较热闹的地段才铺上鹅卵石。赶车的、骑马的、步行的就在这高低不平的路上东躲西闪，擦肩而过。路上到处是肮脏的垃圾和飞扬的灰尘，一下雨就是一个个污秽的泥潭。

城里唯一宽阔的地方是市场。这是一块较大的空地，往往位于城市的中心。市场四周是政府机构的建筑、店铺、回廊和各种商店。全城市民大会、审判案件以及处决犯人，也都在这里举行。一年大约有100个星期日和节日，人们有许多机会在一起高谈阔论，互相交流。因此，这里是最热闹的地方。居住在城市里的主要是手工业者，许多城市的街道就以他们的行业命名，如制革匠街、铜匠街、首饰街等。实际上，中世纪西欧的城市正是由他们建立起来的。

欧洲早期货币

□ 为独立而战的凯尔特人

最早的凯尔特人是一些武士和农民，古希腊人称之为Keltoi。他们原先生活在中欧地区，后来扩散到亚平宁半岛、希腊、巴尔干半岛、小亚细亚，还有法兰西（那时叫高卢）、伊比利亚半岛、不列颠和爱尔兰。尽管在文化发展上，凯尔特人与上述地区相比占过上风，但却从来没有形成过一个政治上统一的王国。公元前2世纪，他们日益受到罗马势力的威胁。公元前52年，凯尔特人在欧洲大陆的最后一个据点——高卢也落入恺撒军团之手。到公元前1世纪末，罗马控制了欧洲大陆的全部和不列颠岛的大部。直到公元5世纪之后，一些凯尔特人部落逐渐融合在一起，组成现代意义上的国家，才有了"爱尔兰"这个名字。

关于爱尔兰这个名字的来源还有一个传说，传说在凯尔特人从欧洲大陆入侵爱尔兰的时候，女神爱尔尤为新来的凯尔特人送来了祝福："尔其永为此岛之主。此岛大好，为东土所仅有。"为报答女神之恩，凯尔特人便以女神的名字命名其地为"爱尔尤"，后来更名为"爱尔兰"，意思是女神爱尔尤之地。同样，爱尔兰的人名和各地的地名也是来自凯尔特人的各种传说，后来又加上了新来者的影响，包括基督教徒、海盗和盎格鲁－诺曼人。

凯尔特人在受到这些外来民族影响的同时，也对他们的侵略行为进行了顽强的抵抗。

公元500年，一位名叫阿鲁狄尔的凯尔特勇士领导凯尔特人反抗外来民族的侵略，连获大胜，特别是巴顿山大捷更是遏止盎格鲁－诺曼人入侵达几十年之久，外来民族的入侵因凯尔特人的顽强抵抗而暂停。

凯尔特人青铜像

爱尔兰的金银圣餐杯

凯尔特金人像

公元1000年前后，爱尔兰的一代霸主——58岁的芝斯特国王布莱恩把战场摆到了海盗城——都柏林城下的郊野。布莱恩在部队中间走动，检查战斗准备的状况。他决定向那些敢于和自己争夺王位的人还以颜色。他发誓：在都柏林城南绿草如茵的各伦河谷，将有两个人给他跪下：一个是都柏林的海盗国王西隈乌克，此人曾被布莱恩收为义子达10年之久；另一个是西隈乌克的叔叔——伦斯特国王。

随着时间一秒一秒的流逝，两军逐渐逼近，随即展开了激烈的交锋。不到天黑，布莱恩的军队就杀死对方4000多人，战斗胜利了。布莱恩率领他的战士们开进都柏林，并烧毁了那座城市。伦斯特国王躲到一棵紫杉树上逃生，而西隈乌克则被枪尖指着驱逐出境，各国都不肯收留西隈乌克。不久，他又灰溜溜地回到都柏林，正式对从前的义父俯首称臣。布莱恩由此成为所有爱尔兰人的第一个国王。

凯尔特人的酋长使用的青铜匕首

金器楷模

凯尔特人的金器制作开始于公元前2000年前后，是跟着铜的发现一起兴起的。凯尔特人的拉提奈文化时期（公元前5~前1世纪）形成的金器装饰风格，成为后世爱尔兰金器的楷模。其特点是色彩亮丽，图案多为抽象主题。爱尔兰的工匠又在图案设计中融合进斯堪的纳维亚动物主题，最终形成了爱尔兰独有的华美风格。金器匠人在爱尔兰社会里享有很高的地位。

□ 英格兰王位之争

1042年，英格兰国王哈特卡纽特退位，王位空悬。英格兰贵族推举流亡在诺曼底的爱德华王子（1042～1066年在位）为合法继承人，并于当年为其加冕。诺曼底公爵威廉对英国王位觊觎已久，他于1051年请求爱德华将王位传于他，爱德华未表示异议。可爱德华在临终时却将王位传给了威塞克斯伯爵哈罗德。

威廉闻讯后，决定用武力征服英国，夺取王位。在他之前，挪威的国王也要求继承王位，率军来战，结果被哈罗德打败，但哈罗德自身也元气大伤。此时，又传来了威廉入侵的消息。哈罗德得知这一消息后立即赶回伦敦。由于事发突然，哈罗德来不及大规模动员，只好带领没有充分休整的5000余人匆匆迎击威廉。1066年10月11日，双方在黑斯廷斯遭遇。一场恶战就这样开始了。

哈罗德选择黑斯廷斯威尔登山地的山背最高处作为统帅部所在地，将亲兵部署在峰顶两侧，在中央构成坚固的防守，两翼则由民兵把守。威廉将军队分成左中右三路，每一路又分三个方阵，第一线是弓箭手，第二线是重装步兵，第三线是骑兵。14日上午，战斗开始。当两军接近时，诺曼底人开始射箭，英格兰人凭借盾牌护身，用长矛、标枪、战斧向敌人发起冲击。英军居高临下，兵器锐利，有很强的杀伤力。威廉左翼开始向山下败退，中央的诺曼底人也受到影响后退。后来，威廉改变战术，准

黑斯廷斯战役的场面

诺曼底公爵威廉接受部下宣誓。

备用佯败将敌人引出坚固有利的阵地，待敌人追击时给以痛击。哈罗德没有识破这一计谋，追击时损兵折将，实力削弱。威廉抓住这一战机发动反攻。哈罗德中箭身亡，英军阵脚大乱，全线崩溃。黑斯廷斯战役以威廉的彻底胜利而告终。

趁决战胜利，威廉率军长驱直入，横扫英格兰北部。伦敦投降派向威廉表示屈服，并奉他为国王。1066年圣诞节，威廉在威斯敏斯特教堂被加冕为英格兰国王，史称威廉一世（1066～1087年在位）。诺曼底征服战争以威廉的胜利告终，从此开始了英国历史上的诺曼底王朝时期。威廉的胜利不仅改变了英国的面貌，也使英国同西欧大陆更紧密地融为一体。

诺曼底公爵威廉

横穿英吉利海峡的诺曼底船只

"末日审判书"

"末日审判书"是威廉于1086年完成的大规模调查英格兰的纪录，类似于现在政府的人口普查。威廉需要得到他刚刚征服的国家的信息，以便管理英格兰。这次调查的主要目的是找出谁拥有什么并使他们交税，估价员的审核是具有决定性的。书的名字为《Domesday》（Doomsday的中古英语拼法，意为"世界末日"），从12世纪开始使用，强调了这本书的最终性和权威性。

骑士时代

公元10世纪时，欧洲封建主已把土地掠夺完毕，并确立了长子继承制。没有继承权的庶子们因无所事事而成为骑士，他们的职业就是征战。在当时，战斗人员中级别最高的要数骑士。因此，从11世纪开始，西欧骑士制度盛行，有些大封建主也自称骑士。中古早期，国家权力旁落到最出名的骑士手中。不过，只有出身贵族世家的人才有可能成为骑士。贵族家庭的男子要想取得骑士的称号，必须从小接受训练。到达上学年龄的孩子按照自己家的等级，要到高一级封建主的城堡中去充当领主侍童。他必须按照领主和主妇的吩咐服役：先学吟诗、唱歌、弹奏乐器和下棋，继而学习游泳、骑马、投枪、击剑和角力。14岁后，他就开始充当领主的侍从，即见习骑士，到21岁的

骑士之间经常举行比武。

时候才可以被授予骑士的称号。

骑士们经常进行马上比武，这是一种模拟战斗的娱乐活动。在比武场上，骑士使用平头的长矛和钝剑奋勇对打。比武和真正参战，只是为了俘虏对手并向被俘虏者索取赎金，而不是伤害对方。他们不论是参加比武，还是实战，都必须遵守某些成文的规则和惯例。例如，一个骑士不能对另一个毫无戒备的骑士发起进攻，而必须让对方做好参战的准备。尊崇女性是骑士的又一个重要信条，也是骑士毕生追求的理想。年轻的骑士不仅宣誓保护女性，而且会选择一位贵妇、淑女作为自己崇拜的偶像，甚至心甘情愿为心爱的女人献出生命。

14世纪以后，由于西欧封建制度解体和射击武器的广泛使用，骑士的军事意义逐渐丧失。不过，骑士制度的某些思想观念和行为规范，如彬彬有礼、举止端正、女士优先等都流传下来，直到现在仍为西方世界所推崇。

铠甲骑士

骑士受封仪式

骑士受封有一个郑重的仪式，整个仪式的过程是：受封者先沐浴，然后进入教堂宣誓。第二天，他回到领主城堡，接受授封。先由老骑士帮他穿上盔甲、佩好剑，然后受封者单腿跪地，由领主宣布他已成为一名骑士，并用手掌或剑重重地拍他一下，表明新骑士已经具有骑马和使用武器的本领。

骑士的受封仪式

欧洲中世纪时期的骑士和城堡

十字军东征

1095年11月18日，法国南部克勒芒广场上人头攒动。这里正在召开一次宗教大会，参加会议的基督教徒们正在聆听教皇乌尔班二世的演讲："上帝的孩子们，不要因为爱家庭而拒绝前往，你们应爱上帝胜于爱家庭；不要因为恋故乡而拒绝前往，因为整个世界都是基督徒的祖国；不要因为有财产而拒绝前往，因为有更大的财富在等待着你们。"教皇手拿《圣经》，慷慨激昂地说："死者必将升入天堂，生死将备受上帝恩宠。去参加这场战斗吧！去分享其荣耀奖赏吧！幸运在向你们招手！"

教皇的话刚讲完，如痴如狂的骑士、封建领主和平民们就争先恐后地拥上前去，从教皇的随从人员那里领取一块红布做的十字，戴在自己的胸前或肩上。凡是戴上这块十字红布的人，就算走上了"主的道路"，成为十字军的一员。

萨拉丁

1171年，出身于叙利亚库尔德族的军事将领萨拉丁（1171～1193年在位）在近卫军的支持下推翻埃及法蒂玛王朝的哈里发阿迪德，建立了阿尤布王朝。萨拉丁有杰出的军事政治才能。他在位时期，领导穆斯林与入侵西亚地区的十字军进行了长期斗争，取得了辉煌的胜利。

萨拉丁

教皇乌尔班二世布道鼓动信徒响应号召，远征耶路撒冷。

十字军屠城

教皇的号召不胫而走，很快传遍了西欧各地。当时西欧连续7年遇到灾荒，粮食普遍缺少，农民生活非常困苦，急切希望摆脱这种局面。许多骑士因为不是父母的长子，不能继承遗产，希望能到富庶的东方去捞一把。大大小小的封建领主，也一心想扩充自己的政治、经济势力。于是，包括许多贫穷农民在内的十字军迅速在西欧各地组织起来。

第二年春天，由法国北部、中部和德国西部穷苦农民组成的十字军首先出发了。接着，由骑士组成的十字军也相继出发。1097年，所有的十字军队伍在君士坦丁堡会合，随后便开始了历时两年多的侵略战争。

1099年6月上旬，十字军将耶路撒冷城团团围住。围城的十字军有4万人，而守军只有1000人。十字军很快占领了耶路撒冷，他们冲进一座最大的清真寺，屠杀了躲藏在寺中所有的人。将近1万人被杀死在这座寺院里。十字军将珍宝洗劫一空后，又放火焚烧了寺院。全城被屠杀的有7万人之多。在大规模的屠杀以后，十字军的骑士和士兵们攻进了市民的住宅中，抢夺室内的东西。他们很快达成了一种默契：谁首先进入一个住宅，谁就可以获得和占有那个住宅及其中的一切东西，任何人不得侵犯。

十字军东侵是由罗马教皇煽动起来的对东方赤裸裸的侵略，前后共有八次，延续的时间达200年之久。以侵占耶路撒冷告终的这一次是第一次，所以历史上称之为"第一次十字军东征"。

□ 十字军的最后失败

　　1217年夏，十字军开始了第五次东征，首先进攻埃及的达米埃塔。一天，埃及的苏丹（最高统治者）派使者来见十字军首领。教皇的使者也就是统率十字军的领袖——红衣主教彼拉吉亲自会见了他。苏丹提出了优厚的求和条件，但贪婪的主教并不满足。"上帝需要的是整个东方！"主教狂妄地说，"要是苏丹愿意把整个埃及奉献给上帝，并且皈依基督教，我们将赐给他和平！"

　　谈判破裂了。1219年11月初，十字军终于攻下了达米埃塔，获得了价值几十万银马克的战利品。被胜利冲昏了头脑的十字军，在那里等到了从欧洲赶来的援军后，于1221年6月向埃及首都开罗进军。埃及苏丹再一次派使者向十字军首领重提前议，但又遭到拒绝。

　　6月中旬，十字军向通往开罗的军事要地曼苏拉发起猛烈进攻。他们选择的进攻日期，正是尼罗河涨水的季节。曼苏拉一带的谷地顿时变成一片泽国，十字军的军营全被大水淹没。谙熟当地水文地理的埃及军队，迅速地切断了十字军的退

十字军士兵

路。当十字军从东北方向逃回达米埃塔基地时，又遭到埃及人的两面夹攻，死伤大半。十字军不得不从征服不久的达米埃塔撤出，并在1221年9月全部退出埃及。第五次十字军东征失败了。

　　在1228～1270年，又发生过三次十字军东征，都遭到了失败。以后，罗马教皇英诺森三世的继承者们想效仿英诺森三世，号召基督教君主进行新的十字军远征，可是再也组织不起队伍来了。1291年，十字军丧失了在东方的最后一个据点——地中海东岸的阿克。至此，历时近200年、前后多达八次的十字军东征以彻底失败而告终。

　　这场旷日持久的侵略战争，给地中海东岸人民造成了深重灾难，阻碍了这些地区的经济发展，也给西欧人民带来了苦难。但客观上，十字军东侵扩大了西欧同东方的贸易交往，也促进了西欧人对东方文化的了解。

反映十字军东征的雕刻

十字军骑士

战败的十字军骑士

英诺森三世

　　英诺森三世（1160～1216年）是1198～1216年期间的罗马教皇。他在巴黎大学攻读神学，1198年当选为教皇。英诺森三世在位期间教廷权势达到历史上的顶峰，他积极参与欧洲各国的政治斗争，曾迫使英国、丹麦、葡萄牙、瑞典等国王称臣。又曾发动第四次十字军东征，镇压异端阿尔比派，批准天主教多明我会与方济各会成立。

□ 东西方贸易的十字路口

12世纪时，任何进入君士坦丁堡的人，都会强烈地感受到这一点：他们正站在东西方贸易的十字路口。这里的地理位置优越，扼黑海出海口，又兼欧、亚陆地之桥梁，为中世纪东西交通要道，全世界船只云集于此，马克思称之为"沟通东西方的金桥"。到1180年，已有6万外国人在该城的商业区居住经商。仓库和市场上堆满了豪华丝绸、奇珍异宝、珐琅金属工艺品、雕刻精美的象牙、香水、香料、皮革制品以及各式各样的日用品。"人们简直不能相信世上竟有这等富饶的城市。"一位法国史学家曾发出这样的赞叹。

负责管理城市的是城市长官，即郡长。郡长的权力仅次于皇帝。郡长兼任法院院长，同时也是制造业和贸易业的唯一权威。他负责制定价格、利率和工资，规定称量标准，征收所有进出该城的商品的税收，设定汇兑率，向商人发布行业条例。他有几千名属下严格执行着他所制定的商业法。一位西班牙旅行者曾这样描述违规者可能受到的惩罚："大街上立着手足枷，牢牢地固定在地面上，绑在上面的

君士坦丁堡的政府官员正在登记纳税市民的名单。

是那些犯下大罪要被监禁的人；或者是那些违反法律或市政当局法规的人，比如说那些卖面包、卖肉缺斤短两的人。"拜占庭帝国在这一体制下繁荣昌盛。12世纪时，单是君士坦丁堡一地的关税就为拜占庭帝国国库增加了约值现在2000万美元的黄金。

拜占庭帝国的丝绸制品

拜占庭帝国能够长期存在的一个重要原因，是其经济基础在11世纪之前一直非常坚固。正如历史学家所指出的那样："如果说拜占庭的国力和安全得之于行政部门的效率，那么正是凭借帝国的商贸，它才得以供养这些部门。"

在9~11世纪之间，远距离贸易和城市生活在西欧几近绝迹，而在东方的拜占庭，贸易兴旺，城市繁荣。在9世纪和10世纪，君士坦丁堡成了来自远东的奢侈品和西欧的原材料交易的中心。此外，拜占庭帝国还培育并保护自己的工业，尤其是丝织业。君士坦丁堡兴盛时期的常年人口可能高达100万。当然，拜占庭帝国其他一些大的都市中心也都很繁荣。

具有拜占庭风格的金银香炉

严格的丝绸生产和销售

丝绸属拜占庭帝国最贵重的商品之列，与黄金等价，其生产和销售都由郡长严格控制。只有极少数的人能够参与丝绸的生产和销售，包括进口商、经销商、精整工、纺织工和制衣工。其中紫色丝绸只有皇帝及其家人可以享用，把紫色丝绸出售给皇帝委派的经纪人以外的人是非法的。而且，对商人出售紫色染料都有严格的规定。

象牙号角

□ 欧洲大学的起源

在中世纪初期，西欧的文化教育是非常落后的。普通老百姓基本都是文盲，骑士通常是不识字的，就连贵族大臣们也都非常无知。政府文告、外交书信都采用拉丁文，这种文字在当时只有少数教士才能掌握。

随着城市的发展和工商业的日益繁荣，一些大学校建立起来。它们就是后来欧洲大学的前身。在西欧古老的大学中，最著名的要数法国的巴黎大学了。1200年，法兰西国王腓力二世（1180~1223年在位）颁发诏书，批准了巴黎大学的成立。巴黎大学很快成为来自欧洲各地的求学者的集中地。据说有个时期，巴黎大学的学生达5万人之多。巴黎大学能吸引这么多青年，是因为他们在结业后，总是被归入神职人员一类，可以享受许多特权。

巴黎大学和西方其他大学一样，一律使用拉丁语进行教学，所以它能接纳欧洲各国通晓拉丁语的学生。巴黎大学除了学生和教师外，为它服务的人，如书贩、信差、药商、抄写人甚至旅店老板等，都算是大学的成员。教师们按照自己的才能，也就是教授某种学科的能力，分别结合成不同的团体。现代大学中的"系"，就是从拉丁语的"才能"这个词转化而来的。而从中选出的"首席"或"执事"，就是后来所称的"系主任"。

当时全校共设有四个学科：文艺、医学、法律和神学。文艺学科属于普通科，学习"七艺"：语法（包括拉丁语和文学）、辩证法（即逻辑学）、修辞（包括散文、诗的习作和法律知识）、几何（包括

在大学出现之前，掌握文字的主要是神职人员。

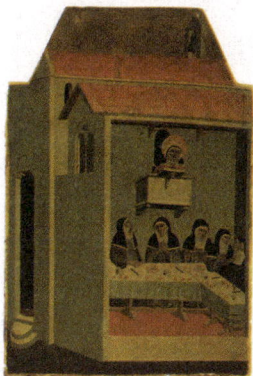
波伦亚大学的学生正在全神贯注地听法学课。

经院哲学

巴黎大学到13世纪中叶，已经完全被教会所操纵。学校里的神学课程都交给了天主教的教士讲解。他们所论证的命题，大多是从圣经中引来的，并不是真正的知识；他们轻视科学，崇奉教会权威，压制自由思想。这就是所谓"经院哲学"。

地理和自然历史）、算术、音乐和天文学（包括物理学和化学）。文艺学科的人数最多，修完后可以得到学士学位。其他三个学科是高级科，只有普通科毕业的学生才能升入，修完后可以获得硕士学位。取得了硕士学位后，才有在大学当教师的权利。不过能取得学位的人并不多：获学士学位的不过1/3，而获硕士学位的仅占6%。

学生们也按照其出生的地区分成各个团体，称为"学馆"。每个"学馆"都有自己的宿舍、食堂、小教堂以及舍监和导师。这种"学馆"后来发展成为"学院"，它的名称一直沿用到现代。

除了巴黎大学以外，欧洲最古老的大学还有意大利的波伦亚大学、英国的牛津大学和剑桥大学、西班牙的萨拉曼加大学，等等。这些大学都是在12~14世纪创立的。到15世纪末，欧洲已有40多所大学了。

法兰西学院

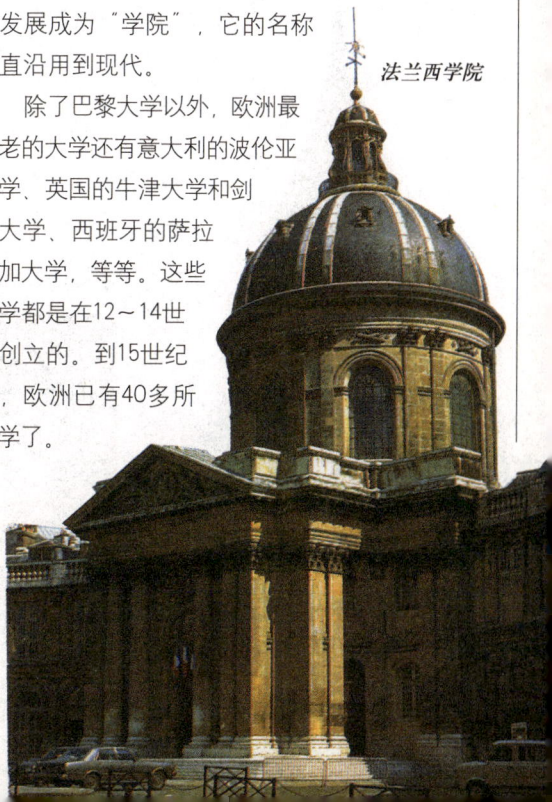

□ 现代议会之母

1216年，亨利三世（1216~1272年在位）登上了英国王位，由于他尚未成年，国家大事的决策权操纵在贵族手中。亨利三世成年后，对贵族参与政权极为不满，试图建立起个人专政。这样，国王与贵族之间的斗争又激化起来。

为了摆脱贵族的控制，亨利三世一味地依赖教皇，英国成为教皇的主要财源。为讨好教皇，他不断增加赋税。1257年，在教皇的唆使下，亨利三世准备通过武力手段夺取西西里岛。战争迫在眉睫，一切准备就绪，唯一缺少的是钱。亨利三世考虑召开一次特别会议，从贵族那儿筹集军费。贵族们的愤怒如火山一样爆发出来。出乎亨利三世意料的是，他的妹夫孟福尔居然充当了反对派贵族的首领。孟福尔是个年轻有为、桀骜不驯的贵族，曾一度受到亨利的宠幸，并被恩准与国王的妹妹结了婚。可是孟福尔蔑视王权，时常对国王的政策说三道四，两人关系急剧恶化。在反对王权的斗争中，孟福尔逐渐得到了大多数封建领主、伦敦市民，甚至全国的支持，成为贵族的领袖。

1258年，在亨利三世为筹措军费而召开的牛津议会上，孟福尔毫不畏

英国议会

惧地走上讲台，历数了国王横征暴敛的行为。他慷慨激昂地说："现在人民的力量已经壮大了，应当参与政权，而且要监督国王的统治！"台下响起一片热烈的掌声。贵族们最后通过了一个书面文件——《牛津条例》。该条例规定成立一个由15名贵族组成的议会，未经这个议会的批准，国王不能做出任何决定。另外选出一个12人委员会，享有立法权，一年召开三次会，与15人议会共商国是。一位贵族走上前台宣读条例，人群中不时发出欢呼和骚动。亨利这才发现自己"偷鸡不成反蚀一把米"，严峻的形势使他别无选择，他不得不表示接受条例。

通过《牛津条例》，英国现代议会的雏形建立起来了。《牛津条例》所确立的民主原则，在当时是以贵族政治的形式表现出来的。随着时间的流逝，它逐渐以大众民主政治表现出来。实际上，我们今天使用的"议会"一词，正是从这时开始流行起来的。

英国议会大厦的钟楼

豪华的上院议员皮椅

英国议会

英国议会起源于盎格鲁－撒克逊时代的"贤人议事会"。12世纪时，国王和要人商讨问题被通称为"讨论事务"，两者专门举行的讨论会被称为"议会"。在爱德华三世时期（1327年~1377年），议会形成上下两院。上院由封建主组成，有权审理重要的司法案件，纠正下级法庭的错误，有权进谏国王，批准税收和制定法律。下院由骑士和市民的代表共同组成。

□ 但丁的《神曲》

意大利著名诗人但丁（1265～1321年）出生于佛罗伦萨一个小贵族家庭，他幼年丧母，少年丧父，命运非常不幸。但丁从小勤奋好学，善于思考，曾拜著名学者布鲁内托·拉铁尼为师。通过长期坚持不懈的学习，他掌握了拉丁文、诗学、修辞学等广博的知识，而且很早就开始了诗歌创作。

1292年，但丁结婚了，妻子是他依照父命订了婚约的杰玛·杜纳底。他的家庭生活美满幸福，但是一位叫贝雅特丽齐的女子屡屡激发他的创作热情。但丁曾在一部作品中记述了1274年第一次见到她时的情景，他的心中充满了对这位少女的爱。年复一年，但丁把美丽的贝雅特丽齐作为自己精神上爱慕的对象，为她写了许多优美的诗歌。不幸的是，贝雅特丽齐在24岁那年去世了。但丁痛不欲生，他决定写一部长诗——《神曲》来纪念她。然而，动荡的政治生活和他个人坎坷不平的遭遇，使最后完稿的《神曲》从一部爱情诗变成了一部政治

油画《但丁之舟》

诗。这正是他20年流放生活所带来的结果。

当时，佛罗伦萨是个以手工业为中心的城市，市民分为黑白两党：黑党保守，成员大部分是城市贵族及倾向贵族的上层市民，他们拥护教皇；白党代表市民的进步势力，他们要求城市完全自由独立，反对教皇干预政治。这两党斗争非常激烈。但丁虽然出身于破落的贵族家庭，但他在政治上属于白党。

1301年，在但丁奉白党之命出使罗马期间，黑党倚仗教皇势力夺取了佛罗伦萨的政权，放逐了10多名白党人士，但丁也在放逐之列。在此后的近20年里，但丁做过多次努力想重返故里，但都没有成功。辛酸的流亡生活使他扩大了视野，增长了阅历，丰富了经验，同时开始创作那部跨时代的伟大作品——《神曲》，并且殷切地期待有朝一日能够重返故乡。

那时候，意大利北部著名古城拉文那的君主是一位受过良好教育的骑士，非常尊敬有学问的人。他久慕但丁的大名，亲自带了礼物，前去拜访但丁，邀请但丁到拉文那去定居。但丁到了拉文那后，这位君主非常敬重他，不仅赠送给他许多生活必需品，而且鼓励他振奋精神，从事创作。但丁在拉文那安度了他的晚年，并完成了长诗《神曲》的创作。

《神曲》插图

□ 薄伽丘与《十日谈》

人文主义作家薄伽丘（1313~1375年）出生在法国巴黎。他的父亲是意大利人，母亲是法国人。薄伽丘出生后不久，父亲把他带回了家乡——意大利佛罗伦萨。当时佛罗伦萨的民主气氛比较浓郁，与欧洲许多地方的封建专制大不一样。所以，薄伽丘从小就向往民主，对教会的黑暗统治十分不满。

薄伽丘勤奋好学，7岁时就学习写诗，到了20多岁时，已经写成了好几部诗集。薄伽丘积极参加政治活动，坚定地站在共和政权一边，反对封建专制，曾经七次受共和国派遣去办理外交事务。其中1350年的一次，是去邀请被流放的意大利民主诗人彼特拉克。从此，他和彼特拉克建立了永恒的友谊。

1348年，佛罗伦萨发生了可怕的瘟疫——黑死病，四个月内死了10万人。这件祸事对薄伽丘的影响极大。他在1350年前后所写的小说集《十日谈》，就是以这件事为背景的。

《十日谈》是当时意大利最著名的短篇小说集，故事生动，情节离奇，充满了反封建的民主精神，在当时与但丁的长诗《神曲》齐名。那么，为什么叫《十日谈》呢？原来，这本小说集描绘道：在佛罗伦萨大瘟疫期间的一个黄昏，有7个充满忧虑的青年妇女到礼拜堂去祈祷。她们见面后，决心一起离开这个掌握在死神手中的可怕城市。但她们觉得没有男人的帮助是不行的。正在这时，恰好来了3个男青年。于是，他们带了几

《十日谈》插图

个仆人，到郊外躲瘟疫去了。

出城走了不少路，他们看见一座小山。小山被翠绿的树木环绕着，山上有一座漂亮的邸宅。邸宅中间是个大院子。院子里有曲折的走廊、清澈的喷泉和悦目的花草，地窖里还藏着许多香味浓郁的美酒。他们到达这里后的第一件事，就是在他们中间推举一人当领袖，一切活动都由领袖来安排。领袖任期只有一天，第二天就换人。这样，他们10人轮流当领袖。

第一天，大家选举了一位年纪最大的女青年当领袖。领袖就分派她的男女"臣下"种种职务。接着，领袖又安排了生活的秩序：早餐后各人随意游览；中午天气热，大家集中在一个凉快的地方，各人说一个故事；晚饭后一起唱歌跳舞，然后就寝。这样，10天一共讲了100个故事。这个故事的集子就叫《十日谈》。

薄伽丘墓前的雕塑
此雕塑位于意大利佛罗伦萨。

鲜花之城

佛罗伦萨又被称为"鲜花之城"。早在12世纪中期以前，佛罗伦萨就建立了城市共和国，逐渐发展为欧洲著名的手工业、商业和文化中心。1321年，佛罗伦萨大学建立，这里成为早期人文主义的发源地。14世纪，以大商人、工场主和银行家为首的新兴资产阶级掌握了城市政权。此后，这里就成为了文艺复兴运动的中心。

"鲜花之城"佛罗伦萨

英法百年战争

1337～1453年，英法两国先为王位继承问题展开了争权夺利的斗争，到后来演变为英国对法国的入侵，法国被迫进行反侵略的战争。战争持续了一百多年，故称为"百年战争"。1328年，法国卡佩王朝由旁亲华洛瓦家族的腓力六世（1328～1350年在位）即位，英国国王爱德华三世（1327～1377年在位）以卡佩王朝前国王腓力四世外孙的资格，争夺卡佩王朝继承权。1337年，爱德华三世宣布自己是法兰西国王，腓力六世针锋相对，宣布收回英国在法国境内的全部领土，并派兵占领耶讷，百年战争爆发。

1340年，英国在海上击溃了法军的主力舰队。1346年，爱德华三世率领英军在克雷西战役中以极小的牺牲取得巨大的胜利。10年后，英军又在普瓦提埃打败法军，法王约翰二世（1350～1364年在位）及大批贵族被俘。百年战争的第一阶段的战争以英国的胜利而告结束。

英法战争中激烈的战斗场面

1369年，战争再起，法国人民在国王查理五世（1364～1380年在位）的领导下，一点一点地收回了领土。1377年6月，爱德华三世病逝，理查二世（1377～1399年在位）即位，在他统治的22年中，英军屡屡失败。第二阶段的战争以英国的失败而告终。

1413年，英国的亨利五世（1413～1422年在位）即位，他重新点燃了战火。1415年8月，亨利五世亲自率军在塞纳河口登陆，在阿金库尔一役中打败法军，进而攻占了法国首都巴黎和北部大部分地区。然后，英军长驱直入，南下攻打奥尔良。如果奥尔良失守的话，整个法国就有沦丧的危险。正在这时，17岁的姑娘贞德挺身而出，救国于危难中，抵抗住了英国的入侵。后来她虽然被害，但她的爱国精神鼓舞着法国人民继续战斗。此后英军节节败退。1453年，在卡斯蒂荣一役中，英国全军覆没。这次战争彻底宣告了英国的失败。至此，除加莱港外，英王在法国的领地丧失殆尽。

当英国人艰难地走出百年战争的泥沼时，痛苦地发现他们不但一无所获，还把原来的家底都输光了。但是，英国也从此卸下了一个沉重的包袱，可以把全部的精力放在内部治理和发展上。这场战争对英法两国的历史都产生了深远的影响。

扎克雷起义

百年战争期间，沉重的租税、巨额的军费以及被俘国王和贵族的赎金，几乎全部压在法国人民身上。战争使农民陷入贫困破产的深渊。人民忍无可忍，终于在1358年5月爆发了扎克雷起义。"扎克雷"意为"乡下佬"，是贵族对农民的蔑称。起义农民高呼"杀死全国贵族，直到最后一个"的口号，在领袖卡尔的领导下，四处袭击贵族。起义浪潮席卷法国北部。后来，封建主以和谈为名诱捕卡尔，并对起义军发动突然进攻，起义者惨遭屠杀，卡尔被折磨致死。

克雷西战役

辛勤劳作的英国农民

肆虐的黑死病

1348年是灾难的一年，一场可怕的瘟疫席卷了英国，大大小小的医院里患者成群，随处都可听到痛苦的呻吟声，随处都可看到面黄肌瘦、被疾病扭曲了的面孔。

一天，一位患者前来就医。医生见他四肢红肿，行动困难，就问："你是不是也患了那种怪病，开始是身体上出现黑斑，过几天后，就成现在这个样子？"病人吃惊地点点头："大夫，您怎么知道？"那位医生无可奈何地说："唉，在你之前，已经有好多人得了这种病，可是这种病我从来没见过，也没有什么良药，你先住下吧。"可是，没过两天，这个病人就死了。

在当时，像这样死去的人不计其数，因为这种病传染力非常强。它首先在罗斯南部出现，接着波及到热那亚和地中海地区，又传到北非、奥地利、英国、法国，最后蔓延到波罗的海各国。这种令人谈之色变的瘟疫就是黑死病。黑死病到底是由什么引起的呢？后来的研究表明：这种瘟疫是由鼠疫耶尔森氏杆菌引起的一种发热性传染病，菌体寄生在老鼠身上，通过跳蚤传播。病鼠通常通过轮船被带到一些港口城市，人被跳蚤咬一口后，就会得病。

这种瘟疫使英格兰平均每三人中就有一人死亡，西欧的总人口也急剧下降，严重的地区死掉了1/4的人口，甚至更多。人口的锐减减少了对粮食的需求，播种面积随之减少，一些土质贫瘠的田地不可避免地被废弃了。因为长期无人居住和耕作，许多地方重新长满了野草树木，恢复了开垦和建造前的样子，甚至出现了只见牲畜不见人的景象。不少的城镇变成了空城。

治疗黑死病的医生

黑死病还使粮价暴涨。在英国，各种物价都增长了3～4倍，但工资却只增长了50%。人们的生活更加困苦，而封建主又不断地加重对人民的剥削，许多地方因此爆发了大起义，如法国的扎克雷起义和英国的瓦特·泰勒起义。

这场可怕的瘟疫在以后的几十年数度流行，给欧洲带来了巨大的破坏，留下了深深的伤痕。但是，在一片衰落之中，欧洲孕育着新的生机和发展。当欧洲从黑死病的阴影里走出时，相伴而来的是人文主义、个人主义、世俗主义的诞生，以及文学新潮流的涌现，等等。黑死病未必是导致这些现象发生的直接原因，但它无疑对欧洲文化的转型起到了催化剂的作用。

黑死病肆虐期间，英国人口锐减，小镇冷冷清清。

农业专门化

黑死病过后，欧洲人口大大减少。随着生产逐渐恢复正常，主要食品的价格也开始下跌。由于谷物价格较低，人们可以把更多的钱用在购买较奢侈的物品上，如乳品、酒类、肉类。这一趋势促进了农业专门化的产生。英格兰部分地区转而饲养绵羊和酿制啤酒，法国部分地区集中生产葡萄酒，瑞典则用牛油换取德意志价格较低的谷物。

□ 圣女贞德

　　1428年，为了彻底打垮法国，英国又发动进攻，一路打到奥尔良。奥尔良是通往法国南方的门户，一旦陷落，法国全境不保。亡国的危急形势唤醒了法国人民的民族感情，法国人民纷纷行动起来，用各种方式打击英国侵略者，连妇女也参加了抗英斗争的行列，圣女贞德就是其中一个杰出的代表。

　　贞德（1412～1431年）出生在法国北部的一个小村庄，从小就过着牧女的生活。艰苦的生活赋予了她坚强、不怕困难的性格。1428年，她三次求见当时的查理王子（即1429年即位的查理七世），陈述她的救国大计。1429年4月，查理七世授予贞德"战争总指挥"的头衔，让这位年仅17岁的女孩率军驰援奥尔良。为了作战方便，贞德扮成男装，身披盔甲，率领6000人的军队，向奥尔良进军。一路上，有许多农民和城市贫民拿着大刀、长矛参加了她的队伍，还有不少人自愿为部队运送粮草和弹药。不久，部队便接近了奥尔良城。

　　5月7日清晨，贞德率军向英军控制的主要据点——托烈鲁要塞及其他地方发起全面攻击。轰鸣的炮声震撼着大地，成千上万手执剑矛的法国骑士、士兵、市民义勇军，在一马当先、挥动着绣有王室百合花军旗的贞德的指

贞德出征图

贞德指挥军队解救奥尔良之围。

挥下，冲向敌营。英军眼看就要被打败了，这时又有5000名英兵赶来增援。双方展开了拉锯战，法军进展缓慢。夜幕临近，贞德毅然下马跳进护城河中，将云梯靠上城墙，奋勇攀援。英军箭如雨下，贞德的肩膀和脖子不幸中箭，摔倒在河中，被一位骑士救起。贞德醒来后，竟用力把箭头从身体里拔出来，包好伤口，重返战场。她一面挥动百合花旗，一面高呼："胜利是我们的，冲进去！"她再次冲在了最前面，战士们都很感动，也紧随她勇猛冲锋，登上了城堡。英军的防守彻底崩溃，纷纷四散逃跑。奥尔良得救了！人民倾城出动，欢迎这位年仅17岁、创造了奇迹的女英雄，亲切地称她为"奥尔良的姑娘"。

　　奥尔良战役的胜利，扭转了法国在整个战争中的危难局面，从此战争朝着有利于法国的方向发展。

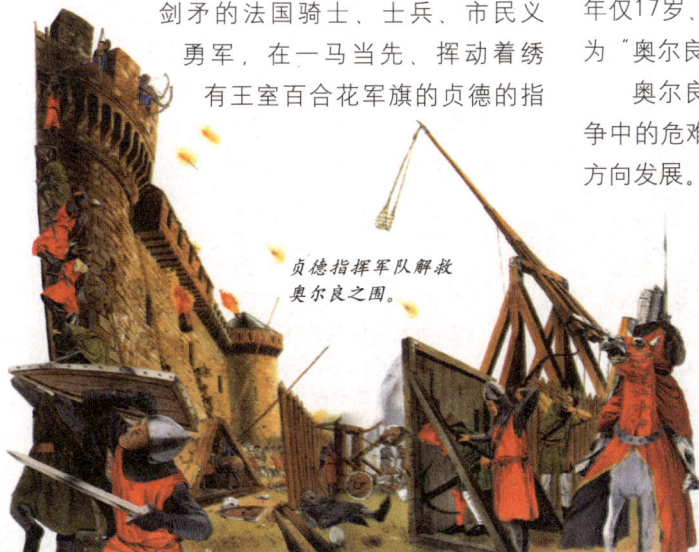

贞德之死

　　1430年5月，贞德在康边战役中被法国投降派勃艮第党人所俘，并以万金之价卖给了英国人。英国人深知贞德在法国人民心中的崇高地位，为避免报复，便把她交给了卢昂主教。1431年5月3日，贞德以"屡教不改的异端""巫女""违反教规穿戴男装"等"罪名"在鲁昂被判处了火刑。

□ 王子航海家

1394年，葡萄牙国王若昂一世的第三个孩子在波尔图降生了，人称堂·恩里克亲王，但他永载史册的名字却是航海家亨利（1394～1460年）。

葡萄牙国王拥有巨大的皇家图书馆，青少年时代的亨利与其他王子们一样博览群书，学习战争、外交艺术、国家管理和历史，但亨利对航海和地理学最感兴趣。1413年，19岁的亨利奉命在波尔图组建舰队，以跨过直布罗陀海峡，从此亨利的人生与海洋紧紧联系在一起。

当时，欧洲人梦寐以求的是东方的香料、丝绸和宝石，他们迫切希望找到一条直接通向东方的航道。尤其是葡萄牙人不甘心邻国西班牙独占海上的利益，千方百计地想打通直驶印度的航道，开辟新的财源。

亨利王子是那种不爱江山爱航海的人。他厌倦了里斯本的宫廷生活，住在葡萄牙西南海岸的圣文森特的城堡里，远离首都的喧嚣，一门心思规划他的航海探险蓝图。他在那里建立了天文观察台，亲自设计帆船，训练水手，规范航海活动，比如记航海日记和绘制海图等，

航海定位仪

"航海家"亨利

并提供资金邀请有经验的船长、水手、旅行家、地理学家、地图学家、数学家、天文学家和工匠等到这里来，开始准备伟大的冒险。

从1424年开始，王子派出了一个又一个的航海舰队，向非洲的西岸进发。王子的第一个具体目标是远在葡萄牙南方2000千米之外的博哈多尔角。当时航海者相传，博哈多尔角离开海岸很远，附近渺无人烟。虽然博哈多尔角水深也不过几米，但激流汹涌，从来没有一条船能够越过此地而安全返回。

1424～1434年，葡萄牙人用了整整10年时间，终于征服了博哈多尔角，绕过了这个小小的海角。此后，非洲的海岸对他们已是一片坦途，一个庞大的殖民和贸易帝国也由此开始发展起来。

如果没有航海家亨利，葡萄牙就很难在日后成为一个海上帝国。从地图上看，葡萄牙只是一个国土面积不大的小国家，如果不是亨利王子的雄心壮志，葡萄牙在世界历史上很可能会比现在黯淡得多。

殖民时代的大帆船

迪亚士的探险

1460年，亨利王子去世后，葡萄牙海上探险事业暂时中断。但是在利益的诱惑下，新的探险不久又继续下去。1484年，航海家迪亚士带领探险队寻找通往印度的海路，探察了南纬22°～33°的非洲西南海岸，成为第一个从南端绕过非洲大陆的欧洲人。1488年，他在返航途中发现了非洲南端的好望角。1500年，他从巴西前往印度，在离好望角不远的一个地方死去。

□ 万恶的奴隶贸易

第一次把非洲黑人当成奴隶带到葡萄牙是在1442年，共有10人。他们都是在非洲西海岸被殖民者"捕猎"来的。第二次是在1469年，总数达200人。这次是由一家公司进行运作，把黑人作为"商品"贩往葡萄牙的。

在奴隶贸易的初期阶段，黑人奴隶的主要来源是靠欧洲殖民者的"捕掠"。他们组织"猎捕队"，在西非海岸烧杀抢掠，到处绑架黑人。这种做法自然遭到非洲人民的反抗，"猎捕队"的伤亡很大。

后来，他们改变了策略，在西海岸设置收购奴隶的商站和堡垒，用欧洲出产的枪支、弹药、甜酒、各种日用品和玻璃珠等小玩意儿，贿赂、勾结一批部落酋长，唆使他们到别的部落俘虏黑人，然后由殖民者购买回来，当然出的价钱是很低的。

在殖民者的鼓动下，非洲各部落之间经常发生"猎奴战争"，他们自相残杀，殖民者却坐收渔翁之利，靠这种血腥的争斗保证充足的"货源"。

殖民者从猎来的黑人中挑选强壮的青年男女，给他们戴上锁链镣铐，更残忍的是还要在黑人的手臂上或胸上，用烧红的烙铁烙上字母，作为自己所有权的标记，然后把他们赶进船舱。奴隶们就在这个活地狱中开始了苦难的行程。

贪心的奴隶贩子为了赚更多的钱，总是尽量超载。他们把几百个奴隶塞进船舱里，戴着锁链的奴隶一个挨一个并排躺在舱板上，连左右活动一下都不能。遇到狂风暴雨时，舱口就要关起来，里面的空气不流通，奴隶往往被活

非洲泥塑：葡萄牙士兵和犬

三角贸易

三角贸易是以贩卖奴隶为中心的国际贸易。在殖民贸易时代，奴隶贩子从事贸易的航线是呈三角形的：当时，大量的英国商人从利物浦、布里斯托尔和伦敦等地把玻璃、陶瓷器皿、各种装饰品、杜松子酒、枪支弹药、铜锡器物等装满船从本国出发驶往非洲；在非洲，他们把货物换成奴隶，再把黑奴运往西印度和南美洲殖民地的种植园，卖给种植园主，然后买进殖民地的糖、烟草等返回。

活闷死。长途航行加上饮食恶劣，奴隶中经常会有天花、痢疾等传染病流行。奴隶们一旦患上这些疾病，就会被船主丢进海中。侥幸活下来的奴隶们一踏上美洲的土地，就被卖到各大种植园。

奴隶贸易给奴隶贩子带来了神话般的利润。18世纪末，一艘贩奴船每航行一次，贩运300名奴隶，就可以赚19万多英镑。

罪恶的奴隶贸易一直持续了300多年。今天，在山清水碧的西非海岸上，还保留着一座座阴森森的贩奴堡。而在美洲这片富饶的大陆上，仍有数百万黑人过着低人一等的生活。这些物证、人证无不控诉着血腥的奴隶贸易所犯下的滔天罪恶。

黑人奴隶在矿山中艰苦工作。

贩卖奴隶船只
船舱分为四层，每层都装满了奴隶。

□ 哥伦布的离奇身世

哥伦布是历史上著名的航海家。关于他的身世，通常的说法是：克里斯托弗·哥伦布，意大利热那亚人，生于1451年，其祖父与父亲皆从事纺织业。

哥伦布1476年从意大利移居葡萄牙，约在1484年向葡萄牙国王建议探索一条向西航行以直通东方的航线，未被采纳。1485年，他移居西班牙，终于得到了国王斐迪南二世和女王伊莎贝尔的资助。1492年8月3日，哥伦布率船3艘，从西班牙的巴罗斯港出发，前往东方寻找黄金，结果发现了美洲大陆。哥伦布晚年贫病交迫，于1506年抑郁而死。

20世纪，美洲一位研究哥伦布的专家提出了一个石破天惊的说法。他认为大家通常所说的那位克里斯托弗·哥伦布不过是一位在地中海从事商业贸易的船长，而真正到过美洲的哥伦布是西班牙人，而且出生于加泰罗尼亚地区一个具有航海传统的贵族家庭。

而西班牙瓦拉多利德市一所大学的教授阿尔夫索·恩塞纳特则称：根据自己的研究，克里斯托弗·哥伦布并非出生于1451年，而是1446年；虽然他出生在意大利的热那亚，但在他很小时全家就搬到了西班牙的伊伯兰半岛，因此他实际上是西班牙人。他讲西班牙语和葡萄牙语，但是不懂意大利语，后来也从未回过意大利。所以，哥伦布可能另有其人，而且极可能是西班牙人而非意大利人。

哥伦布的身世至今仍是一个谜。

哥伦布为什么要隐瞒自己的身世呢？专家认为，哥伦布在年轻时参加了雇佣兵团，曾对抗过后来赞助他进行探索之旅的斐迪南二世。为了获得斐迪南二世的资助，哥伦布隐瞒了身世。如果这一说法符合历史事实的话，人们不禁要感慨，如果哥伦布不隐瞒过去，也许他根本没有机会进行历史性的旅程。或许他本人也希望自己的真实身世有一天能够揭晓，所以才让人在西班牙塞维利亚大教堂里自己的墓室上刻下墓志铭："莫让我永世不明"。

哥伦布徽章
这个徽章标志着哥伦布的部分荣誉：城堡和雄狮代表伊莎贝尔的两处领地；近海的岛屿代表他的发现；铁锚则代表他的称号：海军大将。

哥伦布发现新大陆。

航海大时代

15世纪，随着西欧商品经济的迅速发展，货币的需求量急剧增长，激发了欧洲封建贵族、大商人和新兴资产阶级对贵重金属的渴求。由于前往东方的传统商路已被土耳其人控制，欧洲人急于寻找一条新航线，以便加强与东方的直接贸易联系和侵占新领土。一个充满生机的航海大时代来临了。

新大陆的发现

1492年8月3日清晨，西班牙南端的巴罗斯港人声鼎沸，鼓乐齐鸣。无数人来到这里，欢送一支即将远航的船队。这里的气氛非常热烈，人们都觉得非常新奇：向西航行，能到达东方吗？哥伦布这人真是异想天开！

第一幅新大陆地图

码头上停着3艘帆船，船身上披红挂绿，色彩鲜艳。其中最大的一艘叫"圣玛丽亚"号，在"圣玛丽亚"号的甲板上，站着一个40岁左右的中年人。此人便是统率这支船队的船长哥伦布。静默了一会儿，哥伦布用手向全体水手招呼了一下，然后下令道："起锚！"在一片欢呼声和鼓乐声中，三艘帆船徐徐离开码头。

此时天气晴朗，大西洋风平浪静，碧波万顷。哥伦布站在"圣玛丽亚"号的甲板上，望着天水相连的景色，不禁自言自语道："啊，终于向西远航了！但愿能早日到达东方，得到黄金和香料！"可船向西航行了一个多月后，船员们看见的除了大海还是大海。同年10月12日，船队终于发现了一座岛屿。哥伦布带领一批水手，举着一面绣有绿十字架的探险队旗帜，庄严地踏上了航行70天来第一次遇到的陆地。哥伦布在西航中最初发现的这座小岛，属于现在中美洲的巴哈马群岛。他给这个岛取了一个基督教的名称：圣萨尔瓦多，即救世主的意思。过了几天，船队又发现了古巴岛和海地岛。这些岛屿都是欧洲人以前从未到过的。1493年3月15日，哥伦布等驾船回到了西班牙的巴

第一部航海手册

1484年，葡萄牙国王约翰二世令数学家们编写了欧洲第一部航海手册。对航海方位的确定，传统的方法是用四分仪测量北极星的高度来确认船的方位，但这个方法并不十分可靠，而且，在南半球海域也看不到北极星。数学专家们简化了犹太天文学家扎科特关于太阳运行的一系列图表，变成了一部手册。这样，海员们通过查阅手册，就可以确定所处的纬度了。

罗斯港，完成了人类历史上首次横渡大西洋的航行。

1493～1504年，哥伦布又向西出航了四次，发现了加勒比海内所有的重要岛屿，以及中美洲地峡和南美洲大陆。他所到之处，见到的只是奇特的植物、原始的居民和简陋的茅屋，完全没有马可·波罗所描绘的富裕的东方世界。但哥伦布一直以为他所到达的地方就是印度。所以，他把所发现的那些岛屿称为"西印度群岛"，把当地居民称为"印第安人"（印第安是"印度"的译音）。

船舱里的哥伦布

哥伦布之后，一位名叫亚美利哥的意大利航海家在南美海岸进行考察后发现，哥伦布所到的那个地方，并不是欧洲人早已知道的印度，而是他们还不知道的"新大陆"。从1501年起，这片新发现的大陆，就以他的名字命名，称为亚美利加洲（即美洲）。

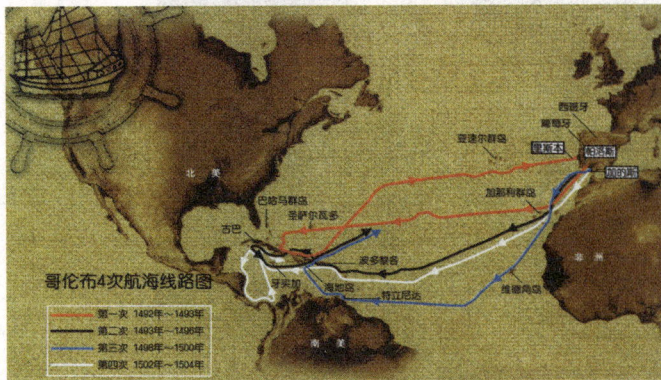
哥伦布四次航海的路线
哥伦布4次航海线路图

□ 达·芬奇画蛋

1452年4月15日晚，意大利佛罗伦萨附近的一个名叫芬奇的小镇上，有个男孩呱呱坠地了。他就是意大利文艺复兴全盛时期的伟大画家列奥纳多·达·芬奇（1452~1519年）。

达·芬奇14岁时，父亲把他送到了佛罗伦萨的一位著名画家那里学习绘画，这位画家名叫弗罗基奥。弗罗基奥给达·芬奇上的第一课便是画蛋。老师拿来一个鸡蛋，往桌子上一放，吩咐他照着画，然后便去做自己的事了。刚开始，达·芬奇还挺听话，照着鸡蛋认真地画。可没过多久，达·芬奇就不耐烦了，他对老师说："老师，为什么总要我画蛋啊？"老师严肃地对他说："画蛋是熟练手法和笔法的基本功。要画好蛋，就要认真地观察它，学会从不同的角度来画它。"听了老师的话，达·芬奇低下了头，他知道自己错了。从那以后，他再没有急着要画别的东西。他全神贯注地、日复一日地去观察桌子上那个普普通通的鸡蛋，从前面、后面、左面、

《蒙娜丽莎》是达·芬奇最著名的作品。

《最后的晚餐》是达·芬奇最成熟的作品，作品取材于《圣经》中犹大出卖耶稣的故事。

天才画家达·芬奇

达·芬奇出生于一个律师家庭，他不仅是艺术大师，还是科学家、发明家、哲学家。其艺术上的代表作是《最后的晚餐》和《蒙娜丽莎》，后者是世界美术史上最有代表性的肖像画之一。他一生完成的作品不多，但几乎件件都是不朽之作。其作品自始至终具有鲜明的个人风格，他还特别善于将艺术创作和科学探索相结合，在世界美术史上堪称独步。

右面等不同的方向去观察。日子一天天过去，达·芬奇的画本上画满了大大小小的、形状不同的圆圈圈。

有了坚实的基础，达·芬奇的绘画水平日渐提高。一次，老师画了一幅《基督受洗图》，他让达·芬奇在这幅作品上画一个天使。达·芬奇拿起笔就画，三笔两笔，一个可爱的小天使就跃然纸上了。看着学生有如此好的技艺，弗罗基奥欣慰地笑了。

达·芬奇的绘画水平已经超过了自己的老师，但他并没有因此而停步不前，他仍然认真地去观察自己所见到的每一件东西。由于有了对生活的观察和积累，再加上本身的艺术天赋，达·芬奇很快在意大利绘画界崭露头角。他的代表作《最后的晚餐》和《蒙娜丽莎》如今早已成了艺术画廊中的经典。

达·芬奇

□ 君士坦丁堡的陷落

奥斯曼的士兵攻上了城墙。

1453年4月6日，奥斯曼帝国的苏丹穆罕默德二世（1451～1481年在位）亲率20万大军和300艘战舰，围困了拜占庭帝国首都君士坦丁堡。他决意要把它变成伊斯兰教的中心。

奥斯曼军队开战时首先遇到的问题就是被护城河挡住了去路，即使他们把城墙轰开了一道缺口也没有用。穆罕默德二世无计可施。经过十几天的试探性进攻，奥斯曼军队于4月18日从几处同时进攻。但是占据有利地形的君士坦丁堡军民进行了英勇顽强的还击，奥斯曼军队死伤惨重，不得不停止进攻。奥斯曼陆战失利，海战同样受到严重挫折。奥斯曼军队的一些高级将领见久攻不下，便请苏丹接受拜占庭帝国皇帝早先提出的议和请求，解除围困。

苏丹根本不愿意听议和的话。他和舰队司令一起研究了新的攻城计划。在实施预定计划的那天深夜，奥斯曼军的80艘船绕过金角湾口的铁链封锁，在与君士坦丁堡隔海相望的加拉太的岸边登陆。接着，他们将船拖到岸上，用坚厚的木板在陆地上铺设了一条道路，又在板面上涂了大量牛油和羊油，以减少拖船的摩擦。经过一夜努力，这些船只终于运到了金角湾的侧

穆罕默德二世

面。等到天快亮时，船只纷纷下水，排列成一座浮桥。奥斯曼的士兵通过这座浮桥，向君士坦丁堡发动新的进攻。拜占庭的士兵看到奥斯曼军队的战舰已经进入封锁严密的海湾，极为慌张。因为这意味守城的军队腹背受敌，而且不得不抽出一部分军队去防守海湾一侧，兵力就分散了。

1453年5月29日凌晨，穆罕默德二世决定发起总攻。他下令奥斯曼军队水陆并进，从三面同时发起进攻，进攻的重点是主城门。防守亚德亚堡的热那亚士兵抵抗不住，登上自己的舰船逃跑了，奥斯曼军队趁势冲进城去。他们一面进行厮杀，一面在城市上空挂起穆斯林的战旗，敲响城市陷落的钟声。这时，其他方向的奥斯曼军队也攻了进来，他们团团围住拜占庭的末代皇帝君士坦丁十三世，俘虏并杀死了他。就这样，经过51天的激战，君士坦丁堡被奥斯曼军队攻陷了。不久，奥斯曼帝国迁都君士坦丁堡。后来，这座城市更名为伊斯坦布尔。这个名称一直沿用到现在。君士坦丁堡的陷落，标志着延续达一千多年的拜占庭帝国从此覆灭了。

奥斯曼帝国

土耳其民族源于中亚西突厥乌古斯人的游牧联盟。13世纪30年代以后，乌古斯人逐渐蚕食拜占庭帝国的领土，奠定了奥斯曼帝国的雏形。奥斯曼帝国是政教合一的封建专制国家，依靠强大的骑兵和步兵，不断发动对外侵略战争。1453年，奥斯曼帝国攻占君士坦丁堡，灭拜占庭帝国，成为地跨欧、亚、非三大洲的封建军事大帝国。

□ 玫瑰之战

在1455～1485年间，英国的贵族为了争夺国家的最高统治权进行了长达30多年的战争。战争双方是兰凯斯特家族与约克家族。兰凯斯特家族以红玫瑰为族徽，约克家族以白玫瑰为族徽。所以这次战争被称为"玫瑰战争"。

1455年5月，国王亨利六世患病，约克家族的理查公爵强迫亨利六世宣布自己为摄政王。代表兰凯斯特家族利益的玛格利特王后对此不能容忍，她怂恿亨利六世，并依靠西北大封建主的支持，废除了摄政王，双方的长期混战从此开始。亨利六世下令在莱斯特召开咨议会。理查公爵率领他的内侄沃里克伯爵及数千名官兵前往。亨利六世在王后玛格利特和执掌朝廷大权的萨姆塞特公爵的支持下，也率领一小股武装赴会。5月22日，双方相遇。理查公爵首先发起进攻，亨利六世的军队招架不住，吃了败仗。亨利六世自己也中箭负伤，不久被抓获。

王后玛格利特不甘心失败，她从苏格兰借到一支人马，又联合起效忠于兰凯斯特家族的军队，于1460年向约克家族展开了反攻。此时的理查公爵由于轻敌冒进而被包围。约克军在内外夹攻下四散逃跑，理查公爵也被乱军杀死。1461年初，理查公爵19岁的长子爱德华占领伦敦，在沃里克伯爵和伦敦上层市民的支持下自立为王，称爱德华四世。他知道玛格利特绝不会罢休，就招募了一支部队，向北攻

理查三世

兰凯斯特家族族徽

打玛格利特。1461年3月29日，双方在约克城附近展开决战。就在双方打得难分难解的时候，约克军的援军赶到了，这支生力军向兰凯斯特军队未设防的一侧发动进攻，兰凯斯特军队抵挡不住，被迫撤退。战败的玛格利特带着亨利六世和少数随从仓皇逃亡苏格兰。后来，玛格利特及亨利六世等被俘并遭诛杀，兰凯斯家族元气大伤。

爱德华四世的玫瑰旗帜

在1471～1483年间，英国国内维持了短暂的和平。1483年，爱德华四世死后，他的弟弟理查篡夺了王位，史称理查三世。残暴的理查三世以恐怖手段处决不驯服的大贵族，促使许多贵族都联合在兰凯斯特家族的亨利·都铎周围来反对他。1485年8月，理查三世同亨利·都铎的5000人的军队激战于英格兰中部的博斯沃尔特。在战争的紧要关头，理查三世军中的3000将士公开倒戈，约克军遂告瓦解，理查三世战死，结束了约克家族的统治。

亨利·都铎结束了玫瑰战争，登上英国王位，称亨利七世。为缓和政治紧张局势，他同爱德华四世的长女伊丽莎白（约克家族的继承人）结婚，将原两大家族合为一个家族，英国终于开始了和平统一的局面。

玫瑰战争年表

1422～1461年	亨利六世在位。
1455年	玫瑰战争爆发。
1461～1483年	爱德华四世在位。
1483年	爱德华五世即位，但是未被加冕。
1483～1485年	理查三世在位。
1485年	兰凯斯特家族赢得了博斯沃尔特原野战役的胜利。玫瑰战争结束。
1485～1509年	亨利七世在位。

□ 达·伽马开辟印度洋航线

1497年夏天，葡萄牙国王决定派遣四艘帆船去印度洋，寻找香料的产地。他任命宫廷侍从达·伽马（1460～1524年）担任这个船队的司令。

7月8日，达·伽马率领船队从里斯本城外的海港扬帆起航。他们沿着迪亚士开辟的航路南行，经过整整四个月，绕过好望角，沿东非海岸进入印度洋。

第二年4月，船队到达东非沿岸一个富饶的城市——马林迪。当地的苏丹与葡萄牙人签订了"联盟"，并且派一位曾经在印度洋上航行过的阿拉伯领航员为他们导航。4月底，他们开始横渡阿拉伯海。帆船在无边无际的大海里航行了20多天后，顺利到达了印度半岛的西海岸。5月20日，船队来到印度西海岸的贸易城市卡利卡特城（今印度的马拉巴岸）。

一上岸，达·伽马立即派人到城里去联系。第二天，达·伽马在当地居民的引荐下，拜会了地方统治者王公。王公看着这些陌生的欧洲人，问道："你们不远万里到这里来，为的是什么呀？""寻找基督徒。敝国的国王指令我，到东方主要是为了寻找兄弟般的友谊。"达·伽马恭敬地回答着，随即呈上国王的信件。王公高兴地说："非常欢迎你们到这里来。既然贵国国王陛下把我们当成兄弟，我们一定也派使节到贵国去。"印度人非常好客，时间一长，船员和当地人熟悉后，开始与他们进行贸易，收购了许多当地特产。

达·伽马和船员们在印度待了三个多月，于8月29日扬帆回国。当地王公特意写了一封充满热情的友好信件，托达·伽马带给葡萄牙国王。里斯本全城居民像迎接凯旋的战士一样，召开了欢迎大会。

葡萄牙国王给予达·伽马很高的褒奖。活着回到欧洲的船员，人人发了大财。他们从东方采购来的香料、丝绸和宝石卖出后获得的利润，相当于全部航行费用的60倍。

高额的利润，激起了新兴资产阶级的疯狂热情。他们企图以武力来霸占东方的财源。葡萄牙军队一次又一次地向东方开发，先后在印度和东南亚一带占领了许多据点。

后来，达·伽马被任命为葡萄牙在印度占领区的总督。从此，达·伽马开辟的印度洋航线，成了葡萄牙吮吸东方人鲜血和财富的一根管道。

达·伽马

航海家的一生

达·伽马是葡萄牙著名的航海家、探险家。他出身于贵族家庭，从小受到良好的教育，掌握了不少有关天文、航海方面的知识。达·伽马的印度之行开拓了由西欧绕好望角到东方的海路，迎来世界航海历史的新纪元，也为葡萄牙成为世界强国奠定了基础。他的一生是航海的一生，对发展东西方之间的海上交通及经济文化交流起了重要作用。1524年，他病逝于印度科钦。1539年，达·伽马的遗骨从科钦迁葬葡萄牙里斯本附近。

军用碉堡贝伦塔
为纪念达·伽马航海而建的贝伦塔，其外形像一艘正要驶出的战船。

后人为纪念达·伽马，在葡萄牙的里斯本修建了一艘石船。

□ 哥白尼提出日心说

天文学家尼古拉·哥白尼（1473~1543年）诞生在波兰一个普通的乡村家庭里。他10岁时，父亲死了，便跟着舅父生活。舅父给了他一些天文学方面的书，他如饥似渴地读着，并且长期坚持观察有趣而神奇的星宿变化。18岁时，哥白尼进了克拉科夫大学。在那里，他获得了医生证书，还钻研过托勒密的天文学理论，并学会了使用天文仪器。从此，他对天文学的兴趣更浓厚了。

1495年，哥白尼前往文艺复兴的摇篮——意大利，学习了医学、法学、神学和天文学。四年后，26岁的哥白尼当上了罗马大学的天文学教授。在罗马大学，他一直按照托勒密的"地球中心说"来教天文学。"地球中心说"是古希腊哲学家亚里士多德提出来的。公元2世纪，希腊天文学家托勒密又加以推演论证，使它系统化。托勒密认为，宇宙是一个有限的球形体，地球静止不动地处于宇宙的中心，而太阳、月亮、行星和恒星都围绕着地球运行。这个观点历来被教会奉为经典，统治了欧洲一千多年。谁反对这种观点，谁就会被宣判为异端分子，并受到教会迫害。

哥白尼照这种理论教了三年以后，对此感到越来越怀疑。于是，他毅然放弃了罗马大学的教授席位，回到波兰，在弗隆堡大教堂担任教士。从此，他获得了比较充裕的时间来从事

弥留之际的哥白尼

哥白尼通过观察研究，不断完善自己的新学说。

托勒密

克罗狄斯·托勒密（约公元90年~168年），古希腊天文学家、地理学家。他总结了古希腊天文学的成就，写成《天文学大成》13卷。其中确定了一年的时间，编制了星表，确定了北天星空40个星座名，对旋进、折射等问题进行了修正，给出日月食发生周期的计算方法等。他利用希腊天文学家们特别是喜帕恰斯的大量观测与研究成果，创建了"托勒密地心体系"。这个体系在当时是有进步意义的。此外他还著有《光学》5卷和《地理学指南》8卷。

科学研究活动。哥白尼在弗隆堡购置了一座塔楼，作为观察天体的地方和住所。他在那里设置了一个小小的天文台，用自制的简陋仪器坚持观察天体30余年，并写出了《天体运行论》。

在《天体运行论》中，哥白尼大胆地批判了托勒密的理论，明确指出：托勒密没有区别现象与本质，而是将假象当成真实。正如人们坐在船上行驶时，往往感觉船并没有动，而是两岸上的东西在向后移动一样，船不动是假象，船前进才是真实的。同样，太阳绕地球旋转是假象，地球绕太阳旋转才是真实。由此，哥白尼提出了"太阳中心说"，揭开了天文学和自然科学研究的新的一页，从根本上摧毁了教会支持的"地球中心说"。这种说法自然受到了教会的反对，这本书直到哥白尼临死前才得以出版。哥白尼不朽著作的出版，是对教会权威的挑战。从此，自然科学便开始从对神学的依附中解放出来。

□ 莫尔与《乌托邦》

英国政府在北美殖民地发行的钱币

托马斯·莫尔（1478～1535年）生于英国伦敦。他的父亲当过英国皇家高等法院的法官。莫尔从小受到良好的教育，14岁就进入牛津大学攻读古典文学。当时牛津大学是英国人文主义的中心，莫尔在那里受到先进思想的熏陶。16岁那年，他转学法律，毕业后不久就成为伦敦很有名的律师。后来，当他看到老百姓的困苦以及圈地运动带来的新的灾难时，认为这一切都来源于私有财产制度，所以主张从根本上废除它。1516年，他写了一部名为《乌托邦》的书，书中描述了一个理想中的美好社会——乌托邦。

莫尔描绘的乌托邦建立在一个海水环绕的岛屿上。全岛有54个宏伟壮丽的城市，他们的语言、风俗、制度、法律完全一样。首府设在岛的中央，因此各城的代表聚合起来很方便。这里的一切土地、房屋、生产工具，都归全体百姓所有。一切生活用品按照各人的需要分配，谁也不争多争少。为了防止人们产生私有观念，住房每10年要调换一次。乌托邦人不分男女，都从事农业劳动。他们从小学习农业生产，既学农业理论，又在田地里实习，所以个个对农活都很在行。不过种田不是固定的职业，每人轮流到农村去劳动两年，就回到城里来从事一种手艺，碰上农

祷告念珠
人们用它祈祷幸福，摆脱困苦的生活。

忙，城里的劳力再回到农村去干活。他们一天工作6个小时，留下来的时间完全由个人支配：或是搞科学研究，或是从事娱乐活动，或是休息闲谈。那里没有酒店，没有妓院，没有令人堕落的场所，也没有不法之徒的集会。闲荡和旷工是为人所耻的行为。乌托邦的法律很少。他们认为，越是简单的法律，也越是公正的法律。况且，一切法律的颁布，仅仅是为了使每个人记住自己的职责，而不是为了惩罚。他们也从不和任何国家订立条约，因为他们觉得国与国的相处凭的是真诚相见，而不是书面文字。乌托邦人把做了有损名誉事情的本国国民贬为奴隶，或把别国因罪判处死刑的国民廉价买来作为奴隶。凡是奴隶，不但要经常做工，而且要套上枷锁。最奇怪的是，乌托邦人非常瞧不起金银财宝。他们饮食用的都是普通的陶器、玻璃器，而便桶溺器以及其他放污物的容器，倒是用金银做成的。金银在那里是贱品，谁都想扔掉它。这便是乌托邦社会的大致情况。

《乌托邦》是世界上第一部杰出的空想社会主义名著。作者莫尔不仅看到了封建制度给人民带来的困苦，而且能在资本主义萌芽时期就指出资本主义给人民带来的灾难，从而在书中提出了一个改造社会的新方案——实行财产公有制，建立人人从事劳动的理想社会，这在当时是十分难得的。

英国贵族在乡村建造的别墅

空想社会主义

在莫尔所在的年代，资本主义才刚刚发展起来。后来，随着工业革命的发展，资本主义制度的固有矛盾也逐渐显露出来。一批先进的思想家在批判社会不合理现象的同时，对未来的理想社会提出了许多天才设想，这就是空想社会主义。空想社会主义早期的代表人物是莫尔，后期的主要代表人物有法国的圣西门、傅立叶和英国的欧文。

莫斯科公国的独立

1462年，莫斯科公国的大公去世，其子伊凡即位，史称伊凡三世（1462～1505年在位）。伊凡三世处事谨慎，又不乏雄才大略，正是在他统治期间，莫斯科公国摆脱了蒙古人的统治，基本实现统一，形成了一个中央集权的国家。

伊凡三世即位后，首先兼并了雅罗斯拉夫公国，把它变为自己的属国，然后又吞并了罗斯托夫公国。接着，他把目光投向了诺夫哥罗德。当时的诺夫哥罗德是一个封建国家，经济发达，拥有辽阔的领地，被称为"罗斯诸共和国的首领"。伊凡三世早就图谋吞并之。在1477年的舍隆会战中，伊凡三世战胜了诺夫哥罗德。同年3月，诺夫哥罗德的两位使者来到莫斯科，在呈文中称伊凡三世为"国君"，而非过去那样称"君主"。伊凡三世洋洋得意，心想："他们终于肯称我为国君了，我应该问问他们要不要设立国君法庭和行政机关。"于是他派人去诺夫哥罗德询问，没想到竟然遭到拒绝，他的"国君"称号也被否认。伊凡三世

伊凡三世

蒙古可汗在率队出征的途中。

大怒，于11月率兵逼进诺夫哥罗德，扬言攻城，诺夫哥罗德无力抵抗，只得接受伊凡三世的全部要求。这使莫斯科公国的领土扩充了好几倍。

此后，伊凡三世继续实行扩张政策。不久，他基本统一了东北部的罗斯。莫斯科大公也正式称为"全罗斯大公"。当莫斯科的疆土和实力像滚雪球般越滚越大的时候，已经统治罗斯200多年的蒙古金帐汗国却像垂暮的老人一样越来越虚弱。

1478年，伊凡三世停止向金帐汗国缴纳贡赋。可汗雷霆震怒，调集兵马，于1480年前来讨伐。金帐汗国来势汹汹。伊凡三世在人民的呼声、意志和力量的鼓舞下，统帅三军，指挥御敌，双方相持不下。严冬到了，北风呼啸，大雪纷飞，蒙古军缺衣少粮，饥寒交迫，士气低落。而罗斯军的增援部队却源源不断地赶来，罗斯士气更加旺盛。11月的一天，伊凡三世调整战略部署，从侧翼包抄，蒙古军被迫撤退。不久，蒙古可汗在内讧中被杀。蒙古人再也没有力量恢复对罗斯的统治了，罗斯人民在饱受近两个半世纪的蹂躏之后终于获得了独立。以莫斯科公国为核心，东北罗斯形成了一个新的统一的国家——俄罗斯。

索贡巡行

索贡巡行是古罗斯大公在其管辖范围内掠取贡赋的一种封建剥削形式。每年秋冬季节，大公率亲兵挨家挨户征收粮食、皮毛、蜂蜜和蜂蜡等贡物。他们不仅掠夺财物，还将抗交者贬为奴隶。然后，他们将贡物和奴隶装载上船，运到君士坦丁堡卖掉，换取贵重织物、酒等奢侈品。索贡巡行实行的是武装搜刮，常常引起人民的反抗。

俄罗斯的贵族"波雅尔"（大土地占有者）

麦哲伦环球航行

麦哲伦

1519年9月20日，西班牙的圣·卢卡尔港热闹非凡。人们纷纷前来观看即将远航探险的麦哲伦船队。望着前来送行的人群，船长斐迪南·麦哲伦（1480～1521年）心潮澎湃，他在心里暗暗发誓："我一定要载誉归来！"

从西班牙起锚后，他们来到美洲，沿美洲海岸南下，于第二年3月抵达了南美的巴塔哥尼亚的一个不毛之地。在这里，船员发生了一场暴乱。麦哲伦好不容易才平定了暴乱，使船队继续前行。又过了7个月，他们航行到一个很窄的海峡。这条海峡一年四季恶浪滔天，暗礁又多，十分难行，麦哲伦的船队在这里一下子损失了两条船。大无畏的麦哲伦坚持不懈，花了28天时间终于胜利穿越海峡。后人为了纪念他，把这条狭窄的海峡称为"麦哲伦海峡"。

麦哲伦船队穿越海峡后，来到了一个浩瀚无边的大洋。"啊！多么壮阔的大海啊！"每一个人都在欢呼。一向沉着、坚定的麦哲伦也激动地流下了泪水。他们在这个大洋里行驶了两个月，一路上都是风平浪静，因此船员们便称这片新大洋为"太平洋"。这就是"太平洋"名称的来历。行程至此，麦哲伦已经开辟了一条新航线。

航海仪器

1521年3月，他们到达了菲律宾群岛。为了占领这块新发现的土地，麦哲伦干预了岛上的内部争夺，结果在冲突中被杀死了。一段英雄史诗般的冒险故事连同冒险家本身的生命就这样结束了。

最后，他的助手卡诺带领剩下的两条船逃离了这个群岛。船只漂向东南，到了他们原来梦想到达的目的地——香料群岛（今印度尼西亚东北的马鲁古群岛）。他们用低价买进了许多香料之后，船只越过马六甲海峡，经印度绕过好望角回到了西班牙。

麦哲伦的环球航行以确凿的事实证明了地球是圆的，这在科学史上、航海史上都是永远不可磨灭的功勋。新航线的开辟，加强了西欧与世界各地区、各民族间的联系，贸易范围空前扩大，世界市场开始逐渐形成，但是也带来了殖民主义的侵略，从而使整个世界的局势发生了巨大的变化。

西班牙大帆船船队

麦哲伦

斐迪南·麦哲伦出生于葡萄牙的一个骑士之家。从青少年时代起，他就对葡萄牙的迪亚士、达·伽马和意大利的哥伦布等著名航海家钦佩不已。后来，他一再向葡萄牙国王申请组织船队去探险，进行一次环球航行，但都被拒绝了。因为当时葡萄牙已经控制了东方的贸易，不想再花钱去找新的航道了。麦哲伦航海无望，于1517年10月愤然离开葡萄牙，来到西班牙。在那里，他向西班牙国王提出了环球航行的请求，立刻获得了应允。于是，葡萄牙人麦哲伦便代表西班牙完成了世界历史上的第一次环球航行。

□ 马丁·路德领导宗教改革运动

1517年10月的一天，在德意志的维登堡大教堂门前，教士们正在出售赎罪券。一个红衣主教大声吹嘘："孩子们，当钱币落入钱柜丁当作响的时候，你们的灵魂就飞上了天堂。"这种无耻的言论激怒了一个人，他挺身而出，揭露教皇贪得无厌的嘴脸，并且反对教会拥有土地和其他财产，要求建立独立的民族教会。这个人，就是维登堡大学的神学教授马丁·路德（1483～1546年），正是他领导了欧洲声势浩大的宗教改革运动。

教皇利奥十世于1518年8月发出命令，要求马丁·路德到罗马去受审。这时，宗教改革的浪潮已经掀起，连德意志的不少诸侯也已经接受了马丁·路德的主张，因为马丁·路德的主张有利于新兴资产阶级的发展。为了自己的政治利益和经济利益，他们公开庇护马丁·路德，支持他不去罗马受审。教皇出于无奈，只得委派教廷驻德意志的使节、大主教卡叶坦来处理马丁·路德的问题。

同年10月，马丁·路德被卡叶坦召到奥格斯堡。卡叶坦准备逮捕马丁·路德。马丁·路德听到风声后，迅速离开了奥格斯堡。教皇于1520年10月派人在德意志宣布他的通谕，勒令马丁·路德在60天内悔过，否则就开除出教门。然而，12月10日清晨，即诏书中规定的60天期满之日，马丁·路德当众烧毁了这一诏书。一个月后，德意志皇帝查理五世（1519～1556

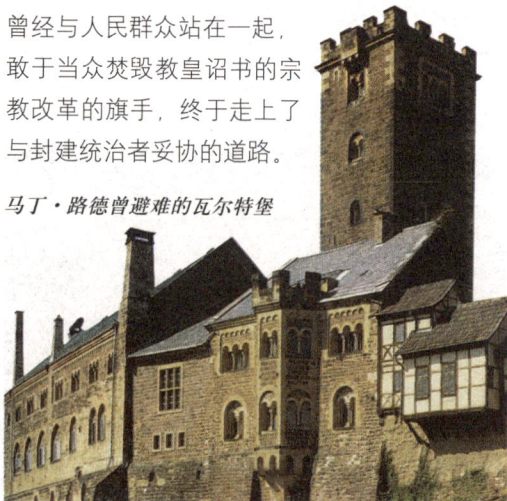

马丁·路德

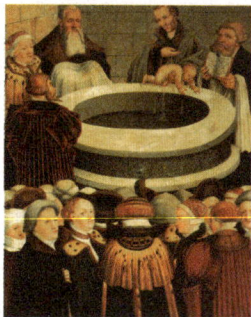

路德及其支持者给孩子洗礼。

年在位）要求马丁·路德在帝国议会上公开撤回自己的意见，并且表示悔过。马丁·路德拒绝了。查理五世对马丁·路德的态度很不满，但又不敢得罪支持他的诸侯，因此直到马丁·路德离开德意志后，才下令逮捕他。萨克森一个诸侯保护了马丁·路德，把他藏在自己领地的一个城堡里。马丁·路德在那里把《圣经》译成了德文。从此，德意志人能直接引用《圣经》，在宗教改革中同罗马教廷对抗了。

随着宗教改革运动的深入发展，农民起义此起彼落，斗争锋芒已直接对准封建制度。但是这时，马丁·路德的态度却来了一个180度的大转弯，完全站到了农民战争的对立面。这个曾经与人民群众站在一起，敢于当众焚毁教皇诏书的宗教改革的旗手，终于走上了与封建统治者妥协的道路。

马丁·路德曾避难的瓦尔特堡

□ 葡萄牙远征马六甲

14世纪后半期，中亚的游牧部落互相厮杀，并对取道丝绸之路的商队大肆掠夺，严重阻碍了丝绸之路的贸易畅通。因此，欧洲人获得中国丝绸唯一的办法就是取道"香料之路"。1498年，葡萄牙达·伽马的船队首次到达印度，不久就用武力控制了印度沿海许多港口。这样，葡萄牙的船队就有可能直接从欧洲驶往香料群岛。

1509年，葡萄牙的商船抵达马六甲，这也是第一批到达马六甲的欧洲船舶。两个月后，船只满载着他们掠夺到的物品，从原航路返回。马六甲的发现在葡萄牙国内引起了轰动。大臣们都认为，马六甲正是他们所寻求的贸易中心地。为了独享香料之路的所有利益，就必须占领马六甲。为此，他们派出了一支强大的舰队，远征马六甲。

1511年夏季，葡萄牙舰队到达马六甲。他们的船上均配有大炮，士兵们训练有素、装备精良。而马六甲的马来人则主要依靠弓箭、吹箭筒和长矛。坚持了一个月，马来王国的苏丹逃跑了，城市落入葡萄牙侵略者之手。葡萄牙侵略者立即在马六甲修筑起一座石堡，派士兵把守，还设有大炮保卫城镇。海峡边踞守着他们的战舰，所有过往船只都要进港纳税，并且强迫船上的商人把从东方带来的货物卖给他们。

由于航海事业的发展，当时地理学家深受尊敬。

第二年，葡萄牙又在香料群岛设立公司，控制香料贸易。于是，运经香料之路的丝绸和香料，便都由葡萄牙人转运到欧洲。从此，苏门答腊岛和香料群岛之间那千百个岛屿，就被称为东印度群岛（今称大巽他群岛）。战败的马来王国苏丹决心要从葡萄牙人手里夺回马六甲，因此渡海南下，在廖内（今宾坦岛）建筑了一座王宫，作为自己的新都。恢复了一些元气之后，苏丹率师直抵马六甲，进攻葡萄牙侵略者。但几次出击都遭到失败，最后连廖内也被彻底摧毁。苏丹只得逃进丛林中藏身。

苏丹死后，他的长子回到马来半岛，又新建了一个都城和一个坚固的堡垒，在那里抗击葡萄牙侵略者。1587年，葡萄牙兴师进攻，又把它彻底摧毁。从此，马来王国灭亡了。就是这样，葡萄牙侵略者控制了马六甲海峡达一个世纪之久。他们依靠香料之路，垄断了欧洲人所需要的来自东方的物产，从中牟取暴利，利润高达700%～800%。

15世纪末16世纪初葡萄牙的帆船

香料之路

在东方有一个"香料群岛"（因此地盛产欧洲人需要的丁香、豆蔻等香料而得名）。最初，欧洲人需要的香料都是由亚洲商人从这里通过丝绸之路运到欧洲。后来，航行到印度的阿拉伯人发现每年5月～9月，亚洲东部刮西南风，而到11月至次年3月，亚洲东部就刮东北风。发现这一规律后，他们每年就利用西南风渡过印度洋，直驶香料群岛，然后等待东北风起，从原路返航，然后再把香料转运到欧洲。这条航路因此被称为"香料之路"。

□ 苏里曼苏丹的对外征服运动

1520年，奥斯曼帝国的老苏丹去世了，其子苏里曼（1520～1566年在位）继承了苏丹王位。他即位后的首要目标便是解决阻挡他对外扩张的两个绊脚石：贝尔格莱德和罗得岛。

贝尔格莱德位于欧洲中部的多瑙河畔，是奥斯曼帝国和中欧联系的重要交通枢纽。当时这座城市由匈牙利人控制，他们与奥斯曼帝国为敌，妨碍帝国的扩张。1521年8月，苏里曼苏丹动员了数万头骆驼和马匹，运载着大量的粮草和军械，亲自统帅10万大军，浩浩荡荡向贝尔格莱德进发。经过三个星期猛烈炮火的围攻，这座曾经长期抵挡住奥斯曼人进攻的"骄傲之城"终于被奥斯曼人攻克。第二年6月，苏里曼又在小亚细亚集中了300艘战舰和10万大军，征讨位于地中海的罗得岛。罗得岛是一个

苏里曼大帝正率军向巴尔干推进。

筑有坚固要塞的港口，虽然守卫该岛的只有600多位骑士，普通士兵也不过6000人，但战斗力非常强，并且拥有一支灵活机动、骁勇善战的海军舰队。奥斯曼帝国的军队对该岛的围攻持续达半年之久，损失了5万多名士兵。直到1522年的圣诞节前夕，罗得岛上的圣约翰骑士团的骑士们才被迫放弃城堡，有条件地放下武器投降。这样，苏里曼苏丹胜利地完成了他的先辈们未竟的事业，从此他的轰轰烈烈的对外征服运动再无后顾之忧了。通向多瑙河上游的道路豁然敞开，苏里曼乘机发动了一系列的对外征服战争，首先攻入匈牙利平原，继而推进到了奥地利领土上。

苏里曼苏丹一生金戈铁马，他不仅是一位卓越的军事家，而且在治理国家方面显示出非凡的才能。在执政的46年中，他以极大的热情和精力治理国家，把奥斯曼帝国推向了一个繁荣昌盛的时代。在欧洲的文献中，他正因为自己的丰功伟绩，常被称为"苏里曼大帝"。

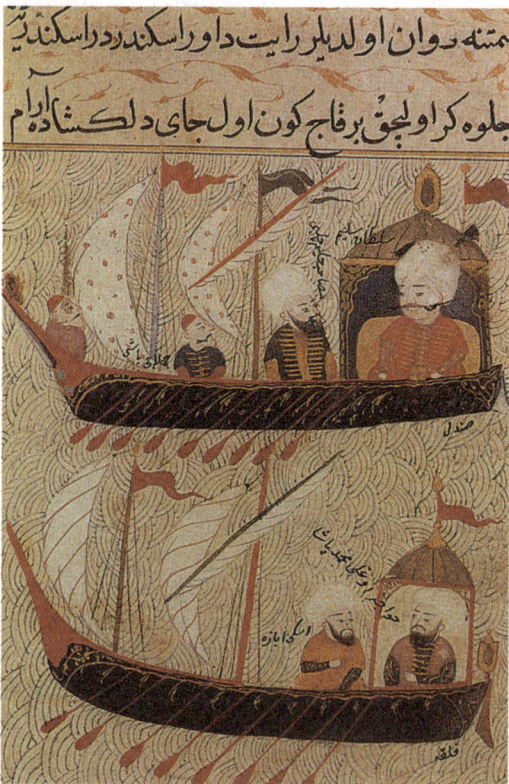
苏里曼苏丹的父亲在航海途中。

《苏里曼法典》

为了建立一套完善的司法制度，保护帝国境内所有臣民的生命、财产和宗教信仰，在16世纪20年代末到30年代初，苏里曼苏丹组织人员汇编了一部《苏里曼法典》。法典的内容包括官吏的任免、俸禄、级别和礼仪，还有商业市场的管理、债务、债权等。这是最符合奥斯曼帝国社会经济发展需要的法典，它吸收了其他民族的法律规范，具有简易、灵活、不拘形式等优点。

诸侯林立的德意志

莱茵河岸边，在从美因兹通往科隆的大道上，几辆马拉的货车在缓缓行驶。"站住！检查货物！"当马车经过路边的一所房子时，被两个持枪的武装人员拦住了。原来，这所房子是一个关卡，两个武装人员是收税的。"先生！"商人下车恭敬地说，"我们一路上已经缴过多次货物税了。""不行！还得缴！""先生，您看，我有这么多税单呢！"商人赔着笑脸，呈上了一叠税单。"这些都是别的诸侯殿下的，"收税的看也不看，不耐烦地说，"经过我们殿下的领地，就得向我们殿下缴税！"

从美因兹到科隆只有200千米左右的路程，各诸侯国却设下了13个关卡收税。各诸侯国的统治者们拼命地对农民、矿工、手工业者和城市贫民进行搜刮，加上那些名为骑士实为强盗的武装家伙到处抢劫，老百姓的日子非常艰难。这就是15、16世纪的德意志。此时的德意志还未建立政治上高度统一的国家，诸侯们划地割据，各自为政。德意志的诸侯大致有以下几种：一种是选侯国，势力最大，有权选举德意志皇帝，这种选

德意志纽伦堡一家印刷作坊的工作场景

什一税法

德意志帝国内部的分裂局面使罗马教皇加强了对德意志帝国的控制。为了加重对德意志农民的剥削，教会制定了所谓"什一税法"。无论农民生产什么东西，都要把1/10上缴给教会。"什一税"被设置了许多名目："大什一税"，收取谷物的1/10；"小什一税"，收取蔬菜的1/10；"血什一税"，收取家禽的1/10；"酒什一税"，收取葡萄酒的1/10；"草什一税"，收取牧草的1/10；"垦什一税"，收取开垦出来的东西的1/10，等等。

科隆大教堂
教会巧立名目向德意志人民征收赋税。

侯国共有7个；一种是大诸侯国，共有10多个；一种是小诸侯国，有200多个。所有诸侯国加起来，共有300个左右。此外，还有独立的帝国骑士，他们是一家一户一小块领地，共有1000余家。诸侯国的贵族们靠剥削领地的人民来维护豪华的生活；骑士没有职业，领地又小，但却要过腐朽的奢侈生活，便靠抢劫为生了。

当时的德意志帝国，全称是"德意志民族的神圣罗马帝国"，疆域很大，包括现在的德国、捷克、匈牙利、奥地利、瑞士、荷兰、卢森堡、比利时，以及法国东部、波兰西部和东北部等地区。虽然有皇帝的存在，但皇帝的权力却十分有限。德意志内部仍然诸侯林立，各自独霸一方，呈现出四分五裂的局面。

教会用剥削来的钱财制作各种精美无比的圣物。

□ 德意志农民起义

1524年，德意志茨威考城的教士闵采尔来到德意志中部的缪尔豪森。他在乡村的农民集会上，一次又一次地批判现行的社会制度。在闵采尔的号召下，缪尔豪森的城市平民、矿工和农民爆发起义，于1525年3月推翻了城市贵族的统治。3月17日，市政府大厦前面的广场上欢声雷动，人们正在等待着代表们商议建立政权的结果。代表们一致决定，新政权取名为永久市政会，并推举闵采尔为主席。群众积极响应闵采尔的号召，奔赴图林根和萨克森两区所有的农村、矿山和城镇，进行秘密串联，组织武装起义。农民军的队伍迅速扩大，一下子达到了1万人左右。

起义的燎原烈火吓坏了那些贵族们。他们中一部分人向农民军投降，自愿废除一切苛捐杂税，接受农民军的管辖。可是还有不少死硬派分子组建了一支武装，其中包括炮兵和骑兵，向闵采尔领导的农民军恶狠狠地扑了过来。当时，闵采尔领导的农民军正集结在弗兰肯豪森城里铸造大炮，训练作战。这些死硬派贵族假惺惺地同农民军订立了"停战协定"。可是，协定签订了没有几天，他们的军队就杀过来了。

1525年5月16日，闵采尔将农民军撤到弗兰肯豪森附近的一座小山上，迅速在四周筑起防御工事。防御工事是由许许多多四轮大车组成的，退守时是一圈工事，进攻时套上马匹就是一辆辆战车，立即能出发。战争开始后，敌人的炮弹像雨点般地轰来，弹片横飞，起义者纷纷倒下。他们没有营房，没有碉堡，但仍然继续勇敢地坚守在小山上，用仅有的几门大炮回击着。然而，人员越来越少了，不到半天，农民军就牺牲了一大半。在大炮的猛

德意志人民不仅要受到城市贵族的剥削，还要向教会交纳各种费用。

烈轰击下，马车组成的壁垒被轰开了一个很大的缺口。敌人的骑兵冲了进来，向农民军横冲直撞，铁蹄践踏着农民军的尸骨和鲜血。

山头被敌人全部占领后，闵采尔不得不率领剩下的少数农民军向弗兰肯豪森城撤退。可是，敌人骑兵的速度远远超过了步行的农民军。双方同时进入城内，在城里展开巷战。闵采尔头部受伤，不幸被敌人俘虏。

闵采尔被俘后，受尽严刑拷打，仍然坚贞不屈，最后英勇就义。闵采尔领导的农民战争虽然失败了，但却在欧洲大地上点燃了反对封建压迫的战斗之火。

显示教会权力的装饰

闵采尔

闵采尔（1490～1525年）生于施托尔堡一个手工业者的家庭。他15岁时就在中学里组织秘密团体，反对教会。后来，他在莱比锡大学学习哲学和神学，获得神学博士学位。马丁·路德发表声讨教皇的论纲之后，闵采尔非常拥护马丁·路德的思想和主张，并积极参加宗教改革活动。1520年，31岁的闵采尔经马丁·路德推荐，担任茨威考城一个教堂的神甫。但随着宗教改革运动的进行，马丁·路德却公开宣布维护诸侯和贵族制度。于是，闵采尔坚决地和马丁·路德分道扬镳，并发动和领导了声势浩大的德意志农民起义。

讽刺红衣主教的漫画

西班牙人侵印加帝国

1532年，西班牙的一个下士官皮萨罗率领180名士兵，携带27匹马、几门小炮，分乘两艘帆船，入侵南美的印加帝国。但他们遭到当地印加人的顽强抵抗。狡猾的皮萨罗见光用武力一时不能取胜，就采用欺骗手段，以会晤为名，把没有武装、毫无警惕的印加王阿塔瓦尔帕及其部下诱入一个重兵包围的广场，企图迫使印加王投降并效忠于西班牙。阿塔瓦尔帕大义凛然，义正词严地拒绝了侵略者的无理要求。这时，炮声震天，伏兵四起，全副武装的西班牙殖民军气势汹汹地开始向毫无准备的印加人冲杀。印加人拼死抵抗，奋勇向前，最后印加战士惨遭屠杀，阿塔瓦尔帕也被逮捕。

印加人的金属制品

皮萨罗把阿塔瓦尔帕关进牢房，向印加人勒索巨额赎金。提出只要印加人用金子填满一间长6.7米、宽5.2米、一人多高的房间，用银子填满另外两间较小的房子，印加王就可重获自由。当印加人以6吨金子、12吨银子满足了他的条件后，皮萨罗却背信弃义，绞死了阿塔瓦尔帕，并摧毁了印加都城。

印加国王出巡时的情景

1535年，皮萨罗几乎征服了印加全境。从此他摇身一变，成为这片土地上的实际统治者。这个无耻的殖民者在征服、统治印加帝国期间，不仅掠夺了印加人所有的财富，而且肆意毁坏一切有价值的文件、档案，摧毁印加人雄伟壮丽的庙宇、陵墓、古迹，使印加这个古老富裕的帝国变得一片荒凉。

皮萨罗因侵占印加帝国有功，被西班牙国王封为侯爵，并被任命为当地的总督。从那以后，印加沦为西班牙的殖民地。又过了300年，这块土地的主人宣布独立，这就是今天的秘鲁。

西班牙人向印加人传教，他们宣称占领印加帝国是上帝的旨意。

印加帝国

印加帝国是南美印第安人建立的国家。大约在1250年，印加人由秘鲁高地移居库斯科地区，并建立了印加帝国，其疆域辽阔，沿太平洋海岸及安第斯高原自北向南延伸，包括现今厄瓜多尔及智利南部地区。印加帝国实行中央集权制度，等级制度森严，社会组织机构分明。经济以农业为基础，其建筑技术、灌溉系统、交通等都相当发达。16世纪时被西班牙殖民者灭亡。

印第安人的头饰

□ 科学的殉道士布鲁诺

科学家乔丹诺·布鲁诺（1548～1600年）出生在意大利那不勒斯附近的一个贫苦农民家里。由于贫穷，父母在他15岁那年把他送进了修道院。正是在这里，布鲁诺读到了哥白尼的《天体运行论》。他立刻被里面的思想迷住了。在一种追求真理的强烈渴望的驱动下，布鲁诺走出了修道院，开始研究并发展哥白尼的学说。

布鲁诺用雄辩的言辞和大无畏的勇气告诉人们：宇宙是无边无际的，地球不过是宇宙中的一粒尘埃，根本不是宇宙的中心；太阳也只是太阳系的中心，而不是宇宙的中心，就无限的宇宙来说，根本没有固定的中心；整个宇宙，包括地球、太阳、月亮和所有的星星都是运动的，不服从什么上帝的意志。他还说，牧师和神甫们是世界上最蠢的驴子。因此，罗马教会对布鲁诺恨之入骨，宣布他为"异教徒"，下令通缉他。后来，布鲁诺被逮捕并被送上了罗马宗教法庭。为了捍卫科学真理，他始终不承认自己有罪，最后被宗教法庭判处火刑。

1600年2月17日，布鲁诺被押至罗马鲜花广场，绑在高大的十字架上。布鲁诺深知这是他生命的最后一刻，但他依然镇定自若。刽子手用火把照了照他的脸，问道："你的末日已经来临，还有什么要说的吗？"布鲁诺毫不畏惧

文艺复兴时期，占星术十分普遍，科学反而受到种种阻碍。

地说："为真理而斗争是人生最大的乐趣。火不能征服我！未来的世界会了解我，会知道我的价值！黑暗即将过去，黎明即将到来，真理终将战胜邪恶！"广场上的人们低垂着头，寂静无声。宗教法庭宣读了对布鲁诺的判词。接着，十字架下燃起了熊熊的烈火。这时，只见布鲁诺昂起头，向宗教法庭庄严宣布："你们对我宣读判词比我听到判词还要感到畏惧！"烈火中，挺立着一个决心为真理而死的坚强的身躯。科学和真理推开了宗教迷信的拦路石，开辟了人类前进的道路。

宗教法庭

布鲁诺的主要著作

布鲁诺的主要著作有《论无限宇宙和世界》，书中捍卫哥白尼的日心说，并明确指出："宇宙是无限大的"，"宇宙不仅是无限的，而且是物质的"。他还著有《诺亚方舟》，抨击死抱《圣经》的学者。

罗马教会往往把违背宗教意志的人处以火刑。

□ 不列颠王国的奠基人——伊丽莎白一世

1558年，玛丽女王逝世。由于没有子女，她同父异母的妹妹伊丽莎白便继承了英国王位，史称伊丽莎白一世（1558～1603年在位）。她当时只有25岁。

伊丽莎白一世即位之后，首先处理了新教和天主教的纷争问题。在这个问题上，她决心避免玛丽女王的极端做法，采取中间道路。她宣布新教为国教，使新教徒感到满意，但如果有人私下参加天主教派集会，她也不加以迫害。女王的宽容赢得了人民对她的忠诚。她在位时，英国与西班牙为了争夺海上霸权，关系一直很紧张。1588年，西班牙有名的"无敌舰队"气势汹汹地驶进了英吉利海峡。当时，英国海军的力量比较弱。在这样的危急时刻，

女王亲往军队集结地。

伊丽莎白一世表现得英勇无畏，她亲自前往军队，激励士兵们为祖国奋勇作战。结果，"无敌舰队"几乎全军覆没，英国从此成为海上霸主。

伊丽莎白时代被认为是英国

油画《伊丽莎白之死》

的黄金时代。在此期间，英国经济发展，文艺繁荣，许多伟大的作家（如莎士比亚）就生活在那个时代。女王喜欢看戏，支持剧院上演莎士比亚的戏剧，给莎士比亚以财政支持。

伊丽莎白一世是英国历史上最伟大的女王之一，是大英帝国的奠基者。她终生未婚，放弃了爱情而选择将自己交给国家。她拥有"童贞女王"的称号，保持着棕红色的假发和涂着深重白色铅粉的妆容，威严地统治着整个国家。伊丽莎白一世去世前为英国做的最后一件好事是，她立下遗嘱，把王位传给苏格兰国王詹姆士六世，使这两个国家联为一体，从而缔造了一个强大的不列颠王国。

宗教和解

身为国教圣公会领袖，伊丽莎白一世希望分裂的国家能达成和解，希望在天主教和新教之间找到中间地带。她通过了《至尊法令》，宣布女王为英格兰所有教会和僧侣团体的最高领导，一切神甫和官吏必须宣誓接受这一领导，并不得与外国势力相勾结。确立了英格兰国教的统治地位之后，女王又将爱德华六世时的公共祈祷书加以修改，使之也能为天主教徒接受。女王对英格兰激进的清教徒也加以压抑，并力图避免不同教派的教义发生争论。这种兼容并包、中庸温和的宗教政策使英国避免了像当时别的国家那样爆发宗教战争。

伊丽莎白一世

□ 西班牙戏剧之父

文艺复兴时期，西班牙的著名戏剧家洛佩·德·维加（1562～1635年）诞生在西班牙的首都马德里。维加幼年时就表现出敏慧的天资，5岁时已能阅读传奇诗歌和拉丁文作品；10岁的时候，便开始创作剧本。后来他成了一位主教的随从后，写了他的第一个三幕喜剧，演出后大受观众欢迎。从此，他就开始专职写作戏剧。在相当长的一段时间里，街头海报上只看见他的名字，他的剧本几乎天天在舞台上演出。维加创作的三幕喜剧，有着真实的情节、紧张的冲突、美妙的音乐和动人的舞蹈。正戏开始之前，先说开场白，向观众介绍剧情，或者演唱歌曲。在每一幕之间，穿插着一些与正戏无关的短剧和舞蹈。三幕戏结束后，再加上一段滑稽和舞蹈表演，才算演出结束。

维加才思敏捷，创作速度惊人。有一次，他与一位著名喜剧家合写一部三幕喜剧。两人商定：两天之内每人写一幕，第三天合写第三幕，每人各写8页。

文艺复兴时代的写作者

两天过去了，各人都已写好了一幕，准备在第三天合写第三幕。那位喜剧家自知在技巧上不如维加，便想在速度上超过他。于是他半夜2点钟就起来写，一直写到中午11点，才写完了他的8页稿纸。

这位喜剧家写好后，兴冲冲地去找维加，见他正悠闲地抚弄一株橄榄树，便问道："维加先生，您还有雅兴玩树，第三幕的进展如何呀？""哦，"维加若无其事地回答，"今天我早上5点钟开始工作，中午10点钟就写完了。我吃了些咸肉，又写了50行诗，还把花园浇了一遍水，真够我累的。"说罢，维加从身边拿出了8页稿纸和一首诗递交给喜剧家。"奇迹！真是奇迹！"喜剧家惊叹地说。

维加

维加善于从生活中发现戏剧冲突，以此来丰富戏剧的主题思想。他以情节和行动作为戏剧的要素，把悲和喜、善和恶、贵族和平民、诗意和激情熔于一炉，如同现实生活一样。

维加一生写了近2000个剧本，其创作数量之多在文学史上实属罕见，所以被人们誉为"西班牙戏剧之父"。

《羊泉村》

维加的戏剧代表作是写于1612～1613年的《羊泉村》。这是根据15世纪下半期西班牙发生的一次农民起义改编而成的一个历史剧。维加的这个剧本，支持农民反抗封建压迫、争取自由权利的斗争，是一部富有民主精神的伟大作品。在第二次世界大战期间，西班牙人民经常演出此剧，以此来鼓舞人们的反法西斯斗争。

戏剧演员

戏剧大师莎士比亚

英国著名戏剧家、诗人威廉·莎士比亚（1564～1616年）出生在英国沃里克郡一个叫斯特拉福的小镇上。他的父亲是一个商人。少年时代，莎士比亚因父亲破产，只好停学回家。1585年前后，莎士比亚不满足于小市镇的单调生活，决定独自到伦敦去，希望能闯出一条新的生活道路。到伦敦后，莎士比亚在一家剧院里打杂。一有机会，他就偷看戏台上的演出。剧团有时演员不够，就会让他临时上台当个配角。他演得非常精彩，慧眼识珠的导演就让他当了正式的演员。

莎士比亚并不满足于此，他的最大梦想是当一个剧作家。1588年前后，莎士比亚开始写作，先是改编前人的剧本，不久开始独立创作。终于，他的第一个剧本《亨利六世》上演了，整个伦敦轰动了。莎士比亚一鸣惊人，他的才华开始为世人所瞩目，他的名字跻身于当时一流戏剧家之列。不久，他太阳般的光芒遮住了其他人，他用源源不断的新作占据了整个英国戏剧舞台。

1599年，莎士比亚成为伦敦著名的环球剧院的股东。他的经济条件逐渐好转，并为

莎士比亚

他的家庭取得了世袭贵族的称号。1612年，他作为一个有钱的绅士衣锦还乡，在家乡安度余年。莎士比亚一生写了37部剧本、2部长诗和154首十四行诗。他最著名的作品是四大悲剧《哈姆雷特》《奥赛罗》《李尔王》和《麦克白》，此外还有《罗密欧与朱丽叶》《威尼斯商人》《仲夏夜之梦》等著名戏剧。他的作品描绘了当时英国的政治、经济、思想和文化，是这一时代的一部形象化的历史。它们深刻反映了英国由封建制度进入资本主义原始积累时期的社会生活，揭露了资本主义的发展引起的新矛盾，塑造了一系列在世界文学史上具有典型意义的人物形象。

英国的戏剧演出

四大悲剧

莎士比亚"四大悲剧"——《哈姆雷特》《奥赛罗》《李尔王》《麦克白》的诞生，标志着西方悲剧发展到了一个新的阶段。作品着重描绘处于特殊情境下的悲剧主人公同敌对势力的冲突以及内心的折磨或斗争，借以展示人生价值和现实本质，反映了莎士比亚对所处时代的深刻感悟和思索。其中《哈姆雷特》是莎士比亚戏剧的王冠。该剧通过主人公哈姆雷特的复仇过程全面揭示了一个人文主义者的精神世界。

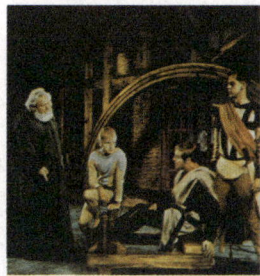
《李尔王》剧照

比萨斜塔上的自由落体实验

伽利略（1564～1642年）出生在意大利的比萨城。他父亲是一个没落贵族，既是一个音乐家，又通晓数学。伽利略受父亲影响，从小喜爱绘画和音乐，但父亲却让他到修道院去学拉丁文和希腊文。17岁时，伽利略又被送到比萨大学去学医，但他在学校时却开始研究物理学。大学毕业后不久，伽利略就写出了一篇著名的论文《固体内的重心》。这篇文章使他名声大震，他被人们称为"当代的阿基米德"。

不久，比萨大学聘请他担任数学讲师。

当时欧洲的知识界仍然在亚里士多德的思想统治下。大学教授们甚至宣布，所有科学上的问题都被亚里士多德解决了。不论哪个学生提出异议，教授们便说："导师（指亚里士多德）已经指示过了！"于是学生再也没有什么可说的了。可是，伽利略却偏偏要向固有的教学秩序挑战。他宣称，发现真理的道路不是靠背诵亚里士多德的教条，而是通过学习大自然这本宝书。有一次讲课，他对学生们说："亚里士多德有这样一个论点：不同重量的物体，从高处下降时，速度也不一样。这从表面看来似乎很合理，其实是错误的。"学生们听了都表示怀疑，教授们也纷纷斥责他，"除了傻瓜，没有人会相信一根羽毛同一颗炮弹以同样速度从空中下降！"教授们要求伽

伽利略

比萨斜塔

比萨斜塔位于意大利中部比萨城的比萨主教堂圣坛东南20余米处，属于比萨大教堂的一座钟楼。它于1174年开始建造，原设计为8层，塔高54.5米，建筑原料全部采用大理石。但由于设计者忽略了建筑所在地的地质情况，结果当塔身砌到第三层时，开始出现倾斜现象，虽然采取了一些补救措施，但也无济于事。1350年，塔建成时，塔顶已与地面的水平垂线偏离2.1米。人们因而称之为"斜塔"。

比萨斜塔因伽利略的自由落体实验而成名。

利略在全体师生面前演示，想让他当场出丑。

伽利略接受了挑战，他选定的演示地点是比萨斜塔。这一天，教授们身着紫色丝绒长袍来到塔前，学生和市民们都满怀兴趣地来看伽利略的演示。伽利略一手拿着一个10磅重的铅球，另一只手拿着一个1磅重的铅球，登上了斜塔。"下面的人看清楚，铅球下来了！"说着，他把手一松，两只铅球果然同时落在地上。在场的观众都十分惊讶。

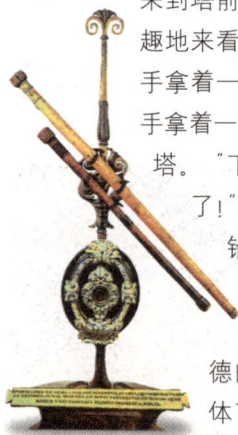

伽利略推翻了亚里士多德的说法，用事实证明了物体下落的速度与其质量并无关系。

伽利略制作的第一架天文望远镜

许多教授跟随伽利略上了比萨斜塔，要求见证实验的全过程。

□ 尼德兰革命

16世纪，欧洲北海之滨的尼德兰地区处于西班牙的统治下。信奉天主教的西班牙国王腓力二世残酷迫害尼德兰的新教徒，并为此颁布"血腥诏令"。这些新教徒很多是新兴的资产阶级，他们的经济受到严重损失，整个尼德兰处于激烈的动荡之中。

1566年8月，尼德兰人民发生暴动。暴动的矛头直指西班牙在尼德兰统治的主要支柱——天主教会。愤怒的工人、手工业者和农民的武装队伍冲进教堂和修道院，拆毁那里的圣像，焚毁债券和地契，没收教会的财产。几天之内，在全国17个省中有12个省掀起了反对"血腥诏令"的起义，总共拆毁了5500所教堂和修道院。这就是历史上著名的"圣像破坏运动"。腓力二世对此勃然大怒。1567年8月，他委派阿尔发公爵为新任尼德兰总督，去血腥镇压这场运动。

尼德兰的水手、渔夫和码头工人利用广阔的海域，组成了"海上乞丐"游击队。他们驾着轻便的小船，不断地袭击阿尔发公爵的沿海据点，破坏西班牙战舰和运输船队。到1572年

威廉亲王

"护教者"腓力二世

7月，北方各省实际上已经独立，贵族代表威廉亲王被推举为总督。

在南方，尼德兰人在密林中组成了"森林乞丐"游击队，不断袭击阿尔发公爵的小股军队。这两支游击队一南一北，打得阿尔发公爵的军队晕头转向，疲于奔命，伤亡越来越大。腓力二世于1573年底另派了一个总督来对付尼德兰的起义。这个总督上任后，他的士兵不断烧杀劫掠。这种暴行引起了人们的更大愤怒，促使南方起义形势迅猛发展。但是，当地的反动贵族害怕触犯他们的利益，赶紧宣布效忠西班牙国王腓力二世，南方起义不幸被扑灭。

北方各省为了保卫起义成果，防止西班牙侵略军卷土重来，于1579年结成联盟。1581年，这个联盟正式宣布废黜腓力二世，成立"联省共和国"。因为这7个省中数荷兰省地域最大，经济也最发达，所以也称为"荷兰共和国"。从此，尼德兰分裂成两个部分：北部形成了独立的国家，南部仍然处在西班牙的统治下。1609年，腓力二世的继任者跟荷兰共和国缔结了《十二年停战协定》，事实上承认了荷兰共和国的独立。尼德兰革命在北方获得了胜利。

尼德兰革命是历史上第一次取得胜利的资产阶级革命。当时欧洲还普遍处于封建专制统治的时期，它推翻了西班牙的专制统治，在欧洲建立了第一个资产阶级共和国。因此，它的形成具有重要的历史意义。

血腥诏令

1550年9月，腓力二世为打击尼德兰的新教徒，特地颁布了一个诏令，规定禁止任何人传播加尔文等人的"异端邪说"，禁止破坏天主教圣像，禁止讨论和争辩《圣经》。要是违反这个规定，男的杀头，女的活埋或火刑，他们的财产一律没收，而且禁止任何人为受惩罚的异教徒请求赦免，否则一并处罚。这个诏令实在太残酷了，许多尼德兰人因此而被迫害至死。所以人们憎恨地称它为"血腥诏令"。

西班牙阿尔发总督的暴虐统治迫使荷兰人发动起义。

□ "无敌舰队"的覆灭

1588年7月，波涛万顷的英吉利海峡的海面上，一支庞大的舰队正由南向北顺风疾驰，绣着基督和圣母像的旗帜疯狂地舞动着。这就是号称"天下无敌"的西班牙"无敌舰队"。"无敌舰队"的132艘大战舰排成月牙形，浩浩荡荡驶进英吉利海峡，向英国开战。这支舰队由梅迪纳－西多尼亚公爵担任总指挥。

西班牙此番发起大军远侵英国是要报几十年来的深仇大恨。原来，英国一直利用海盗在西班牙所属的殖民地进行走私贸易，劫掠西班牙运载金银的船只，扰乱航路，使西班牙蒙受了巨大损失。为了维护西班牙的海上霸权，让英国领教一下海上霸主的厉害，西班牙国王腓力二世下令他引以为傲的"无敌舰队"，去彻底征服英国。

对于气势汹汹的"无敌舰队"，英国舰队并不正面迎战，只是让少数快速战舰绕过敌舰，跟随其后，等待机会突袭掉队和帆桨损坏的敌舰。1588年8月7日夜间，天空昏暗无光，云雾重重，海面刮起强劲的东风，西班牙船员都已进入梦乡。英国人把6艘旧船点燃，船内装满易燃物品，船身涂满柏油。6条火龙向西班牙舰队疾驰而去。顿时，火海一片，"无敌舰队"一片混乱，许多船只被烧毁。

纪念英国战胜西班牙"无敌舰队"的金质纪念章

8月8日，两军在加莱港的东北海域进行了会战。西班牙的战舰外形壮观，但并不灵活，成为英国战舰炮火集中轰击的目标。英国战舰行动轻快，远距离开炮时，炮火又猛又狠，"无敌舰队"的许多舰船纷纷中弹起火。相反，西舰向英舰开炮射击时，却往往不能命中。因为英舰在远处灵活闪避，行动自如。这种远距离炮战使西班牙舰队的步兵和重炮不能充分发挥作用。激烈的炮战持续了一整天，直到双方弹药用尽才告结束。此时的"无敌舰队"被打得七零八落。西多尼亚公爵眼看大势已去，登陆无望，只得命令舰队进入北海，绕过不列颠群岛返航西班牙。

在这次远征英国的行动中，"无敌舰队"损失战舰63艘，而英军未损1艘，号称全胜。"无敌舰队"的覆灭标志着西班牙的海上霸权结束了，而英国则因此战而成为了新的海上霸主。

远征的西班牙"无敌舰队"

教皇子午线

15世纪末，西班牙和葡萄牙为争夺殖民地冲突不断。1494年，两国在罗马教皇的调停下签订了《托尔德西雅斯条约》，同意在佛得角群岛以西约370里加（1里加是5.92千米）处从北极到南极划一条分界线，称为"教皇子午线"。该线以东地区归葡萄牙，以西归西班牙。但是，地球是圆的。当麦哲伦环球航行到达摩鹿加群岛时，两国又出现矛盾。于是两国在该群岛以东17°的地方又划出另一条分界线，该线以西属葡萄牙，以东属西班牙。这是世界史上的第一次殖民地瓜分。

东印度公司

1600年12月31日，整个伦敦的商人都欣喜若狂，因为尊贵的女王伊丽莎白一世向英国"商业冒险公司"授予了一张特许状，并将它正式命名为"伦敦督办及商人东印度公司"（简称东印度公司）。此后，这个公司垄断了好望角以东各国的贸易。

长期以来，英国商人都很热衷于与印度的贸易往来，东印度公司是英国殖民者侵略和掠夺印度的主要工具。这个公司拥有很大的特权，如免纳出口税、拥有武装舰队、对外宣战媾和、缔结条约等。在英国东印度公司成立的第二年，第一支英国商人船队乘风破浪，扬帆起航。但到达印度后，这些英国商人并没有从印度莫卧儿王朝的统治者那里取得贸易特权。因为葡萄牙人在这里的势力很大，为了自身的利益，葡萄牙人从中进行阻挠。面对这种情况，东印度公司对莫卧儿王朝采取贿赂等各种手段，逐渐在印度取得了建立商业站点和经商的权利。1612年，英国舰队在印度西海岸击败葡萄牙舰队，取代了葡萄牙在印度的特权地位。再加上印度政府软弱无能，英国殖民者借机获得了更多的特权：可以在开放的印度港口城市孟买自由经商，免除一切税收；英国人

正在卸货的伦敦码头

荷兰于1621年开设了西印度公司，这是他们的船队。

在孟买铸造的货币可以在整个印度流通；有32座印度城市向英商开放。

1756年，英国和法国为争夺殖民地霸权爆发了"七年战争"。在战争期间，英国于1757年夺取并接管了孟加拉。孟加拉是南亚地区最富庶的国家。当地的港口是开放的，英国东印度公司在海岸拥有设防的据点，在内地也有许多商站。英国商人通过这一条条渠道，吮吸着印度人民的血汗。

殖民者的欲壑是永远也填不满的。英国殖民者占领孟加拉之后，首先抢劫了孟加拉国库，仅此一项，就给英国东印度公司带来3700多万英镑的巨额收入。随着英国国内工业资产阶级力量的壮大，他们对东印度公司的贸易垄断十分不满，要求自由贸易的呼声一天天高涨。1858年，英国议会撤销了东印度公司在印度的行政权，印度改为英王的直辖地。

东印度公司铸造的钱币

七年战争

18世纪后期，欧洲各大国的矛盾错综复杂。英法矛盾最突出，两强决战难以避免；其次是普奥矛盾，两国都想成为德意志诸帝国中的霸主；再次是俄普矛盾，沙皇俄国成为欧洲强国后，继续推行西进和南下扩张政策，并把目标指向了东普鲁士。1756年，英国和普鲁士、葡萄牙结成同盟，法国和奥地利、俄国、瑞典、西班牙等国结成同盟，双方展开了一场全欧性的战争。1757年，英法争夺印度的战争是"七年战争"中的一个重要环节。1763年，七年战争结束，英国成为三个世纪以来海上争霸的最后胜利者。

□ "海上马车夫"

荷兰独立后，开始大力发展国内的资本主义工商业，并很快成了西欧强国。它的商船往来于五大洲三大洋，承揽了世界海上运输的大部分业务，所以人称"海上马车夫"。

荷兰的第一大产业是捕鱼业。荷兰人拥有先进的捕鱼船，所捕的鱼在数量和质量上都比其他国家要好。不久，荷兰垄断了北海（北大西洋的一部分，位于大不列颠岛以东，斯堪的那维亚半岛以西和欧洲大陆以北）的鲱鱼捕捞业。17世纪初期，荷兰人甚至到英国海岸附近捕鱼。荷兰依靠捕鱼业迅速积累了大量资本，然后把这些资金投入到造船业上。荷兰人利用低价购进、低价运输和低价关税，进口大量木材来造船，而同时期的英国，造船成本比荷兰高50%，因此荷兰成为世界上造船业最发达的国家。这就形成了一种良性循环：便宜的运费导致了荷兰对世界贸易的控制，对贸易的控制又可以获得低廉的造船木材，便宜的木材又使造船费用大为降低，船只的低价位在货运竞争中便占有优势，这一连串优势整合起来，就使荷兰成为了著名的"海上马车夫"。1650年，荷兰拥有的商船数量居全球第一。当时全世界的商船大约有2万艘，而荷兰就占有1.5万~1.6万艘。

阿姆斯特丹的精英市民——行会头领

荷兰鹿特丹港口

通过海上运输，荷兰富甲天下。早在1609年，荷兰便成立了阿姆斯特丹银行，很快荷兰就成为欧洲的储蓄和兑换中心。依靠雄厚的金融力量，荷兰股票业非常发达，阿姆斯特丹的股票市场被后人称为"17世纪的华尔街"。

为了保卫商船不受海盗和其他国家的袭击、保护海上生命线，荷兰建立了世界上规模最大的海军，海军人数几乎比英法两国的海军总人数多一倍。

正是有了强大的经济实力和军事力量作后盾，荷兰在这一时期积极向海外扩张，夺取了不少地盘。1621年，荷兰在美洲建立了西印度公司，准备向大西洋扩展。1626年，荷兰人在北美建立了殖民据点新阿姆斯特丹（今纽约），征服了巴西的东北部，占领了非洲西海岸的一些地方，进行贩卖黑奴的罪恶勾当。在亚洲，荷兰则控制了香料群岛，占领了中国的台湾，打开了日本的国门，垄断了东南亚国家同欧洲的贸易线路。就这样，荷兰成了当时世界上最强大的海上霸主。

荷兰在印度的一个贸易补给站

海上霸权的衰落

"海上马车夫"的好日子并没有持续多久。17世纪50年代初，英国针对荷兰的海上霸权，颁布了《航海条例》。这严重损害了荷兰殖民者的利益。荷兰要求英国废除它，英国断然拒绝，于是第一次英荷战争爆发了。这次战争使荷兰元气大伤。1665年，英荷再度开战。战争初期，"海上马车夫"占有优势。但后来在1667年，法国介入了战争帮助英国，荷兰节节败退，海上霸主的地位再也保不住了。

Part8

第八章

灿烂的世界文明

当欧洲正处于千年黑暗中的混沌与迷乱时，亚洲凭借其灿烂的文化、多彩的艺术、众多的财富开始吸引西方人的目光。不过，正是因为封建制度的完善，为它过渡到资本主义社会设置了障碍，这注定了近代亚洲的步履艰辛。而富饶的非洲和美洲在这一时期也创造出了灿烂的文化，但是，随着新航线的开辟，欧洲人很快就把烽火引向了这些宁静而美丽的地方。也正因为西方人的涉足，许多已经被岁月掩埋的灿烂文明重新出现在了世人眼前。

圣德太子改革

公元6世纪的时候，日本国正面临着一场深刻的变革。统治者们不仅残酷剥削贫苦农民，还疯狂地兼并土地，严重地破坏了社会生产和农民生活的安定，把农民推向饥寒交迫的深渊。农民大量逃亡，并开始展开反抗斗争。

593年，圣德太子摄政。贵族势力的专权与嚣张，社会的动荡与矛盾的激化，促使他产生了对政治进行改革的强烈愿望。他首先整顿地方行政组织，基层设稻置（相当于隋唐时的里长），管辖数十户，其上设国造，由他们替政府向以户为单位的耕种者征收租税。603年，圣德太子从冠位制入手，进行改革。他按照德、仁、礼、信、义、智各有大小二阶的顺序制定了"冠位十二阶"，并以紫、青、赤、黄、白、黑等颜色的冠帽和官服来区别等级。冠位是按才能和功绩，授予贵族个人的，可以晋升，但不

日本早期的素色陶俑

能世袭，与世袭的称号不同。这在一定程度上起到了选拔人才和抑制氏族门阀势力的作用，推进了以天皇为中心的官僚体制的形成。604年，圣德太子又主持制定了《宪法十七条》。它以训诫的形式，提出了要求贵族和官吏遵守的政治性规范和道德准则。条款的内容大多来自中国儒家、法家、道家等经典，强调天皇至上。《宪法十七条》的颁布，为后来大化改新建立以天皇为首的中央集权制奠定了思想基础。大力推广佛教是圣德太子的另一国策。由于他对佛教的大力推动，日本一时间出现了竞相造佛、佛

奈良东大寺庙

607年，圣德太子改革为日本引来了先进的隋朝文化，也丰富和推动了日本的科学艺术的发展，该建筑即模仿隋朝式样建筑而成。

遣唐使

日本自圣德太子改革后，开始把中国作为学习的榜样，按照隋唐王朝的政权组织形式，建立起新的制度。日本全国上下对吸收中国文化非常积极，不断派出大批人员到中国学习，这些人就称作"遣唐使"。其中正式使节包括大使、副使，有时还有大使之上的持节使、押使，他们都是日本天皇任命的国家大臣。使团中还有到中国学习的留学生、僧人、工匠等。

法盛行的局面。现在日本人把圣德太子尊封为法皇、圣王、圣人。

作为一位善于接受新思想的开明统治者，圣德太子在摄政期间，首创向中国派遣留学生的制度，积极向我国隋朝遣使通好。607年，圣德太子第一次派出留学生访问中国。这些人长期留在中国，系统地学习了中国的文化制度，归国后为日本文化和社会发展做出了重大贡献。圣德太子的改革虽然不是很彻底，但削弱了贵族的势力，提高了皇权，极大地促进了日本封建生产关系的萌芽，成为不久以后的大化改新的先驱。

法隆寺是日本历史最悠久的木结构建筑，为圣德太子所修建。

朝权重族——藤原家族

藤原家族是日本历史上的显赫家族之一。从公元8世纪后期天皇迁都平安（即京都）以后，藤原家族操纵日本皇室约300余年，权倾一时。

藤原家族的始祖是中臣镰足（公元614～669年），他因帮助中大兄皇子，即后来的天智天皇发动政变，推翻苏我入鹿（日本权倾朝野的政治家），而成为日本权臣。中臣镰足死时，天智天皇赐姓藤原。从此，中臣家族便以藤原为姓。

中臣镰足之子藤原不比等（公元659～720年）是采用新姓的第一个人。由于父亲的威望，他在宫廷中取得了很高的地位。701年，藤原不比等成为起草著名的《大宝律令》委员会的领导人。他的两个女儿都嫁给了圣武天皇，藤原家族开始与皇族结成裙带关系。但是直到9世纪下半叶，藤原家族才开始操纵政权。

858年，藤原良房替他9岁的外孙清河天皇"总摄庶政"，866年正式取得"摄政"的称号。接着，藤原良房之子藤原基经又成了阳成天皇的摄政。他为了进一步扩大权力，创立了"关白"官职。"关白"一职比摄政和首相有着更大的权力，是天皇的代言人，是天皇与大臣之间的联络媒介，其地位仅次于天皇。887年非藤原氏女儿所生的宇多天皇即位，不再启用藤原氏摄政，直至他最后六年的统治也没有藤原系统的人做关白。但是藤原基经的儿子藤原时平很快重新确立起了藤原家族的霸权。

藤原家族还利用佛教夺权，经常以虔信佛

《源氏物语》中描写的藤原道长的生活

教的几位天皇出家修行为范例，劝说有独立思想的天皇不理政务，出世隐退。同时，藤原家族不断地为他们的政治权力奠定坚实的经济基础。他们怂恿各地贵族将土地托庇于藤原氏名下。这一方面使土地所有者大大减少甚至完全免除纳税的义务，另一方面又使藤原家族得以将国家钱粮饱入私囊。

最能体现藤原家族权力的人物是藤原道长（公元966～1027年）。作为平安中期的摄政，藤原道长的权势极大。他在995年成为藤原家族的首领，1017年任太政大臣，一切朝政均在他的"政所"处理决定。先后有四位天皇与他的女儿结婚。藤原道长在30余年的时间里享尽了荣华富贵，他的府邸比皇宫还要富丽堂皇。日本著名古典小说《源氏物语》和《荣华物语》所描写的正是藤原道长的这种醉生梦死的生活。宫廷女侍清少纳言的著名随笔《枕草子》中许多事迹也是取材于藤原道长的生活。1027年藤原道长死后，藤原家族开始走向没落。

贵族庄园主的生活

田堵制

公元8世纪以后，日本为了保证财源，出台了新的赋税征收方式——田堵制。其内容是让较殷实的农民与国家签订契约，承包一定耕地，这种承包人就被称为"田堵"。刚开始的时候，田堵占有的土地很不稳定，每年春季都必须签订新的契约。到10世纪前后，土地的私人占有逐渐固定下来。这种土地称为"名田"，拥有"名田"者称为"名主"，部分名田逐渐演变为规模较大的庄园。

大化改新

公元645年6月，新兴封建势力的代表中大兄皇子联合神祇伯（祭祀官）中臣镰足等人发动政变，推翻了苏我氏的专横统治。中大兄皇子拥立其兄戴轻皇子即位，称孝德天皇（公元645～654年在位），自己则以太子身份摄政，中臣镰足任内臣，留唐学生高向玄理和僧日文任国博士，建年号大化，迁都难波（今大阪）。同年下令"作户籍""校田亩"，禁止私人租佃土地，准备实行改革。646年（大化二年）元旦，孝德天皇颁布"改新"诏书，仿照隋唐的经济、政治制度进行改革，史称"大化改新"。

大化改新的主要内容是：（1）改革土地占有制度。废除贵族私有的屯仓、田庄和部民，把土地和部民一律收归国家所有，成为公地、公民，但保留朝廷的手工业者（品部）的公私奴婢；实行"班田收授法"，政府把公田国有土地划分为一定面积的地块，授予6岁以上的公民，作为口分田。男子每人2段（当时1段相当于991.8平方米），女子所得为男子的2/3，死后归还国家。每6年按照户籍、田亩的变化调整收授一次，叫做班年。受田农民必须向国家负担租、庸、调，租是田租，庸是徭役，调是贡物。私奴婢按公民的1/3授予土地，将土地交给占有奴婢的主人；政府对充任国家官吏的贵族按职位高低授予食封，即以封户所纳之租的半数，庸调的全部作为俸禄。此外还授予贵族位田、职田、功田，这些土地面积和占有年限不等，其中大功田可以世袭。（2）建立中央集权的国家制度。中央设二官八省一

金寺雪景
大化改新之后，中日文化交流更趋频繁，佛教在日本的影响也更大。

台，地方设国、郡、里，分别由国司、郡司、里长治理；废除贵族世袭控制军事的特权，实行征兵制。

大化改新建立起来的土地国有制下的贵族地主邑（食封、位田、职田）制度和国家农民份地制度（班田收授法）具有大土地所有制与个体生产相结合的封建主义生产方式的基本特征，在这一经济基础上建立起来的中央集权国家制度是地主阶级专政的政权。8世纪初，日本政府先后制定《大宝律令》《养老律令》，使新的封建经济政治制度法典化。因此，大化改新乃是日本历史上封建主义时代的开端。

日本古代武士的甲胄

日本武士俑

新兴封建贵族

日本的新兴封建贵族出现于公元5世纪末期。对新兴封建贵族的形成起着关键作用的人物是推行社会政治改革的圣德太子，由他培植出了一批新兴人物，包括被派出访问中国的小野妹子、高向玄理、南渊清安、僧日文。后来，南渊清安又培养出两个杰出的学生，即中大兄皇子和他的知心密友中臣镰足。他们两人是7世纪中叶新兴封建贵族的领导核心。

新罗扩张

公元7世纪时，百济、新罗和高丽三个国家在朝鲜半岛上的角逐发生了剧烈的变化。新罗在角逐过程中，扩大了经济、政治、军事实力。善德王（公元632～647年在位）面对与百济、高丽联盟相对抗的严重形势，积极采取外交行动，派王族金春秋（即后来的太宗武烈王，公元654～661年在位）出使高丽，以探其虚实；又出使日本，以抑制大和朝廷内的反新罗势力；然后又派人出使唐朝，请求援助。金春秋即位后，积极整顿内政，引进唐朝典章制度，巩固中央集权，建设军队。同时派其子金法敏（即后来的文武王，公元661～681年在位）出使唐朝，准备联合唐朝发动对百济、高丽的战争。

新罗王朝时期建造的三层石塔

660年，新罗太宗武烈王与金法敏、大将金庾信率军5万，联合唐朝水陆大军13万进攻百济。百济兵败，义慈王投降。唐朝在百济地区分置五个都督府。百济灭亡后，遗臣扶余福信派人赴日求援，准备复国，但最终归于失败。

666年，高丽国王泉盖苏文去世，诸子内讧。新罗文武王

推进朝鲜统一的新罗太宗武烈王陵

高丽古墓中的壁画

趁机联合唐军进攻高丽。667年1月，联军攻入高丽，次年9月攻陷平壤，宝藏王投降，高丽灭亡。670年，高丽地区的剑牟岑领导原高丽人民发动起义，推举高丽王族安胜为王，希望能推翻唐朝在该地区的统治，并向新罗求援。新罗文武王出于政治利益的考虑，予以支持。670～676年，新罗与唐朝发生军事冲突，由于唐军主力在对高丽的战争结束后已经回防，新罗得以乘机北进，夺取了业已在唐朝安东都护府管辖下的原高丽的大同江以南的地方。735年，唐朝和新罗分别以赐书与表文形式的政府换文，确认了两国之间以大同江为界。新罗通过这一系列征战，夺取了百济地区和大同江以南的高丽地区，成为朝鲜半岛上的霸主。

好太王

"好太王"名谈德（公元391～412年在位），谥号"国冈上广开土境平安好太王"。其在位的22年间是高丽历史上的空前繁荣发展时期，他凭借强大的经济和军事实力，东讨西征，占辽东、驱倭寇，侵汉江、降扶余，使高丽疆域空前扩大。其子长寿王为纪念好太王的功业，于东晋安帝义熙十年（公元414年）树立了好太王碑，迄今已有1590年的历史。这块碑高大、端庄、通体黝黑，坐落在我国吉林省集安市区城东4000米外的禹山脚下、通沟平原上。碑的四面刻有碑文，为汉字隶书，方严厚重。

好太王碑被称为"东方第一碑"。

□ 桑海王国

桑海王国是非洲西部索尔科渔民、加比比农民和果乌猎人三个部落联合建立的。传说其第一王朝叫迪阿王朝，首都建在库吉亚，它统治着北到班巴、南至鲁普的尼日尔河两岸之地。

约8世纪中叶至10世纪中叶，迪阿王朝将都城迁至商业城市加奥，史称加奥王国。它曾先后臣属于加纳王国和马里帝国。15世纪后期，桑尼·阿里（1464～1492年在位）即位后沿尼日尔河大力扩张，占领马里帝国中心城市廷巴克图，正式建立桑海王国。

1493年，桑海王国的大将索林凯人穆罕默德·杜尔从桑尼·阿里之子巴罗手中夺取了王位，自称阿斯基亚·穆罕默德一世（1493～1528年在位），开创了桑海历史上的阿斯基亚王朝。

阿斯基亚·穆罕默德一世实行了一系列改革，使桑海王国进入鼎盛时期。军事上，他用奴隶和战俘组成的常备军代替战时征兵制，既使农民和手工业者不脱离生产，又保证了各地有国王驻军。他依靠常备军扩张领土，西起塞内加尔河上游，东到艾尔高原，南抵布萨瀑布，北达中央撒哈拉的辽阔地区，都受阿斯基亚·穆罕默德一世统治。

政治上，阿斯基亚·穆

彩绘画像石

黄铜头像

香水喷洒器

罕默德一世建立了中央集权制。在中央设置一系列官职，分管财政、航运、林业、渔业、宗教，等等，把全国分为四个行省，从王亲国戚中选派行省长官进行管理。经济方面，在尼日尔河上游开凿运河，改良农业，采掘盐矿，统一度量衡，创立完整的税收制度。宗教方面，阿斯基亚·穆罕默德一世是一个虔诚的穆斯林，他采用伊斯兰教巩固自己的统治。文化方面，他广泛招徕各地的学者文人，使加奥、廷巴克图和迭内等城都成了著名的文化中心。在社会生产中，奴隶虽然还起着很重要的作用，但桑海王国的封建剥削关系已经有了比较大的发展。阿斯基亚·穆罕默德一世把他所有的奴隶编成不同的部落进行管理。

1517～1528年，桑海国内发生内乱，先是尼日尔河东岸的凯比王康塔发动起义，接着，阿斯基亚·穆罕默德一世的三个儿子发动反对父亲的战争。1528年，阿斯基亚·穆罕默德一世战败，被他儿子剜眼，流放到尼日尔河的一个岛上。从此，桑海王国开始了争夺王位的战争。一直到达乌德（1549～1582年在位）统治时，这种局面才稍有改善。达乌德虽然力图振兴国家，但已不能挽回颓势。17世纪初，由于摩洛哥的入侵，桑海王国不复存在。

西非的青铜浮雕生动地反映了当时的宫廷生活。

阿斯基亚王陵

阿斯基亚王陵位于今非洲西部撒哈拉沙漠南缘的马里共和国，是由桑海王国的国王阿斯基亚·穆罕默德一世于1495年修建的。阿斯基亚王陵包括金字塔形坟墓、平顶清真寺建筑、清真寺公墓和露天的集会场地等。这些都是在阿斯基亚·穆罕默德一世从麦加回来定伊斯兰教为国教后建造的。由这个王陵可以看出15世纪末桑海王国的强大、富裕和繁荣。当时，桑海王国控制了横跨撒哈拉的贸易，特别是盐和黄金。

美洲纳齐兹人

大约从公元9世纪起，纳齐兹人就生活在今北美密西西比州的纳齐兹附近。他们至高无上的统治者是国王——"大阳"，这是一个活在人间的神。人们相信他是太阳神的嫡系后代或是太阳神的亲兄弟。他得到他在人间的兄弟"刺花蛇"的帮助，"刺花蛇"是人间一位勇猛的军事首领，而其他的直系亲属包括"太阳女"——"大阳"的母亲和姐妹在内的人也都会来协助太阳。

"大阳"的双脚从来不接触裸露的地面。当他要行走时，面前要铺上席子，而外出时通常坐在一座以鲜花为篷的轿子上。"大阳"统治范围内的人都要臣服于他，听他号令，而且"大阳"对臣民的生命和财产有着绝对的统治权。无论什么作物有了收获，纳齐兹人都要把第一批果实带到庙里去供奉。他们将贡品摆在庙宇门口，庙宇看守人把这些物品供奉给神灵之后，就把它们送到"大阳"那里，"大阳"可以把它们分发给他所喜欢的人。

在统治阶层中，在"大阳"和他的直系亲属之下的是7个不同地区的首领。这些人和其他的高级人员是"大阳"较远一些的亲戚。不过他们作为第一家族的成员，仍受到高度的尊敬。比他们再低一个等级的是"圣者"，

密西西比人的
陶制龟形容器

密西西比文化

纳齐兹人属于密西西比人的一支。密西西比文化诞生于公元8世纪前后。此时，大的部落开始形成，权力也更加集中，出现了首领、贵族和平民等构成的严格的等级制度。密西西比文化最后发展到了今美国东部大部分地区。他们的主要住宅以巨大的平顶金字塔式土墩为标志。这些土墩主要是首领的陵墓，也可作为宗教庙宇。

接下来的就是"尊者"，再低一级的就是寻常百姓了。那些寻常百姓做着所谓"不体面的"工作，为主人收获食物。贵族们把普通百姓称为"劣种"或是"卑贱者"。"大阳"去世之后，他的继承者不是从他或者他兄弟

这座在卡霍基亚附近出土的雕像描绘了一位正在劳作的妇女形象。

的子嗣中选出的，而是来自和他在血缘上最近的女性亲属的后人之中。继承是以母系关系为基础的，"大阳"的母亲们都受到尊敬，但是只有男性后代才能成为统治者。

"大阳"生活在部落的政治和宗教首府，不过这个首府并不比其他的城镇大。"大阳"的住所一般设在一座平台式土丘的顶上。首府之外是其他的村落，每个村落都拥有自己的政治和宗教中心，其设施大多包括几处建在丘上的贵族住所以及一个中心广场。这个中心广场周围约有20个矩形土墩，土墩顶上是安置死者的灵堂。一圈木栅栏围住中心广场。栅栏外的人们就住在土砖墙、茅草顶的屋子里。人们平时主要进行狩猎和耕作，但也沿河进行贸易。纳齐兹人可能曾与阿尔冈昆等部落之间发生过战争，并在9世纪开始使用弓箭。筑墩文化于12世纪发展到顶峰，但到15世纪中期前后，这种筑墩文化就神秘地消失了。

密西西比人
的烟斗

刚果王国

　　刚果王国是西班图族的刚果人建立起来的国家。传说，其创始人是刚果河北岸的崩古王国小王子。约14世纪，他率领队伍南下，先征服了人口稠密的巴刚果地区，建立了国都班扎，接着通过武力和联姻，统一了许多部落和小王国。15世纪中叶国势达到极盛。

　　刚果经济以农业为主。主要农具是铁锄，种植小米、高粱、麦类和稻谷。16世纪初，又种植了葡萄牙人自巴西运来的玉米等作物。刚果生产多种蔬菜和瓜果，还培植一种供给刚果人们油、酒、醋、水果和面包的棕榈树。农田劳动主要由妇女担任。男子除了参加伐林辟地等农业重活外，主要从事手工业。

　　在手工业中，冶金业比较发达并受重视，主要生产铁制武器和工具，制造金、银、铜器和装饰品。刚果人制造陶器、木器，用象牙雕刻工艺品，用棕榈纤维织布，用棕榈叶编席子、篮子等日用品。此外，刚果的造船业也比较发达。由此，刚果国内的商业变得十分活跃，各地有定期的集市。从沿海运进食盐，由内地运出象牙、貂皮、棕榈布和棕榈腰带。货币主要用贝壳。

　　刚果王国是在原始公社制解体基础上形成的国家，发展中的封建关系和氏族制度紧密交织在一起。刚果国王拥有"马尼刚果"（意为"刚果的领主"）的尊号，国内的一切东西都属于他所有，他把领地和财富分配给贵族。全国分为六个省，省内分为若干州，国王把这些省州分给王亲的贵族，并给予他们"省州马尼"的称号。省州马尼必须向国王交纳年贡。而刚果自由农民则向国王和贵族纳税服役。在刚果还有相当数量的不自由居

非洲的铸币

民，他们不同程度地依附于王室和贵族，奴隶也已经出现，他们是王宫和贵族的家庭仆役。

　　刚果朝廷设置了分管外交、军事、贸易、河流和森林事务的大臣。各部大臣由国王从贵族中指派，其中很多还是国王的近亲。各地还专门设置了通报官，及时向全国传达国王命令。全国设有常备军，战时，所有的成年男子都要服兵役，由军事大臣向各省发令征兵。

　　1482年，葡萄牙人开始入侵刚果，给刚果人民带来了深重的灾难。16世纪70年代，刚果人开始了反抗葡萄牙侵略的武装起义，使葡萄牙人四面受敌，刚果用斗争赢得了独立，并将这个独立维持了200多年。

刚果河

　　刚果河又称扎伊尔河，其名字来源于当地土语"大河"之意。刚果河位于非洲中部，全长4640千米，在非洲是仅次于尼罗河的第二大河。刚果河支流密布，主要有乌班吉河、桑加河、开赛河、洛马米河、阿鲁维米河等。流经的国家有赞比亚、扎伊尔、中非共和国、刚果、喀麦隆和安哥拉等国。其流域面积达376万平方千米，居非洲各条河流的首位。

始建于11世纪的非洲大清真寺

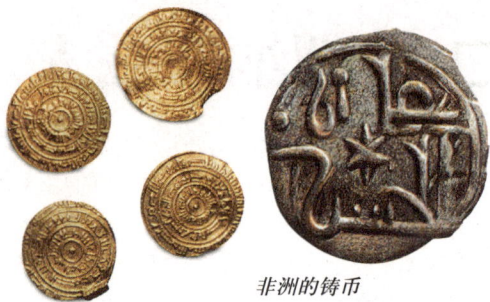

象牙做的仪式杖

《一千零一夜》

相传古时候，在古印度和中国之间的海岛上有一个萨桑王国，国王名叫鲁亚尔。由于国王曾经被妻子背叛过，所以他十分憎恨女子。他命令宰相每天为他寻找一个女子，他在和那个女子结婚后的第二天就处死那个女子。

宰相有两个女儿，长女叫桑鲁卓，二女儿名叫多亚德。桑鲁卓知书达理，仪容高贵，读过许多历史书籍，有丰富的民族历史知识。她知道这件事情之后，强烈要求父亲把自己嫁给国王，宰相只好同意了。桑鲁卓临走之前，对她妹妹多亚德说："你在我进宫之后也进宫来找我，要求我在最后一晚给你讲一个故事。"

进了王宫后，桑鲁卓要求和妹妹见最后一面，鲁亚尔答应了她的要求。多亚德进宫后，便要求姐姐给她讲一个故事，鲁亚尔一听说要讲故事，也就同意了多亚德的请求。桑鲁卓是个非常会讲故事的姑娘，她讲的故事一下子就吸引了鲁亚尔和多亚德，但正讲到最精彩时，天开始亮了，她马上停住不再讲下去。鲁亚尔想继续听下去，便决定不杀她。第二个晚上，桑鲁卓讲到关键处又停住了。日复一日，桑鲁卓的故事无穷无尽，一个比一个精彩，当她一直讲到第一千零一夜时，终于感动了国王鲁亚尔。鲁亚尔在听故事中受到启发和教育，改变了对女子的偏见。他正式立桑鲁卓为王后。从此，这个国家又恢复了往日的安宁。而这一千零一夜里所讲的故事也被记录下来，称为《一千零一夜》。

《一千零一夜》中的故事场面

波斯民间就流传着这些故事。11世纪，《一千零一夜》被翻译为阿拉伯文，在阿拉伯地区广泛流传，又增添了不少阿拉伯地区的故事。14世纪，《一千零一夜》传到埃及，又增加了不少埃及人的故事。到16世纪末，这部书在埃及最后完成，这就是我们今天见到的《一千零一夜》。

《一千零一夜》是在中古时期阿拉伯文化的沃土上孕育而成的多民族文化交融汇合的产物。这部文学名著汇集了古代近东、中亚和其他地区诸民族的神话传说、寓言故事，情节诡谲怪异，神幻莫测，优美动人，扣动着世界各国读者的心，焕发出经久不衰的魅力。《一千零一夜》以其博大的内涵、高超的艺术，对世界文学产生了巨大而深远的影响。

事实上，《一千零一夜》最早起源于波斯故事集《一千个故事》，这是《一千零一夜》的起始部分。早在10世纪中叶，在

《一千零一夜》中水手辛巴达故事插图

阿拉伯文学的黄金时代

公元8世纪中叶，伊斯兰教的中心从阿拉伯沙漠迁往了巴格达城。迁入新的城市后，城市生活培植出一种世俗的散文形式，它用寓教于乐的形式为人们提供实用的建议。这大大地丰富了阿拉伯的思想文化，为其注入了新鲜的养料，使阿拉伯文学进入了黄金时代。在此之前大约100年的时间里，阿拉伯的散文都拘泥于《古兰经》谜一般的语言中。

伊斯兰的天文学家在使用各种仪器研究天体。

一代才女紫式部

紫式部（约公元978~1016年）本姓藤原，式部是以其父兄都担任过式部丞的官职而得名。她出生于一个书香世家，从小就受着汉文化和日本民族文化的熏陶。她天性聪颖，敏而好学，才智过人，自幼从父熟读汉学典籍，精通唐朝诗人白居易的诗文，又熟知音律和佛学。

由于家道中落，紫式部在22岁时屈从父命嫁给年纪比她大一倍的地方官藤原宣孝。婚后第三年，藤原宣孝去世，留下紫式部带着幼小的女儿过着艰辛的孀居生活。几年后，紫式部以才女的身份被召入宫，侍奉藤原道长的女儿、一条天皇的皇后——藤原彰子。紫式部在宫中给皇后讲解《白氏文集》和《日本书纪》，以其非凡的才华受到天皇和皇后的赏识。

宫廷生活的奢靡与阴暗，皇亲国戚的权势与倾轧，特别是妇女的不幸遭遇和命运等，紫式部均有深刻的感受，这为她完成《源氏物语》的写作提供了丰富的素材。《源氏物语》写于平安时代中期（约1001~1008年），其中的男主角源氏，据说就是以一条天皇的岳父藤原道长为原型创作出来的。这部小说可以说是世界上最早的长篇小说，共54回，80多万字。

平安时期宫廷中所用的精美化妆盒

小说的故事历时70多年，跨越4个朝代，有400多个人物，绝大部分篇幅描写源氏公子和他平生遇到的形形色色的女性，人物刻画极其细腻。

描绘古代日本妇女生活的绘画

《源氏物语》通过主人公源氏荒淫、曲折而荣耀的一生，通过其情场的悲欢离合与官场上的升降沉浮，展示了一幅皇宫贵族华丽、腐朽、淫乱的生活画面，暴露了贵族社会的种种黑暗和矛盾，揭示了上层贵族精神崩溃和必然没落的历史趋势，表达了向往净土的佛门思想和宿命观念。

作者在小说中运用细腻而委婉的笔触，描写了妇女的不幸和痛苦，表现了她们的哀伤和怨恨。《源氏物语》是日本中古物语文学的典范，代表了物语文学的高峰。

《源氏物语》与中国文化

中日两国文化有着密不可分的血缘关系。紫式部在写作《源氏物语》时吸收了很多中国文学的思想理念和创作手法，尤其是白居易的文学观和《长恨歌》所体现出的思想境界。《源氏物语》活用了白居易的《长恨歌》，借用《礼记》《战国策》《史记》《汉书》等中国古籍中的史实和典故，并把它们结合在故事情节之中。此外，《源氏物语》还接受了中国的儒佛文学思想，并以日本本土的文化思想作为根基加以吸收、消化与融合，从而创造了日本民族文学的辉煌。

《源氏物语》屏风图

早期的星空观望者

北美洲的阿那萨齐人最早出现在公元200年前后，他们擅长制作陶器、纺织物和艺术品，居住在普韦布洛（村落）里。"阿那萨齐"是一个纳瓦霍语词，意思是"并非我族的古代人"。他们住的房子很奇特，都建在峡谷的高处。在查科峡谷，一条约400千米长的道路把125个阿那萨齐村落连接起来。阿那萨齐人有发展完善的巫师宗教仪式，能跳大规模的部落招魂舞。他们有自己独特的知识和传说，并在地下建有举行仪式的会堂，称为"大地穴"（地下礼堂）。在阿那萨齐文化中，最引人注目的是这个民族最早记录了超新星爆发的现象。

1054年7月4日，一颗超新星出现。这是一颗猛烈爆发的恒星，爆发强度巨大，在全球范围内，白昼可见时间达三周，夜间可见时间近两年之久。这次不寻常的现象发生时间正是在查科峡谷的阿那萨齐人建筑最密集的阶段，阿那萨齐人观察到了这颗超新星并且还记录下来。

研究该地区文化的天文学家和考古学家，很久以来一直在猜测此处的居民为何如此热衷于观察天象。

20世纪70年代早期，一个考古测量队发现了一幅岩画，画中绘有超新星。这幅

阿那萨齐人的骨质赌博器具

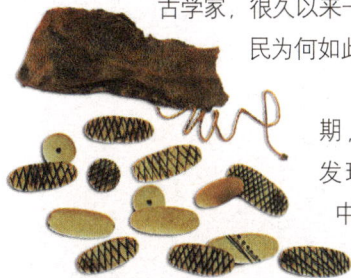

阿那萨齐人的天文台

画表明天空中的活动很有可能对阿那萨齐居民的生活产生过影响。这幅画发现于查科峡谷中佩纳斯科布兰科的普韦布洛废址中。在废址的一块砂石上，人们发现了这幅棕红色石壁画。画中有一只手（可能表示该地点的神圣性）、一颗星和一弯新月。在这些图像下方，三个同心圆围绕着一个圆点，可能指太阳。据考古学家雷·A·威廉森说，这幅画生动地"再现了1054年7月4日的天文景观"——一颗星（即超新星）出现于一弯新月的南方，太阳则在地平线之下。因为石壁画的日期尚未确定，威廉森的理论也就无法得到普遍的认同。不过学者的确承认天文在很多方面影响着阿那萨齐人的生活，包括他们举行仪式的时间、打猎、耕作，甚至房屋的朝向。

早期的阿那萨齐人所编的筐篮

这幅岩刻可能是有关蟹状星云这颗超新星的记录。其中一星形物体位于一弯新月南端。

津巴布韦石头城

位于非洲南部的津巴布韦是兴起于12世纪的一个非洲古国。"津巴布韦"这个词可能源于班图语,意为"受敬仰的石头城"。不过,津巴布韦确实以其壮观而神秘的石头城遗址而声名远扬。

津巴布韦的石头城遗址共有三组建筑:早期的一些卫城,由一堵很高的石墙围成的椭圆形围场以及在卫城和围场之间的各类建筑遗址。早期考察津巴布韦的探险家一直认为,这些建筑不是非洲人自己造的,而是其他外来民族的功绩。后来才证实津巴布韦完全是非洲人自己创建的,在这里出土的陶器和人工制品与现代班图人(现居非洲南部)的器具非常相似。那些卫城遗址可追溯到12~13世纪之间。在15世纪以前,津巴布韦曾是一个非常繁荣的地方。它向外输出大量的商品,输出量超过了当时该地区的任何一个民族。

在津巴布韦,高超的石砌工艺最引

人注目,特别是椭圆形围场东北部的那堵墙。此墙高9.1米,底部厚度为4.9米,呈"之"字形的顶部结构沿着长达244米的圆形围墙向上延伸了近19米。熟练的石匠首先需要将花岗岩修凿成形,然后再按一定的规则将其堆砌起

穿着舞蹈服装的班图族跳舞者,他头上顶的釜象征一座火山。

来。这堵外墙以及围场内庙宇的内墙都建成曲线形状,并非笔直地延伸,但是目前还不清楚这些内墙的具体作用。同样,围场内的石头圆锥塔的作用也令人费解。这座实心的圆锥塔上也呈"之"字形的结构。那些卫城矗立在高达27米的悬崖上,其入口是一条只容一人通行的阶梯,阶梯的台阶由大圆石修凿而成。卫城外亦有一排城墙。一条宽4米的走道一直通向城墙的顶部。在顶部,每间隔一段距离就矗立着一块巨石。

早期的探险家西奥多·贝特曾感叹地说:"这是我有幸能见过的最为神秘、最为复杂的建筑结构。直至今日,津巴布韦依然是一个令人惊诧,同时又充满神秘的地方。"

津巴布韦鸟

考古学家推测,古代津巴布韦居民的图腾可能是"津巴布韦鸟",因为它矫健的身姿被雕刻在石头城的城墙和石柱上:身如鹰,头似鸽,脖子挺直,双翅紧紧地贴在身上。津巴布韦建国以后,它也有幸成了国家的象征,频繁出现在国旗、国徽和货币上。

津巴布韦鸟即皂石鸟,是津巴布韦的民族象征。

津巴布韦建在岩石上的部分墙壁

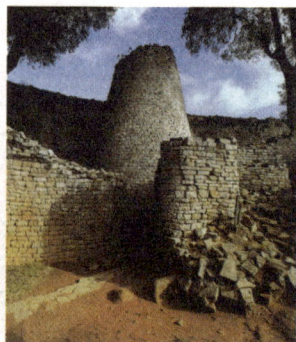
石头城

□ 古城寻踪

　　传说柬埔寨金边湖畔有一座古城，那里藏着无数的珍宝，建筑都由黄金建构，上面还镶着价值连城的宝石，金币银币铺满了路面。河里流淌的不是水，而是牛奶，每个房间里都摆满了美味……那是一个极乐世界。但是，只有幸运的人才能找到它。

　　法国科学家亨利·穆奥就是这样一位幸运者，他证实了那个美丽的传说。1861年1月，亨利·穆奥来到了金边湖畔。当他正用锋利的刀劈断藤葛时，他的视线被一大块平整的巨石吸引了，这里怎么会出现人工建造的石块呢？他疑惑地抬起头，透过层层的树影，看见了一片辉煌的建筑群。他惊异地跑过去，登上高处四面眺望。在苍茫的林海中，隐现着无数的宫殿、宝塔与寺庙。这就是吴哥古寺的遗址。是亨利·莫阿为世界人民寻回了这无价的珍宝，让世界人民为东方古代文明的辉煌而赞叹。现在，吴哥寺已成为世界著名的游览圣地。

吴哥城的门楼

　　迹共有大小600多处，散落在方圆45平方千米的土地上，主要分为吴哥城和吴哥窟（吴哥寺）两部分。其中，吴哥窟是柬埔寨故都吴哥建筑群中最为壮观的一景，整个建筑占地长1550米，宽1400米，全部用石块砌筑，有的石块竟重达8吨。建筑时没有使用灰浆之类的黏合剂，显示出柬埔寨人民的勤劳与高超的建筑艺术，以及深厚的文化艺术底蕴。

　　吴哥古迹位于柬埔寨西北部，金边湖北。公元9～15世纪时，这里是吴哥王朝的都城。吴哥王朝（公元802年～1432年）先后有25位国王，统治着中南半岛南端及越南和孟加拉湾之间的大片土地，其势力范围远远超出了今天柬埔寨的领土。吴哥历代国王大兴土木，留下了吴哥城、吴哥窟和女王宫等印度教与佛教建筑风格的寺塔。约在14世纪，由于遭到外族入侵，吴哥才逐渐被深埋于丛林荒野之中。吴哥古

国王雕像
该像用砂石雕刻，在吴哥都城发现，被称作"历史上最杰出的雕像之一"。

女神乌玛
这是高棉时期吴哥寺女神的形象，她头上的皇冠由镀金青铜制成。

古代东方四大奇迹

　　世界闻名的柬埔寨吴哥石窟，又称为吴哥寺、小吴哥，是吴哥古迹中最为引人注目的部分。它是世界上最大的佛教石窟，与中国的万里长城、埃及的金字塔、印度尼西亚的婆罗浮屠并称古代东方四大奇迹。

神庙上的浮雕
班达斯雷神庙建筑群上的浮雕。该神庙位于吴哥城以北1.6万米处，是10世纪的建筑杰作。

马可·波罗东游记

马可·波罗（约1254~1324年）6岁的时候，他父亲尼哥拉和叔叔玛飞到东方去经商，曾经朝见过蒙古的忽必烈大汗。他们回国后，天天向已长大成人的马可·波罗讲述在东方旅行的见闻，引起了马可·波罗浓厚的兴趣，马可·波罗一再要求父亲和叔叔带他到中国去。

1271年，马可·波罗的父亲和叔叔决定带他一起到中国去。他们一行人离开威尼斯，先向南进入地中海，接着横渡黑海，经过两河流域，到达了中东古城巴格达，然后再抵达波斯湾的出海港口霍尔木兹。由于没有碰上去往中国的海船，他们只好继续走陆路。他们穿越了伊朗的一个沙漠，接着进入阿富汗境内，向帕米尔高原前进。马可·波罗一行历经千辛万苦，经过15个日夜，终于通过帕米尔高原，来到了新疆西北部的喀什。为了赶路，他们在镇上买了两峰骆驼，随即穿越塔克拉玛干沙漠，来到了古城敦煌。几天后，他们经玉门关，再穿过河西走廊，终于到达了上都（元朝的两都之一，在今内蒙古多伦县西北）。这时已是1275年的夏天。

尼哥拉和玛飞觐见了忽必烈大汗，并向大汗介绍了马可·波罗。大汗见马可·波罗年轻而且聪明，非常高兴，接连几天把马可·波罗他们请进宫去讲述沿途见闻。不久，忽必烈带领大队人马返回大

马可·波罗和父亲、叔叔离开威尼斯前往东方。

马可·波罗一行三人向元世祖忽必烈讲叙他们的冒险历程。

都（元朝的两都之一，即今北京市），马可·波罗等随同前往。由于忽必烈的赏识，马可·波罗等就留在元朝供职。马可·波罗很快学会了汉语和蒙古语。除了在大都供职外，他还经常奉大汗之命巡视各省，山西、陕西、四川、云南、山东、浙江、福建等地都留下了他的足迹。他还出使过南洋，到过越南、苏门答腊等地。每到一地，他总要考察当地风土人情、物产情况。这样，他在中国整整待了17年。

1295年，马可·波罗回到威尼斯后，着手整理他的东方见闻——《马可·波罗游记》。当时，中国的印刷术还没有传到欧洲，人们就到处传抄他这部稿子，以致各种手抄本有数十种之多。直到15世纪，它才正式刊印成书。欧洲的一些地理学家，正是根据《马可·波罗游记》中所提供的地理知识，绘制出了早期的"世界地图"。这本书对以后新航路的开辟，有着巨大的影响。

一部游记的功绩

《马可·波罗游记》出版100多年以后，航海家哥伦布读到了这本书，因此对中国、印度的文明和富裕钦慕不已。哥伦布在他所读的书中所作的批注至今仍依稀可见。正是对东方巨大财富的渴望，才驱使哥伦布冒险西行，希望发现一条全新的驶往东方的航路，从而也就出现了新航路的开辟以及新大陆的发现。

《马可·波罗游记》书影

武士与幕府的较量

1332年，日本的镰仓幕府废除了后醍醐天皇（1318～1339年在位），另立量仁亲王为光严天皇。1333年，后醍醐天皇发布诏书，号召各地豪强地主和武士讨伐幕府。最终，他集结了足够的武装力量攻入幕府的总部镰仓，结束了北条氏的摄政统治。

后醍醐天皇在召集人马准备复辟的时候，据说有一天睡觉时做了一个离奇的梦。梦中的后醍醐天皇确信他必将夺回皇位，而且领悟到怎样才能夺回皇位。在梦中，他看到一棵枝叶繁茂的大树下有一把南向的空椅。醒来后，后醍醐天皇为自己释梦，认为空椅象征皇位，为他而设，而由"树下南向"之情景，他得到"楠木"两字。他询问随从，是否有一个以"楠木"为姓的武士。随从告诉他，是有这样一个武士，叫楠木正成。后醍醐天皇于是宣召此武士前来晋见。

楠木正成来自大坂奈良之间、京都以南的河内。他大约30岁，其父是一名普通的武士，曾经参与对周围各地的劫掠。楠木正成在一所寺庙中受过教育，然后就子承父业，成为武士。他富有号召力，在河内附近的金刚山有一个据点。他的部属纪律严明，团结忠诚，是一支战斗力颇强的队伍。楠木正成并不臣属于任何领主，和将军府之间亦无任何从属关系。他见到后醍醐天皇后，表示愿意效忠。1331年，楠木正成发动了为维护后醍醐天皇权威的战争，并最终帮助后醍醐天皇重新夺取了皇位。

然而，倒幕战争虽然最终取得了胜利，但也使后醍醐天皇自己的力量被削弱了。与此同时，原幕府部将足利尊氏的势力则不断扩大。他于1336年发动政变，废除了后醍醐天皇，另行拥立光明天皇（1336～1348年在位），所建立的政权称为"北朝"。足利尊自称征夷大将军，在平安（即京都）设幕府，史称"室町幕府"。后醍醐天皇则逃至大和的吉野建立了新的政权，史称"南朝"。从此日本进入了南北朝时代。

内战时期的战争场面

日本武士的装备

一名武士整装完毕，随时准备投入战斗。

日本武士

日本武士的地位和职业类似于欧洲中世纪的骑士，彼此之间形成了一种友爱精神，拥有一套他们引以为傲的行为准则，即"弓马之道"（"武士道"一词在18世纪才开始为人使用）。与欧洲的骑士准则一样，它强调勇猛、效忠和重名轻身。武士的首要职责是保卫自己的领主，为此不惜献出自己的性命。武士不能忍受自己的名誉受到任何损害，如果没有别的途径洗刷罪名，他就应剖腹自杀（即切腹）。

李氏朝鲜

1388年，高丽大将李成桂从鸭绿江威化岛返回都城开京，发动政变，废高丽王辛隅，另立辛昌为王。次年，他又废辛昌，立恭让王，自掌军政大权。1392年，李成桂再废恭让王，自即王位，朝鲜历史上最后一个王朝——李朝的封建统治从此开始。1393年，李成桂改国号朝鲜，1394年迁都汉城（今首尔）。

1400年，李氏朝鲜实行官制改革，中央国家机关设有承政院、议政府、六曹（六部）和三军府。同年，废除高丽以来的私兵，军队均由国家控制，并实行军事与行政分离，以三军府为执掌军权的最高军政机关，此后数经更改，至1467年改置五卫都总府。1461年，世祖李瑈（1455～1468年在位）鉴于前朝法典不统一，遂命崔恒等编纂《经国大典》。《经国大典》是李氏朝鲜的基本法，举凡中央和地方的行政机构、财政、军事、刑律、教育等，均有详细的规定，这部法典一直通行到李朝末年。为了加强统治，李朝建立了森严的等级制度，最高等级"两班"

（即拥有官职的贵族）是居于统治地位的特权等级，处在社会最下层的是贱民。此外，李氏朝廷还加强了对人民的统治，从1407年起实行邻保制度，后改称

修建于李朝时期的水原华城

五家作统法。邻保之上是封建国家的各级行政机构，从1413年起朝廷又推行号牌法，号牌就相当于个人的身份证。李朝自建国以来，不断分给两班贵族以世袭的功臣田、别赐田。1466年（世祖十二年）又实行"职田制"，即分给在职官员以一定面积的收税地。15世纪中期，两班贵族土地兼并加剧，科田法日趋紊乱，私田逐渐膨胀。

15世纪末，李朝政治日趋腐败，统治阶级中不断发生党争。燕山君在位时期（1494～1506年），朝中两班官僚（勋旧派）唆使国王大肆捕杀以儒学为标榜的政治集团（士林派），揭开了长期党争的序幕。16世纪后期，士林派在朝中得势，对敌党大肆报复，内部又互相倾轧，政治日趋混乱，国势极度衰弱，军备长期废弛。正是在这一时期，日本大封建主丰臣秀吉乘机发动了侵略朝鲜的战争。

王子之乱

太祖李成桂执政后，把八子芳硕立为世子，将辅佐大任交给了郑道传。郑道传当时掌握着军权和政权。对此，创业中有功的王子芳远心怀不满。他采取了先发制人的手段，在宫城南门发动政变，袭击郑道传。那时郑道传正在同世子芳硕的岳父沈孝生等人欢谈，突然遭受意外袭击，两人一同身亡。王子之乱发生后，太祖让位给二子芳果，自任太上皇。

首尔附近的李朝皇家陵墓

现代人模仿李朝时期行幸陵墓的仪仗队

贝宁王国的美术发展

贝宁王国位于今非洲尼日利亚西南部的森林地带，在伊费东南240千米处，14世纪以前由埃多人建立，15世纪已经相当强大，1897年并入英属尼日利亚。

贝宁城是王国的都城，也是铸造铜器和制造木器的主要城市。贝宁王国的美术成就突出表现在雕刻方面。贝宁雕刻是世界雕塑艺术的典范之一，可与古希腊、古罗马的雕刻媲美。

早期贝宁美术的高峰是在15～16世纪初，当时正值奥巴（国王）埃瓦雷（1440～约1480年在位）和埃西吉统治时期。贝宁的青铜雕刻艺术属于宫廷艺术，表现的是王宫贵族以及他们的武士和盟友形象。一些优秀的匠师被集中到宫廷里成为御用工匠，有些名工巧匠还被国王封为贵族，他们所创作的雕刻品都归国王所有，成为王室珍宝。这一时期的作品大多是为宫廷铸造的头像、小雕像和浮雕。贝宁青铜雕刻的发展，对后来尼日利亚的艺术有着很大影响。当时，贝宁的青铜圆雕和浮雕在铸造的技术上和雕刻的技巧上，已经超过同期的欧洲雕刻水平。不过贝宁青铜雕刻的技艺虽然十分精湛，但其艺术表现力不够强，有忽略写实的倾向，并且缺乏个性。

16世纪中期至17世纪末的中期，贝宁美术主要以长方形青铜饰板为代表。贝宁青铜装饰浮雕以其精巧的花纹背景图案而著称，

金属饰板

这位奥巴的雕像为黄铜所铸，他的脖子上戴着多重珊瑚与石制项圈，面颊鼓起，眼眶轮廓鲜明。

这个贝宁象牙装饰面具是一件珍贵的镶铜象牙艺术品，面具头上的饰物是由一群有胡须的葡萄牙人头像和串珠组成的。这件作品是作为装饰品佩戴在胸前的，它代表着16世纪贝宁王国鼎盛时期的艺术水平。

象牙雕刻

15～16世纪，贝宁王国的象牙雕刻已很发达，青铜头像上镶嵌着的整根象牙雕刻就说明了这一点。贝宁有一个专门从事象牙雕刻的家族，他们为奥巴和贵族刻制出大批的象牙艺术品。奥巴雕像和海神奥洛贡雕像是最常见的象牙雕刻品。此外，在宗教礼仪中也常常使用象牙雕刻。象牙雕刻品还有面具、动物形象、臂饰、手镯和脚镯等多种。

这种花纹往往是以蔷薇花的浮雕图案为背景。浮雕表现的内容主要是战争、狩猎、出游、宫廷生活、外国人或动物等，各种人物的社会身份可以从服装、头饰、挂珠等方面分别出来。还有一种是表现风景的，这在西非造型艺术中是很独特的。青铜饰板不仅是艺术史方面的可靠材料，而且是研究贝宁物质文明、意识形态和社会关系的珍贵资料。中期的贝宁头像和人像雕刻，虽然能让人产生深刻的印象，但缺乏新鲜感，落入了陈规俗套中。

18世纪中期至19世纪中期，贝宁国势日衰。由于殖民者的野蛮掠夺，民族手工业遭受摧残，传统的铸造技术逐渐被遗弃，雕刻造型日益笨拙庞大，风格呆板，制作粗糙。人们通常把18～19世纪末的晚期宫廷流派时期称为颓废时期。

在战胜伊加拉人之后，洋洋得意的埃西吉奥巴和他的两个随从凯旋回到贝宁。左下角的一位武士手持一只朱鹭，此鸟曾经预言埃西吉将败于伊加拉人之手。

□ 织田信长的统一之梦

织田信长（1534～1582年），日本战国时代末期的封建领主。他生于尾张国（今爱知县）那古野城，幼名吉法师，其父织田信秀是尾张国下四郡守护代织田家的家老。织田信长自幼在武士之家中被培育成长，熟悉兵法，精于武技。1551年父亲去世后，他继承家业，经过东征西战，于1559年统一尾张。

1560年，织田信长率领少数兵力，在桶狭间战役中大败豪强今川义元。1562年，他与三河的德川家康结成同盟，为其西进铺平道路。1567年，他攻占美浓，并开始使用刻有"天下布武"的印章，以显示其统一日本的雄心。1568年，他拥足利义昭入京都，使其成为室町幕府的第15代将军，不过实权却掌握在他自己的手中。他的反对派，即各地有力大名，在足利义昭的暗中策划下，于1570年起事夺权。织田信长采取各个击破的策略，分别击败了浅井长政、朝仓义累、六角义贤等有力大名，并于1573年把足利义昭逐出京都，室町幕府至此结束。织田信长开始当政。为把统一事业推向全国，他修建新的安土城（今滋贺县）作为根据地与政厅，并于1576年迁入。1582年，为援救西征毛利辉元的丰臣秀吉，织田信长亲率大军离开安土，住到京都本能寺内，不料遭遇部将明智光秀的突然袭击，最终自杀身亡。

织田信长之妹阿市
作为政治联姻，有着战国第一美女之称的阿市被其兄织田信长许配给浅井长政，但浅井最终背叛了织田信长。

织田信长统治期间，奖励工商业，增加税收，准许天主教传教，排斥佛教势力。他在大和等数国进行"检地"，即土地清文调查，铲除庄园制度遗制，打击寺院势力。他虽未完成日本的重新统一事业，但打破了战国大名的割据局面，统一了大半国土，为建立统一的中央集权的封建制开辟了道路。

日本战国

日本战国时代一般是指1467～1573年大约百年间政局纷乱、群雄割据的时代。在这个时代，传统的贵族政治土崩瓦解，土豪、平民成为大名的可能性大大增加。到了战国后期，过去封建制度下的农奴地主关系也逐渐遭到破坏。以织田信长为首的各国大名逐渐摆脱以往的兵农合一制度，改用以现金雇佣浪人为职业军人。同时，早期各诸侯的国人土豪联合体制也逐渐转化成集权独裁的军国政体。

战国时代的武士
武士阶层是日本动荡局面形成的主要因素，正是由于武士阶层的存在，才构成了日本动荡不安的战国时代。

本能寺之变后，丰臣秀吉执政，他将政厅从安土城迁到了姬路城，从此分裂的日本逐渐走向了统一。

李舜臣抗日

1592年4月，日本的丰臣秀吉借口朝鲜拒绝帮助日本攻打中国，派将领率水陆大军20万人渡海侵朝。当时的朝鲜正处于李氏王朝统治时期，朝廷内部争权夺利，国防松弛，军队缺少训练。日军渡过对马海峡，从釜山登陆，仅用三个月的时间，就接连攻陷了朝鲜京都汉城、平壤和开城三座重要城市。国王逃到鸭绿江边躲了起来，整个朝鲜面临着覆灭的危险。

朝鲜的全罗左道水使李舜臣（1545～1598年）马上积极筹划从海上打击敌军，他做了许多准备工作，并很快投入到抗敌战争中。1592年7月9日，李舜臣在四川湾击毁日本大型战舰12艘。在这次交战中，朝鲜水师首次使用了覆盖铁板的战舰——"龟船"。同年11月，朝鲜水军在一天之内将日本人遗弃的100艘空船焚烧殆尽。在陆地上，尽管日军拥有优势骑兵，但朝鲜人仍坚持战斗。朝鲜的游击队、政府军和水军通过共同努力将敌人逐出了汉城，并先后击沉日舰300多艘，打败了日军水陆并进的计划。

1593年8月，朝日双方开始"议和"。1597年初，和谈破裂。2月，日本重新开始进攻，连续攻占庆尚、全罗、忠清三道。这时，李氏朝

这是朝鲜最古老的石塔，建于公元645年，原高9层，16世纪时毁于日军侵朝战争中，仅剩3层。

朝日釜山战斗图

廷中了日本的离间计，罢免了李舜臣水军统制使职务，朝鲜水师险些全军覆没。后来，在朝野强烈要求下，李舜臣被起用。他以仅存的12艘战舰和130名水兵为基础重建水师，于10月在鸣梁海战中击沉日船30余艘，消灭日军4000余人。应朝鲜政府要求，中国出兵援朝。朝中联军多次重创日军。

1598年12月，朝中水师在露梁海域截击支援顺天的日军，击沉日军舰船400余艘，歼灭日军万余人。激战中，朝鲜名将李舜臣和中国老将邓子龙壮烈牺牲。到年底，残余日军完全被消灭，战争结束。

这场战争是在1592年开始的，这一年在朝鲜和中国的农历是壬辰年，所以朝鲜历史上把这两次保卫祖国的战争通称为壬辰卫国战争。

龟 船

龟船的制作始于14世纪末，经李舜臣加以改造后，才更加完备。龟船状似伏龟，长30余米，宽约3米。甲板上包着厚铁皮，上面插满了尖锥和铁钩，使敌人不敢攀登。船首安有龙头，龙头上有两门大炮。船舱里面也有炮火，士兵们都藏身在船舱内，通过炮眼和枪眼向敌人射击。这种战船船桨多、速度快、火力猛，在对日作战中屡建奇功。凭借这种战船，朝鲜水师仅仅三个月就击沉敌舰300多艘，粉碎了日本吞并朝鲜的美梦。

德川夺权

1600年，也就是丰臣秀吉去世后两年，丰臣家的重臣石田三成以德川家康违反私战禁令为由，召集各地大名讨伐德川氏，而德川家康则拉拢东海地方一带的丰臣武将进行对抗。两军主力最后在美浓国的关原进行会战，历史上称这次会战为"关原会战"。开战之初以石田三成为实际领导的西军（名义上的统帅为毛利辉元）因为兵力优势打得德川家康统帅的东军抬不起头来。可是，由于不久前被德川家康收买的西军大将小早川秀秋阵前倒戈，西军战况急转直下。很快，这场大战便以东军大胜收场。战后，石田三成、小西行长以及安国寺会琼三人以首要战犯的罪名被处决了。日本的实权由德川家康一手掌握，德川家康正式取代丰臣氏成为日本的实际统治者。

德川幕府统治下的江户

1603年，德川家康获得后阳成天皇赐予的征夷大将军一职，并正式成立了江户幕府。由于当时的国家制度仍沿用丰臣秀吉生前所定的制度，对德川家康有很多不利的地方。而且，丰臣秀吉的长子丰臣秀赖也日渐长大，他对德川家康的不满也日益加剧，想要摆脱德川家康操纵的企图越来越明显。德川家康努力想改变这一局面。1611年，他废黜丰臣秀吉拥立的后阳成天皇，拥立后水尾天皇。1614年，德川家康以丰臣家族招聘武士为借口起兵。丰臣家族坚守大坂城，利用险要地形抗击德川家康，但势力相对于德川家康还是要弱小不少，所以丰臣家族不得不以填平城外壕沟为条件讲和。然而，德川家康却违背了约定，双方于1615年再次交战，失去防御的丰臣家族虽出城奋战也无济于事，大坂城最终陷落。这次战役以后，日本国内再无大的战乱，这种局面一直持续了200多年，历史上把这种局面称为"元和偃武"。

江户幕府时代的人物画

日本京都二条堡

封建时期的日本经济

在日本的动荡时期，其国内的封建经济反而有所发展。农业生产力有了前所未有的提高，随之而来的是人口增长。人口的激增反过来促进了城市的发展，并使全国范围内的交换体系得以取代地方市场。日本自12世纪以来一直稳步增长的对外贸易致使货币取代稻米和布匹成为交换媒介，促进了经济活动的多样化。到了15世纪，日本不仅输出木材、黄金、珍宝等原材料，而且出口制成品。日本的折扇和屏风在中国非常畅销，同时钢剑成千上万地出口到远东大型集市上去。13世纪日本艺匠制作的弯刀据说与著名的托莱多和大马士革刀相比也毫不逊色。

第九章

Part 9···

近代世界秩序的建立

17世纪的英国资产阶级革命掀开了世界历史的新篇章。紧接着，美国独立战争、法国资产阶级大革命和拉丁美洲的独立运动又迅速摧毁了封建专制制度，为资本主义文明制度的发展扫清了道路。随着资本主义工业、军事技术等迅速发展，资产阶级迫切需要开辟新的原料产地和更广阔的市场，于是纷纷殖民海外。到了19世纪末，资产阶级已在世界各地建立了更为广泛的殖民地，并对殖民地进行了数次瓜分，继而建立了新的世界秩序。

□ 三十年战争

　　17世纪初，神圣罗马帝国统辖下的德意志地区各邦诸侯分别组成"新教联盟"和"天主教联盟"。欧洲各国因为不同的宗教信仰和政治利益形成了对立的两派：罗马教皇、神圣罗马帝国皇帝、西班牙等支持"天主教同盟"，法国、荷兰、英国等支持"新教同盟"。两派之间爆发了战争。战争分四个阶段：1618～1624年捷克阶段，1625～1629年丹麦阶段，1630～1634年瑞典阶段，1635～1648年法国－瑞典阶段。战争的主场在德意志，时间长达30年，故被称为"三十年战争"。

　　1618年，战幕首先在捷克拉开。新教徒在波西米亚地区的布拉格举行起义，推举新教联盟首领弗里德里希为捷克国王。神圣罗马帝国和西班牙派军队进行干涉，入侵捷克，击败了新教联盟。1625年以后，丹麦军队在英、荷、法支持下，以援助"新教联盟"为名出兵德意志。丹麦国王克里斯蒂安四世率领丹麦军很快打败了天主教同盟军队，英军也同时进占捷克西部。不久，神圣罗马帝国皇帝马提亚任命杰出的军事家瓦伦斯坦为统帅，首先击败英军，其后同天主教联盟军一起，打败了丹麦军。在一次战役中，克里斯蒂安四世受重伤，丹麦被迫停战签约，保证不再干涉德意志内部事务。

古斯塔夫二世

　　1630～1634年，瑞典国王古斯塔夫二世南下欧洲中部作战。瑞典萨克森联军在1631年9月的布赖滕费尔德会战中击败天主教联盟军，并于1632年11月的吕岑会战中击败瓦伦斯坦军，但古斯塔夫二世

斐迪南二世

也在此役中战死。1634年，马提亚又在西班牙军队的支持下打败瑞典军，瑞典军被迫北撤。而与瑞典结盟的萨克森和勃兰登堡，于1635年5月同神圣罗马帝国缔结了《布拉格和约》。马提亚作出让步，宣布归还教产赦令不适用于这两邦。

　　1635年以后，战事频繁不断。1643年5月，法军大败西班牙军；1645年3月，瑞军又重创神圣罗马帝国军；1648年5月，法瑞联军获得巨大胜利。至此，马提亚被迫求和。同年10月，参战双方签订《威斯特伐利亚和约》，战争宣告结束。

　　三十年战争以新教同盟的胜利而告终。根据和约，欧洲的领土被重新分割。德意志的经济遭到严重破坏，其内部分裂局面更加严重。德意志的主要盟邦西班牙遭到削弱。葡萄牙摆脱了德意志的统辖得到独立。瑞典巩固了在波罗的海的地位。第一个资产阶级共和国荷兰得到国际上的承认。瑞士获得独立。得到条约确认后，法国获得了阿尔萨斯和洛林地区，并从此取得了欧洲霸权地位。

掷出窗外事件

　　1617年，神圣罗马帝国皇帝任命斐迪南二世为捷克国王。斐迪南是一个狂热的天主教徒，他一上台就对新教徒进行迫害。1618年，斐迪南二世下令禁止布拉格人的抗议活动。5月23日，愤怒的布拉格人民举行起义，冲进王宫，按照捷克人惩罚叛国者的古老习俗，把国王的两名使者从窗口掷入壕沟，史称"掷出窗外事件"。这一事件既是捷克反对天主教同盟起义的开始，也是欧洲三十年战争的开端。

《五月花号公约》

16世纪后期，英国资产阶级对伊丽莎白不彻底的宗教政策日益不满，要求改革英国国教。由于他们的教义和主张动摇了教会的权威，所以一开始他们就受到了政府的压制。为了逃避政府的迫害，这些被称为清教徒的人不得不走上逃亡之路，有很多人跑到了新大陆——美洲。

1620年9月的一天，清教徒的著名领袖布雷德福召集了102名同伴，登上一艘木制帆船——"五月花"号，开始了哥伦布远征式的冒险航行。他们把目光投向了美洲。100多年前，哥伦布发现了这块"新大陆"。这里地域辽阔，物产富饶，而且有很多地方是未开发的处女地。清教徒们相信，只有在这样的地方，他们才能自由自在地信奉和传播自己所信仰的宗教，开拓出一个属于自己的人间乐园。于是，为了找回失去的权利和自由，这群在英国饱受折磨的人怀着对未来的美好憧憬，向美洲大陆进发了。

海上风急浪高，"五月花"号艰难地向前漂泊着，几乎随时都有船毁人亡的危险。但在大家的共同努力下，他们总算平安渡过了一切危险。他们本来是要到已经建立起来的弗吉尼亚殖民地去，但由于逆风和时差，船漂到了另一个地方，就是现在美国马萨诸塞州的普茨茅斯港。

在登陆前，他们遇到这样一个问题：由于船上人员复杂，而且现在所到达的地方并非英王已经特许给他们的地方，他们在这里很可能得不到英国的帮助，这意味着他们的生存将面临极大的困难。为了生存，他们在上岸前制订了一个公约，这就是有名的《五月花号公约》。公约里这样写道："为了上帝的荣耀，为

这幅地毯上织有"五月花"号上的清教徒在普茨茅斯登陆的场面。

"五月花"号

了增强基督教信仰，为了提高我们国王和国家的荣誉，我们漂洋过海，在弗吉尼亚北部开发这个殖民地。我们在上帝面前共同立誓签约，自愿结为一个民众自治团体。为了使上述目的能够得到更好的实施、维护和发展，将来以此制定颁布的被认为是对这个殖民地全体人民都最适合、最方便的法律、法规、条令、宪章和公职，我们都保证遵守和服从。"

制订完这个协议之后，移民们划着小艇登陆了。"五月花"号上礼炮轰鸣，人声鼎沸，共同庆祝新生活的开始。人们在普茨茅斯港首先登上了一块高耸于海面上的大礁石，并在这里插上一面米字旗。按照古老的航海传统，这块礁石被称作"普茨茅斯石"，是美洲成为新英格兰第一个永久性殖民地的历史见证。

清教徒在美洲的生活

英国清教徒

16世纪末至17世纪初，一群要求清除英国国教中的天主教影响、建立由资产阶级领导的廉洁教会的人被称为清教徒。16世纪末，清教徒分成两派：一派是长老会派，代表大资产阶级和部分大贵族，要求在英国建立像加尔文教那样的长老会制。另一派为独立派，代表小资产阶级和小贵族，主张每一个教会完全独立，由信徒共同管理。

□ 英国资产阶级革命爆发

16～17世纪初期，英国资本主义的发展取得很大成就，封建制度越来越不适应社会发展的需要，资产阶级强烈要求摆脱这种束缚。1603年开始的斯图亚特王朝的统治一直较为反动。到了查理一世（1625～1649年在位）时期，他提倡王权神授，国王的地位神圣不可侵犯。他不能容忍国会的存在，三次解散国会。他还迫害清教徒，禁止非国教的教派组织存在。为了维持宫廷的奢侈生活，他还横征暴敛，大肆搜刮。这些倒行逆施的行为严重地损害了资产阶级的利益，加深了资产阶级、新贵族以及广大人民与以国王为首的封建势力的矛盾。

查理一世画像

1628年，下议院的资产阶级和新贵族通过了限制王权的《权利请愿书》。查理一世大为不满，于1629年3月2日宣布议会休会，开始了11年的无议会统治时期。后来苏格兰人民起义，查理一世为筹集军费，不得不在1640年4月13日召开停止了11年的议会。但因反对派拒绝查理一世的增税要求，议会于5月5日被解散，存在仅三周，史称"短期议会"。

查理一世行猎图

查理一世的死刑

8月，苏格兰义军攻入英格兰境内，英军败退。10月下旬，查理一世与苏格兰人签订停战协定。11月3日，查理一世为筹集经费，被迫再次召开议会，史称"长期议会"，这标志着英国资产阶级革命的开始。

资产阶级和新贵族联合起来，利用议会和国王进行斗争。查理一世被迫逃亡到英国北部的诺丁汉，他在那里宣布"讨伐议会"，挑起了内战。议会领导下的军队起兵反抗，经过两年对峙，先在马其顿战役中大败王党军，又在纳斯比战役中摧毁王党军主力，取得了决定性胜利。

国王成了议会的阶下囚，议会于1649年1月1日宣布：国王是发动内战的罪魁祸首；成立特别高等法庭，审判查理一世。特别高等法庭于1月26日作出判决：查理一世作为暴君、叛徒、杀人犯和国家的敌人，应该被斩首。1649年1月30日，查理一世被送上断头台处死。

斯图亚特暴政

1603年，英国女王伊丽莎白一世去世后，她的堂弟苏格兰王詹姆士·斯图亚特继承了王位，称詹姆士一世（1603～1625年在位），开始了斯图亚特王朝统治时期。詹姆士一世及其子查理一世无视议会的权力，任意摊派捐税。他们还扩大专卖商品的范围，一些买不起商品专卖权的企业纷纷倒闭，工人失业，商品价格上涨，工商业受到严重摧残。

护国主克伦威尔

英国国王查理一世被处决后，英国于1649年5月19日宣布成立共和国，政权落入奥利弗·克伦威尔（1599～1658年）等高级军官手里。克伦威尔是新贵族的代表，在同王党军的战争中，他组织指挥一支英勇善战的议会军骑兵队伍，在马其顿大败王党军。后来，议会军改组，克伦威尔就任副总司令，他整顿军纪，使这支部队的战斗力大大增强，最终于1645年在纳斯比与王党军的战斗中取得了胜利。

1650年5月，苏格兰拥立查理一世的儿子查理二世为苏格兰国王，并且加紧备战，准备讨伐英格兰。克伦威尔这时正在进军爱尔兰。当他得到查理二世被拥立为国王、苏格兰要进攻英格兰的消息后，马上赶回伦敦，准备迎战。克伦威尔巧妙用兵，全歼苏格兰军队，查理二世在保王党人的护卫下偷渡到法国，总算保全了一条性命。克伦威尔则乘胜进军，占领了整个苏格兰。从此，他获得了"常胜将军"的称号。

1653年4月19日，克伦威尔在伦敦召开军官会议，要求议会

克伦威尔的肖像

大独裁者

克伦威尔就任护国主以后，他就变成了一个军事独裁者。克伦威尔的军事独裁统治引起国内广大人民群众的不满，全国各地发动了反对克伦威尔军事独裁统治的暴动。当时，国家财政濒临崩溃的边缘，1657年，预算赤字多达154万镑，国内危机四伏。忧心如焚的克伦威尔于1658年9月3日病死，时年59岁。

自动解散。第二天，议会召开会议，准备了一个新的选举法，公开对抗克伦威尔。克伦威尔得知这个消息后，带领军队冲进议会，驱逐了全部议员。1653年12月，克伦威尔在伦敦举行了盛大的就职典礼，宣布就任英格兰、苏格兰、爱尔兰终身"护国主"。从此，他建立了护国政体，把行政、立法、军事及外交等大权全部掌握在自己手中，实行军事独裁统治，成为英国的最高统治者。

一位保王党的逃亡者在其恋人的帮助下，躲进了一个树洞里。

内战过后不久，伦敦发生了两次重大的灾难：一次是传遍欧洲的大瘟疫；另一次便是这场特大火灾，烧毁了伦敦城的大部分地区。

英国内战期间王党军与议会军的斗争

□ 光荣革命

克伦威尔病逝第三年，即1660年，查理二世回伦敦继承王位（1660~1685年在位）。斯图亚特王朝复辟。查理二世开始白色恐怖，他下令解散议会，取消城市的自治权。英国革命时得到的一些民权全部被剥夺。查理二世死后，他的弟弟约克公爵即位（1685~1688年在位），称詹姆士二世。

查理二世

詹姆士二世是个狂热的天主教徒，除了继承他哥哥的恐怖政策外，又大肆进行宗教压迫，弄得整个英国怨声载道。

就在这时，一个自称是查理二世合法妻子所生的蒙茅斯公爵，带了一支150人的武装队伍，在英国西南海岸登陆。他公开谴责詹姆士二世的专制统治，英国人民纷纷响应，形成了一次规模浩大的人民起义。詹姆士二世急忙请自己的女婿——荷兰执政者威廉派兵来镇压，最终起义失败，自称是查理二世儿子的蒙茅斯也被处以绞刑。

镇压起义后，詹姆士二世公开提出要把天主教作为国教。这一下可激怒了英国的资产阶级和新贵族，他们决意铲除詹姆士二世的统治。于是，他们在1688年向威廉发出了邀请，

威廉在英国的西海岸登陆，受到资产阶级和新贵族的欢迎。

请求他保护英国的新教和自由。英国的本国军队和威廉的军队里应外合，夺取了詹姆士二世的大权，将他囚禁在海边的一个城堡里。后来，詹姆士二世划船逃跑，逃亡到了法国。

1689年1月底，英国议会宣布詹姆士二世"自行退位"，立威廉为国王，称威廉三世，建立起一个君主立宪的国家。国王只是名义上的国家元首，国家大事都要经议会决定，由内阁执行；同时也恢复了革命时期的一些民权。资产阶级和新贵族感到十分满意，把这次事件称为"光荣革命"，意思是这次革命没有经过流血而获得了成功。

英国保王党士兵

英国的保王党士兵在屠杀起义者。

权利法案

1689年，英国议会颁布了《权利法案》。它的主要内容是：国王不得侵犯议会的征税权；国王无权废止法律；不经议会同意，国王不得组织常备军；人民有请愿权；国王不得干涉议会的言论自由，不得因政治行为拘禁议员；必须定期召开议会会议。另外，《权利法案》规定英国国王必须是新教徒。此法案限制了国王的权力，保障了议会的权力。《权利法案》是英国历史上的重要文献。

洛克与"三权分立说"

英国的资产阶级革命极大地解放了人们的思想，促使英国经济和科学文化全面发展和繁荣，产生了一大批领导世界新潮流的学者。约翰·洛克（1632～1704年）就是其中之一。洛克是英国唯物主义哲学家、政治家和经济学家。他从小受清教思想影响，曾经就读于牛津大学。他与科学家波义耳、牛顿等人是好朋友，深受他们科学思想的影响。他的主要著作有《论宗教宽容》《人类理智论》《政府论》等。

洛克继承和发展了英国唯物主义者弗兰西斯·培根和霍布斯的唯物主义观点，认为人出生时就像一块白板，而思想和观念来自后天的经验。洛克还发展了自然法和社会契约论，从理论上论证了资产阶级"天赋人权"的基本原理。他认为人们在缔结社会契约、建立国家时并没有放弃自由平等权和财产权这些"自然权利"。国家的产生就是为了保卫人们的"自然权利"，尤其是私有财产权。如果国王或政府违反了社会契约，或侵犯了人们没有转让的自然权利，人们就有权推翻其统治。洛克指出，法律的目的是保护和扩大自由，而自由不是个人的为所欲为，要以法律作为生活的准绳。个人如果离开法律去追求无限制的自由，那么个人的自由和利益反而不能得到保障。

洛克认为君主立宪制是最理想的政体，并提出了资产阶级的三权分立说。他把国家权力分为立法权、执行权和联盟权。立法权是国家的最高权力，应由民众选举的议会来行使；执行权和联盟权从属于立法权，由国王行使。

英国的威斯敏斯特宫

国王的活动要服从于法律，但他对议会也有一定的制约。这个学说巩固了当时英国资产阶级革命的成果。后来该学说不断完善，并被法国著名哲学家孟德斯鸠诠释为行政、立法、司法三权

洛克

分立的形式，得到了进一步发展和完善。三权分立的权力制衡形式后来被广泛认为是民主制度的有力保证。美国为了保障公民自由和限制政府的权力，在建国初期就采用了这一形式，在宪法中清楚地把行政权、立法权、司法权分开，而且让它们互相制衡。在当时，这种宪法是前所未有的崭新尝试。

洛克与霍布斯、卢梭一起被公认为社会契约论的代表人物，是自由主义思想的创始人。他的思想对法国启蒙运动和19世纪自由主义思想的发展产生了重要的影响。

启蒙时代的名人们

洛克对启蒙时代的影响

洛克的学说系统地阐述了自由宪政民主的基本思想，深刻地影响了美国的开国元勋及法国启蒙思想家。启蒙时代涵盖17世纪后期和18世纪。启蒙时代的欧洲思想家开始思考有关政府、人身自由以及宗教信仰的新思想。他们摒弃旧有的信条，转而信赖人本身的智慧。他们的某些思想正是来自洛克的著作。洛克主张人生而平等、独立。这种观念是现代民主思想的基础。

彼得一世改革

1682年，彼得·阿列克塞也维奇·罗曼诺夫成为俄国罗曼诺夫王朝的第四代沙皇，史称彼得一世（1682～1725年在位，1721年称彼得大帝）。他即位时俄国还处于农奴制社会，为了巩固和加强自己的统治，他决定向西欧国家学习，进行全面的改革。

1697年，彼得一世派遣一个250人的高级使团赴西欧考察学习，其中有35名贵族志愿者。彼得一世隐瞒了自己的身份，改姓更名编入使团，他既是使团的普通成员，又是使团的实际领导者。在荷兰的阿姆斯特丹，彼得一世和10名留学生一起学习造船技术，他勤奋好学，不时地做笔记，甚至住到了船工的工房，直到造完一艘大船后，他才离开。在英国，他除了继续钻研航海知识和造船术，还拜访了大名鼎鼎的牛顿和其他一些专家。他还研究起英国的国家制度，甚至争取到列席英国议会的会议。考察团于1698年8月结束了为期一年半的学习，回到俄国。回国后，彼得一世于1700年开始进行各项改革，史称"彼得一世改革"。

彼得一世的马车

在政治方面，他加强中央集权，废除贵族杜马，设立枢密院。把全国划分为50个省，使俄国第一次建立起比较统一的地方行政机构系统。在经济方面，他大力发展工业，尤其是冶金、纺织和造船业。在军事方面，他改组陆军，建立海军，实行征兵制。

彼得一世加冕成为皇帝的教堂

彼得一世的改革，加强了俄国的军事力量和中央集权，使俄国成为欧洲列强之一。但由于没有废除农奴制，因而没有建立起像西欧那样的资本主义国家。不过，它在一定程度上改变了俄国落后的面貌，这次改革成为俄国近代化的开端。

胡子改革

彼得一世回国后，开始了全面向西方学习的改革。他本人首先从形象上剃去大胡子换上西装，他还要求俄国贵族和他一样把胡子剪掉。俄国贵族是一群享有特权的富裕农奴主，蓄长胡子是他们地位的象征。彼得一世改革伊始，就废除了贵族的权利，并剪掉他们的胡子。彼得一世将这作为一种看得见的标志，意味着席卷全国的改革运动已经开始。

古都圣彼得堡

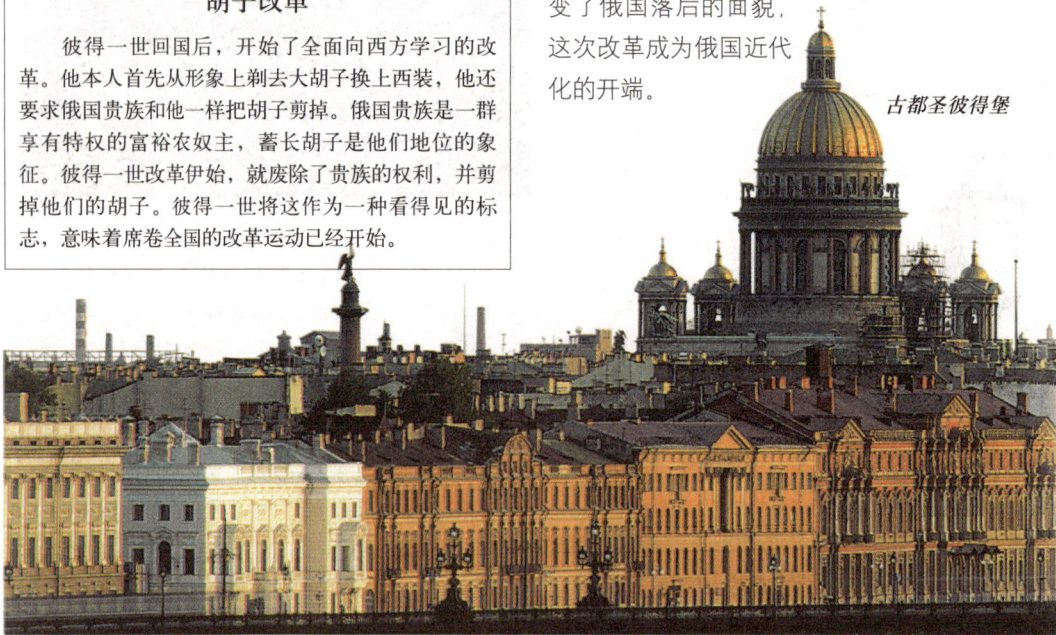

□ 北方战争

1700～1721年，俄国为收复被占领土、打通波罗的海的出海口，与瑞典进行了一系列的战争，史称"北方战争"。

1699年11月，俄国与丹麦、波兰萨克森缔结了《北方同盟》，共同对抗瑞典，并于1700年联合发动对瑞典的战争。在战争初期，俄国惨败，但是彼得一世采取了有力措施，重建军队，使实力大为增强。1701年和1702年，俄国军队的几个龙骑兵团两次重创瑞典军。1705年，俄国波罗的海舰队又粉碎了瑞典舰队突入涅瓦河口的企图。可是，俄国的同盟军方面却出现危机。1706年9月，波兰单独和瑞典媾和，倒向了瑞典。北方同盟破裂。

1708年8月，瑞典国王查理十二（1697～1718年在位）向俄国的斯摩棱斯克冒险进军，遭到惨败，约5000人被击毙，其援军也被彼得一世亲率的部队击溃。接着，俄军出击毁掉了敌人储备的粮食、武器和弹药。同时，彼得一世采取一系列的外交行动，迫使土耳其和克里木放弃了加入瑞典一方参战的企图。

1709年春，查理十二挥师南行，企图夺取波

穿着西欧化的俄国上层人士正在圣彼得堡皇宫前观看阅兵队伍。

尔塔瓦，但因遭到驻防军和居民的英勇抵抗而未获成功。在这一次战役中，俄军在彼得一世的指挥下击溃了瑞典军。波尔塔瓦战役的胜利是北方战争的转折点，战争的进程从此有利于俄国。

俄军的胜利招致西方强国的干涉，北方战争的形势变得极为复杂。土耳其和英国也欲干涉战争，但俄国在外交上巧妙地利用了列强之间的矛盾和国际形势的变化，积极对抗他们的敌对行动。彼得一世在外交上的胜利使瑞典失去了外援，瑞典在战场上的形势急剧恶化。1719年和1720年，俄国舰队在与瑞典海军的交战中接连取得辉煌胜利。于是瑞典和俄国在1721年缔结了《尼斯塔特和约》，北方战争结束。

通过北方战争，俄国占领了波罗的海的里加湾、芬兰湾和卡累利阿的一部分，以及爱沙尼亚、拉脱维亚等波罗的海沿岸广大地区，成为欧洲的一个强国。这一年，俄国枢密院尊称彼得为"大帝"和"祖国之父"。从此，俄国的国号改称"俄罗斯帝国"。

波尔塔瓦战役图　　彼得大帝

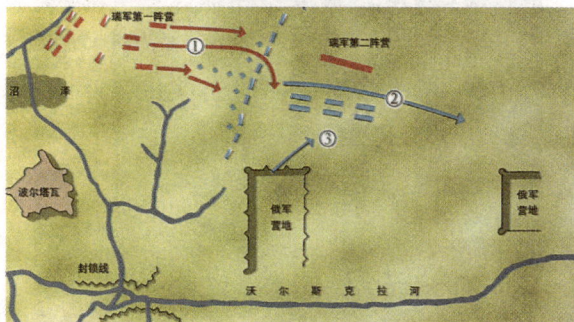

两大任务

17世纪的俄国处在强邻的包围之中。在南方，土耳其占据着黑海北岸及克里木半岛，封锁了俄国到黑海的去路。在西北方，瑞典控制着波罗的海沿岸的土地，截断了俄国通往波罗的海的道路。在西南方，俄国又与大国波兰为邻。当时的俄国既封闭又落后，要改变这种局面必须实现以下两大任务：第一，打败瑞典，以打通到波罗的海的通路；第二，打败土耳其，以打通往黑海及地中海的道路。18世纪时，这两大任务均得以实现。

英国侵占印度

英国的强大是同掠夺海外的殖民地分不开的。17世纪以后，大洋洲、北美、非洲都有英国的殖民地，而其中最大的一个就是亚洲的印度。

1600年，英国东印度公司成立，总部设在伦敦。1698年，东印度公司买下了位于孟加拉湾的一个叫加尔各答的小村庄。这个村庄虽小，却是印度最富庶的地方。这里一片平原，河流纵横，盛产大米和黄麻。英国买下这个村庄后，就在这里建立贸易总部，把印度的粮食和工业原料源源不断地运往英国。

过了几年，英国人就在加尔各答建起了巨大的堡垒，并且驻扎了军队。为了扩充军队，他们招募印度人去接受军训，教他们怎样使用洋枪洋炮，怎样列队行进，怎样行凶杀人。他们把一个本来安静的小村庄变成了一座军营。

印度政府对此当然不能置之不理。1756年，孟加拉总督纳瓦布发兵收复加尔各答，把那里的英国人统统驱逐了出去。但是英国侵略者并没有善罢甘休。1757年，殖民强盗头子克莱武率军再次入侵加尔各答。不过，因孟加拉军司令米尔·贾法尔为英军所收买，他按兵不动，结果导致了孟加拉军的失败。这也标志着印度正式沦为英国的殖民地。饿虎般的英军冲破孟加拉的国库大门，扑向堆满各个角落的珠宝。这次侵略抢夺了价值6000万英镑的财宝。1799年英军攻陷迈索尔首府时，又抢夺了价值1500万英镑的王室珍宝。

为了保护东印度公司的收入来源，他们强迫印

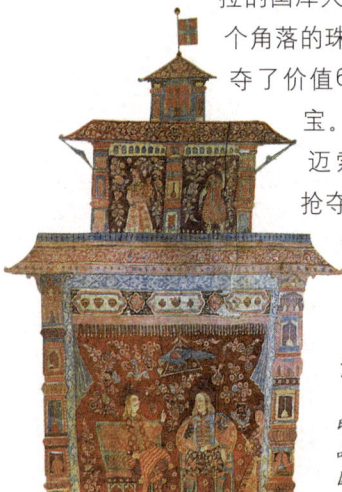
印度画家绘制的装饰品，图中欧洲商人在花园里交谈。

分而治之

英国巧妙地利用了印度的封建割据落后状态和错综复杂的社会矛盾，采取分化瓦解的策略，各个击破，使用"印度人打印度人"的阴毒手段来进行征服和统治。这种"分而治之"的重要支柱就是雇佣军政策。这些雇佣军表面上是由印度的封建王公豢养的，但实际上王公受东印度公司"保护"，雇佣军由英国指挥。另一方面，英国利用印度封建王公之间的矛盾，进行无耻的挑拨离间，然后趁火打劫，坐收渔利。

在印度的英国士兵

度农民缴纳极为苛重的田赋，而且硬性规定手工业者应交纳产品税。手工业者的实际收入甚至不足以购买原料，纷纷破产倒闭。总之，英国殖民者为强化统治和剥削而实施的各项政策导致了严重的后果：第一，它瓦解了印度的农村公社，破坏了农业和手工业密切结合的封建自然经济，摧毁了传统的手工业，但资本主义关系却没有发展起来；第二，它不仅使印度劳动人民陷于水深火热的痛苦深渊中，也损害了一部分封建贵族的利益，因而引起印度社会各阶级对英国殖民统治的普遍不满和反抗情绪，使英国殖民者和印度民族的矛盾迅速激化，最终导致了印度人民大起义。

英国人在加尔各答的商业中心购物。

□ 叶卡捷琳娜篡位

在俄国的几十个沙皇中，获得"大帝"尊号的，第一个是彼得一世，第二个就是女沙皇叶卡捷琳娜二世（1762～1796年在位）。

叶卡捷琳娜原名索菲亚·奥古斯特，是一位德国贵族的女儿。她少年时代经常出入德国宫廷，深知统治阶级内部的明争暗斗、尔虞我诈。在这种环境中成长起来的叶卡捷琳娜有着极强的权力欲望。她的未婚夫卡尔·彼得·乌尔里希是俄国的王储。她随彼得进入俄国皇宫的时候，只有15岁。第二年，她与彼得结婚。当时，她既不懂俄国的规矩，又不会俄语，可是她凭借着聪明和机智，很快在宫中站稳了脚。她紧接着又用钱财收买俄国的贵族和军官，培植自己的势力。

1761年，彼得的姨妈伊丽莎白女皇去世，彼得即位，称彼得三世（1761～1762年在位）。叶卡捷琳娜一看时机来临，便开始策划发动政变。首先，她联合了她的心腹——近卫军首领奥尔洛夫兄弟，把宫中的兵权紧紧掌握在自己的手中。

此外，她为避免发动政变引起其他各国的发难而展开了秘密外交。英国大使在同叶卡捷琳娜会晤时，叶卡捷琳娜向他讲述了自己的计划。大使直截了当地说："请问陛下有把握吗？"

叶卡捷琳娜酷爱骑马，在这幅画像中，她骑着名为"宝石"的爱驹，身穿精锐的普列奥布拉仁斯基卫队的服装。

叶卡捷琳娜两眼露出刺人的光芒，铁青着脸，一字一字地说："阁下，请理解我的心情：我或者成为皇帝，或者死亡！"大使听了，严肃地站起来，点头说道："既然陛下有这样的决心，敝国一定竭尽全力。"

身着俄国传统服装的叶卡捷琳娜

最终，叶卡捷琳娜获得了欧洲几个大国的支持。其发动政变的一切要素都准备妥当。1762年6月28日，她发动了宫廷政变，秘密处死了丈夫彼得三世，登上了皇帝的宝座，称叶卡捷琳娜二世。

叶卡捷琳娜二世一共在位34年，她对内颁布农民必须绝对服从地主的诏令，扩大贵族特权，镇压普加乔夫起义；对外先后发动了六次战争，使俄国的领土扩大了63万平方千米。

叶卡捷琳娜二世临死前，还念念不忘俄国领土的扩张。她狂妄地说："我要建立一个包括六个都城在内的大帝国，它包括圣彼得堡、莫斯科、柏林、维也纳、君士坦丁堡、阿拉斯特罕……要是我能活到200岁，整个欧洲一定都是俄国的。把我的孙子取名为亚历山大吧，让他像古希腊马其顿的亚历山大大帝一样，建立一个横跨欧亚的大帝国——大俄罗斯帝国！"

瓜分波兰

叶卡捷琳娜二世在位期间不满足既得利益，积极策划瓜分波兰。波兰曾被瓜分三次。第一次是在1772年，参加瓜分的有俄国、普鲁士和奥地利三国。第二次瓜分是在1793年，只有俄国和普鲁士参加。俄国取得白俄罗斯的一部分、立陶宛的一部分和第聂伯河以西的乌克兰的几个城市及玛佐夫舍的一部分。第三次瓜分是在1795年，在这次瓜分中，俄国吞并了立陶宛、库尔兰、西白俄罗斯和沃伦西部。俄国由此从偏居东北欧的弱国转变为东欧的大国，并且成为东欧的霸主。

□ 空想社会主义的实践家

随着欧洲工业革命的发展，资本主义制度的固有矛盾已初步显现，一批先进的思想家在批判社会不合理现象的同时，对未来的理想社会提出了许多天才设想，这就是空想社会主义。空想社会主义的代表人物有法国的圣西门、傅立叶和英国的欧文。其中，真正将设想付诸于行动的是英国的欧文。

罗伯特·欧文（1771～1858年）出生在一个贫苦的马具工匠家里，9岁时就当学徒，20岁起在厂里当职员，亲身经受过资本主义给劳动人民带来的苦难。所以，他在心里总是想着一个问题：怎样才能为工人和劳动者多办一些福利事业。1800年，29岁的欧文被任命为新拉纳克工厂的经理，管理这个有2000多名工人的纱厂。此时，他开始拿出全副精力去实现自己的理想。

欧文把工人的劳动时间从14个小时缩短到10.5小时，禁止使用9岁以下的童工，取消名目繁多的罚款制度，改善工厂卫生和劳动条件，办起了工人消费合作社、工人食堂、托儿所、幼儿园。此外，他还设立了工人学校，让青年工人有学习文化的机会，对于年老或有病的工人，则发放医疗费和养老金，从而把新拉纳克办成了"福利工厂"。然而，欧文并没有就此满足。他的理想是建立人人平等地享受劳动成果的共产主义社会。为了实现这个理想，欧文于1824年变卖了所

饥饿的人群哄抢面包的场面

有家产，带着四个儿子和一批朋友，来到美国的印第安纳州。在那里，他购买了一大片土地，创办"新和谐村"。在一片荒地上，他们砍树焚草，盖茅房，辟田地，种粮食，共同劳动，平均分配。欧文先后建立了18个这样的村庄，但由于受到整个资本主义社会的反对和压制，这些村庄都瓦解了。

1833年，欧文回国以后，组织了"全国大团结工会联合会"，积极在工人中宣传他的理想，揭露资本主义的罪恶。他还努力促使议会通过一些有利于工人的法令，来改变工人的处境。所以，人们称欧文是一位空想社会主义的实践家。

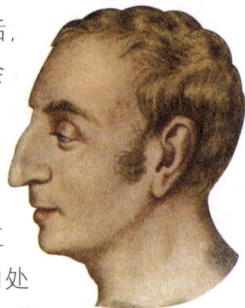
空想社会主义
思想家圣西门

1848年，伦敦某工厂的工头正在辱骂、殴打干活的童工。

圣西门

圣西门（1760～1825年），法国哲学家、经济学家、空想社会主义者。圣西门设想的理想制度是一种"实业制度"。在实业制度下，由实业者和学者掌握社会各方面的权力；社会的唯一目的是尽量运用各种科学知识来满足人们的需要；人人都要劳动，个人收入应同他的才能和贡献成正比；不承认任何特权。但是，他寄希望于统治阶级，幻想国王和资产者会帮助无产阶级建立实业制度，这就使得他的社会主义学说流于空想。其论著有《新基督教》《论实业制度》等。

□ 普加乔夫起义

叶卡捷琳娜二世统治俄国期间，横征暴敛，农民生活极度困苦。1773年，俄国爆发了反对叶卡捷琳娜二世统治的普加乔夫起义。

叶米里扬·普加乔夫（1740～1775年）是这次起义的领导者，他出生于顿河沿岸一个贫穷的哥萨克家庭。他18岁时被征兵到波兰去打仗，后又参加过对土耳其的战争。由于作战勇敢，他很快被提升为少尉。退伍回乡后，他成为顿河、叶克河之间一个流浪的哥萨克。普加乔夫亲眼看到了俄国农奴和矿工们的重重苦难。于是，他决定带领农民起义，推翻叶卡捷琳娜二世的统治。

1773年，近100名哥萨克在普加乔夫的带领下，从伏尔加草原出发，沿着叶克河向上游前进。沙皇政府在沿岸筑有许多城堡，城堡里的卫兵和哥萨克们一听说普加乔夫的队伍来了，纷纷投到普加乔夫麾下。1773年10月，普加乔夫的部队到达奥伦堡。广大农奴蜂拥而来，起义部队的人数愈来愈多。

奥伦堡的省长在城里慌了手脚，连忙请女沙皇派军队来镇压。可是没有几天，沙皇的军队被起义军打得大败而回。贵族地主们失去了靠山，又一次发出了绝望的哀鸣。

就在这时，省长请来一个叫阿发拿西的农奴，用金钱收买他，让他去烧掉起义军的火药库，并劝说哥萨克们背叛起义。但是阿发拿西不但没有听省长的话，反而帮助起义军偷袭了一座城堡，并取得成功。这时，沙皇又一次派来大军，起义军因为武器低劣，又没有受过正规训练，而最终被沙皇军队打败。最后，一个哥萨克头目出卖了普加乔夫，把他捆绑起来，送给沙皇军队。1775年1月，普加乔夫被送上断头台斩首，接着又被肢解、焚尸。他的许多战友都被绞死。

一场俄国历史上规模最大、参加人数最多的农民起义被镇压了。但是，普加乔夫的英雄事迹，至今还在俄罗斯人民中间流传着。

顿河哥萨克起义的领袖和起义者

哥萨克骑兵

顿河哥萨克

哥萨克是俄国历史上一个特殊的社会阶层。哥萨克一词源于突厥语，意为"自由人"，原指从中亚突厥国家逃到黑海北部从事游牧的人，后泛指15～17世纪从农奴制压迫下出逃的农民、家奴和城市贫民。他们住在人烟稀少的边远地区，靠当雇工为生。自16世纪起，哥萨克因替沙皇政府镇守边疆，而被免除劳役和赋税，并获得一定的俸禄和相当数量的土地。17～18世纪，大批哥萨克参加了反对沙皇封建专制制度的农民起义。他们以勇猛善战著称，是沙俄兵力的重要来源，18世纪时成为特殊军人阶层。

贫困的俄国农民

□ 高压政策下的北美殖民地

哥伦布发现新大陆后，大批欧洲移民随之拥入。英国殖民主义者经过120余年的争夺和经营，到18世纪30年代，已陆续在大西洋沿岸建立了13个殖民地。在发展过程中，北美殖民地居民逐渐形成了一个新的民族，他们开始要求独立，但这一要求遭到英国的镇压，因为来自北美的税收已成为英国财政的重要来源。

为了镇压殖民地人民的反抗、保证关税收入，英国在北美殖民地驻扎了正规军1万人。而为了转嫁驻军的开支，殖民地政府又于1765年颁布《印花税条例》，规定北美殖民地的一切新闻报纸、小册子、执照、商业文件和合法文

对北美殖民地持强硬态度的英国国王乔治三世

书，甚至毕业文凭，都必须加贴印花，也就是都必须付税，违者受罚。人们纷纷抵制征税，捣毁税局，焚烧印花税券，将英国税吏游街示众。英国政府被迫废除了《印花税条例》。

1767年，英国又颁布《唐森德条例》（唐森德是当时英国的财政大臣），规定向殖民地征收英国输入的货物的进口税；英国关税税吏有权闯入殖民地任何民房、堆栈、店铺，搜查违禁品及漏税的走私货物。殖民地人民自发成立了反英民兵团体——自由之子，同时开展了抵制英货的大规模斗争。1767~1769年，英国输入殖民地北部的贸易总额由136.3万镑降至50.4万镑。1770年，英国政府被迫废除了《唐森德条例》。

《唐森德条例》虽然被废除了，但其中的个别条例，如征收茶叶税仍未废除。北美人民对此异常愤怒，视其为英国暴政的象征，于是掀起了不喝茶的抗议运动。同一时期，垄断

茶叶贸易的东印度公司由于经营不善，濒于破产。为了帮助东印度公司摆脱困境，卖掉积压的1700万磅茶叶，英国政府于1773年通过一项《茶叶税法》，准许东印度公司享有到北美倾销茶叶的权利，让东印度公司每磅茶叶缴纳3便士低税后，就可以直接卖给零售商，同时禁止殖民地人民走私茶叶。英国政府的目的在于用低廉的茶价引诱北美人民饮用东印度公司的倾销茶。但是，北美人民拒绝饮用东印度公司的倾销茶，费城、纽约、查尔斯顿等港的人民也反对英国茶船在北美港口卸货。1773年12月16日，波士顿8000名市民集会，要求运茶船达特摩斯号离开港口。这一要求遭到英国殖民者的拒绝。当晚，一批波士顿"自由之子"的战士化装成印第安人，登上茶船，将船上价值15000英镑的300多箱茶叶倒入海中。

英国政府对此采取高压政策，于1774年先后颁布一系列法令，规定封锁波士顿港口，在殖民地自由驻军等。这更激起殖民地人民的强烈反抗。英国政府与北美殖民地之间的矛盾空前尖锐，公开冲突日益扩大。波士顿倾茶事件标志着北美人民反对殖民统治武装斗争的开始。

用大炮反击英国殖民者的殖民地妇女

□ 莱克星顿的枪声

波士顿倾茶事件发生之后，英国殖民者对殖民地人民采取高压措施，使得北美人民的反抗情绪更加激烈。

1774年9月5日，12个殖民地代表在费城召开第一届大陆会议，商讨共同行动。一些地区还组织民兵搜集军火，准备武装斗争。1775年4月18日，马萨诸塞州的英国总督派遣800名英军，前往距波士顿27千米的康科德镇，搜查民兵储藏的军火，偷袭北美人民的据点。谁知这个消息事先被"自由之子"民兵团体得知了，他们立即通知各地，民兵们闻讯后马上集合起来，当夜在莱克星顿村公路两旁埋伏了起来。

4月19日拂晓，800名英国轻步兵在一名少校的率领下，经过一夜行军，进入了莱克星顿村。当他们擦着惺忪的睡眼，透过清晨的薄雾，向前观望的时候，突然发现一群严阵以待的民兵列队站在村前的草坪上。

"停止前进！"站在前面的民兵愤怒地喊道。"别理他们，给我冲！"英军少校举起了指挥刀。"砰"的一声，枪响了，民兵反击英军的激烈战斗开始了。

中弹的英军士兵一个又一个倒在地下。英军少校率队冲向康科德镇，但却发现民兵的火药库早已转移。这时，从附近赶来的民兵越来越多。

英军不得不狼狈不堪地向波士顿撤退，沿途到处是民兵，子弹从篱笆里面、大树后头和墙角里飞过来。英军陷入了枪林弹雨中，被打得晕头转向，死伤遍地。经事后统计，英军在这一天伤亡247人，而民兵只牺牲了几十人。这是北美大陆民

激战中的英美双方

第一届大陆会议

大陆会议是英属北美13个殖民地代表会议，独立战争期间的革命领导机构。1774年各殖民地为讨论如何对付英国的高压政策，加强联系和互相声援，于9月5日在费城召开了第一届大陆会议。当时有12个殖民地代表参加（佐治亚州代表因总督阻挠而缺席）。此次会议要求取消对殖民地的高压政策，抵制英货，但没有提出独立要求。

兵对英国殖民军的第一次抗击。

莱克星顿的枪声标志着北美独立战争的第一枪打响了！反对英国殖民统治的第一枪打响了！莱克星顿的枪声，犹如一声春雷，惊醒了北美大地，揭开了延续6年之久的北美独立战争的序幕。从此，美洲的历史翻开了新的一页。

独立战争胜利以后，为了纪念莱克星顿的斗争史，美国人民在这个村镇的中心区铸造了一座手握步枪的民兵铜像。这位民兵双脚坚定地踩在石墙上，两眼警惕地注视着前方，炯炯有神。下边有一块不加琢磨、非常简朴的石碑。碑文写道："坚守阵地。在敌人开枪射击以前，不要先开枪。但是，如果敌人硬要把战争强加在我们头上，那么，就让战争从这儿开始吧！"

莱克星顿的民兵铜像

第一艘在大陆会议授权下出航的船

北美独立战争

1775年4月19日，波士顿人民在莱克星顿打响了反抗英国殖民统治的第一枪，北美各州人民纷纷响应，轰轰烈烈的北美独立战争爆发了。

1775年6月，北美13个英属殖民地在费城召开第二届大陆会议，乔治·华盛顿（1732~1799年）被任命为大陆军总司令。这时，波士顿起义军正在和波士顿的英军激战，华盛顿立即率军出发，于7月3日抵达波士顿，他亲临前线指挥战斗，给英军以严重打击。

在独立战争初期，大陆军打得非常艰苦，他们中的大多数人是临时召集来的农民，衣服破烂不堪，没有武器，也没有受过正规军事训练，根本不像一支军队。另一方面，大陆军的后勤供应也极度困难，士兵们经常吃不饱、穿不暖，有时一连五六天吃不到面包，只好吃马料。在寒冷的冬季，有许多士兵不得不赤脚行军。与之相反的是，他们的对手——英军却装备精良，训练有素，后勤供应充足。所以，大陆军一败再败，纽约等要塞相继失守。到1777年9月，连费城也被英军占领，有些意志不坚定的将领竟率兵向英军投降。

在极端严峻的形势下，华盛顿以非凡的才干，把原来自由、散漫，缺乏组织纪律和统一指挥的大陆军组织起来，在战斗中锻炼成长，逐步变成了一支强大的正规军。他鼓励大陆军士

华盛顿

兵，号召他们为自由而战。

华盛顿努力将各州团结起来，共同作战。1777年10月，大陆军在萨拉托加大败英军，从而扭转了整个独立战争的局面。与此同时，为了孤立英国，美国又多方展开了外交活动，争取法国等国的援助。1778年6月，法国军舰开进美国，英军被迫从费城撤退，把主攻方向转向南方。1780年，英军把主力转移到南方港口城市约克镇。法国和大陆军两路并进，直逼约克镇。法军用海军封锁海港，切断英军海上补给线，断绝了英国军队退路，华盛顿则率部从正面猛攻。1781年9月，英军统帅康华利率军向华盛顿投降，北美独立战争取得了最后的胜利。

1783年9月，美英签订《巴黎和约》，英国正式承认美国独立。美洲出现了第一个资产阶级共和国。北美独立战争是一次民族解放战争，也是一次资产阶级革命，它推翻了英国殖民统治，为美国资本主义发展开辟了道路。

英军在约克镇投降。

1789年4月30日，在纽约华尔街的联邦大厅内，华盛顿总统举行就职典礼，成为美国第一任总统。

华盛顿纪念碑

华盛顿纪念碑是为纪念美国首任总统乔治·华盛顿而建造的，从1848年动工直到1884年才完工。它位于华盛顿市中心，在国会大厦、林肯纪念堂的轴线上，是一座大理石方尖碑，高169米，其内墙镶嵌着188块由私人、团体及全球各地捐赠的纪念石。纪念碑内有50层铁梯，乘电梯登上顶端可把全市风光尽收眼底。

华盛顿纪念碑

□ 美国发表《独立宣言》

1776年5月10日，第二届大陆会议在费城召开。6月15日，会议根据新英格兰代表的提议，通过了组织正规军和任命乔治·华盛顿为总司令的决议。从此，大陆会议成为国家政权形式的组织，成为领导独立战争的政权机关。

1776年6月7日，出席大陆会议的弗吉尼亚代表理查德·亨利·李建议大陆会议起草一份宣言。会议选出杰弗逊、富兰克林、约翰·亚当斯等五人组成委员会，起草脱离英国而独立的宣言。7月4日，参加大陆会议的13个殖民地的代表聚集在独立厅里，会议在长时间的辩论后，通过了杰弗逊起草、富兰克林等人润色的《独立宣言》。宣言指出：人人生而平等，每个人都有生命权、自由权和追求幸福的权利；如果政府损害这些权利，人民就有权来改变它或废除它。宣言历数英国政府的种种罪行，声称北美人民推翻它的殖民统治，建立新政府，是人民的权利和义务。《独立宣言》宣告解除北美13个殖民地同英国之间的一切隶属关系，享有内政外交的独立主权。宣言向全世界庄严宣告："这些联合起来的殖民地从此成

北美民兵

为，而且名正言顺地应当成为自由独立的合众国；它们解除同英王的一切隶属关系，而它们与大不列颠王国之间的一切政治联系亦应当从此完全废止。"脱离出来的13个殖民地成为美国最早的13个州。

《独立宣言》在一定程度上反映了北美人民争取自由独立的政治愿望，对于号召人民参加独立战争起了积极作用，这部宣言被马克思誉为"第一个人权宣言"。它的发表宣告了美利坚合众国正式成立。

《独立宣言》问世后，被印刷成几百份并被分送到当时的13个殖民地。各地人民纷纷拥上街头，载歌载舞，教堂更是以彻夜不停的钟声，欢庆自由的来临。北美人民在这份宣言的感召下越战越勇。

这座双层乔治式的红楼砖房就是著名的费城独立厅。

《独立宣言》内文

五人小组正在起草《独立宣言》。

美国宪法

1787年，华盛顿主持了费城制宪会议，制定了世界上第一部资产阶级宪法。宪法规定：国会是立法机构，由参众两院组成；国家行政大权赋予总统，总统是国家元首和武装部队总司令，任期4年；司法权集中于最高法院。1789年，根据宪法举行大选，华盛顿当选为美国首任总统，并于4月30日宣誓就职，任命杰弗逊负责外交事务，亚当斯为副总统。

□ 西进运动

西进运动是美国自北美独立战争开始，到南北战争爆发前向北美大陆西部移民拓殖扩张、掠夺印第安人土地的运动。美国独立后，废除了1763年英国阻止移民西进的敕令，来自沿海地区和欧洲的移民越过阿巴拉契亚山脉涌向西部。他们当中既有南部奴隶主，也有北部土地投机商。人数众多的是一般贫苦的拓荒者，如猎人、矿工、牧民和农民。这些拓荒者以西部作为他们谋生的归宿而在此定居下来，从而成为西部早期移民的主体。

在整个西进运动过程中，出现了三次移民高潮。第一次移民高潮出现在18世纪末期和19世纪初期。由于美国政府颁布了一系列鼓励西进的土地法令，并从法国购买了路易斯安那广大地区，移民们感到拓荒活动有了一定的保证，纷纷涌向西部，开拓了俄亥俄、肯塔基和田纳西等地区。

第二次移民高潮出现在1815年以后，两股移民朝着两个方向移动。一股是来自沿海地带和德国的移民，他们汇合起来，逐步开拓了俄亥俄河以北的整个地区，建立了美国谷物生产和牧畜业的基地。另一股是来自东南部的移民，他们进入了濒临墨西哥湾、介于佐治亚南部与路易斯安那之间的平原地区。在这个地区，逐渐建立以生产和销售棉花为主的大种植园。

第三次移民高潮是伴随着19世纪中叶美国领土扩张和兼并到来的。当时，美国的领土扩张朝着两个方向继续推进：在西南方面，它于1845年

西进运动中，大量土著印第安人被血腥屠杀。

兼并了得克萨斯，在1848年美墨战争中，又夺取墨西哥领土的一半；在西北方面，经过与英国长期谈判，于1846年取得俄勒冈大片土地。最后，这两方面的扩张在加利福尼亚汇合，完成对整个大西部的占领。与此同时，由于加利福尼亚发现金矿，激起了涌向西部采掘黄金的移民浪潮。后来，一部分淘金人转而务农或开设店铺，成为加州的永久定居者；另一部分则从加州前往西北部地区勘查矿藏。在19世纪50、60年代，由于小农大量移入进行粮食生产。落基山脉以西地区被划分为一些州和准州，开采矿藏的营寨发展成为永久性居住区。

内战结束后，大批牧牛人和小农在20多年内，把荒芜的大平原改造成为一片巨大牧场，把贫瘠的草原改造为良田。1890年，西进运动正式结束。西进运动使美国的领土增加到建国时的三倍以上，扩充了发展工业所需的各种基本资源，对美国社会制度和资本主义的发展以及美利坚民族性格的形成都产生了巨大的影响。

美国西部牛仔的典型服饰

一位淘金者在淘金。

牛仔裤的由来

在加利福尼亚的淘金热中，李维·施特劳斯是众多淘金者中的一个。一个偶然的机会，他发现淘金者因为忙碌的劳作，裤子很容易被磨破。于是，他试着用搭帐篷的帆布缝制裤子，并在口袋边上钉上铜扣，制成了第一条牛仔裤。这种结实耐用的裤子一出现就受到了淘金者们的喜爱。后来，牛仔裤更是风行到了全美国乃至全世界。

□ 圣马丁领导民族独立战争

在南美洲南部，独立运动最杰出的领导人是圣马丁（1778～1850年）。他生于阿根廷一个土生白人家庭，从小便迁居西班牙，后在西班牙军队中服役。他与留学西班牙的拉丁美洲革命人士交往密切，立志献身于独立解放事业。年轻时的圣马丁博览群书，卢梭、伏尔泰、孟德斯鸠、狄德罗、霍尔马赫等启蒙思想家的著作对他产生了很大的影响。

1812年，圣马丁回到祖国阿根廷后，便投身到推翻殖民统治的解放斗争中。他用了两年多的时间，苦心经营，训练了一支主要由黑人和混血种人组成的安第斯山解放军。1817年初，圣马丁率领远征军5000人翻越安第斯山，攻入智利，与智利起义军团结奋战，打败了西班牙殖民军，并于同年2月14日解放了智利首府圣地亚哥。这次胜利在拉丁美洲独立战争中具有重要意义，它使独立战争由战略防御阶段转入战略进攻阶段。次

圣马丁

年2月，智利宣布独立。

1820年8月20日，圣马丁率领远征军从智利瓦尔帕莱索港起兵，抄海路进军秘鲁。秘鲁是西班牙在美洲最为坚固的殖民地。1821年7月中旬，圣马丁率军进攻利马，一举成功。秘鲁总督拉塞尔仓皇逃亡西班牙，利马解放，秘鲁于7月28日宣布独立，定都利马。

为彻底消灭逃往秘鲁东部山区的西班牙军队，圣马丁于1822年7月到厄瓜多尔的瓜亚基尔与玻利瓦尔秘密会谈。会谈后，圣马丁决定急流勇退，至于其退出的原因，至今还是一个谜。圣马丁把自己毕生为之奋斗而取得的，也是南美洲最辉煌的胜利果实与最高权力、荣誉主动拱手让与了他的革命伙伴同时又是对手的玻利瓦尔。他的这一举动使他受到了全世界人们的赞扬，人们称他为"一个在历史上几乎无双的灵魂"。从此，拉美各独立国军队由玻利瓦尔指挥与西班牙军队展开决战，并最终取得胜利。

由于圣马丁在南美解放运动中建立了不朽的功勋，他享有"南美洲的解放者"，秘鲁、智利、阿根廷三个共和国的"祖国之父"和"自由的奠基人"，"南方的华盛顿"等各种称号。可以说，没有圣马丁，就没有南美的解放，就没有南美各共和国的独立和自由！

智 利

在智利境内，早期居民是阿劳干人、火地人等印第安民族。16世纪初以前属于印加帝国。1535年，西班牙殖民者从秘鲁侵入智利北部。1541年建立圣地亚哥城后，智利沦为西班牙殖民地，并受其统治近300年。1810年9月18日，智利成立执政委员会，实行自治；1817年2月与阿根廷联军击败西班牙殖民军；1818年2月12日正式宣布独立，成立智利共和国。

智利复活节岛上的石像

智利圣地亚哥的独立广场

□ "解放者"玻利瓦尔

西蒙·玻利瓦尔（1783~1830年）是南美洲北部地区民族独立战争中最为重要的领导人，也是整个拉丁美洲反抗殖民统治的革命运动中最为杰出的领袖之一。为了永远纪念这位功勋卓越的革命者，人们把他称之为"解放者"。

1783年7月24日，玻利瓦尔出生在委内瑞拉加拉加斯城的一个土生白人贵族家庭。与其他地主资本家一样，他的家族既是压制人者，又是被压制者。对奴隶，他们压榨、剥削、奴役，凭借自己的财富和地位过着剥削人的生活。而另一方面，他们在政治上、经济上又受到西班牙殖民者的歧视、压制。所以，这些土生地主资本家迫切希望推翻殖民统治，挣脱殖民枷锁。

1799~1806年，玻利瓦尔先后在西班牙、法国、意大利等国家留学，吸收了进步的革命思想，其中轰轰烈烈的法国大革命深刻影响了他以后的生活道路。1806年，玻利瓦尔回到祖国，立刻投身于反抗殖民统治、争取民族独立的斗争中。1811年7月7日，委内瑞拉第一共和国成立，玻利瓦尔成为主要领导人之一。但共和国仅存在一年便被倾覆，玻利瓦尔重新组织力量，继续斗争。1813年8月，他率领革命军解放了加拉加斯等地区，打败了殖民军，并于1814年1月建立了委内瑞拉第二共和国。但不久之后，第二共和国又失败了。玻利瓦尔不得不流亡于牙买加、海地等国家。

1816年初，玻利瓦尔来到了海地。在海地，他得到了海地总统佩蒂翁的大力支持。经过两个月的准备，玻利瓦尔

委内瑞拉最高峰——玻利瓦尔山

玻利维亚的由来

大哥伦比亚共和国成立以后，玻利瓦尔仍然致力于抗击殖民军的革命事业。为解放秘鲁，他率军与西班牙军队进行了浴血奋战。秘鲁当时是西班牙势力最为顽固的地区，所以玻利瓦尔经过艰苦的战斗，以巨大的代价才取得了胜利。当秘鲁东部（又叫上秘鲁）被玻利瓦尔解放以后，人们把这里改名为玻利维亚，目的是纪念这个国家的解放者。

玻利瓦尔

于1816年3月率领一支200多人的爱国部队，在委内瑞拉北海岸的奥里诺科省登陆。他总结前两次失败的教训，宣布了废除奴隶制的法令，号召全体黑人起来为争取自由而斗争。这样，他赢得了黑人的广泛支持。同时，他还决定没收西班牙王室和反动派的财产，许诺分给革命军战士土地，取消印第安人的人头税并保证分配土地给他们等。这些措施获得了社会各阶层的拥护，大大加强了革命斗争的实力。

1818年，经过艰苦卓绝的斗争，委内瑞拉终于解放了。同年10月，委内瑞拉第三共和国成立。接着，革命军又南下解放了厄瓜多尔。至此，南美洲西北部地区获得了解放。在革命斗争中，玻利瓦尔认识到应该建立更为牢固的革命阵地，组成坚强的抗敌部队。1819年12月，新格兰纳达、委内瑞拉、厄瓜多尔共同成立了"大哥伦比亚共和国"，玻利瓦尔被选为总统和最高统帅。

玻利瓦尔一生参加过大小472次战役，为南美洲人民的解放立下了不朽功勋，也为世界人民抗击殖民侵略树立了榜样。

玻利瓦尔是南美独立运动杰出的领导人之一。

第一个黑人共和国

海地位于中美洲大西洋西部的圣多明各岛（又叫海地岛）的西半部，原来被强大的西班牙殖民者占领，后来法国打败西班牙，占领了海地。早在1790年，海地就爆发了由雅·维·奥热领导的反法殖民武装起义，试图用暴力手段争取与白人完全平等的公民权。但是由于起义准备不足，也没有提出反映黑人奴隶要求的革命口号，所以没有得到广大奴隶的支持，结果在法国殖民者的血腥镇压下，起义失败了。但这并未阻止海地人民争取自由独立的决心。

1791年8月，土生白人和黑人奴隶再次发动武装暴动。他们高喊"宁愿死也比当奴隶好"的口号，猛烈地向殖民统治者和白人奴隶主发动进攻。起义的大火很快燃遍了全国各地，200多个咖啡园、甘蔗园被毁坏，2000多名法国殖民者被打死，法国人胆战心惊。在这次起义中涌现出不少英雄人物，杜桑·卢维杜尔（1749～1803年）就是其中的一位杰出的黑人领袖。他原本是一个奴隶出身的种植园马车夫。与一般奴隶一样，他从小就受到法国殖民者和奴隶主的欺凌。杜桑早已暗下决心，发誓要为争取黑人

西达提尔城堡

这个城堡是黑人奴隶获得自由后兴建的第一批建筑之一。这些建筑主要是用来自卫。

的自由而斗争。所以，他寻找一切机会，刻苦学习。他自学了法文，并经常阅读卢梭、孟德斯鸠等思想家的著作，接受了新的思想。

参加起义后，由于他具有丰富的学识和卓越的组织才能，很快成为起义军的领袖。黑人起义军非常热爱他，称他为"卢维杜尔"，意思是替大家打开道路的人。在他的领导下，起义军大败法国和西班牙的殖民军，消灭了法国人"请来"的1万英国军队，扩大了起义军的队伍。1801年1月，起义军发展到4000多人，并且解放了整个海地岛。

长期当奴隶的黑人终于砸碎枷锁成为主人了。1801年6月，起义者召开海地会议，讨论巩固起义成果的大事。同年7月1日，世界上第一部由黑人制定的宪法诞生了。这部宪法规定：永远废除奴隶制度，各种肤色的人一律平等，海地正式独立。至此，世界上第一个黑人共和国——海地正式独立了。

黑人领袖杜桑

海地奴隶大起义

拉丁美洲独立战争

18世纪末19世纪初，拉美绝大部分地区仍处于西班牙、葡萄牙的封建殖民统治下。殖民地人民的民族民主意识日益增强，强烈要求摆脱压迫和剥削。1791～1803年的海地革命揭开了拉美独立战争的序幕，在斗争中涌现杜桑、玻利瓦尔、圣马丁、伊达尔哥等一批民族英雄。在20余年的独立斗争中，先后建立的独立国家有海地、墨西哥、危地马拉、委内瑞拉等，基本上形成了今天拉丁美洲的国家格局。

□ 攻占巴士底狱

1774年，路易十六（1774～1792年在位）即位后，不理朝政，四处游猎，并爱好修锁，同锁匠来往密切。因其平庸无能，大权落在王后手中。王后玛丽·安托瓦内特貌美轻佻，为人傲慢。她贪图享受，挥金如土，结果导致国库空虚，债台高筑。1787年，宫廷仅支付债务利息就占全部支出的1/2。

1789年5月5日，为解决财政危机，路易十六被迫在凡尔赛宫召开已中断175年的三级会议。第三等级代表反对特权等级的骄奢淫逸和专横残暴，于6月17日退出会议，宣布将三级会议改为国民公会，要制定一部反映资产阶级政治要求的宪法。路易十六闻讯大怒，忙派兵封锁会场。6月20日，国民公会代表聚集到凡尔赛附近的一个室内网球场开会，并庄严宣誓："不制定出宪法，议会决不解散！"顿时全场响起"国民公会万岁"的呼声。这就是有名的"网球场宣誓"，它成为法国大革命爆发的前奏。

巴黎大街上的动荡局面

路易十六暗中调集军队，想用武力扼杀制宪会议。集会群众受到军队袭击时，巴黎人民愤怒了。7月13日，全市警钟齐鸣，人们拿起短刀、手枪、斧头、长矛冲上街头，起义爆发了。手执武器的人群当天就攻占了一个又一个的阵地，巴黎市区到处都有起义者的街垒。14日的早晨，起义者夺取了整个巴黎。最后只剩下巴士底狱还在国王军队手里。"到巴士底去！"起义队伍中响起了呼喊声。起义者不约而同地从四面八方涌向巴士底狱。

巴黎的巴士底狱是法国王权和贵族专制统治的象征。

巴士底狱的围墙很厚，有8个塔楼，上面架着15门大炮。它居高临下，俯视着整个巴黎，活像一头伏在地上的巨兽。凡是胆敢反对封建制度的著名人物，大多被监禁在这里。巴士底狱成了法国专制王朝的象征。多少年来，人们像痛恨封建制度一样痛恨这座万恶的巴士底狱。起义的群众用猛烈的炮火轰断了监狱外吊桥的铁链，最终攻占了这座象征封建专制统治的罪恶堡垒。这一天后来被定为法国的国庆日。愤怒的起义群众拆毁了巴士底狱的城墙，并用拆下的石头修了一座"协和桥"，让这座吃人的监狱永远踩在人民脚下。

革命浪潮迅速席卷全国城乡，里昂、马赛、土伦、特鲁瓦、翁热、瑟堡等地纷纷爆发起义，轰轰烈烈的法国资产阶级大革命开始了。

攻陷巴士底狱后，人们处死了监狱长。

封建等级

法国当时是欧洲典型的封建专制主义国家。全国居民被划为三个等级。第一等级是教士，"以祷告为国王服务"；第二等级是贵族，"以宝剑为国王服务"；第三等级是农民、工人、贫民和新兴资产阶级，"以财产为国王服务"。

三色旗和《人权宣言》

法国的国旗由蓝、白、红三种颜色组成，分别象征着自由、平等、博爱。三色旗是在1789年法国大革命的开始阶段制成的，而"自由、平等、博爱"三位一体的资产阶级口号，还要从大革命中的《人权宣言》说起。

当法国人民攻占了巴士底狱后，国王向人民屈服了，制宪议会也加快了制定宪法的过程。但在颁布宪法前，有人建议应当先颁布一部有关所有人的基本权利的法，以此作为制定宪法的基本原则。这个建议被采纳了，于是制宪会议就仿照美国《独立宣言》的产生，事先拟定了一个纲领，这就是我们所熟知的法国《人权宣言》，它的全称为《人权与公民权宣言》，起草人是大名鼎鼎的拉法耶特。

拉法耶特（1757～1834年）是法国著名的政治活动家。他出身名门，青年时代深受启蒙思想影响，向往自由和平等的社会。1789年5月，拉法耶特作为贵族代表出席三级会议，却同第三等级采取共同行动。7月11日，他在制宪议会上宣读了由他起草的《人权和公民权宣言》的草稿。7月26日，《人权宣言》最终在制宪议会上获得通过。《人权宣言》共17条，自由和平等构成了《人权宣言》的基调。

《人权宣言》是人类历史上最伟大的文献之一。人类第一次宣告了自己作为人应当享有的最基

《自由引导人民》
女神左手握枪，右手高擎着三色旗引领人民走向自由。

公制的由来

大革命前，法国的度量衡没有标准，这严重阻碍了科学技术和经济的交流与发展。1790年，国民公会度量衡局根据科学院的建议，将1米定义为地球经线长度的四千万分之一，并规定重量单位是"克"，以1立方厘米的水在摄氏4度时的重量作为标准。此后，包括质量、面积、体积、能量等在内的整个公制体系逐步建立起来。

本的权利，这些权利是神圣不可侵犯的。一切政府与权力机关如果非法地剥夺这些基本权利，人们都可以称之为暴政，应当而且有义务推翻它。

拉法耶特在用法律形式把自由、平等、博爱写进《人权宣言》的同时，还以国民自卫军司令的身份，决定采用红白蓝三角帽徽，作为这支部队的徽章，这受到人们的欢迎。1790年，国民公会正式把三色旗采用为法兰西国旗。

制宪会议废除了封建贵族的权利，批准了《人权宣言》。

后来成为新宪法基础的《人权宣言》

□ 审判路易十六

法国大革命中，在逮捕国王路易十六、宣布法国为共和国之后，国民公会成为全国最高的立法机关。国民公会开会时的情形是这样的：在主席台的右边坐着执政党，由于其成员大多是从吉伦特省来的资产阶级代表，因而人们称他们为"吉伦特派"；左边坐着在野党，因在野党成员经常在巴黎雅各宾修道院聚会，所以被称为"雅各宾派"。吉伦特派代表工商资产阶级的利益，政治态度保守，他们认为革命应该到此为止。雅各宾派代表中小资产阶级的利益，政治态度激进，主张将革命进行到底。因为两派的座位正好一右一左，人们就称之为"右派"与"左派"。左右两派对怎样处置国王路易十六一事进行了激烈的争论。左派坚决主张审判和处决路易十六，右派则以"国王是神圣不可侵犯的""国民公会无权审判国王"等理由，一再加以阻挠。两派争执不下，最后使右派彻底失败的是宫廷秘密保险柜的发现。

路易十六刚被监禁时，人们就对王室的经费和文件进行清查。人们在一堆文件中发现了一封"邀请"普奥等国军队来进攻法国的信。

1792年11月，人们又在王宫一处不显眼的护墙板后面，找到了一个秘密保险柜，里面全是国王收买群众领袖、勾结贵族、妄图进行复辟的计划和信件。吉伦特派在铁证如山的事实面前，只得同意审判路易十六。

1793年1月16日晚上，国民公会对路易十六的判刑问题进行了表决。这次表决的方法是当时常用的"唱名表决"，由

路易十六被公开处斩。

路易十六

议长对700多名议员逐个点名，被点到的议员逐个上台发表意见。当点到雅各宾派首领罗伯斯庇尔时，只见他步伐矫健地走上讲台，握紧拳头，以慷慨激昂的语言表达了自己对处死国王的支持。最后，议长公布表决结果：绝大多数议员赞成以叛国罪判处路易十六死刑。吉伦特派争取给国王缓刑的提议也于第二天被否决。

1793年1月21日，处决法国国王路易十六的日子到了。这天大雨倾盆，约有3000名士兵在现场进行武装警戒。上午10点10分，断头刀猛然落下，这个平日作威作福的封建君主终于受到了应有的惩罚。处决国王是法国人民的伟大胜利。从此，法国大革命进入了新的阶段。

处死路易十六的斩首机

路易十六

路易十六是法国波旁王朝的最后一位国王。他即位时，法国经过路易十四、路易十五的长期对外战争和奢华的宫廷生活已陷入了严重的危机。为了缓解财政危机，在1789年5月，路易十六召开了三级会议。但终因危机严重，阶级矛盾激化，法国在7月爆发了震惊世界的大革命。他寄希望于外国的武装干涉，希望法国资产阶级在战争中失败，企图借此恢复王权。1792年对奥战争爆发后，路易十六因被查出里通外敌而被捕。9月，第一共和国成立后，路易十六被废黜，经国民公会公开审判后，被判处死刑。1793年1月，他被推上了断头台。

雅各宾派专政

1793年6月，巴黎人民发动第三次起义，把雅各宾派推到了大革命的前台。此时正是大革命最危急的时刻。在法国国内，倒台的吉伦特派不甘失败，伺机卷土重来，保王党更是不择手段地破坏革命，在全国许多地方策动叛乱。7月，一个保王党人伪装成请愿者，混进革命领导人马拉的住宅，刺杀了马拉。间谍、刺客像老鼠一样横行全国，革命者们面对这种情形，激愤万分，决定以革命的专政措施对付反革命。

雅各宾派专政的第一项措施是1793年9月公布的《惩治嫌疑犯条例》。依据这个条例，只要谁有反革命的"嫌疑"，就可以把他抓起来处死，根本不用经过法庭的审讯。这是一个十分可怕的条例。成千上万的人被逮捕，他们中的许多人仅仅是因为有所谓的"嫌疑"，而这种"嫌疑"有的仅是因为某些人的诬陷或者是出于领导人的好恶。

依据这个条例，路易十六的王后玛丽被砍掉了脑袋。全法国的贵族除极少数幸运者外，大多被灭族。除了贵族，还有大量的商人被杀，因为他们"投机倒把，抬高物价"。那些间谍、刺客、叛乱分子、吉伦特派人一旦被抓到，格杀勿论。法国大革命时期著名的政治家、吉伦特党领导人之一罗兰夫人也被送上了断头台。

这些人杀完了，又有大量的其他人被以各式各样的反革命罪名送上了断头台，其中甚至有很多老人、妇女和孩子，有许多普通工人、农民和教士。就连著名的大科学家拉瓦锡，也在这"宁可错杀一千，不可放过一个"的专政政策下死去。

不过，雅各宾派专政一年多，它的很多政策还是满足了群众的基本要求，巩固和扩大了雅各宾派专政的社会基础，迅速平定了国内反革命叛乱，有效地阻止了外国军队的入侵，把法国大革命推向了高潮。可惜的是，随着形势的好转，雅各宾派没能及时调整专政政策，相反，在政治方面还有扩大，削弱了专政的社会基础，致使反对罗伯斯庇尔的派别联合起来，发动"热月政变"，推翻了雅各宾派的统治。

雅各宾派的专政统治在热月政变之后彻底结束了。其实，专政的本意是为了对付革命的敌人，但是它后来过了头，伤及了太多的无辜，也给革命带来了深重的灾难。不过，雅各宾派在关键时刻挽救了革命，在历史上还是建立了巨大的功勋。

罗兰夫人

大革命时期的宣传画，当时头戴红色羊毛帽是表示支持革命。

雅各宾派执政时期，大约有3000名吉伦特派成员在巴黎被处死。

吉伦特派和雅各宾派之间经常发生激烈争执。

热月政变

　　革命有胜利，也有挫折。在法国大革命期间，最大的逆转要算是"热月政变"了。自从1793年6月雅各宾派执政以来，资产阶级革命取得了前所未有的辉煌胜利。可是，就在1794年7月27日这一天，事情却发生了根本性的改变。这天，一群宪兵冲进会场，把雅各宾派的领导人罗伯斯庇尔逮捕了。"共和国完了！强盗们胜利了！"当罗伯斯庇尔被押出会场时，他激昂地高呼着。因为发生政变的这个月是法国共和历的热月，故此政变史称"热月政变"。

　　雅各宾派有三位杰出的领袖：丹东、马拉、罗伯斯庇尔。丹东因为主张温和革命，被罗伯斯庇尔处决了；马拉则被吉伦特派的女特务暗杀；剩下唯一的领袖就是罗伯斯庇尔。革命力量的削弱给右派反革命势力以可乘之机，最终在7月27日发生了"热月政变"。

　　罗伯斯庇尔被押进监狱不到一个小时，即在当晚6点多钟的时候，革命群众的队伍便冲进了监狱，将罗伯斯庇尔接到市政厅。支持雅各宾派的群众像欢迎凯旋的战士一样，高呼着口号："罗伯斯庇尔万岁！"到了晚上8点多钟，被捕的雅各宾派领袖们全部回到了市政厅。市政厅广场上聚集了许多武装的群众。如果这个时候罗伯斯庇尔马上组织力量逮捕政变发动者，可能还有胜利的希望，但是他到午夜时分也没有做出决定。群众纷纷回家，罗伯斯庇尔终于坐失良机。

雅各宾派领袖——罗伯斯庇尔

　　反革命力量很快组织起来了。半夜时分，反革命的武装首领发出血腥的命令："立即出发，要在天明之前把叛乱者的脑袋取下来！"7月28日凌晨2时，他们完成了对市政厅的包围。一名宪兵首先冲了进去，一枪打中罗伯斯庇尔的下巴。满脸鲜血的罗伯斯庇尔同他的22名战友，又被押进了监狱。

　　当天，罗伯斯庇尔等人在没有审判的情况下，被送往断头台。下午5时整，罗伯斯庇尔和他的战友们被处决。

　　热月政变结束了资产阶级民主派——雅各宾派的革命专政，同时，也标志着法国资产阶级革命的逆转。

雅各宾派领袖人物之一——丹东

罗伯斯庇尔被押上断头台。

"不可腐蚀者"罗伯斯庇尔

　　罗伯斯庇尔（1758~1794年）生于法国北部一个律师家庭，中学时就喜欢读卢梭的著作，深受启蒙思想熏陶。1789年，罗伯斯庇尔赴凡尔赛出席三级会议，并投身革命斗争洪流中。1790年，当选为雅各宾俱乐部主席，后领导巴黎人民起义，成为当时叱咤风云的人物。"热月政变"后，他被反对派送上了断头台，年仅36岁。他一生以廉洁著称，虽居高位，仍住在破旧的木屋里，被誉为"不可腐蚀者"。

罗伯斯庇尔

葡月风云

1793年，拿破仑被任命为准将以后，革命政府中有不少人对这个出身贵族家庭的青年将军表示怀疑。他们怀疑他参加革命的目的与动机，不相信这位连法语都说不好的青年是真正的革命者。为此拿破仑陷入深深的痛苦之中。

1795年10月，巴黎上空黑云翻滚，预示着一场新的政治风暴又将发生。保王党集中了一股力量，企图在巴黎中心发动武装叛乱，推翻当时代表大资产阶级利益的督政府及国民公会。形势十分危急，督政府授权拿破仑全权负责巴黎的防务和社会治安。10月4日，保王党人收买了巴黎的前警备司令，包围国民公会，妄图复辟。拿破仑再次肩负平定叛乱的重任。保王党的军队将近3万人，而拿破仑的军队不足6000人，其中有1000多人还是民兵。拿破仑毫不气馁，面对气势汹汹的敌人，他反而斗志异常高昂。他迅速调来炮兵，把大炮部署在国民公会附近。

10月5日黎明，保王党的枪声响了。他们像一群马蜂似的拥来。拿破仑指挥部队奋勇出击，不到一天时间，就把保王党的部队全部镇压了下去。这件事正好发生在法国共和历的葡月，所以，人们往往把拿破仑的这次胜利称为"葡月风云"。

对于拿破仑来说，这是使他威名大震的一天，不仅在军界人士中，而且在一切社会阶层人

战场上的拿破仑

士中，都到处传说着拿破仑的名字。在人们的心目中，拿破仑成了一个具有指挥天才、果断精神和坚强毅力的优秀将军。"葡月风云"之后，代表大资产阶级利益的督政府，特别是督政府的五个督政官中

拿破仑的将领——乔基姆·穆拉特

地位最高、影响最大的巴拉斯，对这位年轻的将军十分器重，把他视为运用武力镇压国民骚乱的铁腕人物。于是，拿破仑一跃成为巴黎武装部队总司令巴拉斯的助手，晋升为少将，任内防军司令兼巴黎卫戍部队司令。

1796年3月2日，拿破仑受命为法国远征意大利军团司令，开始独当一面。这一年，他仅27岁。这也是他一生征战的开始。

拿破仑的军队

法国共和历

法国共和历是法国大革命时期所制定的革命历法，目的是割断历法与宗教的联系。1793年10月5日，雅各宾派控制的国民公会通过了实行共和历法的决议，否定基督教的格列高里历（即公历），表明共和国的建立开辟了新纪元。共和历以1792年9月22日共和国成立之日为始，9月22日为元旦，一年仍分12个月，依季节的变化依次为葡月、雾月、雪月、风月、芽月、花月、牧月、获月、热月、果月。3个月为一季，顺序是秋、冬、春、夏。共和历取消天主教信仰，废除礼拜日，为非基督化运动开了先例。

拿破仑称帝

土伦战役和"葡月风云"使拿破仑威名大振。1796年，拿破仑被任命为远征意大利方面军总司令，远征意大利并取得胜利。他把意大利的金银财宝和名贵的雕刻、绘画等艺术品统统抢到巴黎。这时的拿破仑已经不满足于征服欧洲了，他把英国的殖民地作为进军目标。1798年，他率领了一支庞大的海军，横渡地中海，在埃及登陆，目的是打击英国在东方的霸权。

1799年8月，拿破仑得知巴黎的共和国政府矛盾重重、摇摇欲坠之后，便赶紧抛下在埃及的远征军，潜回法国。10月回到巴黎时，法国人把他当作象征胜利的英雄，热烈地欢迎他的归来。他把在国内忠于他的军队调集起来，同时又争取到巴黎大资产阶级——银行家们的支持，得到了经济上的资助。有了这些，他的铁腕行动开始了。

11月9日，拿破仑依靠大资产阶级和上层军官的支持发动政变。第二天，他把当时的法国议会——元老院和500人院解散，宣布成立"执政府"。他自己任第一执政。两年后，他再次修

拿破仑在巴黎圣母院的加冕典礼上。

改宪法，将法兰西共和国改为法兰西帝国，自称皇帝，并决定于1804年12月2日举行加冕典礼。

巴黎圣母院是法国最大的教堂之一，在12月2日这天特别热闹，洪亮的钟声传遍了全城。又老又瘦的罗马教皇，千里迢迢赶到巴黎。他是专程为拿破仑主持加冕典礼而来的。

加冕典礼开始了。老教皇念念有词，伸出两只干瘪的手，拿起黄金镶成的皇冠，颤巍巍地捧着，准备戴到拿破仑的头上去。教皇年纪太大了，动作十分迟缓。拿破仑再也等不及了，只见他伸出手飞快地夺过皇冠，不假思索地戴在自己的头上。从此，这个科西嘉出生的孩子当上了法兰西第一帝国的皇帝，史称拿破仑一世。

拿破仑发动政变的这天——1799年11月9日，正是法国共和历的8年雾月18日。所以，历史书上把这次政变称为"雾月18日政变"。

身着法国皇帝装束的拿破仑

拿破仑

衣袖上的纽扣

1800年，拿破仑率大军翻越阿尔卑斯山，进入意大利作战。他发现许多士兵在翻山时被冻感冒了，常流鼻涕，又无东西擦拭，只好用袖子当手帕。拿破仑便要求在士兵袖沿向上的一面钉三颗铜纽扣，以阻止他们擦鼻涕。后来，军中发了手帕，钉扣子就没必要了。但一个掌管文件的军官由此受到启发，建议把纽扣移到袖子下面，以减轻衣袖接触桌面的磨损，拿破仑同意了。后来，这一发明移入民间，并沿袭至今。

奥斯特利茨会战

在拿破仑战争期间，俄奥联军同法军在奥斯特利茨（今捷克的斯拉夫科夫城）地区进行了一次会战，史称"奥斯特利茨会战"。

1805年11月，俄军将领库图佐夫统率着86万俄奥联军，带着350门火炮到达奥斯特利茨，在杨树林阵地部署兵力。拿破仑军队只有73万人、250门火炮，从数量到装备均不如对手。拿破仑下令在布吕恩以东占领阵地。

库图佐夫不打算采取积极的行动，而是想等援军到来后再发起进攻。拿破仑则竭力要避免这种情况，于是散布法军兵力薄弱的谣言，进行停战谈判，并试图说服奥地利退出战争。

从11月27日~12月1日，俄奥联军的援军兵分五路向奥斯特利茨进军。由于援军前进缓慢，使拿破仑赢得了时间。拿破仑判明敌方的意图后，决定让主力部队插向联军主力的翼侧和后方，在普拉岑高地以南将联军击溃。12月2日早晨，联军在长达12千米的正面战线上向法军展开进攻，但遭遇到法军的顽强抵抗，近中午才占领了原计划目标。

库图佐夫为了保障联军主力翼侧和后方的安全，本来把科洛夫拉特纵队配置在一个高地上，但沙皇亚历山大一世（1801年~1825年在位）却命令该纵队撤离高地，这给了拿破仑可乘之机。

拿破仑一世

法军主力于12月2日上午对俄奥联军的主力部队发起攻击。科洛夫拉特纵队遭受法军的突袭，伤亡惨重，被迫撤退。俄奥联军企图阻止法军的攻击，也未成功。接近中午时，俄奥联军的主力部队被粉碎，高地被法军攻占。于是，法军转

拿破仑向正开赴奥斯特利茨战场的军队致意。

入全线进攻。法军向南面，即向联军三个先头纵队的翼侧和后方实施主要突击。配置在中央和右翼的联军，抵挡不住法军的猛攻，开始退却。联军主力在普拉岑高地以南进行了艰苦的战斗，但最终不敌法军的猛烈进攻，被迫仓皇后撤，损失惨重。傍晚，联军退到安全地带后，已经损失27万人和155门火炮，而法军也损失了12万多人。

奥斯特利茨战役以后，第三次反法同盟即告瓦解。这次战役再一次突出体现了拿破仑卓越的军事统帅才能。

巴黎凯旋门

巴黎凯旋门是为了纪念拿破仑1806年在奥斯特利茨战役中大败俄奥联军而建的，1806年8月动工，1836年7月落成，历时30年。凯旋门的建筑外形为哥特式风格，恢宏华丽，其内外墙上均有以法国大革命及拿破仑第一帝国时期的战绩为主题的巨型雕刻。现在，这座凯旋门已成为法国人民爱国主义情感和民族荣誉的象征。

巴黎凯旋门

奥斯特利茨战役示意图
红色表示法军进攻方向，蓝色表示俄奥联军进攻方向。

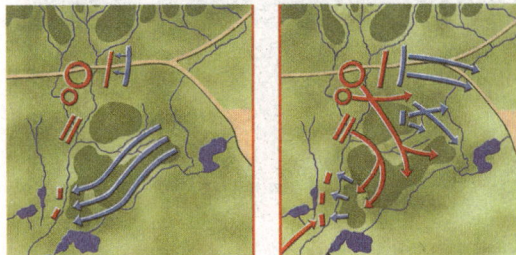

兵败莫斯科

拿破仑执政后，先后经历了数次与由英国、奥地利、俄国、普鲁士等国组成的"反法同盟"的战争。这些对外战争沉重地打击了欧洲的封建制度，加速了欧洲各国的历史进程。但在法兰西第一帝国建立，尤其是与俄国订立《提尔西特和约》，迫使俄国退出反法同盟后，拿破仑主要致力于对外掠夺财富、扩张土地和征服别国。因此，侵略和争霸成为他这一时期对外战争的主要目的。

1811年，法俄两国因关税问题而导致关系急剧恶化。1812年6月，拿破仑率领60万大军远征俄国。面对来势汹汹的法军，俄国采取了以退为进的战术。在物资供应不足的条件下，拿破仑孤注一掷，继续指挥他的军队东进。同年9月7日，法军在博罗迪诺与俄军相遇，展开了19世纪规模最大的一场争夺战。

博罗迪诺离莫斯科只有100多千米，是莫斯科的大门。拿破仑投入了13万兵力、近600门大炮，很快就占领了这里。接着，法军又在箭头堡与俄军展开了激烈的炮战。阵地上隆隆的炮声在周围的群山间回响，双方展开了厮杀，伤亡惨重。拿破仑的外交大臣说："几乎所有的师和几个军都失去了指挥官，他们非亡即伤。"战斗的残酷和激烈超乎人们的想象。法军的供给线拉

发生在1812年9月7日的博罗迪诺战役
拿破仑的进攻策略不够高明，他的军队对俄军发起正面进攻，而俄军都掩藏在防御工事后面，但双方的损失都非常惨重。

得太长，已经近乎崩溃，他们的装备极差，无法救治伤员。未经训练的士兵帮助外科医生在烛光下做截肢手术。成千上万的伤员因伤口感染而死亡。夜幕降临时，战斗才停止。到最后，双方由于损失过重，都准备撤退。

9月14日，法军进入莫斯科。但是，成千上万的莫斯科人已经逃离了这座城市。法军开始洗劫莫斯科。傍晚时分，隐藏在城内的莫斯科人为了防止莫斯科落入法军之手，放火烧掉了这座城市。莫斯科的大火烧灭了拿破仑的希望，他带领部队向莫斯科以西行进，踏上了艰难的归程。冬天来临了，严寒袭击，疾病流行，俄军和游击队的袭击，使法军数十万大军消失在俄罗斯茫茫雪原之中，返回尼门河时法军只剩下2万人，拿破仑独自坐雪橇狼狈地逃回巴黎。

尽管拿破仑试图东山再起，但是，他在俄国的失败已经注定了法兰西第一帝国灭亡的命运。

拿破仑首次打败仗

战争的音乐表述——《1812年序曲》

1812年5月，拿破仑率军入侵俄国时，战火毁坏了莫斯科耶稣基督大教堂。1882年，俄国重建了这座大教堂，以纪念卫国战争胜利70周年。柴可夫斯基应邀创作了这首序曲。该序曲开始以赞歌般的音乐表现了俄罗斯人们安静祥和的生活，接着表现了对于拿破仑来侵的恐慌，随之是人民的满腔怒火和保卫祖国的决心，最后是人民欢庆胜利的热烈场面。

莱比锡战役

1812年，拿破仑的征俄失败引发了欧洲的反法浪潮。俄国沙皇亚历山大一世立即汇合奥地利、普鲁士等国军队，从后面追杀过来，并于1813年初与法军会战于德国南部的莱比锡。

拿破仑以其充沛的精力和极富煽动性的号召动员全法国进入了狂热的扩军备战之中。可是，莱比锡战役前的军事和政治形势都对联军有利。因连年战争而陷于民穷财尽的法国，在军队供给和后备兵员补充方面能力都十分有限，而联军已结集了30万人，给法军造成了很大威胁。

10月16日，盟军分为几个纵队向法军发起进攻，揭开了莱比锡战役的序幕。很快，联军的右翼纵队占领了科尔姆山，左翼部队攻入法军驻扎的马克克莱贝格城。

根据当时情况，拿破仑决定在敌人阵地中央实施突破。下午，法军元帅缪拉指挥骑兵1万人在猛烈炮火支援下，准备对联军所在的戈萨方向实施迅猛突击，打乱联军的战斗队形。法国步兵随后也转入进攻。但在联军的打击下，法军没有达到目的，被迫退了回来。

战败者拿破仑

1813年，法军与俄军、普鲁士军队在包岑之战中对垒。

1813年战役图

像蜘蛛般顽强的将军

有一次，英国将军惠灵顿（1769～1852年）在战场上吃了败仗，仓皇逃进农舍，非常懊丧。突然，他发现墙角处有一只蜘蛛正在风中结网。蛛丝一次次被风吹断，但蜘蛛一次又一次拉丝重结，毫不气馁，最终把网结成。将军深受启发，重整旗鼓，最终在滑铁卢打垮了拿破仑，威震四方。

双方在梅克思区域进行激战。在联军的攻击下，法军连连丢失阵地，随时都有被包围的危险。10月17日，拿破仑准备让步，建议进行和谈，但是盟军未作答复。当夜，法军变更部署，将所有军队集中在莱比锡周围。第二日凌晨，拿破仑在距莱比锡大约4000米的地方设置了长达16千米的战线，在这条战线上部署了大约15万兵力和630门火炮，准备与联军决一死战。

联军从南、北、东三面对法军发起攻击。激战一整日，拿破仑军队丢失了许多阵地。拿破仑不得不放弃防御阵地，开始向后撤退，反法联军则乘胜向法国本土进攻。1814年3月3日，联军进入巴黎。4月6日，拿破仑宣布退位。

拿破仑在莱比锡战役中的失败固然有客观方面的原因，但最主要的还是拿破仑一改过去积极进取的作战风格，坐守孤城，处于被动局面，导致了最后的失败。莱比锡战役是拿破仑战争中规模最大的一次会战，也标志着拿破仑军事优势的最后丧失。

维也纳会议

拿破仑在第一次被迫退位后，反法同盟各国首脑于1814年10月在奥地利维也纳进行聚会。参加会议的主要人物包括俄国沙皇亚历山大一世、奥地利皇帝弗兰茨二世（1792～1835年在位）、普鲁士国王弗里德里希·威廉三世（1797～1840年在位），还有200多个公侯以及各国外交大臣。会议名义上是为了重建欧洲和平、树立欧洲均势，实际的目的是让战胜国瓜分欧洲政治疆域和殖民地，复辟封建王朝，镇压民族民主运动。

会议中起主要作用的是俄、英、奥、普四个同盟国。俄国的目标是把华沙公国变为俄属的波兰王国。英国希望保持从法国和荷兰手中夺来的殖民地，在欧洲加强普奥力量，抗衡法俄，维持均势，以便使自己居于仲裁者的地位。奥地利想恢复自己在意大利北部的统治权，抑制沙俄，削弱普鲁士，维护自己在德意志的优越地位。普鲁士则力谋在萨克森和莱茵河流域扩大版图。法国元老院也授权临时委员

维也纳会议

会委员、原外交大臣塔列朗参加了这次会议。法国要求以和俄、英、普、奥同等的地位参加重大问题谈判，企图利用它们之间的意见分歧，改善法国的处境。会上，塔列朗提出"正统主义"原则，使得战败后的法国避免了领土被分割、主权被削弱的命运。

各国君主和大臣虽然在分割领土上勾心斗角，争吵不休，但他们一致同意在欧洲大陆恢复和巩固封建统治秩序，从而促使许多国家的旧王朝得以复辟。沙皇亚历山大一世在会上提议，各个国家应联合起来建立一个同盟，以维护维也纳会议建立起来的秩序、及时镇压各国革命运动。于是，俄、普、奥三国于1815年9月组建了"神圣同盟"。不久，欧洲大多数君主国家都加入该同盟。从19世纪20年代起，"神圣同盟"先后派兵镇压了意大利、西班牙、希腊等国的革命运动。

会议以后30年间，欧洲君主专制国家极力维护维也纳体系，而各国革命党和自由主义者则力图推翻条约下的现状，革命和反动两股势力持续不断地争斗，维也纳会议只不过建立了表面上的暂时和平。

1814年4月11日，拿破仑在退位时与他的皇帝卫队道别。

民族主义运动的兴起

1815年，维也纳会议的领土解决方案使欧洲一些民族陷于分裂或遭受外族统治的状态，其必然结果是：1815年以后在欧洲各地爆发了一系列民族反抗运动。希腊人于1821年举行起义，成功地从土耳其人的统治下赢得了独立。比利时人也于1830年进行反抗，摆脱了荷兰的统治。德意志邦联在普鲁士的领导下，于1866年击败奥地利，于1870～1871年击败法国，最后也建立了自己的统一国家。

讽刺漫画
漫画描绘了参加维也纳会议的主要人物。

□ 滑铁卢之战

拿破仑退位后，被流放到厄尔巴岛，但这并不意味着拿破仑时代的结束。当拿破仑得知法国人对路易十八（1814~1824年在位）的统治深感不满后，于1815年率领一支小部队在法国登陆，很快恢复了自己的统治。

回到法国后，拿破仑立即重建大军，对付反法联军。1815年6月18日，拿破仑和反法联盟在滑铁卢进行了决战。

滑铁卢是位于比利时南部的一个村庄，易守难攻，英国统帅惠灵顿在那里布兵以待。当天天公不作美，滂沱大雨一直下到中午才停止。雨一停，拿破仑立即下令出击。但由于英军占据有利地形，而且作战英勇，法军一次次地被打退。下午1时，法军进行第二次进攻。开始，法军颇占优势。在一个阵地上，惠灵顿部署的一个4000人的旅在法军的凶猛攻击下伤亡殆尽，法军很快占领了这个前沿阵地。登上丘陵顶部的法军，狂呼胜利。不料这时，隐蔽在山脊背面的一个约4000人

普鲁士军队被法军大败，但是能以良好的秩序撤退。两天后，他们在滑铁卢与英军会合，大败拿破仑的军队。

1815年初，拿破仑离开厄尔巴岛，返回法国，受到人民的热烈欢迎。正在召开维也纳会议的国家君主们得知拿破仑东山再起，立即中断会议，组织第七次反法联盟，宣布拿破仑是欧洲的公敌，决心予以彻底击溃。

滑铁卢的遗憾

滑铁卢会战中，拿破仑命令部将戈洛西在离战场25千米处待命，等战斗打响后见机行事，对敌人来个两面夹攻。不料，戈洛西一班人马谁也没听见开战的炮声。结果，战机被延误。拿破仑在最需援兵的时刻孤军奋战，以致兵败如山倒。事后，戈洛西才知道，在离战场更远的地方，隆隆炮声反倒清晰可闻。原来，由于声波折射，他正处在声音的寂静区，难怪听不到。

的英军步兵师突然从树丛后面冲杀出来，连续发起猛烈的射击，最后干脆端着刺刀冲入法军军队中，两军展开了一场肉搏战。

山顶上的肉搏战胜负未分之时，惠灵顿瞄准时机，又及时补上六个团的骑兵，对法军主力进行反击。由于得到支援，英军士气大涨，法军开始招架不住。反击的英军则一鼓作气冲到法军的进攻区，摧毁了法军的部分炮车。面对英军的凌厉攻势，拿破仑马上投入了两个旅的骑兵，居高临下，直扑英军，杀得英军人仰马翻，败下阵去。在这一回合中，法军损失近4000人，英军损失约6500人。

不久，拿破仑又发动了几次进攻，但都失败了。由于援军迟迟未到，拿破仑决定孤注一掷，背水一战。下午5点30分左右，法军的内伊元帅一马当先，上万名手持寒光闪闪的马刀的士兵紧跟其后，旋风般地猛扑英军阵地。狭小的战场上顿时万马奔腾。在英国人先进的毛瑟枪的扫射下，法国骑兵们一排排地倒了下来，但后面的士兵依然毫不犹豫地继续向前冲。拿破仑也骑马赶到阵前，鼓舞士气。然而，这一切都无可挽回了。黑压压的联军部队像是从地下冒出来似的，向法军步步逼近，原来这是增援惠灵顿的普鲁士军队到了。法军被迫撤退，拿破仑也只能仓皇逃回巴黎。

1815年，拿破仑再次退位，被反法联盟流放到远离欧洲大陆的圣赫勒拿岛。这位枭雄从此一蹶不振，再也无所作为，直至1821年病逝。

马克思声讨普鲁士政府

19世纪工人运动的兴起呼唤真正代表本阶级利益的科学理论，马克思主义应运而生。

卡尔·马克思（1818~1883年）出生在普鲁士莱茵省特利尔城的一个犹太律师家庭，自幼天资聪颖。长大后，马克思考入了波恩大学法律系，后又转入柏林大学法律系。大学期间，马克思起初研究法学，后来转向研究历史和哲学。他还参加了具有进步倾向的"青年黑格尔派"的活动，研究了黑格尔的辩证法思想。大学毕业后，因对普鲁士专制制度极端不满，马克思放弃了在大学执教的机会，毅然投身于政治斗争中。

1848年3月18日，德意志地区的慕尼黑、科隆等地爆发起义，普鲁士首都柏林的起义群众同政府军展开激战，最后大败政府军。国王弗里德里希·威廉四世（1804~1861年在位）被迫同意建立市民武装，并组织新内阁。德意志革命爆发后，马克思和恩格斯就加入了斗争。他们在巴黎拟订了德意志无产阶级在革命中的

位于英国伦敦海格特公墓的马克思墓

政治纲领和策略路线，组织三四百名共产主义者同盟成员和工人返回德意志参加革命。4月初，他们在科隆创办《新莱茵报》，以报纸为喉舌进行广泛的革命宣传。

同年11月，普鲁士发生反革命政变，重新成立专制政府。1849年2月，反动政府传令马克思和恩格斯到法庭受审。他们在法庭上慷慨陈辞，在场群众热烈欢呼，最后他们被无罪释放。5月19日，《新莱茵报》被迫停刊。两人几经周折，来到伦敦。为总结这次革命的经验，马克思先后写了《1848年至1850年法兰西阶级斗争》《路易·波拿巴的雾月十八日》。这两部著作深刻地论述了阶级斗争和社会革命对历史发展的推动作用，指出"革命是历史的火车头"；第一次提出无产阶级专政的概念，得出了无产阶级革命必须打碎资产阶级国家机器的结论，还阐述了无产阶级革命、工农联合等一系列原理，发展了科学社会主义理论。

马克思在书房工作的情景

马克思主义

马克思主义是马克思、恩格斯在19世纪工人运动的实践基础上创立的理论体系。其理论体系包括三部分，即马克思主义哲学、马克思主义政治经济学和科学社会主义，是马克思、恩格斯吸收和改造人类文明的优秀成果，特别是德国古典哲学、英国古典政治经济学、法国空想社会主义等而创立的。马克思主义被世界各国的共产党和工人党列为理论基础，是对20世纪的世界影响最大的一种理论。

无产阶级革命导师
——马克思

十二月党人起义

18世纪末至19世纪初，随着资本主义关系的发展，俄国农奴制日趋瓦解。在1812年反对拿破仑的侵俄战争中，一些俄国贵族军官随军到达西方，受到西欧民主思想的影响，对国内的农奴制度和专制制度极为不满。回国后，他们成立秘密的革命组织，希望按照西方的模式来改造国家。1821年，他们在图利钦成立了以佩斯捷利上校为首的南方协会，在圣彼得堡成立了以穆拉维约夫上校为首的北方协会。这两个组织都拟定了自己的纲领，主张废除农奴制，实行君主立宪。1825年12月14日是新沙皇尼古拉一世（1825～1855年在位）即位宣誓的日子，革命组织决定利用这个机会举行武装起义。

这天清早，3000多名陆海军士兵整队开进圣彼得堡的大街，围绕着彼得一世的铜像排列成一个战斗的方阵。接着，他们高呼口号："拒绝宣誓！""反对宣誓！""要求宪法！""要求民主！"愤怒的声音像火山一样迸发出来，斗争的矛头直接指向正要登基的尼古拉一世。

尼古拉一世马上命令骑兵攻击起义队伍。起义士兵英勇抵抗，打退了骑兵的多次

欧洲化的俄国贵族

尼古拉一世

十二月党人文学

十二月党人文学是19世纪俄国十二月党人的文学活动及其创作的文学作品的总称。参加起义的十二月党人中，有不少骨干分子都是文学家，曾组织文学团体"俄罗斯文学爱好者同仁会"和"绿灯社"，出版过文学刊物《北极星》和《谟涅摩辛涅》，团结了包括普希金在内的当时许多优秀作家。在理论上，他们主张文学的民族独创性，提倡具有反抗精神和革命性的积极浪漫主义倾向，在创作上也鲜明地体现了这一观点。

进攻。沙皇军的伤亡人数在不断增加，而起义的队伍岿然不动。尼古拉一世急得像热锅上的蚂蚁，赶紧把炮兵调了过来，下令向起义者轰击。起义队伍在炮兵的强烈轰击下，被迫退出广场。接着，尼古拉一世命令在全城进行大搜捕，逮捕了许多幸存的起义军将士。半个月以后，俄国南部的乌克兰又有士兵发动起义，结果也被镇压下去，许多人因而被捕。由于圣彼得堡和乌克兰的起义发生在俄历十二月，它们又是相同组织发起的，所以历史上把这次起义称为"十二月党人起义"。

英勇的十二月党人在首都的广场上用鲜血对专制制度表示了强烈的抗议。起义虽然失败了，但是十二月党人的革命精神依然被人们所称赞。

十二月党人起义

英国宪章运动

英国是最早开展工业革命的国家。在19世纪30、40年代，英国工业的各个部门基本上都采用了机器生产，资本家对工人的剥削日益加重。工人们整日辛苦地劳动，却依然难得温饱。此时的英国又发生了经济危机，工人生活更加恶化，他们逐渐认识到，要改变自己的贫困状况和屈辱地位，必须进行有力的政治斗争，争取自身的权利。

1836年，木匠罗维特领导成立了"伦敦工人协会"，主张以合法手段争取平等权利，并组织工人开展各种活动。1837年，这个协会制定了一个改革方案，即《人民宪章》，提出了几点要求：凡年满21岁、精神健全的男子，都有选举权；投票选举采用不记名的方式；废除人们参加选举的财产资格限制，等等。《人民宪章》方案得到了工人的热烈支持。于是，他们在1839年5月向政府提交了要求实现《人民宪章》的请愿书。请愿书上写道："工人饿得要死；劳动得不到报酬；工匠的家里空空如也，

英国林肯郡劳斯的一个热闹集市

当铺却堆满东西。""唯有普遍选举，才能给国家带来繁荣。"……

工人要和资本家平起平坐，代表资产阶级利益的政府议会当然不同意。于是，工人们纷纷举行大规模的游行示威活动。威尔士的工人们发起了著名的"新港起义"。1839年11月4日，1万多名工人拿着各种武器从威尔士矿山走下来，冒着倾盆大雨，在阴沉的暮色中向新港进军。到新港后，他们和警察发生了冲突。工人群情激昂，警察被迫从街上撤退，躲进一家旅馆里，工人就向窗内开枪。但由于武器装备差，又加上敌人的援军迅速赶到，这次起义被残酷地镇压了下去。这是宪章运动的第一次高潮。此后，英国工人又在1842年和1848年再次掀起宪章运动的高潮，但最后都被镇压下去了。

轰轰烈烈的宪章运动前后持续了12年之久，到1848年才逐渐结束。宪章运动是世界工人运动的先驱。列宁对之进行了高度评价，称它为"世界上第一次广泛的、真正群众性的、政治性的无产阶级革命运动"。

伦敦工人协会

伦敦工人协会是英国宪章运动前期的工人组织，于1836年3月16日在伦敦成立，主要成员为手工业者和工人。协会利用集会请愿和印发演说词来宣传自己的主张，旨在"以合法手段使社会上一切阶层获得平等的政治权利和社会权利"。1837年6月，伦敦工人协会起草了《人民宪章》，它成为宪章运动的纲领。

宪章运动

19世纪，英国工人生活困苦，出门只能坐又脏又臭的三等车厢。

《共产党宣言》的诞生

马克思和恩格斯在同各国工人政治团体建立联系时，特别注意与流亡法国的德意志工人秘密团体——"正义者同盟"保持密切联系。为把该团体改造成一个真正的无产阶级政党，他们进行了大量细致耐心的教育工作，并同各种社会主义流派进行了艰苦卓绝的斗争。

在他们的帮助下，"正义者同盟"的大部分成员开始倾向马克思和恩格斯的共产主义思想。1847年初，同盟派人到布鲁塞尔邀请他们加入同盟，并帮助同盟进行改组，马克思和恩格斯欣然同意。

1847年6月，"正义者同盟"在伦敦召开第一次代表大会。马克思因经济困难没能到会，恩格斯出席了大会。大会根据马克思和恩格斯的建议，决定将"正义者同盟"改组为"共产主义者同盟"，以"全世界无产者，联合起来"的革命口号代替了"人人皆兄弟"这一同盟格言。一个崭新的无产阶级政党诞生了。同年8月，在布鲁塞尔秘密成立了同盟的支部和区部，马克思当选为支部主席和区部委员。11月，"共产主义者同盟"第二次代表大会在伦敦召开。

大会对同盟的纲领展开了激烈的争论，最后同意了马克思和恩格斯的观点，并委托他们起草同盟纲领。这就是1848年2月28日发表的国际共产主义运动中的第一个纲领——《共产党宣言》。《宣言》被同盟一致通过，无人发表任何批评性意见，未经任何改动就立刻在伦敦付印发表。

《共产党宣言》由前言和四章构成，第一章：资产者和无产者；第二章：无产者和共产党人；第三章：社会主义和共产主义的文献；第四章：共产党人对各种反对党派的态度。《共产党宣言》全面论述了科学共产主义的基本思想。

马克思和恩格斯在《宣言》的最后，以豪迈的革命气魄和坚定的必胜信心庄严宣布："让统治阶级在共产主义革命面前发抖吧！无产阶级在这个革命中失去的只是锁链，他们获得的将是整个世界。全世界无产者，联合起来！"

《共产党宣言》是马克思主义发展史上的重要文献，是国际共产主义运动的第一个战斗性纲领。它的发表标志着科学共产主义的诞生和国际共产主义运动的开端。

1917年，人类第一个真正的无产阶级政权——苏维埃政权成立。作为革命的先驱，马克思和恩格斯为之奋斗一生的理想终于实现了。

马克思故居

《共产党宣言》在中国

第一个把《共产党宣言》翻译成中文，并把这一著作全文介绍到中国的人是语言学家陈望道（1890～1977年）。1919年底，他完成了《共产党宣言》的翻译工作。1920年8月，第一个《共产党宣言》中文全译本公开出版。1920年，他还与陈独秀等人共同组建了上海共产主义小组。

《汤姆叔叔的小屋》

19世纪中期，美国有400万黑人奴隶。在南部种植园里，黑人奴隶是主人的财产，是"会说话的工具"，奴隶主对他们有生杀大权，他们命运的悲惨不亚于生活在古代奴隶制下的奴隶。在美国这样一个标榜"人人生而平等"的国家里，如此非人的行径自然不可容忍，于是白人中的一些正义之士掀起了废奴运动。他们利用讲坛、报纸、小册子，对奴隶制进行了猛烈抨击。斯托夫人的《汤姆叔叔的小屋》（又译作《黑奴吁天录》），就是一本揭露奴隶制罪恶的名著。

斯托夫人出生于一个牧师家庭。她的家里经常出现从南方逃过来的黑人奴隶，这使她有很多机会倾听他们诉说自己的悲惨遭遇。她的弟弟是一个商人，经常去南方做生意，也常给她讲南方黑人奴隶的非人待遇。终于有一天，斯托夫人决定要用手中的笔为他们呼吁，让全国人民都知道罪恶的奴隶制是什么样子的。在激情的感染下，她在1852年写出了《汤姆叔叔的小屋》。

《汤姆叔叔的小屋》讲述了这样一个故事：在美国肯塔基州，农场主谢尔比投机股票失败，为了偿还债务，准备将几个黑人奴隶转卖给奴隶贩子。一个名叫汤姆的黑人奴隶被转卖给奴隶贩子海利，来到了新奥尔良。一

劳作的黑人奴隶

受尽折磨的黑人奴隶

次偶然的机会，他救了小女孩爱娃，爱娃的父亲圣克莱因此从海利手中将汤姆买过来，到他家当家仆。后来爱娃不幸病死，圣克莱根据女儿生前愿望，决定

《汤姆叔叔的小屋》的售书广告

将汤姆和其他黑人奴隶解放，但这时更不幸的事发生了：圣克莱被人害死了。于是，圣克莱夫人便将汤姆等人送到奴隶市场，汤姆被一个凶残如魔鬼的种植园主莱格里买走。莱格里种植园有两个女奴为了逃跑，躲了起来。莱格里怀疑是汤姆帮助了她们，便把汤姆捆了起来，把他打得遍体鳞伤、死去活来。几天后，谢尔比的儿子乔治赶来赎买汤姆，因为汤姆是他小时候的仆人和玩伴。可是汤姆已经奄奄一息，很快就告别了人间。乔治悲愤交加，回到了家乡后，他以汤姆叔叔的名义解放了他手下所有的奴隶，并对他们说："你们每次看见汤姆叔叔的小屋，就应该联想起你们的自由。"

这本书出版后，在社会上引起了巨大的反响，几乎每一个识字的美国人都读过这本小说，美国的废奴运动也陡然高涨。因此，人们纷纷说《汤姆叔叔的小屋》是引起美国南北战争的原因之一，连林肯总统也说："一个妇人写了一本小册子，结果引起了一场战争。"

密苏里妥协案

1818年，密苏里州要求以自由州身份加入联邦，而南方奴隶主则要求将该州作为蓄奴州。1820年，南北双方达成妥协，通过《密苏里妥协案》，规定该州以蓄奴州身份加入联邦，但以北纬36°30′为界线，以南发展奴隶制，以北则禁止奴隶制。这是南北战争前夕北方资产阶级和南方奴隶主之间矛盾斗争的重要表现。

黑船事件

对于日本人来说，1853年是他们永远难忘的一年。这一年的7月，太平洋彼岸的美国打开了奉行"闭关锁国"政策的日本的国门。

作为一个后起的国家，美国人的扩张欲望特别强烈。美国独立之时，西欧各国早已建立了霸业，急欲扩张的美国把侵略目光投向了亚洲。可能在美国人看来，要深入亚洲不必舍近求远，越过太平洋就是日本，而且此时的日本还没有被其他国家占据。于是，美国就一步步对日本展开行动了。

1837年，在太平洋上游弋的美国军舰以护送日本落难渔民为由，要求驶进日本的浦贺港（横须贺港），日本未予理睬。1846年，美国东印度舰队司令毕德尔率领两艘军舰到达浦贺，想和日本建立通商关系，遭到日本德川幕府的断然拒绝。美国人十分恼火，决定用大炮轰开日本国门。

1853年6月初，美国东印度舰队司令培理带领着4艘军舰和美国的国书向日本驶来。为

19世纪中期的日本街景

了增加美国舰队的气势，培理特意命人把军舰全部涂成黑色，令人一望恐惧顿生。那么，美国的国书里面又是些什么内容呢？内容是美国政府"恳切地请求"日本供给炮弹、粮食，声称美国的目的是和日本建立"友好的通商关系"。

1853年6月3日，黑船冲进了浦贺港。黑船的到来引起日本国上下一片恐慌。美国的4艘船、500个兵，被东京人传成了10艘船、5000个兵，京都人则说有100艘船、10

《日美亲善条约》签订前，日本村庄仍处于封闭状态，还未受到外来影响。

万个兵。平日里高枕无忧的日本统治者更是惊慌失措。面对美国人黑洞洞的枪口，在维护民族尊严与卖国苟生之间，懦弱无能的统治者选择了后者。1854年3月3日，日本被迫同美国签订了《日美亲善条约》。

《日美亲善条约》是日本与外国签订的第一个不平等条约。随后，英国、法国、俄国也相继而入，迫使日本签订了一个又一个不平等的"友好条约"。日本的大门大开，外国商品涌入日本市场。廉价商品的涌入，原料的被掠夺、黄金的大量外流造成日本物价暴涨。日本处于生死存亡的严重关头。腐败的幕府对外无力抵抗侵略，甚至引狼入室，对内残酷镇压农民起义和市民暴动。社会各阶层的不满一致指向了幕府，幕府统治的末日已经来临。

闭关锁国

16世纪，葡萄牙人来到日本传播天主教，饱受压迫的日本农民很快接受了天主教。幕府察觉到天主教对统治者的严重威胁，为了杜绝天主教，幕府自1633年到1639年连发五道锁国令，规定全国检举天主教徒。幕府还禁止一切西方人来日贸易，同时规定日本人在海外者不许回国，日本人不得出海。

培理率军登陆日本，并与日本代表会面。

美国南北战争

工业革命后随着棉织业的发展，棉花的需求量迅速增加，刺激了美国南部植棉业的飞速发展。美国南部的种植园主贩入大量黑人奴隶，建立"蓄奴州"。他们还把棉花等原料运往英国，从英国输入廉价工业品，这同北方资产阶级要求扩大国内市场，需要自由的雇佣劳动力和充足的原料相矛盾。黑人奴隶制的存废成了南北间斗争的焦点。

1860年，反对奴隶制的北方资产阶级民主派代表人物林肯（1809～1865年）当选总统，引起南方奴隶主的惊恐和不满。南部各州先后退出联邦政府，并于1861年2月组成南部同盟，推选大种植园主杰斐逊·戴维斯为"总统"，定都里士满，并于4月挑起内战，史称"南北战争"。

林肯当机立断，马上发布募兵令，招募志愿军讨伐南方叛逆。可惜这支志愿军一开始就接连大败。在这种情况下，林肯在1862年先后颁布了《宅地法》和《解放黑人奴隶宣言》。《宅地法》规定，凡是美国公民，只要交纳10美元的登记费，就可以在西部国有土地中领取一块不超过65公顷的土地。连续五年之后，这块地就成为他的私有财产。这样，就初步满足了农民的土地要求。《解放黑人奴隶宣言》宣布后，黑人奴隶制被废除，黑人踊跃报名参加北方军队。这两项法令极大地激发了广大人民群众和黑人奴隶

负责制定《解放黑人奴隶宣言》的内阁

《解放黑人奴隶宣言》

1862年9月22日，林肯颁布了《解放黑人奴隶宣言》。《宣言》宣告：自1863年1月1日起，南方黑人奴隶一律成为自由人，可以参加美国军队作战；对于不参加叛乱的蓄奴州采取自愿的、逐步的、有赔偿的解放奴隶的措施。《宣言》在当时受到人们的热烈支持，使政治形势开始有利于北方。但《宣言》并未宣布废除奴隶制，也没有在政治经济方面做出使黑人获得真正自由的保证。

林肯

的革命积极性。在葛底斯堡战役中，北方军队击毙南军上万官兵，取得了南北战争以来第一次大捷。紧接着林肯启用年轻将领格兰特为统帅，直

联邦军的武器装备和士兵

下密西西比河口海口，封锁南方的水路交通。

不久，林肯收到格兰特从前线发来的电报：密西西比河交通枢纽维克斯堡4万南军全部兵败投降。最后消灭南军的时刻终于到来。北军兵分四路：派海军舰只封锁东大西洋沿岸；派威廉·特库姆塞·谢尔曼率兵10万，直插南军的后方；派菲尔·谢里登率领骑兵，包抄南军的西路；格兰特自己亲率大军，在北线向南进击。任务最艰巨的是谢尔曼，因为他的部队要长途跋涉，深入敌军的后方。10万大军出发了两个星期，一点消息也没有。直到1864年12月25日，林肯才得知，谢尔曼攻下了佐治亚州首府亚特兰大，又攻下了滨海城市萨凡纳，已经与海上舰队取得联系，把南军全部包围。

南军乱成一团，"总统"慌忙从海上逃跑，"总司令"急匆匆地带兵向西突围。但是，当南军只走出160多千米的时候，谢里登的骑兵赶到，封锁了他们的去路。南军无计可施，于1865年4月9日全部投降。整整四年的南北战争，以南军的彻底覆灭而胜利结束。

□ 俄国农奴制改革

俄国从19世纪30年代起开始进行工业革命，资本主义工业有了一定发展。但是由于农奴制的存在，工厂中的雇佣劳动者得不到自由，他们随时都可能被地主召回农村，从而影响正常生产。同时，农奴制也限制了国内市场的发展，成为俄国经济发展的严重障碍。另外，俄国在克里米亚战争中的惨败，也充分暴露了农奴制的落后和腐败。俄国知识界对农奴制的激烈批判以及声势浩大的农民起义，使俄国国内显得危机重重。

内外交困的状况迫使沙皇政府不得不谋划改变自己处境的政策。1856年，亚历山大二世（1855～1881年在位）在接见莫斯科贵族时说："与其等农民自下而上来解放自己，不如我们自上而下解放农民……必须立即进行改革，没有时间再耽搁了。"

1861年初，国务会议完成了改革方案的最后审查。1861年俄历2月19日，亚历山大二世正式批准改革法令，并签署了废除农奴制的特别公告。

法令宣布，农奴在法律上是"自由人"，地主不许再买卖农奴和干涉他们的生活，农民有权自由转换职业，从事工商业活动。农奴制的废除保证了工业发展所需要的自由劳动力，为资本主义的发展准备了条件，同时也扩大了工业品的国内市场。

另一方面，农民在获得"解放"时可以得到一块份地，但是必须出钱赎买这块份地。可是，农民赎买份地的价格远远高出市场价格，所以，这实际上是对农民的一次大规模的掠夺，

俄国农奴制

农奴制是封建社会中，封建领主在其领地上建立起来的剥削农奴的经济制度。俄国农奴制延续时间长，压迫特别残酷。1497年，伊凡三世颁布法典，使农奴制在法律上被初步确立，并开始在全国范围内实行。彼得一世时期进行人口调查，开始征收"人丁税"，加强了地主对农民的控制。19世纪上半叶，俄国的全部社会问题都是围绕着农奴制危机而展开的。最终，俄国在1861年废除了这一制度。

"农民在获得'自由'的时候，已经被剥削得一干二净"。

1861年俄国农奴制的废除是一次资产阶级性质的改革。其结果是在一定程度上为俄国资本主义的发展开辟了道路，使资本主义逐渐在俄国占据了统治地位，所以列宁说："在俄国，农奴制崩溃以后，城市的发展、工厂的增加、铁路的修建越来越快了。农奴制的俄国被资本主义的俄国替代了。"但改革后的俄国仍保留着大量的封建残余，劳动人民不仅受着资本主义的剥削，而且还受着封建残余的压榨，社会生产力仍然受到严重的阻碍。所以，彻底消灭资本主义和封建主义的双重剥削，就成了俄国人民斗争的艰巨任务。

亚历山大二世

一个农奴正在主人的庄园里修理织机。

俄国贵族与他的农奴们

第一国际

19世纪50年代末和60年代初，国际工人运动日益高涨，斗争使各国工人强烈感受到加强国际团结的重要。1862年，300多名法国工人赴伦敦参观世界博览会期间，同英国工人商讨了加强国际团结的问题。1863年7月，英国工人在伦敦举行群众大会，声援波兰人民争取民族独立的起义。会后，英国工人向参加会议的法国工人呼吁进行联合斗争，并建议召开一个有英、法、德、意、波等国代表参加的会议。

1864年9月28日，英、法、德、意、波等国工人代表在伦敦圣马丁会堂举行国际工人会议，声援波兰起义。大会决定成立国际性工人组织，选出领导机构总委员会。同年10月11日，总委员会决定把国际性工人组织定名为"国际工人协会"，通称"第一国际"。在制定协会纲领和章程的问题上，各国代表各执己见。为保证国际工人协会成为团结和统一各国无产阶级进行革命斗争的领导核心，马克思抱病参加了会议并取得定稿权。他不顾疾病折磨，日夜工作，写出了第一国际的两个纲领性文件《国际工人协会成立宣言》和《协会临时章程》。

波兰人民争取民族独立运动时，不少游吟诗人传颂着波兰人民的英勇事迹。

在共产国际的领导下，国际工人运动蓬勃发展。英国铁路工人举行了大罢工。

《宣言》指出：工人阶级要消灭一切阶级统治，消灭生产资料私有制；夺取政权已成为工人阶级的历史使命；只有在以马克思主义为指导的无产阶级政党的领导下，工人阶级才能取得革命胜利。《宣言》在末尾再次发出了"全世界无产者联合起来"的战斗号召。《章程》则规定了协会的目的、任务和组织原则。《章程》指出：工人阶级的经济解放必须要通过政治斗争来实现，为实现工人阶级的彻底解放，各国工人阶级必须联合起来，进行共同的斗争。

卡尔·马克思头像硬币

这样，马克思为国际工人运动制定了一条革命路线：建立属于自己的革命政党，领导无产阶级用暴力手段夺取政权，建立无产阶级专政，进而消灭私有制和阶级，实现社会主义和共产主义。国际工人协会是国际工人运动同马克思主义相结合的产物，它的成立标志着国际工人运动进入一个新阶段。

在第一国际期间，马克思和恩格斯积极参加协会的组织和领导工作。在历次代表大会上，他们同蒲鲁东派、巴枯宁派、工联派、拉萨尔派进行了原则性斗争，坚决反对他们的改良主义、投降主义、无政府主义、分裂主义和阴谋破坏活动。第一国际团结和统一了各国工人阶级队伍，培养了一批工人运动干部。从1864年到1876年，第一国际在欧洲发展了几十个支部，为马克思主义在国际工人运动中占主导地位做出了贡献。

蒲鲁东主义

蒲鲁东主义的代表人物是蒲鲁东，他主张取消国家、取消政党，实现个人的绝对自由，不受任何约束。这种想法的实质就是无政府主义。这种主张在法国、西班牙、意大利等国家有不少信徒，当时有许多人在为之摇旗呐喊。

倒幕运动

"黑船事件"之后，长期闭关锁国的日本被美国的军舰打开了大门，英、法、俄等列强乘机而入。日本幕府被迫签订了一系列不平等条约，日本面临着沦为半殖民地的严重危机。日本国内的有识之士强烈要求革新图强。但是，要想改革，首先必须推翻腐败的幕府统治。

黑船事件时期，正值德川幕府统治，德川家把持朝政，权倾天下，根本不把天皇放在眼里，连幕府都不设置在首都（京都），而是设在江户（今东京）。在西方各国纷纷走上资本主义道路的时候，德川幕府统治下的日本却是贪官污吏横行，经济文化十分落后。日本国门被打开后，外国商品大肆涌入，物价飞涨，百姓更是生活在水深火热中。与此同时，商人、资本家、新兴地主和中下层武士，强烈要求摆脱幕府的束缚，发展资本主义。在内忧外患的危机中，幕府成了众矢之的，人民在寻找时机推翻幕府。

1867年，孝明天皇去世，15岁的皇太子睦仁即位（1867~1912年在位）。西南部几个比较有实力的诸侯组成倒幕派，想打着天皇的旗号，讨伐幕府大将军德川庆喜。睦仁天皇也想乘机掌握政权，便给倒幕派诸侯发出了"倒幕密诏"。大久保利通、木户孝允、西乡隆盛等倒幕派领导人接到密诏后，立刻调兵遣将。老奸巨猾的德川庆喜见势不妙，便虚晃一枪，主动辞去大将军职务，假意还政于天皇，实际上却是想消除倒幕派起兵的借口，大权仍然掌握在他自己手中。1868年1

参加倒幕运动的日本武士

日本步兵帽

月，睦仁天皇在倒幕派的拥护下，宣布"王政复古"，废除幕府，也就是像古代一样，大权重新归天皇掌握。德川庆喜不甘心被没收了大权，决心孤注一掷，与天皇大战一场。1868年1月27日，德川庆喜在与英法使节密谋之后，集中全部兵力，从大阪起兵，杀气腾腾地开往京都。在鸟羽、伏见两地，幕府军队与新政府军展开激战。政府军士兵武器锋利、战斗勇猛，所向披靡，幕府军队被打了个落花流水，一败涂地。

败下阵来后，德川庆喜如惊弓之鸟，仓皇逃回江户。1868年5月，倒幕派军队占领了江户。不久，德川庆喜宣布放弃一切权力，交归天皇掌握。统治日本700多年的幕府统治彻底结束了。

德川幕府统治时期的江户娱乐区

☐ 明治维新

幕府统治被推翻后，睦仁天皇于1868年7月将首都迁到江户，并改名为"东京"。不久，睦仁天皇取中国《易经》里的"圣人南面听天下，向明而治"之意，改年号为"明治"。日本历史上影响最大的事件之一——明治维新，就开始于这一年。

明治政府建立后，颁布了一系列维新法令。在政治上，首先"废藩置县"。明治政府采取了软硬结合的两手措施，一方面赏赐给藩主们丰厚的年金，一方面在藩主们的地盘上部署精锐的军队。藩主们虽然心里不情愿，但也不敢有什么造次的举动。1871年，明治政府颁布了《废藩置县诏书》，取消了藩主们的领地，日本全国首次被划分为东京、京都、大阪3府72县。废除了领地的藩主们一律迁往东京居住，地方官员府知事和县令由中央政府任命。从此，日本真正实现了政治上的统一，结束了封建割据的时代。

其次是"富国强兵"。多年以来，日本深受帝国主义的侵略，而只有"富国强兵"是抵抗外来侵略的唯一途径。于是，明治政府建立了近卫军和常备军。同时，海军也逐渐强大起来。

在经济上，明治政府运用国家政权的力量，大力扶植日本资本主义的成长。起初是国家带头创办国营企业，后来政府发现官办企业管理不善，浪费亏损严重。1880年，明治政府下令把官营企业转让给与政府有密切联系的、享有特权的大资本家。

明治天皇

在文化领域里，日本政府大力推行"文明开化"政策，向西方学习，学习他们先进的科学文化、生活方式，等等。为了培养建设国家所需要的政治家、科技人才、工人、军人，明治政府兴办了大量的学校。1872年，日本文部省颁布《学制》规定，全国教育行政统归文部省管辖；设大学8所，中学256所，小学5376万所。1904年以后，日本儿童的就学率接近于100%，可以说达到了"家无不学之人"的地步。日本的崛起在很大程度上应归功于教育的倡办。

此外，明治政府还采取了一系列具体的措施，改革古老的风俗习惯，提倡西方人的生活方式，如改用西洋历法、改穿西服、剪去长发等。

经过数年的努力，一个强大的日本终于出现在世人面前。明治政府修改了以前同欧美国家签订的不平等条约，收回了国家主权，一跃成为亚洲的强国。但是，明治政府毕竟掌握在代表地主、资产阶级的武士集团手中，因此保留了大量的封建残余势力，使日本逐步走上了军国主义和侵略扩张的道路。

开放门户的日本

日本天皇

在日本的神话中，天皇是太阳女神的后代。依日本现存的最古老史书的记载，初代天皇即位于公元前660年。自古到今，天皇万世一系，也就是所有的皇帝都是天皇家的人，未有外姓人篡权当皇帝的现象出现。实际上从9世纪起，天皇并未掌握实权，但在民众心目中，天皇仍是国家的最高元首。通常天皇在位时，并不直接称其名，而在驾崩后以追谥年号称之。

普法战争

欧洲中世纪以来，德意志一直处于封建割据状态，直到19世纪中期还未实现统一。它由34个邦国和4个自由市组成"德意志邦联"，各邦国都是独立的。普鲁士和奥地利是德意志最大的两个邦国，都想以自己为中心统一德国。普鲁士是一个由单一的日尔曼民族组成的邦国，政治稳定，经济发达。而奥地利则是一个多民族的邦国，政治上危机四伏。因而统一德意志的重任就落到普鲁士手中了。1862年，奥托·冯·俾斯麦担任普鲁士王国的首相，开始着手统一德意志。

德意志要实现统一，就必须拔掉两颗钉子：一个是奥地利，一个是法国。为把奥地利排除于德意志之外，俾斯麦于1866年挑起了普奥战争。战争历时七个星期，史称"七星期战争"。普军在萨多瓦战役中获得决定性胜利。根据战后和约，奥地利退出德意志邦联。普鲁士统一了北部和中部德意志，并于1867年成立了以普鲁士为首的北德意志联邦。

普奥战争结束后，普鲁士日渐强大。但是，紧靠法国南部的四个小国还处在法国的势力之下。1870年，俾斯麦向法兰西第二帝国皇帝拿破仑三世（1852~1870年在位）挑衅，使法国方面主动宣战，普法战争爆发。普鲁士迅速集结了50万装备精良的大军，驻扎在边境。普军

"铁血宰相"俾斯麦

普鲁士首相俾斯麦（1815~1898年）酷爱战争，崇尚武力。他声称："当代的重大问题不是用说空话和多数决议派所能解决的，而必须用铁和血来解决"。所谓"铁和血"，"铁"是指武器和军队，"血"是指发动战争。俾斯麦的"铁血宰相"的称号由此而来。

的统帅毛奇制订了对法国的作战计划：集中优势兵力，先把法军的主力聚歼于德法边境，再趁虚直捣巴黎。这时候，普鲁士已经不仅仅满足于统一了，而是想乘机扩张自己的地盘。两军开战后，法军节节败退。战场很快移到了法国境内。

1870年9月1日，普法战争中具有决定性意义的一次会战——色当会战开始了。这天凌晨，普军700门大炮猛轰法军营地，炮弹像雨点一样落在法军阵地上。色当全城一片火海，硝烟弥漫，法军死伤无数。当天下午，法军数次突围都以失败告终。拿破仑三世自知已经无力挽回败局，于下午4时下令挂起白旗。这次会战，法军共损失12.4万人，法国的皇帝、元帅、将军和士兵，都成了普军的俘虏。这次战役在法国历史上称为"色当惨败"。1871年5月，普法两国在法兰克福签订《法兰克福和约》，法国割让阿尔萨斯和洛林给德国，并赔偿50亿法郎。

普法战争使得德国最终完成了统一，而法国人民则乘机推翻了拿破仑三世的统治，于1871年3月成立了世界上第一个无产阶级政权——巴黎公社。同时，也由于普法战争，德、法两国结下了世仇，这成为后来第一次世界大战的诱因之一。

巴黎的围困

有关拿破仑三世的讽刺画

五一大罢工

芝加哥罢工工人被武装警察镇压。

19世纪80年代，美国和欧洲的许多国家，逐步由自由资本主义发展到垄断资本主义阶段。为了榨取更多的剩余价值，资本家采取不断增加劳动时间和劳动强度的办法来残酷剥削工人。在美国，工人们每天要劳动14～16个小时，有的甚至长达18个小时，但工资却很低。沉重的阶级压迫激起了无产者巨大的愤怒。他们知道，要争取生存的条件，就只有团结起来，通过罢工运动与资本家斗争。工人们提出要求实行八小时工作制。

1877年，美国历史上第一次全国性的罢工运动开始了。工人阶级走向街头游行示威，向政府提出改善劳动与生活条件，要求缩短工时，实行八小时工作制。罢工不久，队伍日渐扩大，各地工人纷纷参加罢工运动。在工人运动的强大压力下，美国国会被迫制定了八小时工作制的法律。但是，这项法律只不过是一纸空文，工人们仍然生活在水深火热之中，备受资本家的折磨。忍无可忍的工人们决定将这场争取生存权利的斗争推向一个新的高潮，准备举行更大规模的罢工运动。

1884年10月，美国和加拿大的8个国际性和全国性工人团体在美国芝加哥举行集会，决定于1886年5月1日举行总罢工，迫使资本家实施八小时工作制。1886年5月1日，美国35万工人停工上街，举行了声势浩大的示威游行，美国的主要工业部门顿时陷入瘫痪状态。广大的群众也纷纷声援工人的罢工运动，将罢工运动推向新的高潮。罢工运动所表现的巨大力量使政府当局和资本家极为恐慌。5月3日，芝加哥政府当局撕下了"民主"的假面具，用暴力镇压工人。他们组织的罢工破坏者在警察的保护下混进工人的罢工队伍，故意制造混乱，并以此为借口，当场开枪打死6名工人。

5月4日晚7时，3000多名工人聚集在秣市广场，怀着沉痛的心情为难友们开追悼会，声讨政府当局的暴行。然而，就在工人们悼念死难兄弟的时候，老谋深算的警方却布置下新的阴谋。晚上10点左右，当大会快要结束时，突然有2000多名武装警察冲进会场。警察悍然向反抗的工人开枪，打死打伤工人200多名，并逮捕了8名工人领袖，制造了骇人听闻的"秣市惨案"。

芝加哥的五一大罢工及秣市惨案，引起了全美和欧洲广大工人的同情和支持。在世界进步舆论的广泛支持下，尤其是在全世界工人运动的斗争下，1888年初，美国政府终于宣布实施八小时工作制。美国工人运动以血的代价取得了初步胜利。

这幅画描绘了全世界无产阶级联合起来的场景。

国际劳动节

1889年7月14日，为了纪念美国工人的五一大罢工，推动全世界工人阶级的斗争热情，第二国际无产阶级运动大会根据美国代表和法国代表的提议，把每年的5月1日定为国际劳动节。全世界工人阶级从此有了自己的节日。在每年的5月1日，各国的工人阶级都会举行声势浩大的游行纪念活动。

□ 东学党起义

1875年，日军用军舰轰开了朝鲜的大门。次年，朝鲜被迫与日本签订《江华条约》，从此沦为半殖民地。日本势力逐渐侵入朝鲜，朝鲜人民的处境越来越悲惨。

1893年，朝鲜境内的许多地区发生大灾荒。可是，全罗道古阜郡的郡守竟然在灾年非法征收苛捐杂税，这激起了农民们极大的愤怒。1894年2月15日，古阜一带的农民在40岁的全琫准（1854～1895年）的率领下，发动了武装起义。全琫准是东学党的一位领袖，参加起义的农民也大多是东学党的成员，所以这次起义被称为"东学党起义"，又因为这一年是旧历甲午年，因此也称为"甲午农民战争"。

全琫准率领起义队伍攻克古阜郡以后，立即占领武器库，释放囚犯，开仓放粮。附近的村民纷纷响应，起义队伍声势大振。全琫准很快就和东学党的另一位主要领袖崔时亨取得了联系，并且制定了起义的纲领：济世安民、逐灭倭寇、驱兵入京、消灭权贵。

古阜的起义震惊了朝鲜最高当局。他们急忙从各地调集军队前往镇压。1894年4月6日，起义军在古阜的黄土岘设下埋伏，歼灭官兵800人，士气大振。紧接着，起义军又连克数城，队伍迅速壮大，很快发展到3万人。

起义军每到一处，就严惩贪官污吏、土豪劣

日本侵朝的场面

绅和日本商人，他们开仓分米，火烧地契。起义军纪律严明，不践踏耕地，不妨碍农作，有抢掠奸淫的立即处以死刑，他们还建立起自己的政权机构"执纲所"。正因为这样，起义军得到了广大人民群众的支持。

起义军很快就打到京都汉城。朝鲜国王高宗（1863～1907年在位）听说这个消息后，马上召集御前会议，商讨对策。同年5月，政府当局一面假意谈判，一面又请求中国清政府派兵协助镇压。全琫准本想直捣汉城，但以崔时亨为首的一派坚决反对，加上这时又临农忙季节，起义军归乡心切。在这种情况下，全琫准与政府签订了《全州合约》。但是，起义军哪里料到，这完全是政府的缓兵之计！12月上旬，由于叛徒告密，全琫准和战友一起被捕。

1895年3月11日，全琫准英勇就义。轰轰烈烈的朝鲜甲午农民战争最终失败。

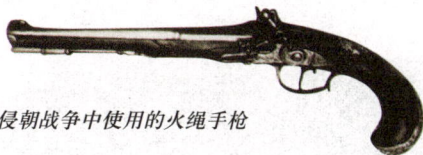

日本人在侵朝战争中使用的火绳手枪

19世纪初朝鲜的王室贵族与侍者在一起。

东学党

东学党是一个名叫崔济愚的人在1860年创立的，原意是要以"东方之学"与"西学"（即西方侵略者宣传的宗教教义）相对抗。它以宗教的形式，宣传"人人平等"的思想，反对贵族和官吏的压迫、剥削。19世纪80年代后，东学党又开展反对外国侵略者尤其是日本侵略者的斗争，成为了一个反帝反封建组织。

□ "缅因"号事件

1898年1月24日，一艘美国巡洋舰停泊在古巴首府哈瓦那港。这艘名为"缅因"号的军舰，是美国政府借口保护自己在古巴的侨民的安全而驶抵古巴的。当时，古巴是西班牙的殖民地。为了争取民族的独立和国家的自由，古巴人民掀起了反对西班牙殖民者的起义，全国处于一片混乱之中。这给新兴的美帝国主义提供了一个可乘之机。他们对位于自己家门口的古巴垂涎已久。

早在1805年，美国总统杰弗逊就赤裸裸地表示，一旦同西班牙作战，首先要占领古巴。后来，美国多次企图收买或用武力夺取古巴，都因为西班牙殖民者不愿放弃自己既得利益而未得逞。

1895年，古巴独立战争爆发后，美国隔岸观火，并未援助古巴。然而到了1898年初，古巴革命眼看就要取得胜利的时候，美国匆忙以"帮助古巴革命"为幌子，以及保护自己的侨民为借口，派出"缅因"号军舰，抵达古巴哈瓦那港，向西班牙施加压力。

1898年2月15日晚，哈瓦那港口一片宁静，在静静的港湾里，美国的"缅因"号军舰就停泊

美国"缅因"号在哈瓦那港被炸沉。

在海面上，甲板上的美国海军士兵正载歌载舞，喝酒说笑，享受着这宁静而又凉爽的夜景。突然，"轰隆"一声巨响，"缅因"号剧烈地震颤一下，顿时浓烟滚滚、火光冲天，整个军舰变成一个火球……

"缅因"号爆炸事件很快轰动了整个美国，各大报纸以头条位置报道这个事件。一时间，美国的街头巷尾都在谈论这件事情，但人们议论最多的是"缅因"号是被谁炸掉的。不久，美国有关方面公布了调查结果，声称这艘军舰是西班牙人用水雷炸沉的，将所有责任归在西班牙政府头上。

这个消息一经传开，美国沸腾了。一些扩张主义分子抓住这个机会，到处举行集会，要求为"缅因"号死难者报仇。战争的阴云一下子笼罩了加勒比海地区。4月20日，美国向西班牙发出最后通牒，逼其全部撤出古巴。西班牙政府断然拒绝，并公布自己的调查结果，声称这次爆炸来自美国军舰内部，与他们无关。美国以此为借口，于4月25日正式向西班牙宣战，美西战争就这样爆发了。

集结在佛罗里达州坦帕湾的美国军队

门罗主义

19世纪上半期，美国开始通过各种方式扩张领土。美国第五任总统门罗在1823年的国情咨文中阐述了这一时期美国的对外政策，史称"门罗主义"。它提出了"美洲是美洲人的美洲"的口号。门罗主义在客观上支持了当时新独立的拉美国家，但它本身也包含着扩张主义的侵略思想。

美西战争

19世纪末，美国已经成为世界的经济强国，开始进行帝国主义扩张。

1898年"缅因"号事件发生后，美国借机对西班牙宣战。战斗首先在菲律宾打响。美国的太平洋舰队在5月1日拂晓前到达菲律宾马尼拉湾。不久，西班牙军舰首先开火，双方展开了激烈的海战。战至中午，7艘西舰全被击沉，西军伤亡381人，美方仅轻伤8人。马尼拉湾海战决定了西班牙在菲律宾的结局，西班牙被迫把马尼拉"转让"给美国，结束了其对菲律宾的殖民统治。

与此同时，美国组建了2.5万人的远征军，分为两支舰队封锁古巴的沿海。但是1898年5月19日，西班牙舰队成功地避开美舰的封锁，抵达圣地亚哥港。西班牙舰队由港口内蛛网般的水雷阵掩护，并得到了岸防火炮支援，准备抗击美军。美舰队共有舰艇24艘，形成严密的封锁。美军随后出动陆军开往古巴，准备与海军合攻圣地亚哥。6月22日，美军在圣地亚哥以东顺利登陆。此时，古巴起义军为反抗西班牙的统治，也包围了圣地亚哥。美军在与起义军经过会谈后，开始协同作战。6月29日，美军抵达关塔那摩郊外。7月1日，美军很快就攻克了城东制高点埃尔卡内和圣胡安山。7月2日~3日，西军展开反攻。美军击退了西军的反扑，自己也付出很大的代价。在陆军激战的同时，7月3日，双方海军在圣地亚哥湾展开了激烈的海战。美海军舰艇先发制人，经4小时激战，西舰队全军覆没，被击沉舰艇7艘，被俘2艘，阵亡600人，舰队司令及1800名官兵被俘。美军仅有2艘战舰轻伤，死伤各1人。美军歼灭了西舰队后，

美国军队取得胜利后在哈瓦那大街上列队行走。

和古巴起义军围攻圣地亚哥。7月16日，西守军投降。美军甩开起义军，单独与西班牙谈判并受降，独享了胜利果实。在战争过程中，美军还夺取了其他一些战略要点。6月20日，美军攻占了关岛；7月4日，又占领威克岛。7月25日，美军登陆波多黎各并在此建立了军事基地。8月初，美又增兵1万，分四路围攻波多黎各首府圣胡安，经过小规模战斗，付出50人的伤亡后，攻占了波多黎各全岛。

1898年12月10日，美西两国签订了《巴黎和约》，战争以美国的胜利而告终。得到了菲律宾、波多黎各和关岛，古巴成为了美国的"保护国"。以后，美国积极参与了各帝国主义列强对远东及太平洋地区霸权的角逐。美西战争作为第一次帝国主义战争而载入史册。

西班牙大帆船在美西战争中早已没有了昔日无敌舰队的威力。

英布战争

1867年，南非的奥兰治发现了藏量丰富的钻石矿。1886年，南非的德兰士瓦又发现了当时世界上最大的金矿。一向贫瘠寂静的非洲顿时变得热闹起来，大批的欧洲人蜂拥而至，开矿寻宝。英国垄断资本家在钻石和黄金的强烈诱惑下，迫切希望独占南非及其地下的宝藏。而奥兰治和德兰士瓦是荷兰殖民者的后裔——布尔人建立的两个共和国。他们同英国人一直冲突不断，经常发生战斗。

1899年10月9日，德兰士瓦共和国总统向英国发出最后通牒，要求英国撤走驻扎在德兰士瓦边界的军队，并限48小时内给予答复。英国断然拒绝了这一要求。10月11日，布尔人截击英国火车，英布战争爆发。

战争开始后，德兰士瓦和奥兰治两个共和国结成同盟。布尔人行动迅速，在短短三天内就集合了5万兵力，军队士气高昂，纪律严明。他们凭着非凡的射击能力和对地形的熟悉，取得了暂时胜利。

但从1900年年初到6月份，英国的大批援军陆续到

南非开采钻石和金矿的钻石坑

布尔人

布尔人是非洲南部荷兰移民者的后代——阿非利坎人的旧称。Boer是为英文boor（意为"农民"）的荷兰文。1652年，荷兰的印度公司在非洲南部开辟了"开普殖民地"后，大批移民涌向南非。现在布尔人主要分布在南非共和国境内，其他少部分在纳米比亚、津巴布韦和赞比亚等国，主要从事农牧业和工矿业。他们的语言属于印欧语系日耳曼语族。

布尔人俘获英国人。

南非布尔人英勇反抗英国统治者。

来，兵力很快超过布尔人的军队，达到了20余万人，英军取得兵力上的绝对优势。在英国人的强大攻势下，布尔人节节败退，丢失了大片土地。6月底，英国宣布吞并德兰士瓦和奥兰治，这两个共和国成为英国的殖民地。

亡国之后，布尔人的军队退出城市，分成小股开展游击战争。他们神出鬼没，四处出击，穿着鲜艳的红色军装的英军士兵成为躲在暗处的布尔人的活靶子。英军处处被动挨打，伤亡惨重，不得不调集更多的兵力前来增援。

在这场战争中，布尔人并没有取得当地土著居民的同情和支持，因为他们本身也是殖民者。最终，布尔人由于势单力薄而不得不停止抵抗，但英国人也已是筋疲力尽，不愿再打下去。1902年5月3日，双方签订停战和约。德兰士瓦和奥兰治正式成为英国的殖民地，英国付给布尔人300万英镑作为补偿。

英布战争是英帝国主义和布尔殖民主义者为争夺南非统治权而进行的一场战争，也是帝国主义重新瓜分非洲的第一场战争。它又被称为"布尔战争"或"南非战争"。

日俄战争

1894年中日甲午战争后，清政府被迫与日本签订了《马关条约》，条约规定中国割让辽东半岛给日本。这份条约损害了俄国在中国东北的利益，于是俄国联合德国和法国，迫使日本放弃辽东半岛。日本为此对俄国怀恨在心。

1900年，八国联军侵略中国，俄国以"保护"侨民和中东铁路为借口，一举占领中国东北三省。眼看着自己没有吃到的肥肉被俄国人轻而易举地得到，日本人更是又嫉又恨。在英国的支持下，日本决心与俄国一决雌雄。

1904年2月8日，日本不宣而战，派海军偷袭旅顺港的俄国舰队，同时在朝鲜的仁川登陆。10日，日俄两国正式宣战。

对日本人的进攻，俄国人根本就没有放在眼里，他们认为日本只不过是一个不堪一击的小国。但是，战争开始后，由于准备不足，军事技术落后，后方供应不及时，指挥官庸碌无能，俄国连连吃败仗。

1904年4月~8月，日军摧毁了困在旅顺港内的俄国太平洋舰队的基本力量。8月10日，日本舰队在黄海激战中大败企图突围的俄国太平洋舰队残余力量。8月下旬，日俄军队在辽阳展开会战，俄军战败。9月4日，日军攻占辽阳。1905年1月1日，在日军的进攻下，驻守旅顺的4.8万名俄军被迫向日军投降。1905年3月，50万俄军和35万日军在奉天（今沈阳）附近展开决战。结果，俄军节节败退，撤出奉天，日军再次获胜。

俄国军舰被日军鱼雷击沉的场面

关于战争的漫画
一个俄罗斯食人妖正准备吞下一个小日本士兵的漫画，表明战争已经爆发。

1905年5月27日下午，奉命增援的俄国第二太平洋舰队（波罗的海舰队）从欧洲出发，绕过好望角，横越印度洋，跋涉1.8万海里，驶抵对马海峡，结果一头扎进了日本海军早已布好的埋伏圈。日本海军以逸待劳，先发制人，加上日舰在速度和火力上都占有优势，双方激战到28日上午时，除少数几艘俄国军舰得以逃走外，其余的全被歼灭。

旅顺口的陷落和波罗的海舰队的覆灭，使俄国输光了所有的老本。日本此时也无力再打下去了。于是在美国的调停下，双方在美国的普茨茅斯签订停战和约。主要内容为：俄国承认朝鲜为日本的势力范围；将俄国在中国辽东半岛的租借权转让给日本；割让库页岛南部给日本。这一条约一直到1945年才被废除。

日俄战争场面

旅顺大屠杀

1894年11月17日，日军进入旅顺后，进行了惨绝人寰的大屠杀，历时4天，遇害者达2万多人，全城幸存者仅36人，他们的脸上被刺有免杀记号，是日军留下来专门掩埋尸体的人。旅顺大屠杀充分暴露了日本侵略者的凶残本性。西方的报刊谴责说："日本是披着文明的皮而带有野蛮筋骨的怪兽。日本今已摘下文明的假面具，暴露了野蛮的真面目。"

俄国1905年革命

20世纪初，沙俄已成为军事封建帝国主义国家，各种矛盾空前尖锐，革命风暴迫在眉睫。1900～1903年的经济危机和1904年的日俄战争，使劳动人民的生活状况严重恶化，加速了革命的到来。

1905年初，圣彼得堡普梯洛夫工厂工人为抗议厂方无理开除四名工人，举行大罢工，很快引发全城总罢工。为破坏罢工，沙皇政府诱骗工人到冬宫向沙皇尼古拉二世（1894～1917年在位）请愿。布尔什维克党看穿了敌人的阴谋，竭力劝阻，但未成功。1月22日早晨，请愿的10多万工人和家属走进冬宫广场时，遭到军警的步枪射击和骑兵冲杀，死伤3000多人。因为这一天是星期日，故称"流血星期日"。

血腥的屠杀使工人们对沙皇的天真幻想破灭了。全国各地纷纷举行抗议性罢工。革命爆发后，布尔什维克党制定了自己的革命路线和政策，主张无产阶级应积极领导当前的资产阶级民主革命，武装推翻沙皇统治，实现工农民主专政，然后再把它转变为社会主义革命。

工农群众的斗争烈火又迅速蔓延到沙皇政府的主要支柱——军队。1905年夏天，"波将金"号装甲舰上的水兵发动武装起义，沙皇政府将

请愿的群众遭到军队的枪击。

黑海舰队调来镇压。"波将金"号在黑海中航行了一个星期后，因得不到淡水、燃料和食物的接济，而宣告起义失败。

1905年10月～12月，革命达到高潮。首先是爆发了莫斯科大罢工，随即罢工席卷各大城市，形成了全俄总罢工。尼古拉二世迫于形势，于10月30日签署宣言，承认人民有言论、出版、集会、结社的自由，决定召开所谓立法杜马。资产阶级和孟什维克欣然接受，大摆宴席庆贺"革命已经完成"。布尔什维克则坚持以革命彻底推翻沙皇统治。12月22日，莫斯科工人开始武装起义。在工人代表苏维埃的领导下，工人筑起街垒，与敌人浴血奋战，坚持9天之久。最后沙皇政府派来大批军队，起义被镇压下去。

从"流血星期日"到12月莫斯科武装起义的1905年革命，是列宁主义诞生后俄国无产阶级领导的资产阶级民主革命。它是俄国历史上的一个转折点，也是一次革命的"总演习"，为1917年的十月革命奠定了胜利的基础。

1905年1月22日，各级群众准备向沙皇尼古拉二世递交表达他们心声的请愿书，结果遭到军队的枪击，造成数百人丧生。

战舰"波将金"号

1925年，苏联著名导演爱森斯坦（1898～1948年）为纪念1905年俄国革命20周年，准备拍摄影片《1905年》。但由于时间仓促，他只能将其中的一场戏赶拍成电影，这就是反映"波将金"号水兵起义的《战舰"波将金"号》。该片的画面气势宏大，惊心动魄，而蒙太奇的运用也非常出色。卓别林称它是"世界上最优秀的影片"。

第十章

Part10

近代科技文艺风潮

近代西方是文学艺术空前繁荣的时代，人才辈出，大师如云。他们或满怀激情讴歌爱情，赞美革命；或用锐利冷峻的目光直面人生，剖析社会……一部部佳作在他们的情感与理智的交织中诞生，成为不朽的经典。在科技方面，当科学巨人牛顿把伽利略所发现的地上物体运动的法则和开普勒所发现的天上物体运动的法则有机地统一起来的时候，一座前所未有的科学大厦便庄严地矗立在人类文明史的中轴线上；而当瓦特发明出旋转式蒸汽机，人类便像高速旋转的机轮一样飞快地迈入机器大工业时代……

□ 苹果引起的思考

艾萨克·牛顿（1643～1727年）是英国伟大的数学家、物理学家、天文学家和自然哲学家。在他出生前的几个月，他的父亲就已经去世了，母亲和外祖母把他抚养成人。18岁那年，牛顿以优异的成绩考入剑桥大学的三一学院。1665年，牛顿从剑桥大学毕业后，被留在研究室工作。这年2月，一场灾难性的瘟疫席卷了古老美丽的英格兰。为了避免传染，牛顿回到故乡，但他并未放弃研究。

1665年一个美丽的秋夜，星光灿烂。牛顿在家乡的果园里一边散步，一边思考着关于力学的问题。突然，"啪"的一声，一个苹果从树上落下来，砸在他的头上。牛顿忽然想到："为什么苹果只会往下落，而不会飞到天上去呢？"经过苦苦的思索和深入的研究，他发现了轰动世界的万有引力定律，找到了苹果落地的原因：地球对苹果是有吸引力的，整个宇宙中有一种万有引力在起作用，而引力的大小与被吸引的物体的质量成正比。这一年，牛顿才23岁。在1665年和1666年这两年内，牛顿不仅发现了二项式定理，而且完成了微积分、光学和万有引力法则这三大发现。

牛顿的一生取得了许多重大的成就，这与他的勤奋好学、刻苦钻研是分不开的。牛顿在工作

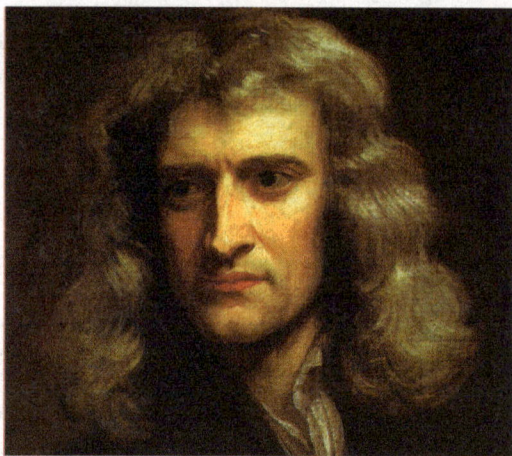

牛 顿

中常常痴迷到忘记一切的地步。一次，他请一个朋友吃饭。朋友来了，他却还在实验室里忙碌着。朋友等了很久也不见他出来，饿得实在受不了了，就一个人到餐厅里把做好的一只鸡给吃了。等牛顿出来的时候，他看到桌子上的鸡骨头，拍拍自己的头说："哦，原来我已经吃过了。"然后又回到实验室继续工作。

1727年3月31日，一代科学巨星陨落了。牛顿临终前说了这样一段话："我不知道世人怎样看我。我只觉得自己好像在海边玩水的小孩，偶尔拾到美丽的贝壳，就高兴不已。但面对真理的浩瀚大海，我仍茫然不知……"

热衷于科学研究的牛顿一生都在孜孜不倦地工作着。

牛顿的光学研究

牛顿用三棱镜进行光的实验，把白光分解成红、橙、黄、绿、蓝、青、紫七种颜色的光带，他通过倒置棱镜，又把七色光综合为白光，这样，就正确解释了白光（即日光）是由有色光组成的，从而奠定了光谱学的基础。此外，牛顿制成了世界上第一架反射望远镜，通过它可以看到木星的卫星。反射望远镜的发明使人类对天体的观察进入了一个新的阶段。

牛顿亲手制作的望远镜

☐ 揭开雷电之谜

雷电是什么东西？千百年来，我们的祖先一直没能给出科学的解释，世界各国都流传着关于雷电的神话。到18世纪中期，许多人都想用科学的方法来揭开雷电的秘密。当时，人们已经认识到用丝绸或皮毛在玻璃上摩擦可以产生静电。但是，人们还没有把这种静电同天空中的雷电联系起来，总认为人工产生的电与天上的雷电不同。

第一个把这两种现象联系在一起研究的，是美国的本杰明·富兰克林（1706～1790年）。为了证实摩擦产生的电和天上的雷电是同一种东西，他做了有名的"风筝实验"。在一个雷雨天的夜晚，天空乌云密布，闪电如一条条银蛇般在黑色的夜幕上飞舞。这时，富兰克林带着他10多岁的儿子奔到了野外。他们拿出一只用丝绸做成的大风筝，趁着风势，拉开麻线，一直把风筝放飞到很高很高的天空。大雨打湿了麻线。突然，富兰克林大叫起来："通电啦！通电啦！"原来，云层里带的电已从潮湿的麻线上传了过来。富兰克林马上用干燥的丝绸把麻线裹起来，当作绝缘体，握在手里。这时，挂在麻线下端的铜铃碰动起来，发出了阵阵声响，冒出了点点火花。"成功了！成功了！"富

富兰克林冒着生命危险在雨中放出了带金属线的风筝。

伏案办公的富兰克林

兰克林高兴地大叫起来。因为，他已经证实了天上的雷电和摩擦产生的电是一种东西。富兰克林的实验揭开了雷电神秘的面纱，显示了雷电的本质，对人们的思想产生了极大的震撼，是人类认识自然的历史上一个划时代的进步。

通过进一步研究，富兰克林了解到电是会流动的。同时，也证明了"玻璃电"和"琥珀电"原来是同种电。这样，人类对电的认识就大大提高了。

富兰克林是电学原理的创始人之一。他的成功与他的勤奋学习是分不开的。他幼年时家境贫困，上了两年小学就停学了。12岁时到印刷厂去当学徒。他白天在艰苦的条件下工作，晚上在黯淡的油灯下读书，天天读到深夜，甚至经常通宵不眠。14岁时他开始写文章，许多文章发表在《新英格兰》报上。后来，他研究哲学、数学和逻辑学，都取得了成就。

富兰克林也是一位十分谦虚的人。他当过外交使团的团长，还担任过三任州长，但他在1790年逝世前，只要求人们在他的墓碑上刻写"印刷工人富兰克林"这几个字。

微观世界的发现

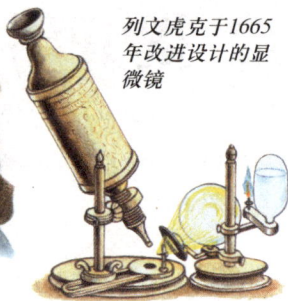

列文虎克于1665年改进设计的显微镜

列文虎克

人类今天能利用显微镜观察和研究微观世界的奥秘，应该归功于荷兰生物学家安东尼·凡·列文虎克（1632～1723年）。列文虎克出生于荷兰一个酿酒工人家庭。16岁那年，他到首都阿姆斯特丹一家布店去当学徒。布店附近有一家制作眼镜的作坊，他对工匠们磨制镜片产生了浓厚的兴趣，经常向他们讨教磨镜片的方法和技巧，还钻研了这方面的大量著作。

1665年，列文虎克磨制出一块放大倍率很高的透镜。这块透镜的直径只有3毫米，它能把一根鸡毛的细绒毛放大到树枝那样粗大。接着，他又磨制了一块，并把它与原来那块叠在一起，经过调整两者之间的距离后，看到的物体更大、更清晰了。可是，要调整好两块透镜之间的距离相当困难，稍有出入的话，看到的物体就模模糊糊。于是他制成一个架子和铁筒，把两块透镜分别装在铁筒两头，中间又安上一个可以调节两块透镜距离的旋钮，这样就能方便地看清楚物体了。后来，他又在铁筒上钻了一个小孔，让光线射进来，从而取得了更好的观察效果。

这是列文虎克制成的第一架显微镜，它比当时几乎所有科学家用粗糙的透镜制成的显微镜都要精细得多，观察到的物体也要大得多。

发现细菌是列文虎克最伟大的一项发现。

这项发现是非常偶然的，但却是他长期坚持观察的必然结果。一个下雨天，列文虎克在显微镜下观察雨水，发现里面有许多奇形怪状的小生物在蠕动。他把杯子反复清洗，接水后再观察，发现雨水中没有小生物了。

为了进一步证实自己的判断，过了几天，他再观察干净的雨水，奇怪的是雨水中又充满了小生物。经过多次实验后，列文虎克完全证实了自己的判断。他把这个观察记录寄到了伦敦。11位科学家签名证明他所提供的观察记录是完全真实的。不久，更多的科学家观察到了列文虎克观察记录中提到的东西。微观世界的大门终于在众多科学家的眼前打开了。

1680年，48岁的列文虎克被选为伦敦皇家学会会员。一个普通的外国人能成为英国最具权威的科学机构中的会员，这是一件罕见的事。列文虎克在一生中，共向伦敦皇家学会寄送了375篇观察记录，篇篇都是了不起的科学论文。这位学徒出身的微生物学家活了91岁，他一生除了当学徒外，未曾离开过他的家乡德尔夫特，却因发现了微观世界而闻名天下。

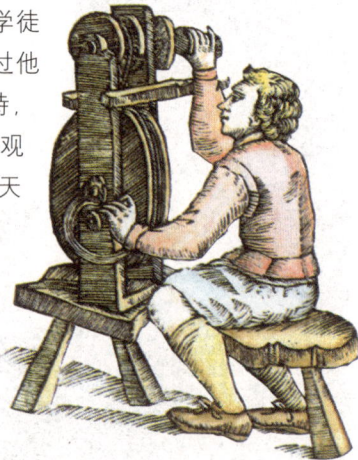

早期的透镜都是由磨镜工匠根据磨具形状打磨而成的。

工匠科学家

列文虎克作为一名工匠，保持了当时的手工艺人对自己的技术保密的传统。不过列文虎克还是对自己的朋友——医生兼解剖学家格拉夫敞开了大门。格拉夫被列文虎克的发现震惊了。他鼓励列文虎克将自己的观察记录整理出来，寄给英国皇家学会发表。但列文虎克却不愿这样做。格拉夫向这位民间科学家解释，上交论文和实验器材是科学研究的需要，而不是有人要贪图他的发明。后来，列文虎克终于同意了。他的发现得到了英国皇家学会的认可。这个默默无闻的荷兰平民，一下子成为欧洲的知名科学家。

斯蒂芬孙与蒸汽机车

火车出现以前，陆地上主要靠马车拉货和载人。后来有人制造了铁路马车，但仍无法满足运输发展的需要。蒸汽机发明以后，人们就想以蒸汽为强大动力，制造出一种理想的陆上交通工具。1825年，英国人斯蒂芬孙试制成功了世界上第一台蒸汽机车。

乔治·斯蒂芬孙（1781～1848年）出生于英格兰一个煤矿工人家庭，小时候常去煤矿给父亲送饭，对那里的各种机械产生了浓厚兴趣。14岁时他随父亲到煤矿当锅炉工的助手，后被提升为蒸汽机的监督。为掌握蒸汽机的构造原理、操作和维修，他白天上班时带着书，一有空就看，晚上伏案自学，直至深夜。经过刻苦学习，他由一个没进过校门的穷工人成为一名技艺高超的专家。

被提拔为工程师后，为改善煤矿的运输状况，斯蒂芬孙经过反复研究、设计和试制，于1814年7月25日制成一台坑道用蒸汽机车。这个机车能拉30吨货物，但走得太慢，震动声也很大。人们纷纷对其抱以讥讽和嘲笑。但斯蒂芬孙毫不气馁，继续钻研，不久就造出了较为先进的机车。1823年，他担任总工程师，主持修建英格兰北部的一条商业铁路。同时，他还创

这幅题为《在不列颠布里奇召开的工程师会议》（约1850年）的绘画作品，表现了英国实业家和工程师们的乐观主义精神和对技术革命的无限自豪。

办了机车制造厂。1825年9月27日，这条商业铁路贯通，是世界上第一条铁路。这一天，斯蒂芬孙亲自驾驶自己设计制造的"旅行者"号火车，举行了隆重的通车典礼。这列火车后面拖着6节装有煤和谷物的货车以及载有450名乘客的33节车厢，以每小时18千米的速度行驶，轰动了英伦三岛及欧美各国，由此开辟了陆上运输的新纪元。

此后，斯蒂芬孙又负责修建了自利物浦至曼彻斯特的铁路。1829年，铁路竣工时举行了火车比赛，结果由斯蒂芬孙制造的最高时速接近50千米的火箭号机车获胜。从此，世界各地掀起了"铁路热"，铁路成为交通的大动脉。火车和铁路对产业革命起了巨大的推动作用。

这幅油画描绘了1862年伦敦帕丁顿区火车站里拥挤的人群。当时铁路系统正在迅速地扩展。

旅游业的开端

火车的出现使旅游活动开始兴盛起来，人们"游"得越来越远。1841年7月5日，身为"禁欲会社"秘书的英国人汤姆斯带领500名会员乘火车外出游玩，获得成功，现代意义上的旅游业从此诞生。此后，汤姆斯的旅游事业越办越红火，不仅带领越来越多的人跑遍英伦三岛，而且于1865年成功地率团跨越大西洋，到美国旅游。100多年来，旅游业迅速壮大，现已成为世界最大的"无烟产业"，备受各国政府重视。

法拉第用磁生电

迈克尔·法拉第（1791~1867年）是以发现电磁感应现象而著称于世的英国科学家。他的这一发现为现代电工学奠定了基础，也打开了电学之门，使电力时代的曙光照到了人间。

法拉第生于伦敦附近的纽因格顿。由于家境贫苦，幼年的法拉第只读过两年小学，但他没有放过任何一次学习的机会。13岁那年，法拉第在一个书籍装订商那里当学徒。一天，有人送来一部百科全书要求装订，书中讲到了电学和意大利物理学家伏特的研究工作。法拉第如获至宝，贪婪地阅读着，并且动手制作了一个简易的装置。通过摩擦，它竟能产生微弱的电荷。后来，一个偶然的机会，法拉第听了著名化学家戴维教授在皇家学院的演讲，获得了很大的启发。学徒期满后，法拉第给戴维写信，询问皇家学院实验室是否需要一名帮手，并送交了他听戴维演讲时所做的笔记。几个星期后，法拉第如愿成为皇家学院实验室的助理，从而开始了他的科学实验工作。

1831年下半年，法拉第在经过无数次实验后终于将磁转化为电，掀开了电磁感应现象的神秘面纱。他指出：感应电流与原电流的变化有关，而不是与原电流本身有关。他将这一现象与导体上的静电感应相比，把它取名为"电磁感应"。法拉第以电磁感应的研究成果为基础发明了世界上第一部发电机。当然，这部发电机是很简陋的。当时法拉第把一块铜制平面板放在

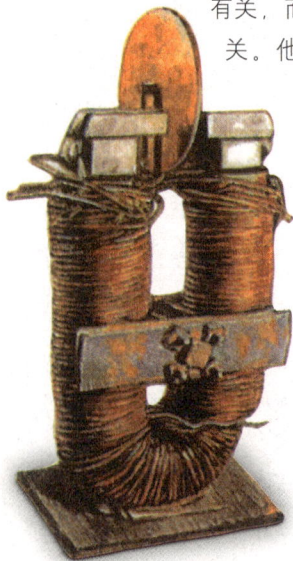
法拉第

法拉第于1831年研制出第一台发电机，它能产生出少量稳定的电流。

一块永久性磁石的两端之间，再把一片狭长的铜和一片狭长的铅放在平面板的边上，作为接收电的容器，再装上一个电流计，当平面板旋转时，电流计上的指针也随着移动。这样，一种有变化的电流就在磁石中产生出来了。

法拉第最伟大的发现——电磁感应对近代科学技术的发展产生了广泛、深刻的影响。它被应用于无线电通讯、广播、雷达、电视、遥测、遥控等各个方面，从而改变了世界的面貌，使全世界的人们享受到电气化时代所带来的便利。

科学演讲家法拉第

法拉第被公认为是"最高深的科学研究者和最专业的科学讲演家"。他举办了名为"星期五晚上的演讲"的讲座。这一活动使许多青年人对科学产生了很大的兴趣。法拉第在69岁时依然坚持和自己的同行举行一年一度的"圣诞节的演讲"，以培养和引导孩子们的科学思维。

这是法拉第于1856年在英国皇家学会演讲的情形。他为了推广科学，曾在公开场合做过许多次类似的演说。

法拉第纪念馆

瓦特改造蒸汽机

英国工业革命是从棉纺织业开始的，棉纺织机械的发展带来了一个新的问题，那就是动力。虽然那时已经出现了水力动力机械，但是使用水力的工厂在时间、地点等方面都受到了限制，生产很不稳定，因此需要寻找新的动力。而詹姆士·瓦特（1736～1819年）制造的蒸汽机正解决了这一难题。

瓦特出生在苏格兰，他的父亲是造船工人。瓦特小时候当过学徒，20岁时到格拉斯哥大学当实验员，专门制作和修理各种教学仪器。他就是在这所大学里开始研制新型蒸汽机的。1764年，大学里来了一台纽科门蒸汽机，要瓦特负责修理。瓦特就和两个曾经修理过蒸汽机的工人一起仔细地研究起来。在修理过程中，他发现这种机器的活塞每跳动一次，汽缸里的蒸汽必须冷却浓缩，然后重新加热以备再跳，效率不高。"我要造一台比它更好的蒸汽机！"瓦特一面修理，一面下定决心。

一年以后，瓦特自己制造了一台蒸汽机，但是，由于蒸汽泄漏，这次实验以失败告终。然而，瓦特没有气馁，仍然继续从事蒸汽机的改造。瓦特改进蒸汽机的过程无比艰难。因为无人资助，瓦特就用自己的工资和家里的钱搞试验，最后竟向别人借钱，以致债台高筑。在朋友的推荐下，瓦特到工场主罗巴克的厂里搞合作

以蒸汽为动力的脱粒机

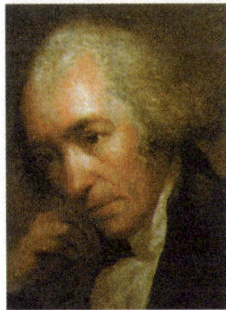
发明家瓦特

研究，罗巴克为瓦特提供了试制设备。后来罗巴克破产了，他们的合同便转让给伯明翰的机械厂主博耳顿。博耳顿是一个懂得科学价值的精明的工场主，非常支持瓦特对蒸汽机的研制工作，给了瓦特很大的帮助。

瓦特的研究终有所成。1769年，他制成了一台装有分离冷凝器的单动式蒸汽机。不久，他又成功地将单向作用式蒸汽机改进成双向作用式。与此同时，瓦特采用一套连杆曲柄传动装置，制成第一台实用的旋转式蒸汽机。旋转式蒸汽机的发明使蒸汽机作为一切工业部门的动力机械成为可能。

不久，瓦特改造的蒸汽机就被迅速用于纺织、采矿、冶金、轻工和各种机械工厂，成为适用于一切工业部门的高效率的动力机械，解决了工业革命迫切需要的动力问题，促使社会生产飞速发展，从而使人类社会从工场手工业时代迈入机器大工业时代。为纪念瓦特，物理学上功率的单位以他的名字命名。

瓦特发明的旋转式蒸汽机

蒸汽机

蒸汽机是一个能够将蒸汽中的热能转换为功的热机。泵、铁路机车和轮船曾使用蒸汽机驱动。蒸汽机在工业革命中起了基本的作用。直至今天，人们还使用蒸汽机来发电。蒸汽机需要一个使水沸腾产生高压蒸汽的锅炉，这个锅炉可以使用木头、煤、石油或天然气甚至垃圾作为热源。蒸汽膨胀推动活塞做功。

纺织革命

18世纪30年代，在资本主义最发达的英国发生了一场从工场手工业转变为机器大工业的工业革命。这场革命是由纺织机械、蒸汽机等新技术的发明引起的。

工业革命先从棉纺织业开始。1733年，一个名叫凯伊的机械师发明了飞梭，只要用绳子一拉，梭子就会快速飞动，一下子把织布的速度提高了好几倍。可是，纺纱技术却没有得到改善。一时间，棉纱供不应求。为改变这种局面，英国皇家学会和英国技术与工业奖励协会悬赏鼓励人们对纺纱技术进行改革。

1765年，纺织工哈格里夫斯发明了"珍妮纺纱机"，能一次同时纺16～18根纱。"珍妮纺纱机"提高了纺纱的速度，但是纺出来的纱细而容易断，手摇也太费力，这就需要解决一个动力问题。

1769年，有个名叫阿克莱特的钟表匠看到农村里常利用水力来碾磨面粉，就设计了一种可同时带动许多纱锭的水力纺纱机。这个发明一下子改变了英国工业的结构。因为手摇的"珍妮纺纱机"只能在家庭内的小范围使用，而水力纺纱机则能适应大工厂生产。不久，阿克莱特便在曼彻斯特成立了第一家棉纺厂，成为英国最早的工厂老板。但他的机器也有缺点，纺的纱虽然结实，但是太粗。到18世纪70年代末，工人克隆普顿综合这两种纺纱机的优点，发明了一种"骡机"。它能带动三四百个纱锭，纺出的纱又细又结实。

飞梭

纺纱机的发展又推动了织布机的发展。1785年，有个名叫卡特莱特的牧师发明了一种水力织布机，把织布的效率提高了40倍。于是，大规模的纺织厂出现了。机器的运转需要动力。在纺织工业的技术革命中，水力动力机械已经出现，但是使用水力的工厂必须建在河边，生产规模受河水流量限制，并受季节性变化的影响，生产很不稳定。

学徒出身的苏格兰机械师瓦特在前人工作的基础上，于1783年成功地改进了蒸汽机，使之具备了现代蒸汽机的基本结构。1785年，他改良的蒸汽机已用作纺织机器的动力，并很快推广到各纺织厂。由此掀起了第一次技术和工业革命的热潮，人类从此进入"蒸汽时代"。到1830年，英国的整个纺织业基本上完成了从工场手工业到以蒸汽机为动力的机器大工业的过渡。

英国北部纽卡斯尔工场的劳动场面

珍妮纺纱机

1765年，纺织工人哈格里夫斯偶然踢翻了妻子珍妮的手摇纺车，看到竖立起来的纱锭和纺轮仍在转动，于是他想："如果把几个纱锭都竖排，让一个手摇转轮带动，不就可以提高纺纱机的效率了吗？"次年，他造了一架装有8个直立纱锭的手摇纺纱机，可以同时纺出8根纱。哈格里夫斯给它取名为"珍妮纺纱机"。后来经过不断改进，珍妮纺纱机一次可纺出上百根纱线，极大地提高了纺纱效率。

伦琴发现X射线

对于德国物理学家威廉·康拉德·伦琴（1845~1923年）来说，1895年11月8日是他终生难忘的日子。这一天在科学史上也是永远值得纪念的一天。因为在这天，伦琴发现了X射线。如今，这种射线已经在晶体结构研究、金属探测和医学等方面得到广泛的应用，给人类带来了福音。

伦琴是德国沃兹堡大学的校长，虽然他有许多行政工作，但仍然长期致力于阴极射线的研究。1895年11月8日，伦琴正准备进行实验时，突然发现了一个奇特的现象：离光电管不到1米的小工作台上，射出一道绿色的荧光！他切断电源，光电管熄灭了，那道绿光也不见了。接连试了几次，情况都是如此。

伦琴大为震惊，他一把抓过桌上的火柴划亮。原来离工作台1米远处立着一个亚铂氰化钡小屏，荧光就是从那里发出的。伦琴看着这一切，不禁产生了疑问：由放电管阴极发出的射线是不能通过数厘米厚的空气的，怎么能在1米远处的亚铂氰化钡屏上闪光呢？莫非是一种未发现的新射线？

想到这里，他随手拿起一本书，把它挡在光电管和小屏之间。使他惊奇的是，亚铂氰化钡屏上还是发光，将小屏挪远一些，上面仍然发光。就是说，这种射线能穿透固体物质！他还发现，如果把照相底片放在管与屏之间，底片也能感光。伦琴称这种光为X光。后来他为妻子拍了一张X光相片。这就是历史上最著名的一张X光相片，它照下了伦琴夫人的手骨结构。

由于这种射线的性质尚未搞清，因而他给这种射线取名为X射线。1895年12月28日，在沃兹堡举行的医学物理学会会议上，

意外地开启科学之门

科学之门有时是被意外敲开的，这正如伦琴自己所说的："我是偶然发现射线具有穿透性的。"但这一发现在科学思想和科学研究方法上却给人们一个重要的启示，那就是在科学实验和观察过程中，如何正确对待偶然事件的问题。偶然出现的、有可能导致一项重大发现的机会是很少的，而且又常常被人忽视。所以不少科学家认为，"留心意外之事"是科研工作者的座右铭之一。

伦琴宣读了他的学术报告，接着又在1896年3月和1897年3月发表了两篇学术报告。这一发现震惊了全世界，医务界和科学家随即把X射线应用于医疗诊断和物质结构的研究，但是物理学家对

伦琴

该神秘射线的本性一时还没搞清楚。直到1912年，德国科学家们才认定X射线是最短的电磁波。为了表彰伦琴的这一杰出贡献，瑞典皇家科学院于1901年在斯德哥尔摩将该年度的诺贝尔物理奖授予了伦琴。

1923年3月10日，这位物理学界的巨人与世长辞了，享年78岁。但伦琴所发现的X射线却一直被应用于科研和医学领域，造福着全人类。

伦琴向社会公布他发现的X射线后，人们对此极不理解，故而当时的报纸上出现了讽刺这一发现的漫画。

病菌和病毒的发现

1865年，欧洲各地蔓延着一种可怕的蚕病，蚕大批大批地死掉，许多以养蚕为生的农民对此毫无办法。法国杰出的微生物学家和化学家路易斯·巴斯德（1822~1895年）当时是巴黎高等师范大学的生物学教授。他得到消息之后，马上到法国南部进行实地调查。

很快，他通过显微镜发现蚕和桑叶上都有一种椭圆形的微粒。这些微粒能游动，还能迅速地繁殖后代。而没病的蚕和从树上刚摘的桑叶，则没有那种微粒。"这就是病源！"巴斯德兴奋地叫了起来。他告诉农民，把病蚕和被病蚕吃过的桑叶统统烧掉。这样，蚕病被控制住了。通过蚕病事件，巴斯德为人类第一次找到了致病的微生物，并给它取了个名字——"病菌"。

从此，巴斯德开始研究人类致病的原因，结果发现了多种病菌。他还发现在高温下，病菌很快就会死亡。于是，他向医生们宣传高温杀菌法，可以防止病菌传染，后人叫它"巴氏消毒法"。

针对1880年的法国鸡霍乱，巴斯德又开始了新的研究。他认识到，病菌放一段时间之后，不仅毒性大为减少，而且还有抗病的效力。就这样，他制成了鸡霍乱疫苗。给鸡注射这种疫苗后，能增强鸡的抵抗力，防止霍乱传染。掌握了制造疫苗的方法之后，巴斯德就开始研究使人类致病的病菌。他组织学士们和助手们进行了无数次实验，制成了伤寒、霍乱、白喉、鼠疫等多种疫苗，控制了多种传染病。

巴斯德在实验室里观察牛奶发酵的现象。

不久，巴斯德又开始了对狂犬病的研究，他通过显微镜仔细观察狂犬的脑髓液，没有发现病菌。可是把狂犬脑髓液注射进正常犬的体中，正常犬马上就会得病死掉。"这是一种比细菌还要小的病源！"巴斯德惊奇地对助手们说。

巴斯德

人们就把这种比细菌还小的生物病源称为"病毒"。怎样治狂犬病呢？巴斯德把刚死的狂犬脑髓取出，悬挂在一个干净瓶子里晾干，两星期之后把它加水磨成糟糊，注射进正常犬的体中，结果没有发病。又过两个星期，他又给正常犬注射刚刚死亡的狂犬的脑髓液，结果这只正常犬没有任何异常。就这样，一种治疗狂犬病的疫苗诞生了。后来，他又把狂犬疫苗用来给人治病，也获得成功了。

巴斯德一生都从没有停止过科学研究，直到他去世。他为人类健康做出了巨大贡献，受到全世界人民的尊敬。

巴斯德的爱国情怀

巴斯德具有高度的爱国情操。1868年，德国波恩大学颁发医学博士的名誉学位给他，但在普法战争后，他把这学位退回，因为他不愿看到自己的名字出现在一张德意志帝国的羊皮文凭上。普法战争中，巴斯德告诫医生们所有手术及包扎用品要进行高温消毒以防止感染，这一措施使不少法国士兵避免了受伤后因细菌感染而死亡。

巴斯德在为病人注射白喉血清。

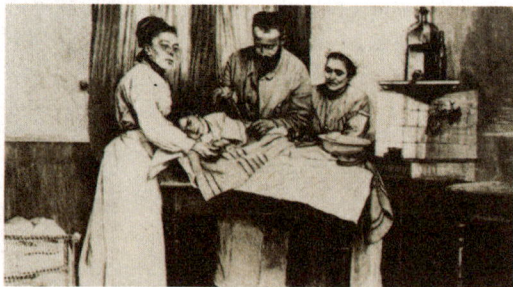

牛痘接种法的创立

18世纪时，天花疾病比以往任何时候都猖獗。英格兰仅一年就有45000人死于天花。从当时来看，天花是继鼠疫之后世界上传播最广、最可怕的疾病，是导致死亡的第二大疾病。牛痘接种术发明之前，欧洲人主要以逃避的方式来对付天花，后来才采用源自中国的人痘接种术——把天花患者的痘粒脓浆或痘痂粉末作为接种材料，送入未患病者的鼻腔内以引发局部性痘疹，这样人就会获得对天花的免疫力。但是人痘法并非万无一失，发病轻的会留下大块疤痕，重的还有死亡的危险。直到后来英国一位乡村医生爱德华·詹纳（1749～1823年）发明了牛痘接种法，威胁了人类几千年的天花才被消灭。

詹纳出生在英国格洛斯特郡的伯克利小镇上。12岁时他成为一位内科医生的学徒，后来在一家医院里边学解剖边工作。1792年，他在伦敦圣·安德大学获得医学学位。之后，他回到故乡，当了一名乡村医生。

一次偶然的机会，詹纳发现一个人如果被传染上牛痘（挤奶女工容易得的一种疾病，不会危及人的生命），以后就再也不会得天花了。詹纳设想如果给人接种牛痘，也许能获得对天花的免疫力。他意识到这可能是一种新的

詹纳在进行他的第一次预防接种。他花了整整一年的时间，才确定这样的接种是安全的。

疫苗接种法的贡献

1796年，詹纳首次对未患天花者使用疫苗。19世纪，疫苗接种法开始广泛流传，这种方法是抗击传染病的有力武器。1980年5月8日，第三届世界卫生组织大会庄严宣布：危害人类达数千年之久的"瘟神"——天花已被人类消灭掉了。这是人类与传染病斗争的一次重大胜利。

既见效又安全的攻克天花的方法。

詹纳注意到凡是患了牛痘的人就不会感染更严重的天花病。这项发现使他决定让试验对象感染上牛痘，以预防天花。

1796年5月14日，詹纳用牛痘溃疡的脓液为一个小男孩接种。7月19日，詹纳又用天花给这个小男孩接种，结果小男孩没有患病。成功的实验证实了詹纳的假说。这是人类历史上人体牛痘接种首次成功的实验。接下来，詹纳先用病牛身上的脓疮浆，后改用牛痘接种者的痘痂，经数十例实验，都取得了同样的免疫效果。1798年，詹纳的《牛痘来源及其效果研究》得以发表，这是人类征服天花的宣言书。牛痘接种法被证实成功以后，詹纳在家乡继续免费为村民接种牛痘，又陆续发表了一系列文章，以扩大自己学说的影响。三年之后英国有10万人进行了接种，牛痘接种法在英国迅速传开了。

英国当局也承认了詹纳关于接种牛痘的学说，并建立皇家詹纳学会，由詹纳担任首任主席。1823年，这位为人类健康事业做出杰出贡献的医学家在他的家乡伯克利去世，享年74岁。

詹纳画像

贝尔发明电话机

今天，在不同地区生活的人要进行联系，既不需要用寄信的方式，也不必亲自赶到对方所在的地方，只要通过电话这一工具即可办到。这一伟大通讯工具的发明者就是亚历山大·格雷厄姆·贝尔（1847～1922年）。

贝尔生于英国的一个声学世家，曾在爱丁堡大学攻读语言学，后来在美国波士顿大学任声音生理学教授。当贝尔了解到电磁铁能引起音叉振动后，便决定研究通过电线传递声音的问题。1873年，他辞去教授职务，专心研制电话。在助手华生的协助下，贝尔进行了一次又一次实验。1876年，他们制成了第一部实用的电话装置。他们用薄铁片作振动簧片，铁片的振动引起磁场的变化，使绕在磁铁上的线圈产生感应电势，由此产生的感应电流传到受话器端同一装置的线圈，引起磁场的变化，进而使受话器的铁片振动，从而发出与送话端频率相同的声音。1876年3月10日，在对这一装置进行通话实验时，贝尔和华生分别进入隔开一定距离的两个

1876年贝尔发明的电话机

房间。华生在房间里突然听到："华生先生，快过来！我需要你！"原来贝尔不小心把硫酸溅到了到身上，就在屋里喊了起来。当华生确定这是从电话里传出的声音时，便激动地喊道："贝尔先生，我听见了！我听见了！"实验成功了！

从此，1876年3月10日被作为发明电话的日子载入了史册。同年，贝尔获得了美国的电话专利，并在费城博览会上展出他的电话装置。博览会上的通话表演，引起很大的轰动，使电话成为博览会上最引人注目的展品。

电话的发明是人类历史上的一件大事，是人类迈向信息时代的重要一步。电话的发明改变了人类的沟通方式，从以前必须面对面的交流变为相隔万里也能相互交谈和互通信息。电话的发明也把世界变小了，处在世界各个角落的人们都可以通过这样一个简单的设备来了解外界的情形，大大改变了人类的生活和生产面貌。

贝尔

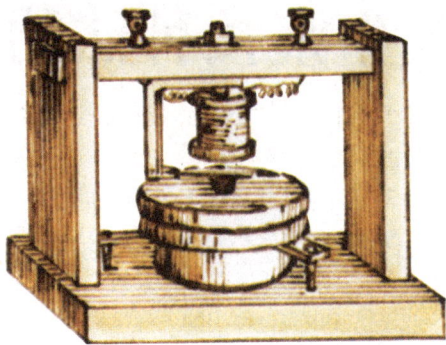
贝尔与华生在位于波士顿的实验室里探讨有关电话研究的话题。

5丝米定夺电话专利

在贝尔发明电话机之前，有一个名叫莱斯的科学家先于贝尔成功地研制出利用电流把声音传到1000米以外的新装置，然而这个装置只能把声音单向传送，无法互相交流。贝尔借鉴了莱斯的实验成果，同时发现了对方的不足。贝尔把他的装置中的一颗螺丝钉往里多拧了半圈，仅仅5丝米就可以使声音互相传递。事后，莱斯说："我在距离成功5丝米的地方失败了，对于这个深刻的教训，我将记忆终生。"

炸药发明家诺贝尔

阿尔弗雷德·诺贝尔（1833~1896年）生于瑞典的斯德哥尔摩。他的父亲热衷于化学实验，致力于制造炸药，在瑞典破产后，便前往俄国谋生，时年9岁的诺贝尔也随全家迁居俄国。克里米亚战争后，父亲开办的工厂又陷于破产，只好重返故土。回瑞典后，父子几人在斯德哥尔摩建立工作间，又开始研究炸药。

当时，欧洲人用的炸药仍是从中国传过去的黑火药。黑火药爆炸力小，远不能满足生产需要。因此，科学家们想寻找一种威力强大的新炸药。1847年，意大利化学家索布雷罗制成一种名叫硝化甘油的物质，它被加热或受到震动后就会立即发生爆炸。诺贝尔想用它代替黑色火药。可是，硝化甘油太容易爆炸，不易掌控，无法用于生产。为解决这个问题，诺贝尔开始进行爆炸实验。1864年9月3日，实验室发生猛烈的大爆炸，整个工作间被送上了天，五个实验人员当场身亡，其中一个就是他的弟弟。这就是轰动一时的"海伦波事件"。诺贝尔遭到了来自各方面的谴责，瑞典政府也不准

诺贝尔

他再在市内搞实验。面对困境，诺贝尔毫不灰心，坚持把实验进行下去。他把实验室建在船上，在距斯德哥尔摩3000米的柏拉伦湖中继续试验。最终，他发明了雷管，成功地解决了引爆硝化甘油的问题。1865年，他在首都斯德哥尔摩附近正式建立了硝化甘油工厂，在德国汉堡等地成立了炸药公司，开始生产炸药。

但是，由于这种新炸药经不起震荡，爆炸事故仍不断发生。后来，诺贝尔在实验中发现，如果在硝化甘油中加入甲醇，并以3∶1的比例与硅藻土混合，那么只要没有引爆雷管，硝化甘油就不会爆炸。诺贝尔由此研制出安全可靠的黄色固体炸药——"安全炸药"。

诺贝尔的声誉随着安全炸药的爆炸声迅速传遍了世界。由于炸药在军事上和工业上的广泛应用，诺贝尔把自己的工厂建立在世界各地。1881年，他被选为瑞典皇家科学院会员。1896年12月10日，诺贝尔在意大利圣雷莫去世，享年63岁。

诺贝尔奖

诺贝尔把自己的毕生精力和全部心血都献给了人类的科学事业。1895年11月27日，他留下遗嘱，把他因发明炸药而得到的3300多万瑞典克朗（约920万美元）作为基金，用每年的利息作奖金，奖励那些在物理、化学、生理医学、文学以及和平事业上"为人类做出最大贡献的人"。评选的唯一标准是成就的大小，不管这些人属于哪一个民族、哪一个国家，更不受意识形态和宗教的影响。这就是举世闻名的"诺贝尔奖"。

炸药爆炸时能产生巨大的威力，因而被广泛用于开山筑路。

1895年11月27日，诺贝尔在巴黎的瑞典俱乐部，请来能信赖的亲友发表了自己的遗嘱。

□ 扑克牌中的化学

德米特里·伊万诺维奇·门捷列夫（1834~1907年）出生在俄国西伯利亚的托波尔斯克市。他自幼就有出众的记忆力和数学才能，特别喜爱大自然，并善于在实践中学习。中学毕业后，他进入彼得堡高等师范学校学习。在这所学校里，门捷列夫得到了一些优秀教师的指导，特别是化学家沃斯克列森斯基对他的教诲，培养了他对化学研究的浓厚兴趣，并使他开始了创造性的研究工作。

1854年，不满21岁的门捷列夫写出了第一篇化学学术报告。1855年，他完成了自己的毕业论文《论同晶现象与结晶形状及其组成的关系》。接着他以优异的成绩从彼得堡高等师范学校毕业，并获得一枚金质奖章。1856年，门捷列夫从彼得堡大学硕士毕业，并获得物理和化学两个硕士学位。第二年，他当上了该大学化学教研室的副教授，此时门捷列夫仅23岁。1865年，他取得博士学位，并被正式任命为教授。

1868年，门捷列夫开始在彼得堡大学讲授无机化学。由于大学生们迫切需要一本能反映化学科学发展水平的教科书，因此门捷列夫决心亲自编写一本概括化学基础知识的新教材——《化学原理》。当时，已被发现的化学元素共有60多

种，绝大多数科学家都认为各种元素之间是毫无规律可循的，教授们教无机化学课都按照自己认为最方便的顺序讲解。但门捷列夫则确信化学元素之间一定存在"一般规律"，只是还有待于去发现。

门捷列夫

在门捷列夫之前，虽然不少科学家都研究过元素族的分类，但对族和族之间的联系却未能进行深入探讨。从1862年起，门捷列夫对283种物质逐个进行分析测定，这使他对许多物质和元素的性质有了更直观的认识。于是，他开始思考各种元素之间的关系。他把元素的符号、原子量和主要性质写在像扑克牌一样的一张张纸牌上，在桌子上想把这些纸牌按原子量的大小排成一张表，但左排右排，始终也排不好。他几天几夜连续工作，不断调换着桌子上纸牌的位置。他没有停留在已有的水平上，而是在探索着化学元素之间最根本的规律。终于，在1868年，门捷列夫在一张纸上画了这样一个表格——《根据元素的原子量及其相似的化学性质所制定的元素系统表》，也就是化学元素周期表。

门捷列夫为科学辛劳了一生。1907年2月2日，他坐在书桌前与世长辞，手中还握着笔，桌上放着一部尚未完成的科学著作。

门捷列夫以实验为手段进行化学元素分析研究。其中有些元素是早在18世纪由一些炼金术士在实验过程中发现的。

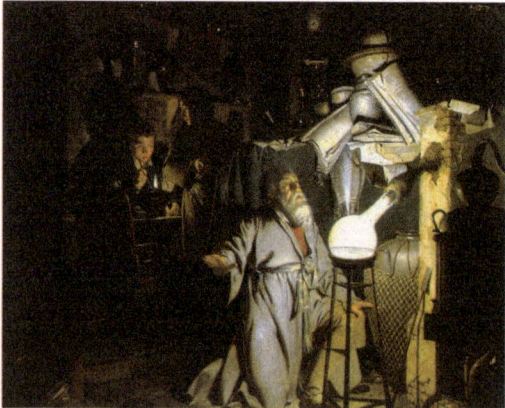

制定化学元素周期表的意义

元素周期表的制定显示了化学元素间的固有联系与规律，打破了元素"各自为政"的形而上学的物质观，证明了组成物质各元素的高度统一性，对于辩证唯物主义物质观的确立和发展起到了不可估量的作用。恩格斯对这一成就就了高度的评价："门捷列夫不自觉地应用黑格尔的量转化为质的规律，完成了科学上的一个勋业。"

万国博览会

维多利亚女王在位的64年是大英帝国的极盛时代，又称维多利亚时代。正是在这个时代，英国成了"世界工厂"，开始称霸世界。为了显示国家的强盛，英国政府于1851年筹办了万国博览会，也就是第一届世界博览会。

第一届万国博览会的筹办人是维多利亚女王的丈夫阿尔伯特亲王，他一直热心支持科学、工业和艺术事业。当他看到蓬勃发展的英国工业、航海业时，深受鼓舞，于是制订了举办博览会的计划。这个博览会将超越国界，展示全世界在各行各业取得的成就。英国政府批准了他的计划，并且决定在海德公园建造博览会的展览厅——"水晶宫"，这一工程花了两年的时间。

1851年5月，万国博览会在万众期盼中开幕了。5月1日这一天，维多利亚女王亲自主持了揭幕典礼。"水晶宫"里摆满了世界各国的工业品和艺术品。最受参观者瞩目的是引擎设备、水力印刷机、纺织机械等技术型产品。大厅里的展品丰富多彩，令人眼花缭乱，所有的展品都代表了社会工业发展的成就和人类的无限创造力。

这幅插图描绘了伦敦水晶宫的景象，这里是1851年5月开幕的世界首届博览会的场所。

第一届万国博览会受到了来自全世界厂商和各国政府代表团的热烈欢迎，共有10个国家参展，共展出了14000多项工业技术和产品，其中半数是英国人创造的。因此，博览会对于宣传英国的实力，促进产品的交流，扩大对外贸易起了很好的作用。英国在博览会期间，吸引了630万人前来参观和洽谈贸易，成交额达数百万英镑，大大提高了英国在世界上的声誉。

水晶宫万国博览会的成功使它与奥林匹克运动会一样成为全球规模的盛会，万国博览会因此被誉为"经济、科技与文化界的奥林匹克盛会"。

万国博览会的会场——水晶宫

万国博览会上的中国商人

参加第一届万国博览会的有10个国家。值得一提的是，当时的中国虽然是半殖民地国家，但也参加了这次博览会，不过是由私人代表参加的。上海商人徐荣村以自己经营的12包中国特产"荣记湖丝"参加伦敦万国博览会，引起轰动，并夺得金、银两项大奖。

1837年维多利亚女王的加冕典礼

1851年博览会英国部分的展厅，展示了英国在技术和工业领域的领先地位。

□ 狂飙突进运动中的歌德

18世纪70至80年代，德国发生了一场声势浩大的反封建的资产阶级文学运动——狂飙突进运动（因克林格尔的剧本《狂飙运动》而得名）。这场运动是法国启蒙运动的继续和发展，但只限于文学领域，没有发展成政治运动。参加运动的大多是青年作家，年轻时代的约翰·沃尔夫冈·歌德（1749~1832年）就是其中的杰出代表。

歌德经常参与贵族沙龙音乐会。

歌德出生于德国商业城市法兰克福一个富裕的市民家庭。他很小就接受了来自家族的启蒙教育。1770年，歌德到斯特拉斯堡大学上学，在这里接受了卢梭、斯宾诺莎的思想影响，结识了"狂飙突进"运动的领袖赫尔德和一批青年作家。在这一时期，他写出了一批感情真挚、旋律优美的抒情诗。

歌德曾经对一个法官的女儿一见倾心。后来他打听到，这位姑娘已经订婚，未婚夫还是自己的一个朋友。为此他非常苦闷，一度想自杀。不久他获悉，自己大学时的一位同学因爱情受挫而开枪自杀。这两件事萌发了歌德创作的激情。25岁那年，他写成了第一部中篇小说《少年维特之烦恼》。这部中篇小说虽然是歌德以他自己的痛苦经历为基础创作的，但却并不是一部狭隘的个人恋爱的悲剧。维特的不幸经历是通过个人的自由愿望与社会现实的种种限制之间的冲突而展开的，因此具有巨大而深刻的社会意义，喊出了青年们强烈抗议现有制度的呼声。这部小说出版后，很快风行欧洲各国。

德意志魏玛公国的公爵看过歌德的小说后，特地邀请年轻的歌德到他的宫廷去。歌德在魏玛整整待了10年。这10年期间，他从反叛者变成了宫廷文人和官吏，但他最终放弃了这种生活，来到了意大利。意大利之行使歌德放弃了"狂飙"式的幻想转而追求宁静、和谐的人道主义理想，完成了一些他早已动手但一直未写完的作品，如《埃格蒙特》《托夸多·塔索》以及《浮士德》的一部分。

1788年，歌德回到魏玛，辞去行政职务，专心从事文学创作。1832年3月，他安详地离开了人世。

歌德（左）与席勒在魏玛的雕像

史诗巨著《浮士德》

《浮士德》代表了当时欧洲文学的最高成就，在世界文学史上享有崇高的声誉。《浮士德》以主人公浮士德的思想发展为线索，表现了他探索真理的一生。魔鬼与天帝发生了一场关于人的争论。魔鬼认为人最终必将堕落，天帝却认为人最终能找到真理。他们为此而打赌，由魔鬼去诱惑浮士德。于是，引出了浮士德追求真理的生活历程。最后，上帝驱走了魔鬼，浮士德发动群众，以集体劳动改造大自然，建立了理想中的人间乐园。

□ 启蒙运动的先驱——伏尔泰

17、18世纪，在欧洲出现了一场资产阶级的民主文化运动。由于这一运动旨在启发、开导人们消除思想蒙昧，所以被称为启蒙运动。而伏尔泰（1694～1778年）就是启蒙运动初期最具代表性的一位伟大思想家。

伏尔泰原名弗朗索瓦兹·马利·阿鲁埃，出生在法国巴黎一个富裕的资产阶级家庭。他的父亲一心想把他培养成法官，而他却立志要当一名诗人。年轻的伏尔泰由于在短诗中嘲笑了法国统治者，曾两次被流放，后来被囚禁在巴士底狱中。在狱中，他亲眼目睹了封建统治阶级的血腥暴行，便写了一部讽刺贵族寡廉鲜耻的剧本《欧第伯》。伏尔泰出狱后，因这个剧本再次受到迫害，被驱逐出境，流亡英国。从此，他就开始著书撰文反对法国政府和天主教会的封建专制统治。

在英国期间，伏尔泰考察了资产阶级革命后的英国政治制度，研究了唯物主义哲学和牛顿的物理学。后来，伏尔泰回到法国，写下了著作《哲学书信》，狠狠地批判了法国封建制度和教会的腐朽专制。这一下可惹怒了法国的封建贵族，他们烧毁了伏尔泰的书，并再一次将他驱逐出境。从此，伏尔泰隐居在法国和荷兰边境的一个朋友家里。

伏尔泰

在隐居期间，伏尔泰写了不少宣传自由平等的诗歌、剧本和哲学著作。1750年，伏尔泰应普鲁士国王腓特烈二世的热情邀请来到柏林。但是，他没有想到，自己来到了一个比法国更黑暗、更残酷的封建专制国家。被伏尔泰误认为是"开明君主"的腓特烈二世只是把伏尔泰当作宫廷点缀，沽名钓誉，实际上实行的是军国主义的野蛮扩张政策。两人之间的"友谊"很快就破裂了。1755年，伏尔泰在法国和瑞士交界的佛尔奈地区购置了一处住所，在此度过了一生中的最后20余年。在此期间，他全力以赴地投身于启蒙运动之中，领导法国人民争取自由的斗争。1778年，法国国王路易十五死去，伏尔泰满载荣誉返回故乡，同年5月逝世。

1870年，巴黎人民为伏尔泰树立了纪念铜像，在碑文上铭刻着这样一句话："他教导了我们走向自由。"

伏尔泰与普鲁士国王腓特烈二世在无忧宫共同进餐。

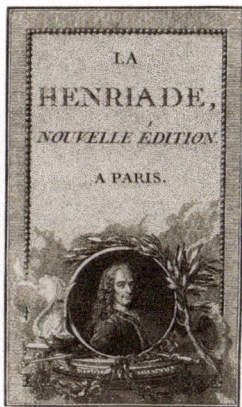
《哲学书信》的封面

《哲学书信》

1726～1729年，伏尔泰深入地研究了英国的政治制度、洛克的哲学著作及牛顿的科学论述，从而形成了他的反封建的政治主张，坚定了他反对天主教神学、宣扬信仰自由的决心。1733年，他的第一部哲学和政治专著《哲学书信》英文版问世。该书阐述了作者的哲学、神学及政治观点。

音乐神童莫扎特

1764年的一天，奥地利著名的波伦亚音乐学院正在进行着一场特殊的考试。学院的几位教授把一个稚嫩的孩子带进一间屋子，递给他一张纸条："孩子，这里是一首乐曲的题目，我们要求你在两个小时以内按这个题目创作出一首钢琴曲来。"说罢，教授们锁上房门，在小屋外一边悠闲地喝着咖啡，一边聊着天，等待考试结束。还不到半个小时，"笃笃！笃笃！"小屋里响起一阵敲门声。教授们惊异地打开房门，只见那个孩子手持一份写得密密麻麻的试卷笑嘻嘻地走了出来。教授们仔细地评议了他的作品，感到非常满意。因为在这么短的时间内创作出这样一首颇有难度的钢琴曲，对他们自己来说恐怕也很难做到。这个孩子就是奥地利的天才作曲家、誉满全球的乐坛神童沃尔夫冈·阿玛迪亚斯·莫扎特（1756~1791年）。

莫扎特的父亲是当时奥地利有名的音乐家。在父亲的培养下，莫扎特3岁就能听懂音乐，4岁就会弹钢琴和管风琴，5岁就练习作曲。6岁时，父亲在维也纳为他举办了第一场专场音乐会。音乐才华为莫扎特赢得了盛名，他经常被邀请为王室贵族演奏。1773年，莫扎特结束了长期的旅行演出，返回家乡萨尔茨堡，担任大主教的宫廷乐师。莫扎特的才华和所获得的成功和荣誉，并没有受到大主教的重视。在

莫扎特纪念像

《安魂曲》

莫扎特的绝笔之作是《安魂曲》，这是他受人之托而作的。当时他已病势沉重，生命垂危。这天，一个仆人穿着一身黑衣服来取稿，进院后他高声喊道："准备好了吗？已经到期了。"躺在床上的莫扎特认定，这个黑衣人就是天国派来的使者，是来宣布他死期的。1791年12月4日，《安魂曲》创作出来了。第二天，莫扎特也离开了人间。

莫扎特

大主教看来，他不过是一个普通的奴仆。为了争取人身与创作的自由，他向大主教提出辞职。于是，他成为奥地利历史上第一个摆脱宫廷束缚的音乐家。也因为如此，他从此过着贫困的生活，但是他在贫穷和困难的处境中仍坚持着音乐创作。

在短短的一生中，莫扎特创作了17部歌剧、49部交响乐和许多器乐曲，被人们称为"18世纪的奇迹"。他的歌剧《费加罗的婚礼》《唐·璜》等，强烈地抨击和讽刺了贵族的腐朽虚伪，具有积极的社会意义和民主精神，受到了全世界的赞赏。

1791年12月，莫扎特病逝于维也纳，年仅35岁。这位伟大的音乐家在其短暂的一生中，把最动听、最美好的旋律奉献给了世人。

《费加罗的婚礼》第一幕的布景图，现收藏于慕尼黑戏剧博物馆。

芭蕾舞的起源和发展

芭蕾舞起源于意大利。意大利的"宫廷芭蕾"是芭蕾舞的雏形，后来发展成各类庆典和迎接外国贵宾礼仪的一部分，被欧洲各国宫廷所吸收。17世纪后，芭蕾舞在法国形成并逐步完善，至路易十四时代极为盛行。路易十四本人就是一位卓绝的舞蹈家，非常喜爱芭蕾舞表演。国王带头跳舞，大臣们争相学舞，芭蕾一时成为欧洲各国贵族的时尚。1661年，路易十四创立了世界上第一所舞蹈学校——法国皇家舞蹈学院，专门教授芭蕾舞。后来，随着"宫廷芭蕾"的衰落，成熟的芭蕾舞，以及作曲家、编导及演员们的艺术活动，逐步扩展到剧场舞台上。芭蕾艺术也进入一个新的发展阶段，逐渐形成了风格不同的意大利流派和法国流派。18世纪，芭蕾舞传入俄国，又形成了俄罗斯流派。后来，芭蕾舞传至世界各地，到20世纪时出现了与现代舞相结合的现代芭蕾。

芭蕾中的"哑语"

在芭蕾舞中经常使用的一些哑剧手势有其固定的含义。如演员用手按左胸表示"爱"；双手在头顶交替绕圆圈表示"跳舞"；一只手的手背从方向相反的脸颊划到下巴处表示"容颜美丽"；摊开双手或单手表示"询问"；双手握拳交插于身体前方则表示"死亡"，等等。

跳舞的路易十四

芭蕾艺术进入剧场后，最初只是作为演出歌剧时的插舞，叫作"芭蕾歌剧"。18世纪中期产生了"情节芭蕾舞"，结束了芭蕾舞与歌剧的合作。随着整部舞剧的上演，芭蕾舞成为一门独立的艺术。19世纪中叶，浪漫主义思潮进入芭蕾舞艺术领域，芭蕾舞迎来了它辉煌灿烂的成熟时代，从内容到形式都发生了根本性的变化。这一时期，足尖站立的技艺产生并迅速推广，此后足尖舞功成为芭蕾舞的一大要素。

芭蕾舞剧是综合音乐、美术、舞蹈于同一舞台空间的戏剧艺术形式。芭蕾舞剧中所使用的音乐节奏明快，抒情色彩浓厚，适于舞蹈旋律，素有"舞蹈灵魂"之称。芭蕾舞剧的经典传世之作有《睡美人》《胡桃夹子》《天鹅湖》，等等。其中，由俄国作曲家柴可夫斯基配曲的《天鹅湖》，已成为芭蕾舞剧的代名词，屹立在芭蕾舞的艺术群山之巅。

柴可夫斯基根据童话创作了芭蕾舞剧《天鹅湖》。

法国宫廷舞会

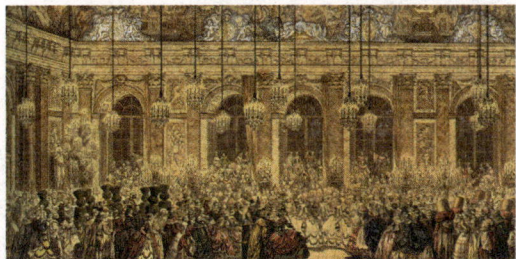

□ "乐圣"贝多芬

路德维希·凡·贝多芬（1770～1827年）是与莫扎特同时代的音乐家。贝多芬生于德国的波恩，他的祖父和父亲都是音乐家。贝多芬4岁开始学琴，8岁举行个人音乐会，11岁创作了一首闻名欧洲的《葬歌》，13岁起担任宫廷风琴师。17岁那年，他来到维也纳拜访了莫扎特。当时，莫扎特就预言"这个来自莱茵河畔的孩子，必将以他的音乐才华震惊全世界"！

贝多芬的音乐才能是同他酷爱自由、平等、博爱的民主政治理想分不开的。他的一生，可以说是一个以音乐为武器向封建势力进攻的战士的一生。

早在波恩大学读书时，贝多芬就接受了法国大革命的熏陶。当法国人民攻破专制的封建堡垒巴士底狱时，贝多芬热血沸腾，立志要写出一部歌颂法国大革命的交响乐来。

1804年，他的《第三交响乐》（亦称《英雄交响乐》）正式完成。乐曲以庄严、雄伟的旋律，表达出了革命英雄的心声。贝多芬在开始创作这部交响乐时，非常崇拜保卫法国革命的统帅拿破仑，所以把这部交响乐取名为《波拿巴大交响曲》，要把它献给拿破仑。但当这部交响乐完成时，拿破仑已经抛弃共和，当了皇帝。贝多芬痛苦万分，就把它改为《英雄交响乐——纪念一位伟人》。这里的"伟人"就是革命的人民。

1821年起，贝多芬的身体愈来愈差，不久就双耳失聪，成了聋子。作为一个音乐家，失去了听觉，简直比判处死刑还要痛苦。但是，

不向命运屈服的贝多芬

他根据诗人席勒的《欢乐颂》，以极大的毅力创作了一部歌颂光明和欢乐的《第九交响乐》（亦称《合唱交响乐》）。

1827年，身体虚弱的贝多芬离开了人世，人们在魏林格墓地为他举行了隆重的葬礼。1888年，贝多芬的遗骨被安放到维也纳中央陵园。

只有一个贝多芬

有一次，贝多芬在音乐会上演奏旋律优美的《月光奏鸣曲》。人们都在静静欣赏，但一个伯爵却在那儿大声吵闹。贝多芬停止了演奏，愤怒地高声说道："我决不能奏给这些蠢猪们听！"主办这次音乐会的亲王走过来训斥贝多芬。贝多芬圆睁双眼，怒不可遏地回击道："亲王，您之所以成为贵族，只不过凭借自己的出身，而我却全凭自己的努力。现在世界上有成千上万个贵族，将来也还会有成千上万个。而贝多芬，只有我一个！"说罢，他大步走出了会场。

人们为贝多芬举行了盛大的葬礼，当时维也纳文艺界所有的名流都参加了葬礼。

□ 现实主义大师巴尔扎克

奥诺雷·德·巴尔扎克（1799～1850年）是19世纪法国伟大的批判现实主义作家，欧洲批判现实主义文学的奠基人和杰出代表。100多年来，他的作品传遍了全世界，对世界文学的发展和人类进步产生了巨大的影响。

1799年，巴尔扎克出生在法国卢瓦尔河畔的小城——图尔市的一个资产阶级家庭里。巴尔扎克从小就是一个"读书迷"。1807年，他被送进图尔市的旺多姆学校读书。该校的图书管理员勒费弗尔神甫格外偏爱巴尔扎克，把图书馆的很多书都借给了他。这些书启发他去思考、学习，使他变得博学起来。12岁时他就写出了一些作品和诗，被同学们称为"诗人"。

1816年，巴尔扎克进入大学法律系读书。大学毕业后，他立志要当一名作家。父亲坚决反对他的决定，并断绝了他的经济来源。但是，巴尔扎克没有妥协，他在为生存而奋斗的同时，始终没有放弃自己成为一位作家的梦想。

巴尔扎克是个多产作家，仅收入《人间喜剧》的长、中、短篇小说就有90多部，其中著名的有《朱安党人》《高利贷者》《欧也妮·葛朗台》《高老头》等。在《人间喜剧》中，巴尔扎克描写了2000多个人物，他用编年史的方式把逐年上升的资产阶级在1816～1848年这一时期对贵族社会

巴尔扎克

日甚一日的冲击几乎都描写出来了。整个作品包含着一部封建贵族的没落衰亡史和一部资产阶级的罪恶发迹史，二者有机地联系，紧密地结合在一起。

巴尔扎克在文学表现艺术方面也取得了杰出成就。他在小说结构方面匠心独运，创造了多种多样的结构形式。他善于将集中概括与精确描摹相结合，以外形反映内心本质等手法来塑造人物。他还以精细入微、生动逼真的环境描写再现了时代风貌。此外，在语言个性化、心理描写等方面，他的作品都达到了一定的高度。恩格斯称赞巴尔扎克的《人间喜剧》写出了封建贵族阶级的没落衰败和资产阶级的上升发展，提供了社会各个领域无比丰富的生动细节和形象化的历史材料。

蜂拥而至的人们迫切想进入剧院观看免费的情节剧。在巴尔扎克生活的巴黎，这是很普遍的一个现象。

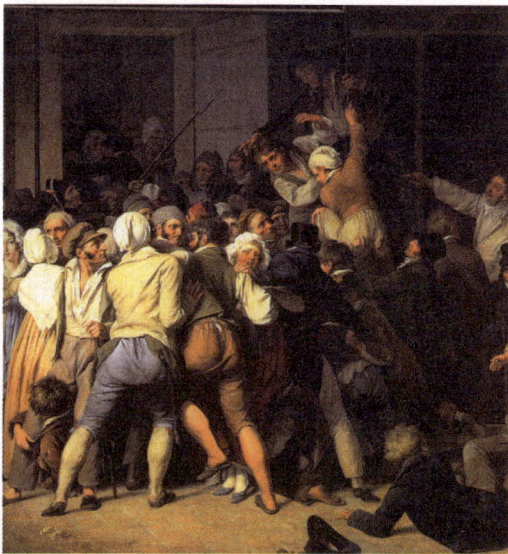

沉浸在写作中的巴尔扎克

巴尔扎克一拿起笔来写作，就像着了魔似的。有一次，一个朋友去拜访巴尔扎克。他敲了敲门，听见巴尔扎克好像正在和什么人激烈地争吵："你这个恶棍，我要给你点颜色瞧瞧！"这个朋友急忙推门进去，看见屋里只有巴尔扎克一个人。原来巴尔扎克在痛骂作品中一个人物的卑劣行为。一天，另一个朋友去看望他。突然，巴尔扎克走到他面前，激动地痛斥说："你，你，使这个不幸的少女自杀的就是你！"他的朋友大吃一惊。原来，巴尔扎克所说的少女是他正在写的一部小说中的人物。

浪漫主义文学的旗手雨果

19世纪是法国社会最为动荡的时代，动荡不安的社会生活正是产生种种文学思潮的温床，所以对于文学的发展来说，19世纪正是法国文学史上最辉煌的时代。维克多·雨果（1802～1885年）这个浪漫主义文学运动的新星正是在这一时期崛起的。

雨果诞生在法国东部的贝桑松城。他的父亲是拿破仑手下的将军，总是东征西战，母亲是个天主教徒。雨果从小读了许多有益的书籍，并且开始尝试着写作。19世纪20年代中期，在自由主义思潮的影响下，雨果的政治态度逐渐有了转变。他开始转向资产阶级民主主义，积极参加浪漫主义文学运动。1827年，雨果发表了著名的战斗宣言《〈克伦威尔〉序》，这篇宣言使他成为浪漫主义文学运动的领袖。此后，从20年代末到30年代初，众多的诗歌、戏剧、小说从雨果笔下像泉水般涌流出来。1831年，雨果出版了浪漫主义的杰作——反封建、反教会的长篇历史小说《巴黎圣母院》。小说以它紧张奇异的故事情节、色彩斑斓的景物描写、性格夸张的人物形象、华丽活泼的语言，震撼了法国乃至世界文坛。

1851年，拿破仑三世发动军事政变，实行军事独裁，雨果坚定地站在共和派一边参加反政变的斗争，拿破仑三世对他恨之入骨，下令悬赏通缉。雨果只得化装逃出巴黎，开始了19年的流亡生活。流亡期间，他写下了长篇小说《悲惨世

雨果

流亡归来的雨果自告奋勇地加入了国民自卫军。

界》《海上劳工》《笑面人》。它们如同一把匕首，揭露了专制统治的虚伪与罪恶。

1870年以后，普法战争中法国战败，新组建的国防政府宣布向普鲁士投降。在国难当头的关键时刻，雨果结束了长达19年的流亡生活，赶回巴黎，尽力捍卫祖国的尊严和主权。

1885年5月22日，83岁的雨果与世长辞。法国人民为雨果举行了国葬，把他的遗体送到法国著名的墓地——先贤祠安葬。

雨果作为19世纪前期积极浪漫主义文学运动的领袖，法国文学史上卓越的资产阶级民主作家，贯穿他一生活动和创作的主导思想是人道主义、反对暴力、以爱制"恶"，他的创作期长达60年以上，作品总共达79卷之多，给法国文学和人类文化宝库增添了一份十分辉煌的文化遗产。

19世纪时期的巴黎

《巴黎圣母院》

《巴黎圣母院》是雨果第一部大型浪漫主义小说。它以对比手法写了一个发生在15世纪法国的故事。小说揭露了宗教的虚伪，宣告禁欲主义的破产，歌颂了下层劳动人民的善良、友爱、舍己为人，反映了雨果的人道主义思想。

《巴黎圣母院》中的主人公卡西莫多

□ "童话之王"安徒生

汉斯·安徒生（1805～1875年）出生于丹麦的奥登赛镇，父亲是鞋匠，母亲是洗衣妇，家里非常贫穷。安徒生10岁时，父亲在贫病交加中死去，全家靠母亲给人洗衣服维持生活。由于家庭经济困难，安徒生只在初级学校学习了一段时期，就无法继续上学了。

14岁那年，安徒生观看了来自丹麦首都哥本哈根的一个剧团的演出后，对演戏产生了浓厚的兴趣，并坚信自己有当演员的才能。在他的坚决要求下，母亲只好让他独自去哥本哈根闯荡。哥本哈根是富人的天堂，没有穷孩子的容身之地。安徒生在那里的生活非常困苦，依靠朋友的接济勉强度日，而想当演员的希望

《卖火柴的小女孩》插图

也成了泡影。后来，他的艺术家朋友为他申请到一笔公费，使他得以到一所教会学校学习文化。经过几年的文化学习，他的文字表达能力大大提高。从此他埋头写作，走上了文学创作的道路。

安徒生尝试过写作诗歌、戏剧、游记等，但都没有取得显著成绩。期间，他先后到国外旅行了三次。对社会生活的广泛接触使他渐渐领悟到，在广阔的文学天地里，有一个领域一直没有被作家们充分重视，那就是童话。安徒生自己就有着悲惨的童年，在旅行中他还发现，欧洲的许多孩子过着和他童年时代相同的凄苦生活。如果能用童话来陶冶千千万万儿童的心灵，使他们拥有丰富的精神生活，那该是一件多么有意义的事啊！安徒生心中萌生了这

安徒生奖

1955年，为了纪念丹麦童话大师汉斯·安徒生，国际青年读书委员会设立了著名的"安徒生奖"。安徒生奖每两年颁发一次，获奖者被授予一枚金质奖章和一张奖状。获奖者限于长期从事青少年读物创作并做出卓越贡献的作家或插图画家。

安徒生

样的想法。于是，他决定把自己的创作转向童话。

安徒生从30岁开始写作童话，在长达40年的时间里，创作出了160多篇童话，其中《丑小鸭》《卖火柴的小女孩》《海的女儿》《皇帝的新装》等已经成为家喻户晓的作品。安徒生的作品题材广泛，或充满绮丽的幻想，或鞭挞丑恶，歌颂善良；或描写底层民众的悲苦命运。他的童话情节生动，语言朴素，至今还是孩子们非常喜爱的读物。正因为安徒生创作了这么多、这么好的有广泛影响的童话作品，所以被人们称为"童话之王"。

安徒生一生没有结婚，也没有孩子，却最爱和孩子们交朋友，并且和许多孩子保持着通信联系。这位热爱孩子的"童话之王"，把自己全部的才华和爱心献给了孩子们。

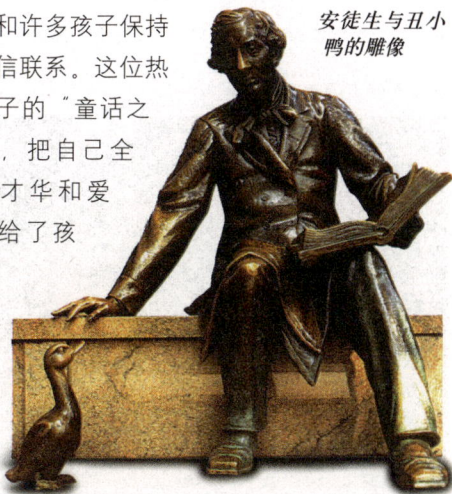
安徒生与丑小鸭的雕像

达尔文环球考察

查理士·罗伯特·达尔文（1809～1882年）生于英国一个科学世家，从小就酷爱大自然。16岁时，父亲把他送到爱丁堡大学学医。但是，医学院的大门关不住他向往大自然的心，他经常到野外捕捉动物，采集植物，并带回来制成标本以便于研究。父亲见他无心学医，便把他送到剑桥大学神学院，希望他成为一位"尊贵的牧师"。可是，达尔文对神学毫无兴趣，经常偷偷跑去听植物学教授亨斯罗和地质学教授席基威克讲课。他还和亨斯罗共同讨论科学问题，师生之间建立了深厚的友谊。

1831年，当达尔文从剑桥大学毕业时，恰巧英国皇家军舰"贝格尔"号受政府派遣进行环球考察。船长请亨斯罗为他推荐一名随舰考察的博物学家，亨斯罗便推荐了年仅22岁的达尔文。

当"贝格尔"号来到南美洲沿岸的加拉帕戈斯群岛时，达尔文发现这些岛上栖居着十几种金翅雀。它们虽与南美大陆本土的金翅雀十分相像，但每个岛上的鸟又各具特点。此时，关于"物种可变"的想法涌上他的心头。达尔文认为，原来生活在南美洲的一种金翅雀在迁徙到不同的岛上之后，由于在各岛上取食的方式不同，它们的喙也就变得各不相同了。由于环境不同，一种金翅雀就会变成多种类型。于是，达尔文逐渐得出了这样的结论：物种中最能

达尔文乘"贝格尔"号进行环球考察。

适应环境的就能够生存下来，相反则被淘汰，即优胜劣汰。达尔文把这种过程称为"自然选择"，通过自然选择，一个物种会发展成另一个或多个物种，从而实现了生物进化。

1859年11月24日，达尔文用了20多年时间写成的科学巨著《物种起源》终于出版。进化论在生物学上引发了一场革命，第一次把生物学完全建立在科学的基础上，以全新的生物进化思想，推翻了"神创论"和物种不变的理论。它沉重地打击了神权统治的根基，从反动教会到封建御用文人都狂怒了。他们群起而攻之，诬蔑达尔文的学说"亵污圣灵"，触犯"君权神授天理"，有失人类尊严。与此相反，以赫胥黎为代表的进步学者则积极宣传和捍卫达尔文主义。达尔文的进化论轰开了人们的思想禁锢，启发和教育人们从宗教迷信的束缚下解放出来。

从小热爱大自然的达尔文

达尔文的巨著《物种起源》

有趣的不谋而合

1858年夏天，达尔文的《物种起源》大约写到一半时，他突然收到远在马来群岛的华莱士寄来的一篇有关进化问题的论文，请求达尔文批评指正。达尔文惊奇地发现华莱士的理论和自己的如出一辙，甚至连术语都和自己的一样，这真是不谋而合！他立即意识到这涉及到优先权的问题，最后他决定放弃这一发现的优先权。但是，林奈学会最后决定将他们两人的论文同时发表。这样，达尔文以他高贵的品格解决了这个可能引起麻烦的问题。

爱国的钢琴诗人肖邦

弗雷德里克·弗朗西斯克·肖邦（1810~1849年）是波兰著名作曲家、浪漫主义音乐的杰出代表。他生于华沙近郊的一个教师家庭，自幼喜爱波兰民间音乐。他秉性聪颖，6岁开始学习钢琴，7岁便尝试作曲，8岁登台演出，被誉为"天才儿童"。

1826年，肖邦考入华沙音乐学院。在校期间，他广泛结交进步人士，受到民族解放思想和浪漫主义文艺运动的影响，增强了其民族情感和爱国热忱。1830年，已是知名音乐家的肖邦出国深造。临行前，朋友们赠给他一捧波兰泥土，象征美丽而多难的祖国将伴随着他。当时，波兰人民反抗沙俄奴役、争取自由独立的民族运动正在走向高潮。肖邦到维也纳不久，就听到华沙爆发起义的消息。他决定回国参加起义，但被友人劝阻，未能实现。1831年9月，肖邦在赴巴黎的路上得知起义遭沙俄镇压，华沙

陷落，在精神上受到沉重打击。对民族命运的关注和对沙俄侵略军的憎恨，使艺术家的心灵激起了剧烈动荡，他接连创作了《C小调练习曲》《A小调前奏曲》《D小调前奏曲》等

肖邦

名曲，表达了对祖国的沉痛怀念和深切期望。

波兰革命失败后，肖邦拒绝加入俄国国籍，成了一个有家难归的流亡者。他定居巴黎，从事钢琴演奏、教学和创作。在这里，他与当时许多著名的音乐家和文学家交往甚密。这些交往对他思想和艺术上的成熟起了很大作用。

1848年春，肖邦应邀赴伦敦访问。回巴黎后，他的身体非常虚弱。他自知死神将至，便把始终珍藏在身边的那捧泥土托付给亲人，并请求在他死后把他的心脏带回祖国。肖邦去世后，人们为他举行了隆重的葬礼。安葬时，人们把那捧珍贵的波兰泥土撒在了他的棺盖上。

肖邦一生主要致力于钢琴曲的创作。他的钢琴曲旋律优美流畅，极富情感表现力，和声新奇巧妙，节奏自由不拘，开创了钢琴音乐的新境界，被誉为"钢琴诗人"。

肖邦小时候便已显露出在钢琴演奏方面的天赋。

李斯特巧荐肖邦

1831年，流亡到巴黎的肖邦还没有引起巴黎人的注意，而当时誉满全城的是匈牙利音乐家李斯特。一天晚上，李斯特举行音乐会，按照当时的习惯，演奏时要熄灭灯火，以便让听众能全神贯注地欣赏音乐。当晚的演奏深沉优美，人们认为李斯特的演奏又达到了一个新的境界。可是当灯光重亮时，人们发现在钢琴旁谢幕的却是一个陌生的青年。原来，在灯火熄灭时，李斯特让肖邦替换了自己。就这样，李斯特把肖邦介绍给了巴黎听众。

正在演奏的肖邦

□ 站着写作的海明威

欧内斯特·米勒尔·海明威（1900~1961年）生于美国中北部伊利诺斯州的橡园镇。在他中学毕业前夕，第一次世界大战爆发。海明威加入美国红十字会战地服务队，随即开赴意大利前线。1919年初，20岁的海明威带着浑身伤疤从欧洲回到美国。残酷的战争使他的思想发生了重大变化，他成了一个忧虑多愁和沉默不语的人。

为了解除自己的痛苦，海明威以写短篇小说来消磨时光，医治内心的创伤。就在这个时候，他被美国一家报社派驻巴黎。1924年，他辞去记者职务，专心从事写作。1926年7月，海明威发表了他的第一部长篇小说《太阳照常升起》。这部小说写的是像海明威一样生活在法国的美国年轻人，他们被称为"迷惘的一代"。这篇小说使"迷惘的一代"成为文学上的一种流派，也使他成为这一文学流派的领袖人物。

1936年，西班牙内战爆发，海明威参加了支援西班牙共和国的行动。经过西班牙的战斗，海明威的思想有了很大的变化。在这场伟大的反侵略斗争中，他获得了新的创作源泉。1938年，他创作了以西班牙共和国政府反间谍斗争为题材的著名剧本《第五纵队》，以及新闻纪录电影解说词《西班牙大地》。

海明威的房间里总是挤满了跑来的猫狗，以及无家可归的儿童和迷路的老人。

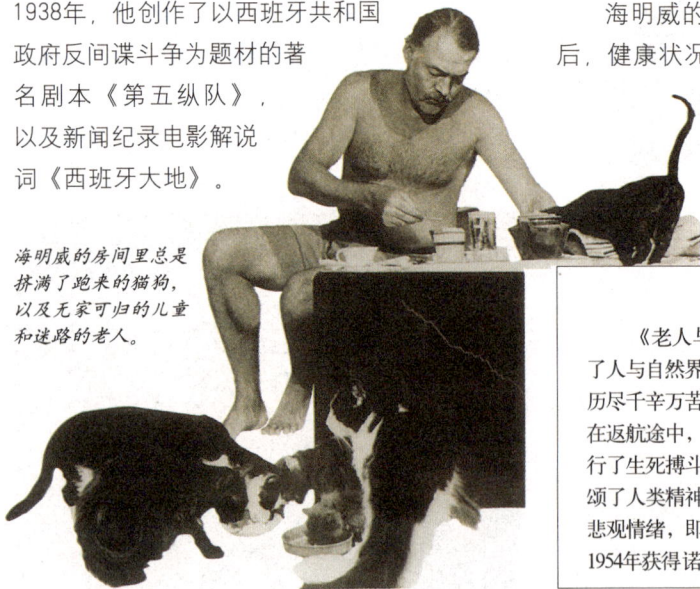

海明威

1940年，他又完成了描写战争的长篇小说《丧钟为谁而鸣》。这是海明威一生创作中最具有斗争性的长篇小说。

海明威一生勤奋创作，几乎没有放下过自己手中的笔。他的作品风格朴实，语言简练而精确。有人问他："您那简洁风格的秘诀在哪里？"他简单地回答："站着写！"原来，海明威写作时，还有一个常人所没有的习惯，这就是站着写。他说："我站着写，而且用一只脚站着。我采取这种姿势，使我处于一种紧张状态，迫使我尽可能简短地表达我的思想。"

海明威的《老人与海》获得诺贝尔文学奖后，健康状况逐渐不佳，以致再也没有写出有影响的作品来。长期以来形成的消极悲观情绪，使他对战胜病魔、继续生活失去了信心，最后于1961年开枪自杀。

《老人与海》

《老人与海》是海明威的一部中篇小说，描写了人与自然界的斗争。小说的主人公老渔夫桑提亚哥历尽千辛万苦，才捕到一条大马林鱼。但不幸的是，在返航途中，他遇到了一群鲨鱼。桑提亚哥与鲨鱼进行了生死搏斗，但最后还是失败。这个故事一方面歌颂了人类精神力量的伟大，另一方面流露出了作者的悲观情绪，即自然界决定命运。海明威因这部小说于1954年获得诺贝尔文学奖。

大文豪泰戈尔

罗宾德·罗纳特·泰戈尔（1861～1941年）出生于印度西孟加拉邦的加尔各答市。他的父亲是一位著名的哲学家和宗教改革家，对文学很有兴趣。1875年，14岁的泰戈尔第一次发表了他的诗篇《献给印度教徒》。1878年，他赴英国上学，两年后返回祖国。

1901年，泰戈尔到圣蒂尼克坦办了一所学校，大力宣传印度民族文化。这是一所不分信仰、不分种姓、不分男女的学校，教学方法也与别的学校完全不同，更强调学生的自主性和实践性。这所学校便是后来印度国际大学的前身。

泰戈尔在办学的同时进行了文学艺术创作，其中最著名的是1906年发表的长篇小说《沉船》。这部作品是泰戈尔长篇小说的代表作之一。它揭露和批判了印度封建包办婚姻的罪恶，激起人们对这种不合理的习俗和制度的憎恨，是一部具有进步意义的优秀作品。泰戈尔的诗脍炙人口，令人难忘。1912年旅居英国期间，他把自己所写的《吉檀迦利》《渡船》《奉献集》等孟加拉文本译成一部英语本，并以《吉檀迦利》作为集名。《吉檀迦利》表现了泰戈尔的资产阶级民主观点，在英国出版后轰动了西方。正是这部

泰戈尔与甘地在一起。

1924年，泰戈尔访华，女作家林徽因充当翻译。

诗集的问世，1913年，他成为东方获得诺贝尔文学奖的第一人。之后荣誉接踵而来，加尔各答大学授予他荣誉博士学位，英王授予他男爵爵位。

泰戈尔是一个爱国主义者，他的心始终和祖国在一起。1919年，英国殖民主义者在印度旁遮普的阿姆利则屠杀手无寸铁的印度人。他得知这个消息后，立即愤怒地写信给英国总督，声明放弃英王授予的男爵爵位，以示抗议。此后，为了寻求祖国独立自由的道路，他曾11次出国访问。在国外访问期间，他多次发表演讲，反对殖民主义的侵略政策和奴役政策。他还曾在1924年访过中国的北京和上海，进行讲学和演讲。1941年，泰戈尔在加尔各答逝世。

泰戈尔是具有巨大世界影响的作家。他一生共写了50多部诗集，12部中长篇小说，近100篇短篇小说，40多部剧本及大量文学、哲学、政治论著，并创作了1500多幅画，谱写了难以统计的歌曲。他的作品反映了印度人民在帝国主义和封建种姓制度压迫下要求改变自己命运的强烈愿望，描写了他们不屈不挠的反抗斗争，充满了鲜明的爱国主义和民主主义精神，同时又富有民族风格和民族特色，具有很高的艺术价值，深受人民群众喜爱。

泰戈尔与他的中国朋友

1924年，泰戈尔访问中国。在北京期间，适逢他64岁生日，我国文化界首次排演了他的话剧《齐德拉》，梅兰芳专为他演出了一场《洛神》。泰戈尔还与蔡元培、徐志摩、徐悲鸿等人建立了真挚的友谊。徐志摩曾专程去看望泰戈尔。徐悲鸿还曾去印度为泰戈尔画过许多出色的肖像画。

□ 天才画家梵·高

荷兰著名画家梵·高（1853～1890年）出生于一个牧师家庭，自幼性格孤僻而又腼腆羞怯。

小时候，梵·高不爱学习，但却很有语言天赋，会说英语、德语、法语，后来他又学过拉丁语、希腊语，再加上母语荷兰语，他总共会6种语言。9岁时，他对绘画表现出了浓厚兴趣，画过一些实物速写，并临摹过石版画。1869年中学毕业后，梵·高被送到海牙一家美术商店当学徒，不久他又先后到巴黎总店和伦敦分店卖画。年仅16岁的梵·高天天接触美术品，耳濡目染，认识和欣赏能力渐渐增强，但却并没有因此而得到画店老板的赏识。不久，梵·高就不辞而别，回到家里后，到了一家牧师所办的学校任助理牧师。

1878年12月，梵·高前往比利时博里纳日矿区从事牧师工作。就是在这里，他开始了真正的绘画创作。经济上的窘迫丝毫没有影响梵·高绘画时的快乐和幸福感，虽然依靠父亲及弟弟的钱来维持生活曾使他羞愧不堪，可他已经顾不得多想了，只管专注地画下去。

1881年4月，梵·高返回父母居住的埃顿，他的一事无成让家人和亲戚大失所望。不久，他爱上了刚刚丧夫的表姐。但当他提出要和她结婚时，却遭到了拒绝。受到打击的梵·高来

到海牙，得到了表哥安东·莫夫的帮助。但是，由于他和妓女交往，莫夫与他绝交，他的生活又陷入了困境。他只能靠弟弟提奥每月寄来的钱维持生活。

梵·高的《自画像》

1888年，厌倦了大城市生活的梵·高来到法国南部小城阿尔勒，在这里开始了他一生中创作的高潮。但后来他却陷入了精神疾病的泥潭，不得不来到圣雷米修道院接受精神治疗。他每隔一段时间就发一次病，但不发病时他极为清醒，并在清醒时创作了大量作品，成为用心灵作画的大师。1890年7月27日，在外出写生时，梵·高开枪自杀，但没有打中要害。被人抬回家后，他拒绝接受治疗。7月29日，梵·高去世，终年37岁。

《向日葵》

梵·高创作的《向日葵》中的每朵花就像一团火，细碎的花瓣和葵叶则像火苗，整幅画就像是烧遍画布的熊熊火焰。梵·高有着火一般炽热的感情和强烈的艺术气质。他个性鲜明，特别喜欢明亮的阳光，喜欢黄色的向日葵。因此，这幅作品是画家精神的真实流露，是表现与技巧的和谐统一。

梵·高的艺术激情和他高度敏锐的知觉力在这幅《星夜》中表现得淋漓尽致。

梵·高的作品《奥维尔教堂》

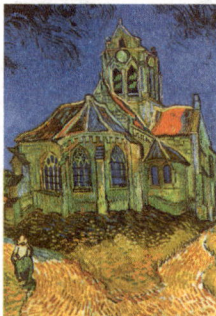

这幅《向日葵》是梵·高于1889年1月在法国南部阿尔勒画的。

现代艺术大师毕加索

巴勃罗·鲁伊斯·毕加索（1881～1973年）出生于西班牙马拉加一个图画教师家庭。他很小的时候就喜欢在纸上画一些纠缠不清的螺旋形。他的父亲看到儿子对画画很有兴趣，就对他进行正规的绘画训练。在父亲的指导和自己的勤奋努力下，毕加索的绘画进步很快。

6岁时，毕加索被父亲送进马拉加最好的一所公立学校读书。但毕加索对普通教育十分反感，学校安排的课程他总是打不起精神去学。父亲对此忧心忡忡，生怕儿子的前途毁在这里，于是想方设法又把他转到一家管理较严格的私立学校去，可毕加索依然如故，没有任何改观。后来，毕加索考进西班牙拉科鲁尼亚的达古阿达工艺学校，就读于人物绘画班。在这儿的四年里，毕加索开始接触正规的美术教育并尝试一些严肃的创作。

1895年，毕加索随父母迁居到巴塞罗那。不久，他考进了巴塞罗那的美术学院。1896年，毕加索完成了三幅作品：《第一次圣餐》《唱诗班的男孩》和《科学与仁慈》，其中《科学与仁慈》在当年的西班牙全国美展上获得好评，并在马拉加全省美展上捧得金奖。后来毕加索在叔叔的资助下，来到了首都马德里，顺利地考上了圣费尔纳多皇家学院。由于毕加索受不了学校死气沉沉的氛围，就回到了巴塞罗纳的父母身边。这段时间，母亲一直鼓励和支持他，使他重新燃起了绘画的信心。为了对母亲表示感激，他把自己的作品署名改为母亲的姓——毕加索。毕加索19岁时，十分向往当时世界艺术的中心——巴黎，决定到巴黎去闯世界。1900～1904年间，他在巴黎接触了各种艺术流派，在艺术上汲取到许多营养，虽然他的生活非常艰辛，但他并没被困难所吓倒，在艺术上仍然孜孜不倦地探索着。

年轻时的毕加索

毕加索在后来的生活中，历经数次战争，深知战争的罪恶。1944年9月，巴黎解放后，毕加索加入了法国共产党，在这一政治信仰鼓舞下积极参加和平运动。1949年，毕加索向国际会议——保卫世界和平大会捐献了一幅石版画，画上是一位俊秀美丽的少女头像，边上有一只振翅欲飞的鸽子。这幅画简洁明快地表达了人民爱好和平的热切愿望。画上那只可爱的白鸽，立即成为和平的象征，出现在世界各地，被人们称为"和平鸽"，毕加索则被称为"和平鸽之父"。

1973年4月8日，毕加索因患肺气肿逝世，终年93岁。

毕加索

《格尔尼卡》

1937年，德国法西斯轰炸了西班牙北部小镇格尔尼卡。这一暴行激起毕加索的愤慨，他因此创作了这幅画。画面以站立的牛和昂首嘶叫的马为构图中心。画家以半写实的、寓意的、象征的手法相结合，并借助几何线的组合，使作品获得严密的内在结构形式。作品以形象的艺术语言，控诉了法西斯战争的暴行。

毕加索的油画《格尔尼卡》中的一部分
这是一幅最能表现毕加索的进步思想的油画。公牛代表了残暴和黑暗，马代表了人民。

社会主义文学的奠基人高尔基

高尔基（1868～1936年）出生在俄国伏尔加河畔一个木匠家庭，原名阿列克赛·马克西莫维奇·彼什科夫。由于父母早亡，他10岁便出外谋生，到处流浪。他当过鞋店学徒，在轮船上洗过碗碟，在码头上搬过货物，给富农干过活，还干过面包工人、看门人、园丁……

青少年时期漂泊流浪的生活，使高尔基亲眼看到并亲身体验到俄罗斯劳苦大众在沙皇统治下的艰难生活。高尔基对腐朽的旧制度充满厌恶和憎恨。他开始与革命组织秘密接触，不过他的行为很快便引起了沙皇警察的注意。同年他将他的一首诗寄给一个诗人，但却遭到了毁灭性的批评。此后一段时间他放弃了文学创作。他徒步跋涉穿越俄罗斯、乌克兰，翻越高加索山脉一直到第比利斯。在那里他接触到大量革命者和大学生。这些人鼓励他将他的经历写下来。1892年9月12日他的第一部小说在当地的一份报纸上被发表，他使用了马克西姆·高尔基（苦人）作为笔名。从此，他以此为名在作品中开始抨击沙皇制度的黑暗，揭露资本主义社会的阶级剥削和压迫。他的作品受到广大读者的欢迎，但沙皇政府对此十分害怕，曾几次监视、拘禁和逮捕高尔基，并将他流放。镇

高尔基在散文诗《海燕》中以海燕比喻不畏恶势力、英勇奋斗的革命者。

压不但没有使他屈服，反而更加坚定了他斗争的意志和决心。

1906年，高尔基的代表作、长篇小说《母亲》完成。它描绘了无产阶级波澜壮阔的革命斗争，塑造了工人党员巴维尔和革命母亲尼洛芙娜的感人形象。这部小说极大地鼓舞了工人群众，使沙俄统治者十分惊恐。《母亲》被公认为是世界文学史上社会主义、现实主义的奠基作品。革命导师列宁是高尔基的良师益友。列宁在思想、工作和生活上不断给予高尔基关怀和帮助。在列宁的建议、鼓励之下，高尔基创作了自传三部曲：《童年》《在人间》和《我的大学》。自传三部曲不仅反映了作家本人的生活经历以及他接受马克思主义以前艰苦的思想探求过程，而且广泛概括了19世纪70～80年代的俄国社会生活，描写了劳动人民的悲惨生活和遭遇，歌颂了他们的优秀品质。三部曲在苏联国内乃至整个世界产生了巨大的影响。

高尔基一生创作了大量各种体裁的作品，为无产阶级文学宝库留下了一笔巨大的财富。

列宁鼓励社会主义文学的发展。

高尔基

无产阶级文学

无产阶级社会主义文学有着悠久的历史和光荣的战斗传统。20世纪的无产阶级文学是对英国宪章派文学、1848年革命文学和巴黎公社文学的继承和发展，它产生于十月革命前的俄国。列宁提出的文学创作的党性原则，为无产阶级社会主义文学奠定了理论基础。高尔基的著名长篇小说《母亲》是社会主义文学奠基之作。

□ 大陆漂移假说

1910年的一天，一个年轻人因病住进了医院。百无聊赖的他对着墙壁上的地图，呆呆地出神。"真是奇怪！大西洋两岸大陆轮廓的凹凸，为什么竟如此吻合呢？"他被这一偶然发现惊呆了，精神为之一振，"这不会仅仅是一种巧合吧？"兴奋至极的年轻人一口气将地图上的所有陆地都进行了比较，结果发现：从海岸线的形状上看，地球上几乎所有的大陆块都能够较好地吻合在一起。这个年轻人就是德国气象学家、地球物理学家、大陆漂移学说的创建人阿尔弗雷德·魏格纳（1880～1930年）。

魏格纳出生在德国柏林，从小就喜欢幻想和冒险，童年时就喜爱读探险家的故事。为了给将来的探险做好准备，他选择攻读气象学。1905年，25岁的魏格纳获得了气象学博士学位。1906年，他终于实现了少年时代的远大理想，加入了著名的丹麦探险队，来到了格陵兰岛从事气象和冰川调查。1912年，他根据在医院里的偶然发现，提出了"大陆漂移"假说。

他郑重地向科学界人士说明：现在世界上的各大洲，在古生代，是一个连接在一起的巨大的大陆块。那时还没有大西洋，整个陆地的周围被原始海洋所包围。两亿年前，由于太阳、月球对地球的引潮力，以及地球自转所产生的离心力的作用，古大陆开始出现分离。大

魏格纳

陆慢慢分裂成若干块，就像冰块浮在水面上一样，这些花岗岩质陆地浮在玄武岩质基底上，逐渐漂移分离。大陆漂移的最后结果就是形成了今天地球上的各大洲。

不过，这一学说遭到了当时很多科学家的质疑。为了给自己的"大陆漂移假说"找到更多的证据，1930年4月，魏格纳率领一支探险队，迎着北极的暴风雪，第四次登上格陵兰岛进行考察。在−65℃的酷寒下，大多数人失去了勇气，只有魏格纳和另外两个追随者继续前进，终于胜利到达中部的爱斯密特基地。11月1日，他在庆祝自己的50岁生日后，冒险返回西海岸基地。在白茫茫的冰天雪地里，他失去了踪迹。直至第二年，人们才发现他的尸体。

值得告慰的是，现在魏格纳的"大陆漂移"假说已被大多数人所接受。这个伟大的科学假说，第一次成功地解释了地球上陆地和海洋分布现状的成因，把地质学向前推进了一大步，同时也为寻找矿藏、地震预报等提供了科学依据。

人们利用计算机把各大陆拼接后发现，只有很小的区域对不上。这有力地支持了所有大陆原来曾是一个整体的观点。

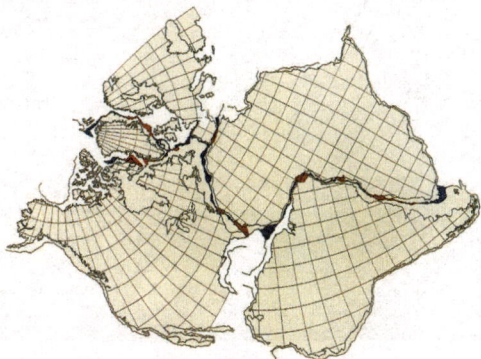

古气候的证据

大陆漂移观点的许多证据都来自对古气候的研究。研究发现，各大陆有些岩石类型在现在的条件下是不可能出现的，如在极地分布着古珊瑚礁和热带植物化石，而在赤道地区发现有古代的冰层。运用"将今论古"的原则，把冰层分布的中心放在极地附近，把珊瑚礁和热带植物化石分布的地带放在赤道附近，便可确定各大陆当时的古纬度。对古纬度和现代纬度地带比较，佐证了魏格纳大陆漂移的观点。

漂浮在软流层上的板块

默片时代的喜剧大师

美国著名的幽默电影艺术大师查理·潘塞·卓别林（1889～1977年）出生在英国伦敦一个喜剧演员家庭里。因受父母的影响，他自幼爱上了表演艺术，希望将来能当一名演员。但不幸父亲早年去世，母亲又得了精神病，年幼的卓别林被送进贫民孤儿学校。7岁时，卓别林离开孤儿学校，成了一名流浪儿。但他始终没有放弃成为一名演员的梦想。

有一次，伦敦游艺场的一名喜剧演员突然病了，上不了场，经理只好请在剧场打杂的卓别林临时救一下急。但缺席的演员是一个身材魁梧的壮汉，他的衣服对于身材矮小的卓别林来说又肥又大，而圆顶礼帽又太小，一切都显得很不合适。谁知卓别林一出场，就把观众逗乐了。就这样，卓别林一连演了好几个晚上。1907年，卓别林参加了喜剧《足球赛》的演出，大获成功，他终于成为伦敦剧团的一名正式喜剧演员。

三年后，卓别林随剧团到美国演出。精湛的演技使他被美国滑稽影片公司看中，并与之签订了合约。从此，他踏上了电影演员的生涯。他一边拍片，一边刻苦学习电影表演技巧，并

卓别林在《摩登时代》中的镜头

且努力模仿各种小人物的动作和形态。当他自编自导自演的电影《寻子遇仙记》《淘金记》《城市之光》《摩登时代》等电影一部接着一部公演以后，他也逐渐成为一名受人们欢迎的影坛明星。

在第二次世界大战爆发前夕，卓别林从报纸上得知，由于他的形象太像希特勒，所以德国禁演他的所有电影。这使卓别林决定拍一部嘲弄这个大恶魔的电影，名字就叫《大独裁者》。经过两年时间的紧张拍摄，《大独裁者》终于完成了。尽管纳粹分子一再对他施加压力和恐吓，卓别林还是让《大独裁者》如期上映。《大独裁者》在美国的两大影院连续放映15个星期，场场爆满。

卓别林一生共摄制和主演了80余部电影。这些影片通过喜剧手法，揭示了资本主义社会底层人民的不幸和苦难。卓别林的艺术成就和高尚情操，永远留在全世界人民的记忆里。

卓别林拍摄影片《大独裁者》的镜头

数字电影

电影经历了黑白、无声到有声、彩色，从小银幕到立体电影、宽银幕电影，再到数字电影等阶段。目前的数字电影既可以用数码放映机来放映，又可以把数码影像转至传统的胶片上通过放映机放映。数字电影能够避免出现胶片因光源照射导致的老化、褪色问题，还能够凭借充分的像素稳定性，确保画面没有任何抖动和闪烁。

卓别林创造的经典形象

□ 电影的诞生

1895年12月28日下午，法国里昂的奥古斯特·卢米埃尔和路易·卢米埃尔兄弟俩邀请了一群人来到一家咖啡馆的地下室。在这里，卢米埃尔兄弟向人们正式公映了他们自己摄制的12部电影短片。卢米埃尔兄弟是首次利用银幕进行投射式放映电影的人。他们拍摄和放映的电影已经脱离了实验阶段。这一次放映活动标志着电影的诞生。

虽然1895年12月28日是电影问世的日子，但要说到电影的发明，还要追溯到更早的时候。1829年，比利时物理学家约翰·普拉多发现，当一个物体在人的眼前消失后，该物体的形象还会在人的视网膜上滞留一段时间。这一原理被称为"视象暂留"原理。普拉多根据这个原理，在前人研究的基础上发明了"诡盘"。"诡盘"能使被描画在锯齿形的硬纸盘上的画因纸盘的运动而活动起来。1834年，美国人霍尔纳成功制作了"活动视盘"。1853年，奥地利人又在上述发明的基础上，运用幻灯放映了原始的动画片。

后来摄影技术的发展为电影的诞生提供了必备的条件。1872年，美国旧金山的摄影师爱德华·慕布里奇用24架照相机拍摄了飞腾的奔马的分解动作照片。他在跑道的一边安置了24架照相机，照相机排成一排，镜头对准跑道。

图注：电影放映机

在跑道的另一边打了24个木桩，与照相机一一对应。每个木桩上系一根细绳，细绳贯穿跑道，另一端系在对应的照相机的快门上。马从跑道上飞奔而过，会依次把24根细绳绊断，24架照相机会依次拍下24张照片。经过长达

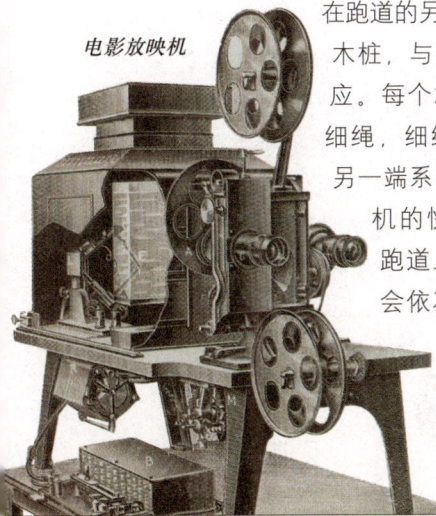

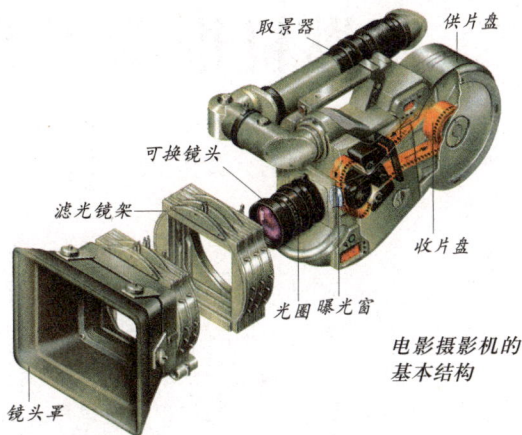

图注：电影摄影机的基本结构（取景器、供片盘、可换镜头、滤光镜架、收片盘、光圈曝光窗、镜头罩）

6年的无数次的拍摄，慕布里奇终于拍到一组完整的令人满意的照片。他把这些照片依次剪接起来，便组成一条连贯的照片带。一次，有人无意识地牵动那条照片带，结果照片中静止的马"活动"起来。慕布里奇把它拿到幻灯机上一放映，人们便看到一匹骏马在奔跑。

这件事引起人们极大的兴趣。1882年，生物学家马莱在不懈的努力下，试制成功了"摄影枪"；后来又在另一位发明家制造的"转动摄影器"的基础上，于1888年制造出"连续摄影机"，从而解决了连续摄影的困难。1889年，美国的爱迪生先后发明了"电影留影机""电影视镜"。1895，法国的卢米埃尔兄弟在众多发明家的研究基础上，研制成功了"活动电影机"。它以每秒16画格的速度拍摄和放映影片，图像清晰稳定。

电影的问世更真实地反映和记录了社会现实生活，丰富了人们的精神生活，也改变了人们的生活面貌。

电影机的发明

美国人爱迪生是世界著名的发明家。1888年，他研制了一台被称为活动电影的摄影机。这种摄影机能在一条约15米长的胶片上，拍摄出600多幅连续画面，可以记录持续约1分钟的景物。1891年，他又与别人一起发明了活动电影视镜。1895年，法国里昂照相器材厂主卢米埃尔兄弟吸取了爱迪生"电影视镜"的长处，改善了他们研制的"连续视影机"，终于制成了当时最完善的活动电影机。

内燃机推动工业革命

19世纪自然科学的重大突破，为资本主义的进一步发展提供了技术条件。这些科学技术的新成果被迅速而广泛地应用于工业生产，大大促进了资本主义经济的发展。这是近代以来科学技术上的第二次大突破，工业革命进入了一个新的发展时期，即第二次工业革命时期。

第二次工业革命时期，应用技术上的一个重大成就是内燃机的创制和使用。最早出现的内燃机是以煤气为燃料的煤气机。1860年，法国发明家莱诺制成了第一台实用内燃机。法国工程师德罗夏于1862年提出了著名的等容燃烧四冲程循环：进气、压缩、燃烧和膨胀、排气。1876年，德国工程师奥托在德罗夏的理论基础上制成了第一台四冲程往复活塞式内燃机。1883年，奥托的合作者——德国发明家戴姆勒和卡尔·本茨提出了轻内燃发动机的设计，并制成了小巧轻便的汽油机。1897年，德国工程师狄塞尔设计了一种效率较高的内燃发动机，因它可以使用柴油作燃料，又名柴油机。

福特

内燃机的发明成为继蒸汽机之后又一次交通运输动力的革命。内燃机的发明，一方面解决了交通工具的发动机问题，引起了交通运输领域内的革命性变革；另一方面，由于内

燃机使用液体燃料，需要大量石油，由此推动了石油开采业的发展和石油化学工业的产生。石油也像电力一样成为一种极为重要的新能源。

19世纪晚期，新型的交通工具——汽车出现了。1886年，卡尔·本茨成功地制成了世界上第一辆用汽油内燃机驱动的三轮机动车。次年，戴姆勒把汽油机安装在一辆改制的四轮马车上，制成第一辆四轮汽车。1889年，他又造出钢轮汽车。不久，人们又利用英国人邓禄普发明的能打进空气的橡胶轮胎发明了轮胎汽车。1896年，美国人亨利·福特制造出他的第一辆四轮汽车。1908年，福特推出了著名的T型车，使汽车由敞篷式发展到封闭式，从而更加舒适和安全。与此同时，许多国家都开始发展汽车工业。随后，以内燃机为动力的内燃机车、远洋轮船、飞机等也不断涌现出来。1903年，美国人莱特兄弟制造的飞机试飞成功，实现了人类翱翔天空的梦想，预告了交通运输新纪元的到来。

内燃机的发明和使用极大地推动了运输工具的效率，再次引发交通运输的革命，推动了第二次工业革命的进行。

以内燃机为动力的T型车

"宇航之父" 齐奥尔科夫斯基

被后人称为"宇航之父"的齐奥尔科夫斯基（1857～1935年）出生于俄罗斯梁赞省的伊热夫斯基村（莫斯科近郊）。齐奥尔科夫斯基自小热爱读书，尽管家境贫寒，父亲没有能力送他到更好的学校学习，但他凭自己的勤奋努力，自修了中学和大学课程，掌握了大量数学、物理学、天文学知识。1878年，他通过资格考试，担任了一所中学的数学和物理学教师。

在担任教师期间，由于受凡尔纳科幻小说的强烈吸引，齐奥尔科夫斯基对空中飞行和太空旅行具有浓厚的兴趣。1883年，他在一篇名为《自由空间》的手稿中，首次指出利用反作用装置作为外太空旅行工具的推进动力的可能性。他对这种火箭动力的定性解释是，火箭运动的理论基础是动量守恒定律。在这篇手稿中，他还分析了没有空气和阻力的空间运动，画出了宇宙飞船的草图，并且计划采用陀螺装置使飞船在飞行中保持稳定。

有关太空飞行的思想在齐奥尔科夫斯基于1893年所写的科幻小说《月球上》和1895年写的《地月现象和万有引力效应》论文中得到了进一步发展。1896年，他开始从理论上研究星际航行的有关问题，进一步明确了只有火箭才能达到这个目的。1897年，齐奥尔科夫斯基推导出了著名的火箭公式。他还建立了较为系统的航天学理论基础。齐奥尔科夫斯基又对星际航行问题进行了研究和展望。他设计并画出了载人宇宙飞船的草图，研究了载人宇宙飞行的种种问题。在1911年发表的《利用喷气工具研究宇宙空间》下半部分中，齐奥尔科夫斯基详细

早期理论中的火箭模型

地描述了一艘载人宇宙飞船从发射到进入轨道的全过程，人们读来有如亲临宇宙飞船登天的感觉。

齐奥尔科夫斯基为航天事业贡献了毕生精力。他建立了液体

齐奥尔科夫斯基

火箭运动理论和太空飞行基本理论，为航天学的建立做出了巨大成就。1911年8月12日，齐奥尔科夫斯基写下了这样一段名言："地球是人类的摇篮，但人类不可能永远被束缚在摇篮里。它首先小心地探索大气层的边缘，然后将把控制和干预能力扩展到整个太阳系。"今天，齐奥尔科夫斯基这位伟大的航天先驱者的大部分预言已经变成了现实。

苏联-俄罗斯的四种不同类型的火箭

A型火箭　B型火箭　C型火箭　D型火箭

火箭公式

1903年，齐奥尔科夫斯基提出了火箭公式：火箭的速度与火箭发动机的喷气速度成正比；火箭自身的结构质量越小，火箭所获得的速度越高。这个公式后来被称为齐奥尔科夫斯基公式，也被誉为宇宙航行第一公式，它为宇宙航行奠定了理论基础。

电灯的来历

在电灯问世以前，人们普遍使用的照明工具是煤油灯或煤气灯。19世纪初，英国一位化学家用2000节电池和两根炭棒，制成世界上第一盏弧光灯。但这种光线太强，只能安装在街道或广场上，普通家庭无法使用。无数科学家为此绞尽脑汁，想制造一种价廉物美、经久耐用的家用电灯。

1878年9月，伟大的发明家爱迪生决心制造出价钱便宜、经久耐用，而且安全方便的电灯。他从白炽灯着手试验，即把一小截耐热的东西装在玻璃泡里，当电流把它烧到白热化的程度时，便由热而发光。他首先想到炭，于是就把一小截炭丝装进玻璃泡里，可刚一通电炭丝就断裂了。爱迪生想到："也许因为这里面有空气，空气中的氧又帮助炭丝燃烧，才致使它很快断掉的！"于是他用自己手制的抽气机，尽可能地把玻璃泡里的空气抽掉。通电后，过了8分钟才熄掉。爱迪生终于发现：真空状态对白炽灯显得非常重要，关键是要换成其他的耐热材料。

爱迪生试验了1600种耐热材料，试来试去，白金是最为合适的，再加上玻璃泡内的真空程度更高，灯的寿命已延长到两个小时。但这种灯价格过于昂贵，普通百姓根本用不起。试验工作陷入了低谷，爱迪生非常苦恼。一个寒冷的冬

爱迪生

发明大王爱迪生

托马斯·阿尔瓦·爱迪生（1847～1931年），美国发明家、企业家。爱迪生是他所生活的那个时代最多产的发明家，他一生中正式登记的发明有1328项，因此被后人誉为"发明大王"。爱迪生于1892年创立爱迪生通用电气公司，即后来的美国第一大公司——通用电气公司。

在这张象征性肖像画中，爱迪生的双耳被画成电灯泡。事实上，这位使声音能被记录下来的人却是从小就失聪的。

天，爱迪生在炉火旁闲坐时，顺手扯下了脖子上的围巾。看到这用棉纱织成的围脖，他突然冒出一个念头。爱迪生从围巾上扯下一根棉纱，在炉火上烤了好长时间，直到棉纱变成了焦焦的炭。然后，他小心把这根炭丝装进玻璃灯泡里，经过试验，效果果然很好。灯泡的寿命一下子延长了13个小时，后来又达到45小时。

这个消息一传开，轰动了整个世界。大家纷纷向爱迪生祝贺，可爱迪生却摇头说道："不行！我希望它能亮1000个小时，最好是1600个小时！"他根据棉纱的性质，决定从植物纤维这方面去寻找新的材料。于是，新的试验又开始了。

凡是可利用的材料，只要能找到，爱迪生都做了试验。最后，爱迪生选择了竹子这种植物。他把炭化后的竹丝装进玻璃泡，通上电后，这种竹丝灯泡竟连续不断地亮了1200个小时！爱迪生对他的助手说："世界各地有很多竹子，其结构不尽相同，我们应认真挑选一下！"他们经过比较发现，在日本出产的一种竹子最为合适，便大量从日本进口这种竹子。过了不久，美国人都用上这种价廉物美、经久耐用的竹丝灯泡。竹丝灯用了好多年。直到1906年，爱迪生又改用钨丝来做，使灯泡的质量又得到提高，一直沿用到今天。

这位伟大的发明家给黑暗中的人们带来无穷无尽的光明。

爱因斯坦创立相对论

爱因斯坦

1911年的一天，在捷克斯洛伐克的布拉格大学校园里的一片草地上，一群大学生围坐在一位年轻学者的身旁，正进行着热烈的讨论。

"请您通俗地解释一下，什么叫相对论？"一位学生向学者发问。这位学者微笑着答道："当你在一个漂亮的姑娘旁边坐了两个小时时，会觉得只过了1分钟；但当你在一个火炉旁边坐着时，即使只坐1分钟，也会感觉到已过了两个小时。这就是相对论。"大学生们先是一愣，接着便大笑起来。这位年轻学者就是伟大的物理学家、相对论的创始人——阿尔伯特·爱因斯坦（1879～1955年）。

爱因斯坦于1879年3月14日出生在德国的一个犹太人家庭。当爱因斯坦15岁时，他的父亲因企业倒闭带领全家迁往意大利谋生。1900年，爱因斯坦从瑞士联邦高等工业学校毕业后，加入了瑞士国籍，并在瑞士联邦专利局找到一份同科学研究无关的固定职业。1905年，爱因斯坦在物理学方面的研究取得突破性进展——创立了狭义相对论。这时他刚刚26岁。

狭义相对论的问世，震动了物理学界，也使这位年轻学者的名字马上传遍了整个欧洲。1911年，年仅32岁的爱因斯坦被捷克斯洛伐克的布拉格大学聘为教授，1913年，他回到德国任柏林大学教授，并当选为普鲁士皇家科学院正式院士。1916年，爱因斯坦又提出了广义相对论。

爱因斯坦的人生只受一句格言的影响：思考是一种乐趣。

这个理论揭示了空间和时间的辩证关系，还揭示了质量和能量的相当性，为后来原子能的利用奠定了理论基础。

根据广义相对论的引力论和运动论，爱因斯坦推断在引力场中传播的光线将要发生弯曲，并且建议在下一次日全食时，通过天文观测来验证这个理论。1919年5月，英国一位天体物理学家率领两个天文考察队，拟定在日全食时分别在巴西和西非摄影，以验证从广义相对论推出的这一重要结论。同年11月，伦敦皇家学会和天文学会联席会议正式公布观测结果，测得的光线偏转度竟和爱因斯坦计算的非常一致。这使得牛顿的引力学说失去了普遍的意义。这个消息公布后，全世界为之轰动。爱因斯坦的名字在社会上广为流传，几乎家喻户晓，科学家们公认他是继伽利略、哥白尼以来最伟大的物理学家之一，是"20世纪的牛顿"。

1933年，德国法西斯头目希特勒上台后，加紧了对犹太人的迫害，爱因斯坦被迫迁居美国。在美国，他担任普林斯顿高级学校研究院教授，并于1940年取得美国国籍。1955年4月，爱因斯坦在普林斯顿病逝。这位伟大的科学家在他的遗嘱中，要求把他的骨灰撒在不为人知的地方，但他那献身科学的精神和充满光芒的相对论学说则被世人传颂并永远激励着后人。

相对论

相对论是关于时空和引力的基本理论，主要由爱因斯坦创立，分为狭义相对论（特殊相对论）和广义相对论（一般相对论）。相对论的基本假设是光速不变原理、相对性原理和等效原理。它极大地改变了人类对宇宙和自然的"常识性"观念，提出了"同时的相对性""四维时空""弯曲空间"等全新的概念。相对论解决了高速运动问题，是现代物理学的两大基本支柱之一。

□ 镭的发现

在世界科学史上，玛丽·居里（1867～1934年）是一个永垂不朽的名字。这位伟大的科学家发现了镭——一种对人类极其有用的放射性元素。她还是唯一一位分别在两个不同学科领域内获得诺贝尔奖（诺贝尔物理学奖和诺贝尔化学奖）的著名科学家。

玛丽出生于波兰华沙的一个正直、爱国的教师家庭。她从小就对物理和化学有着强烈的兴趣，从不轻易放过任何学习的机会。1891年，玛丽只身一人到巴黎大学求学。在这里，她如饥似渴地汲取着各种知识。为了挤出时间学习，她常常几天不做饭，只吃一些面包。晚上就到附近的图书馆看书，一直到图书馆关门后，才回家点起小煤油灯伏案学习，一般在凌晨两三点钟才去休息。

她一心扑在学习上，虽然清贫艰苦的生活削弱了她的体质，然而丰富的知识使她心灵日趋充实。三年中她先后获得了物理和数学两个学士学位，并取得进研究室工作的机会。就在这里，她结识了年轻的物理学家皮埃尔·居里。1895年，玛丽和居里结婚。从此以后，人们称玛丽为居里夫人。在他们结婚后的第二年，法国物理学家贝克勒发现铀盐矿物能放射出一种与X射线类似的奇妙射线。铀盐的奇妙放射功能深深地吸引了居里夫人。她敏锐地意识到，这是一个非常值得研究的领域。夫妇俩齐心协力，开始了艰巨的工作。

居里夫人

居里夫妇的实验室条件极差。他们克服了常人难以想象的困难，辛勤地奋斗着。在进行提取实验时，居里夫人每次把20多千克的废矿渣放入冶炼锅熔化，连续几小时不停地用一根粗大的铁棍搅动沸腾的材料，而后从中提取仅含百万分之一的微量物质。有志者事竟成。从1898年到1902年，他们经过几万次的提炼，终于得到0.1克的放射性元素，测定出了它的原子量是225。他们把这种元素称为"镭"（就是"放射"的意思）。镭诞生了！全世界轰动了！

镭在医学上有着极其重要的价值。有人劝说居里夫人："如果您申请提炼镭的专利权，必定会成为百万富翁！"居里夫人拒绝了，她说："不，这是违反科学精神的，物理学家总应该把自己的研究成果全部发表，公之于众。再说，镭可以治病，我们就更不应该借此牟利了，它应该属于全世界！"

1934年7月4日，长期积蓄体内的放射性物质所造成的恶性贫血，夺去了居里夫人的生命。居里夫人虽然离开了人世，但是她为人类所做的贡献以及她的崇高品格将永远铭记在人们的心里。

为了提取镭，居里夫妇在棚屋实验室里工作了将近45个月。

修改证书

1920年，美国女记者麦隆内夫人去拜访居里夫人，得知她需要1克镭来进行科学研究，而一向清贫的居里夫人却买不起。麦隆内夫人回美国后，倡议成立了镭基金协会，为居里夫人筹集了1克镭。次年5月，居里夫人抵达美国，哈定总统正式向她转赠这1克镭。但是，当她看到赠书时，立即当场声明："这个证书必须改一下，美国贡献的镭应该属于科学。如果按现在证书上的说法，就意味着我死后这克镭将成为我女儿们的财产，而这是不应该的。"在居里夫人的坚持下，人们对证书进行了修改，把获赠人由她个人改为镭研究院。

莱特兄弟发明飞机

1903年12月17日上午10点钟，在美国东部北卡罗来纳沿海的一个沙滩上停放着一只"怪物"。这"怪物"前面安着两个螺旋桨，肚子里安装着一台汽油发动机，周身涂着白色，活像一只大鸟。但它没有"脚"，下端是两根并列的滑杆，搁在两根长长的铁轨上。这个"怪物"就是莱特兄弟花了无数心血制作成的飞机。

莱特兄弟的飞行实验在由弟弟奥维尔驾驶时终获成功，在12秒内飞行了30米，这是飞机在世界上最早的飞行纪录。

弟弟奥维尔爬上飞机，伏卧在驾驶员的位置上。一会儿，发动机开始轰鸣，长长的机翼抖动起来。突然，飞机滑动起来，一下子升到3米高，随即水平地向前飞去。飞机飞行了30米后，稳稳地着陆了。哥哥威尔伯冲到飞机前，拥抱着刚从里面爬出来的奥维尔，激动地喊道："成功啦！成功啦！整整飞了12秒钟！"别小看这12秒钟，它标志着人类第一次驾驶带有汽油发动机的飞机终于获得了成功。

莱特兄弟在1900年制造了一架滑翔机，但是他们并不满足。这是因为没有风滑翔机就飞不起来，因此它的局限性很大。那时汽车已经很多，于是他们就把汽车上用的那种发动机装到飞机上，然后再安上螺旋桨推动飞行。

1903年12月14日下午，两人进行了第一次试飞，可是整个飞行时间不到4秒钟。兄弟俩认为这是

早期的飞机

飞机过早离地，而又利用斜坡滑行造成的。于是，他们决定把铁轨安装在平整的地方再试验一下。兄弟俩取得一致看法后，立即动手修理摔坏的飞机。这项工作用了三天时间。在12月17上午10时35分，他们终于获得成功。后来，威尔伯飞行的时候，时间达到59秒，距离增加到255米。

莱特兄弟经过研究，不仅又造出了更合适的发动机，并把伏卧操纵改为坐式操纵，而且可以同时坐上两个人。消息传开后，美国政府让莱特兄弟进行一次飞行表演。1908年9月10日，奥维尔当众飞行，在36米高度上飞行了1小时5分。第二天，他又在76米高度飞行了1小时14分，并且运载了一名乘客。三个月后，威尔伯在法国持续飞行了2小时20分，距离达125千米。莱特兄弟成了全世界的名人。

莱特兄弟返回美国后，创办了飞机公司，并且在法国开办了飞行学校。由于他们的发明，世界各国掀起了制造飞机的热潮。

飞机的种类

按飞机的用途划分，有国家航空飞机和民用航空飞机。国家航空飞机是指军队、警察和海关等使用的飞机，民用航空飞机是指民用的客机、货机和客货两用机。按飞机发动机的类型划分，有螺旋桨飞机和喷气式飞机。螺旋桨式飞机包括活塞螺旋桨飞机和涡轮螺旋桨式飞机，喷气式飞机包括涡轮喷气式飞机和涡轮风扇喷气式飞机两种。

哥哥威尔伯（左）和弟弟奥维尔（右）

卢瑟福探索原子结构

1908年，英国物理学家卢瑟福（1871～1937年）决定对原子结构进行新的探索。当时的科学家有的说原子是物质存在的最小单位，是不可分割的；有的则认为原子的模样像西瓜，瓜瓣象征原子内均匀分布的正电荷，瓜子是电子。

经过长期的思索，卢瑟福认为如果原子果真像个西瓜，那么，如果用比原子更小的粒子当"炮弹"来轰击它，必然很容易穿过它而笔直地前进。于是，他决定用一种叫做"α"的粒子当"炮弹"来轰击原子，看看究竟会发生什么情况。

在年轻助手盖克和其他几个学生的帮助下，卢瑟福终于设计了一个试验装置：一个α射线的放射源，就像一挺机关炮；一个金属箔当靶。在它们旁边放一个硫化锌的荧光屏，屏后安上一架显微镜，以便观察实验的情形。α粒子以每秒2000米的速度穿过金属箔。在漆黑一片的实验室里，荧光屏上出现了点点闪光。卢瑟福清楚地看到，绝大多数α粒子穿过金属靶子飞走了，只有个别的α粒子被弹了回来。"这意味着什么呢？"卢瑟福陷入了深思。

1911年一天早晨，卢瑟福受"大宇宙与小宇宙相似"理论的启发，认为原子结构就像一个太阳系。他的助手盖克觉得不可思议。卢瑟福解释说："原子既不是台球，也不是西瓜，

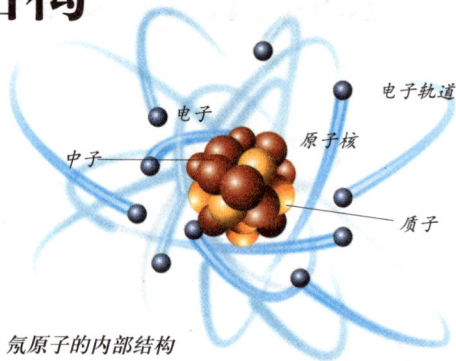
氦原子的内部结构

这是一个空旷的结构，它的中心有个体积极小、带阳电的核，外面绕着核转的是带阴电的电子。打个比方，原子核好比太阳，是它的中心；电子就像行星，绕着太阳转。" "那么，α粒子被弹回来的现象怎么解释呢？"盖克问道。"是啊，这样就可以清楚地解释。因为原子内部大部分是空隙，所以比原子更小的粒子能很容易穿过；又因为当中有一个核，α粒子碰上这个坚硬的核才会被弹了回来。"原子的神秘之宫终于被打开了！就这样，卢瑟福创立了崭新的原子结构理论。这一理论具有划时代的意义。从此，原子和原子核物理学便诞生并发展起来。

1897年的汤姆森原子模型

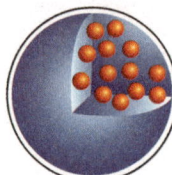
1911年的奈冈原子模型

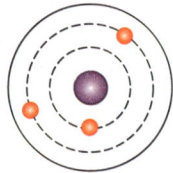
20世纪20年代以来的现代原子模型

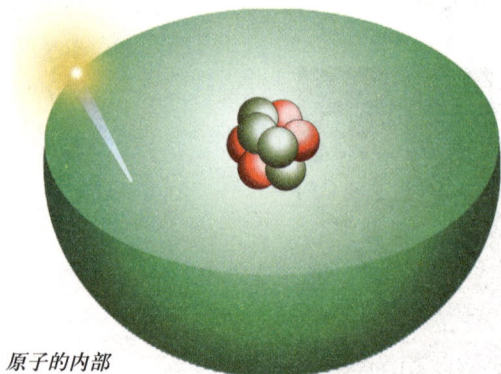
原子的内部

原子时代的来临

卢瑟福在创立了太阳系原子模型理论以后，他又开始考虑原子核的合成和核内的作用力等问题。1919年，他用人工方法在世界上第一次分裂了原子。1926年，在他的指导下，他的两个学生瓦耳顺和科克拉夫特设计了一架巨型原子捣碎机。通过这架机器，他们把轻金属锂转变为氦。这预示着一个新的时代——原子时代开始了！

第十一章

Part11···

战争中嬗变的世界

　　资本主义世界的社会经济在飞速发展的同时，许多国家的矛盾也在逐渐加深。最终，萨拉热窝的一声枪响引发了人类历史上的一场劫难。第一次世界大战结束后，人们还没有完全走出战争的阴影，一场空前的灾难性经济大危机突然爆发，由此引发的严重政治危机酿成了第二次世界大战。两次世界大战给人类造成了巨大的破坏，带来了无尽的痛苦，但正是在这种动荡的局势中孕育了新的秩序，旧的世界格局被打破，弱小民族纷纷抗争，以美、苏为代表的两大军事集团开始了旷日持久的冷战。

□ 萨拉热窝事件

1914年6月28日，奥匈帝国皇储弗兰茨·斐迪南大公和妻子索菲女公爵乘坐一辆豪华的专车，出访了波斯尼亚首府萨拉热窝。波斯尼亚是刚刚被奥匈帝国吞并的一块殖民地，斐迪南大公想通过此次访问，向波斯尼亚人民表示友好，并乘机刺探一下波斯尼亚的近邻——塞尔维亚的情况。这激起了塞尔维亚民族主义者的极大愤怒。一个秘密组织早已制订了计划，准备在斐迪南巡视萨拉热窝的那天刺杀他，以打击奥匈侵略者的气焰。七个来自塞尔维亚的爱国青年埋伏在斐迪南车队所要经过的街道旁，他们中年龄最大的23岁，最小的才17岁。

当天上午10时左右，六辆敞篷汽车缓缓驶离火车站，前往萨拉热窝市政厅，斐迪南大公夫妇乘坐的是第二辆汽车。"轰！"当车队经过市中心的一座桥梁时，一名埋伏者扔出一颗炸弹。但炸弹落在了大公乘坐的汽车的后面一辆车上，只炸伤了几名随行人员。大公一行匆忙逃进了市政厅。惊魂稍定后，大公为了提高

表现萨拉热窝刺杀事件的漫画

自己的威望，显示自己的勇敢，决定打破原定计划，去医院探望受伤人员。于是车队重新出发了，但由于第一辆汽车没有接到改变路线的指示，仍按原定路线行驶，结果大公的车也就稀里糊涂地跟着出发了。车队行至半路，一路陪同斐迪南大公的波斯尼亚总督波西奥莱克将军突然发现路线不对，急忙命令司机调转车头。可是就在调转车头的瞬间，大公夫妇的汽车正好停在了19岁的塞尔维亚革命青年加弗里洛·普林西普的面前。一看机会来临，普林西普立即拔出了左轮手枪。"砰！""砰！"两声枪响，大公夫妇双双中弹。大公被击中了咽喉，他的妻子索菲的腹部挨了一枪。枪击发生后，总督急令车队返回总督府组织抢救。但没有等到医生实施抢救，大公夫妇就死了。

斐迪南大公夫妇的被刺给蓄谋已久的奥匈帝国提供了一个绝好的借口。奥匈皇帝弗兰茨·约瑟夫一世（1848~1916年在位）在得到德国的保证后，于1914年7月28日悍然向塞尔维亚宣战。随后，俄国、德国、法国、英国等在几天之内纷纷卷入战争。萨拉热窝的枪声犹如一根导火索，引燃了第一次世界大战。

巴尔干火药桶

19世纪70年代，巴尔干半岛上的塞尔维亚等国从奥斯曼帝国统治下解放出来，奥匈帝国控制着的波斯尼亚、黑塞哥维纳人民想并入塞尔维亚。奥匈帝国力图打击半岛的民族解放斗争，俄国则假意支持，实为打通自己的海路，俄奥在巴尔干问题上矛盾尖锐。德国为了破坏英国通往印度的交通线，也积极插手巴尔干事务。英法不愿他国势力在此过于强大，卷入角逐。主要帝国主义列强纷纷向巴尔干地区插手，使之成了"欧洲火药桶"。

奥匈帝国王位继承人斐迪南大公及妻子在萨拉热窝。

德国皇帝威廉二世主张并支持奥匈帝国迅速对塞尔维亚采取行动。

第一次世界大战爆发

萨拉热窝事件发生以后，奥匈帝国的大臣们纷纷煽动84岁的老皇帝弗兰茨·约瑟夫一世下决心入侵塞尔维亚。但是弗兰茨·约瑟夫一世认为，如果没有得到德皇威廉二世（1888~1918年在位）的有力保证，决不能贸然行事。于是，他立即给威廉二世写一封私人信件，探询德皇口风。弗兰茨·约瑟夫一世的顾虑不是多余的，因为俄国不会甘心放弃它在塞尔维亚所在地巴尔干半岛的利益，而且它与英国和法国都订有协约，准备共同对付德奥同盟。如果奥匈帝国入侵塞尔维亚，它们肯定要出面干涉，所以不取得德国的有力保证，奥匈帝国是不敢贸然开战的。

其实，威廉二世在萨拉热窝事件发生之前就开始扩军备战了，他希望通过奥匈帝国打击塞尔维亚，以削弱俄国在巴尔干半岛的势力，进而打败俄、英、法三国，成为欧洲的霸主。所以，接到弗兰茨·约瑟夫一世的私人信件后，他立刻表示坚决站在奥匈帝国一边。得到德皇的有力保证以后，弗兰茨·约瑟夫一世指令使节向塞尔维亚政府递交最后通牒，要求塞尔维亚政府制止一切反奥宣传和行动，惩办进行反奥宣传的官民，并交出刺杀斐迪南大公夫妇的凶手。

1914年7月28日，奥匈帝国借口塞尔维亚隐

"一战"期间，参战国国内阶级矛盾不断激化。

匿凶手，向塞尔维亚正式宣战。当天深夜，奥军开始炮击塞尔维亚首都贝尔格莱德，炸死了5000多居民。奥匈帝国向塞尔维亚宣战后，两大帝国主义集团的战争机器迅速转动起来：俄国宣布支持塞尔维亚，实行总动员，法国也站在了俄国这一边。8月1日，德国向俄国宣战；8月2日，向比利时发出最后通牒，要求准许德军过境开赴法国，同日占领卢森堡；8月3日，向法国宣战。8月4日，英国以德国破坏比利时中立为由，向德国宣战。8月6日，奥匈帝国又向俄国宣战。这样，欧洲各帝国主义大国在几天之内都卷入了战争。第一次世界大战爆发了。战争很快从欧洲扩展到亚洲、非洲和美洲。1914年8月23日，日本向德宣战。1917年4月，美国也参加了战争。到1918年，全世界共有33个国家卷入了这场人类历史上空前规模的大战之中。

印有英国陆军大臣的募兵招贴画

新武器的应用
英国工人在粉刷一种新式炮弹的外壳，这种炮弹极具杀伤力。

协约国

协约国是第一次世界大战中以英国、法国、沙皇俄国为主的国家联盟，还包括南斯拉夫等弱小的欧洲国家和先前曾与奥匈帝国结成同盟的意大利。它与以德国、奥匈帝国为中心的同盟国集团形成了第一次世界大战的双方。"一战"中后期，美国、日本、中国等一些国家也先后加入协约国集团，而俄国在十月革命爆发后退出了协约国同盟。最终，协约国赢得了第一次世界大战的胜利。

马恩河会战

1914年9月初，德军为了能迅速占领法国巴黎，同英法联军在巴黎北部马恩河附近进行了一场大会战。

1914年9月2日，德军的先头部队克卢克集团军一部挺进到距巴黎24千米的地方。然而，他并没有继续向巴黎前进，而是向东旋转，以配合比罗指挥的德国第二集团军围歼法国第五集团军。这样，德军的侧翼暴露在法国军面前。法国总参谋长霞飞将军抓住战机，下令法国第六集团军从马恩河北岸发起进攻，并定于9月6日发动全面反攻。

9月5日，当克卢克集团军经过巴黎东面时，右后方遭到了法国第六集团军的袭击。克卢克立即命令部队回击，但是德国克卢克集团军与第二集团军之间却出现了一个宽达32千米的缺口。此刻德军取胜的关键就在于它能否在法、英军队利用这个缺口突破之前击溃法军。

当法军一部快顶不住时，一部司令请巴黎方面速从城内派兵增援。600辆出租汽车被征集，一个师的兵力被输送到战

在西线战场作战的士兵

史里芬计划

史里芬计划是1905年由德国的参谋总长史里芬制订的。这份计划设想德国的主要敌人在西方，因此把战略重点放到西欧，首先在西线采取先发制人的手段，集中优势兵力，采用"闪电战术"，在4~6个星期内经比利时袭击法军后方，迅速打败法国，切断英国与欧洲大陆的联系，然后回过头来，向东对付俄国，在三个月，最迟四个月内赢得战争。这份计划问世以后，又经过反复论证、补充和修改，成为德国发动世界大战的蓝本。

场，这样就出现了战争史上第一支摩托化纵队，即马恩出租汽车队。法军因为得到了有力的支援而取得了胜利。

9月6日凌晨，法军发起全线反攻。德军陷于被动境地。9月8日，英国将领弗伦奇率领英军的

这是表现英国妇女鼓励丈夫、儿子参加第一次世界大战的招贴画。当时年轻人谎报年龄以便成为志愿军的情况屡见不鲜。

三个军悄悄地进入了德国军队的那个缺口，将德国的两个集团军分隔成为两部分，使德军面临被分割包围的危险。面对这种情况，德国这两个集团军在9月9日不得不向后撤退。至9月11日，德军所有的军团都后撤完毕。至此，马恩河会战结束。

协约国军队在此役中巧妙利用敌军错误，在军队指挥方面比较灵活，不仅利用铁路，而且使用汽车成功地实施战区机动，从而开创了在战斗进程中大量使用汽车运送军队的先例。这一战粉碎了德军速战速决的史里芬计划，保住了巴黎，使第一次世界大战中的西线战场形成了僵持状态。这场会战的战略意义十分巨大，德国人丧失了其优先击败法国再转过身来对付俄国的唯一机会。但联军也有失误，行动迟缓，坐失战机，使德军保存了实力。

战壕中的参战士兵

毒气战

1915年春天的一个下午，在一个戒备森严的军事试验场中，德皇威廉二世正在观看参谋总长法尔根汉的试验。只见一门大炮向1.5千米外的一群羊发射了一发炮弹，炮弹爆炸以后，一团黄绿色的烟气徐徐升起，随风向羊群飘去，很快便覆盖了整个羊群。烟消雾散之后，威廉二世急不可耐地站起身来，架起望远镜向山坡上望去。只见一只只绵羊倒在地上浑身抽搐，濒临死亡。威廉二世立即兴奋起来，下令马上进攻比利时北部的伊普尔运河一带。

1915年4月22日，德军开始进攻伊普尔，沉寂多日的西线战场又重燃战火。德军首先对英法联军的阵地进行狂轰滥炸。英法联军凭借坚固的工事，向德军还击。双方直到黄昏时分才停了下来。英法联军的战士们认为，这只是德军的常规作战方式，而己方则有坚固的工事，所以根本不把德军放在眼里。

当天深夜，天空阴云密布，东北风微微吹起，德军各部接到参谋总长的命令，立即戴好防毒面具，准备在黎明时分发动进攻。天刚蒙蒙亮，随着一阵"隆隆"的车轮声，英法联军突然发现100多辆德军军车黑压压地向阵地开来，便立即还击。打了一阵，德军似乎招架不住，便向后仓皇撤退。英法联军跃出战壕，向德军猛追过去。几万名英法联军杀声震天，人如潮涌，直追到一处空旷地带。忽然间，埋伏在四周的德军大炮截断了英法联军的退路，逃

以毒攻毒

1915年，英法联军在一次袭击中抓获了19个戴防毒面具的德国俘虏，这才仿制出比较有效的防毒面具。后来，德国又研制出一种新的毒气——光气。它是无色气体，施放时对方无法辨认。它比空气重3.5倍，杀伤力比氯气大10倍。英法联军方面以牙还牙，也制造了自己的毒气炮弹。这种炮弹中有剧毒的起泡剂，能使敌人的皮肤发生溃烂。

毒气研制设备

在前面的德军也停下脚步，转而向联军射击。

就在这时，空中传来螺旋桨的轰鸣声，几十架德军飞机从东南方直飞过来，一到这片平旷的地带，便纷纷投下炸弹，这些炸弹坠落在地上时，并没有多大的爆炸声，却个个腾起团团浓烟，迅速向四周弥漫。靠近炸弹的联军战士们纷纷倒下，头晕目眩，呼吸紧张，紧接着便口角流血，四肢抽搐起来。这就是法尔根汉的秘密武器——氯气弹。这种气体比空气重1.5倍，人一旦吸入这种气体，马上就会窒息而死。很快，英法联军就有1万多人死亡，其余已丧失战斗能力。这时，头上裹着防毒纱罩的德军，从四面八方冲向联军阵地，10千米长的防线已无人防守，德军轻松地占领了这段阵地。

这次毒气战是人类战争中第一次大规模地使用毒气。从此以后，在第一次世界大战中，交战双方开始进行了惨无人道的毒气战争。

1915年毒气战

中毒气后失明的英军士兵

凡尔登战役

1916年2月21日，德军炮兵在法国凡尔登地区宽约40千米的范围内全面实施炮击，空军也对法军阵地实施轰炸，摧毁了法军部分防御阵地和大量有生力量。当天下午4时45分，德军步兵发起冲击，占领了法军在此修建的第一道防御阵地。在以后四天中，德军又先后攻占第二、三道防御阵地，向前推进了5000米，并占领了一个重要的支撑点。

2月25日，法军统帅部看到形势危急，任命贝当为凡尔登前线指挥官，并调集一切可以动用的部队，决心在凡尔登地区与德军进行决战。从2月27日起，法军利用唯一与后方保持联系的巴勒迪克－凡尔登公路，开始源源不断地向凡尔登调运部队和物资，一周内组织3900辆卡车，运送人员19万人、物资2.5万吨。这是战争史上首次大规模的汽车运输。法军大批援军及时投入战斗，加强了纵深防御，对战役进程产生了重大影响。

3月初，德军在马斯河地区再次发动强大攻势。法德两军展开一场大血战。双方激战到6月初，德军攻占了马斯河东岸的伏奥炮台，使凡尔登受到严重威胁。6月下旬，德军发射了11万发窒息性和催泪性的毒气炮弹。但是，法军仍然坚守阵地，德军未能达到占领凡尔登的

凡尔登战斗过程中掩埋过的尸体很快被猛烈的炮火再次掀出来。

目的。

随着俄军的夏季进攻战役和西线索姆河战役的开始，德军在凡尔登方向未再投入新的兵力，此后的进攻行动只是为了牵制正面的法军。经数月苦战，德皇威廉二世于9月2日批准停止进攻。10月24日，法军发起大规模反攻，到12月已基本收复被德军攻占的阵地，战役至此结束。此役是典型的阵地战、消耗战。双方参战兵力众多、伤亡惨重。法军损失54.3万人，德军损失43.3万人，因此这次战役有"绞肉机""屠宰场"和"地狱"之称。

凡尔登

凡尔登距法德边境50千米左右，是法国首都巴黎的东北门户，为作战双方的必争之地，法军在此有四道防御阵地。这里是英法军队战线的前沿阵地，对深入法国北部的德军侧翼形成严重威胁。德国一直想夺取此地，因为如果它能一举夺取凡尔登，必将沉重打击法军士气。同时，占领了凡尔登，也就打通了德军迈向巴黎的通道，占领了巴黎，法国就不攻自灭了，剩下的英俄两军就好对付了。但是经过多次交手，德国均未成功。

法国画家创作的战争画《凡尔登战役》

德军在开赴凡尔登前线之前，许多士兵配备了非常规武器。

日德兰海战

第一次世界大战期间，英国舰队和德国公海舰队于1916年5月31日~6月1日在日德兰半岛以西斯卡格拉克海峡附近海域进行了一场海战，这场海战被称为日德兰海战，亦称斯卡格拉克海战。

第一次世界大战爆发后，德国遭到英国的海上封锁。为打破封锁，德国公海舰队于1916年5月企图诱使英国海军编队出海，然后以公海舰队主力对其进行截击并将其歼灭。英国舰队从截获的电报中得悉德国舰队即将出海的消息后，立即前往迎击，企图将其一举歼灭，以夺取波罗的海的制海权，打破德国对俄国的海上封锁。

5月31日14时许，双方的前卫舰队在斯卡格拉克海峡附近海域遭遇。英国的前卫舰队向东南方向疾进，企图切断德舰退路，德国的前卫舰队则转身向回驶，想将英舰引向德舰队主力方向。15时48分，双方开始交战。英国的战列巡洋舰"不倦"号和"玛丽王后"号被击沉，旗舰"狮"号受伤，而德舰损失轻微。德国公海舰队主力赶到，英前卫舰队北撤，与其主力舰队会合。

德国公海舰队在不知道英国舰队主力已经出海的情况下，追击英前卫舰队。18时左右，英前卫舰队摆脱德舰追击，与舰队主力会合。英国主力舰队判明德舰准确位置后，编成单纵队向东南方向航行，以阻击向东北方向航行的德舰。在激烈炮战中，英舰的"防御"号、

日德兰海战中的英国巡洋舰

"无敌"号和德舰的"吕佐夫"号先后沉没，双方各有数艘战舰受损。德舰的主帅知道英舰队主力投入战斗后，决定撤出战斗。18时36分，德舰队向西南方向撤退。英国舰队因担心受到潜艇和鱼雷攻击，没有追击，而是改向南驶，企图切断德舰向基地返航的退路。19时左右，德舰队企图从英舰队尾部向东突围，结果进入英主力舰队中央，遭到对方火力猛烈攻击，德国的好几艘军舰受创。19时13分，德舰队向西然后向南撤退，并以驱逐舰向英舰实施鱼雷攻击。英舰队为免遭鱼雷攻击，于19时21分由向南改向东南航行，从而丧失歼灭德舰的良机。到次日凌晨，德舰已从英舰队尾部摆脱拦截。英国舰队担心再次遭到鱼雷袭击，最终放弃追击德舰的计划而返航。

日德兰海战是第一次世界大战期间规模最大的海战，也是世界海战史上最后一次战列舰大编队交战。但是，英国和德国的舰队主力并未进行正式决战，战后双方在北海的力量对比和军事态势也未发生重大变化。

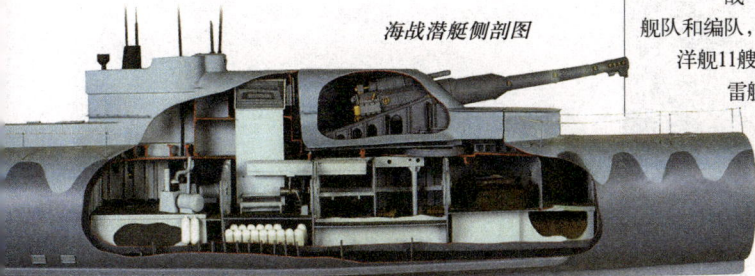
海战潜艇侧剖图

英德海军实力对比

"一战"时，英国海军拥有4个舰队、几个独立分舰队和编队，共有无畏舰30艘，战列舰38艘，战列巡洋舰11艘，巡洋舰113艘，驱逐舰229艘，炮舰、鱼雷艇68艘，潜艇84艘。德国海军拥有3个大舰队及一些分舰队，共有无畏舰15艘，战列舰22艘，战列巡洋舰7艘，巡洋舰53艘，驱逐舰140艘，炮舰、鱼雷艇55艘，潜艇31艘。两者相比较，英国海军占有明显的优势。

索姆河会战

"马克"I型坦克是第一次投入实战的坦克。

第一次世界大战期间，英法联军于1916年7月到11月在法国北部索姆河地区对德军实施了一次进攻性的战役，这场战役称为索姆河会战。

1916年初，英法联军计划在索姆河周边地区发动大规模进攻，彻底击溃法国北部的德军。但是德军早已在该地区构筑有三道坚固的阵地。同年7月1日早晨，英国第四集团军从马里库尔至埃比泰恩长达25千米的范围内正面向巴波姆方向实施主要突击，英国第三集团军的第七军在其左翼采取保障行动，而法国第六集团军则实施辅助突击。当日，法军和英军右翼突破德军第一道阵地，但英军左翼为德军坑道工事所阻。由于英军采用密集队形冲击，所以遭到德军强大火力的杀伤，一天之间就损失近6万人。而这一天德军防线也留下了6万具尸体。一日之内交战双方共战死12万人，这在世界战争史上实属罕见。

两天后，英军和法军攻占德军第二道阵地，法军一度占领德军部分防御要地。但因为协约国军队为分向进攻，加上组织协调不力，进展迟缓，使德军得以迅速调集援兵，采取措施加强索姆河上游地区的防御。到7月中旬，协约国军队仅向前推进数千米，未达成战役突破。此后，双方不断增加兵力兵器，作战行动变成了一场巨大的消耗战。

一战时法国总理乔治·克里孟梭正在视察战壕。

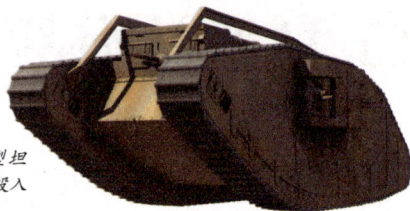

9月3日，英法联军以56个师的兵力再次发动大规模进攻，深入德军防御纵深2000～4000米。9月15日，英军使用8辆坦克配合步兵进攻，占领德军第三道阵地的若干重要支撑点。这也是人类战争史上第一次使用坦克。当德国人看到这些钢铁庞然大物时，吓得转身而逃，德军阵地顿时土崩瓦解。只不过由于当时坦克还不完善，技术装备差，每小时速度仅6000米，不然，英军的战果可能会更大。

同年9月下旬至11月中旬，英法联军又发动两次进攻，但是都未取得决定性突破。双方又陷入僵持状态。在这次战役中，英法联军以损失61.5万兵力的巨大代价，夺占了德军240平方千米的阵地。虽然没有最终实现英法联军的既定目标，但是牵制了德军在凡尔登的攻势。德军方面损失兵力65万人，被迫收缩防线，在西线暂时转入战略防御。

炮轰德军阵地

索姆河战役开始之前，英炮兵对德军阵地进行了长达8天的炮火攻击，共动用大炮1400门，发射了约170万枚炮弹。所以，英国将军们认为德军防线已被摧毁，阵地上的德国士兵大部分已被炸死。其实，德国士兵都隐蔽在地下的防空洞里，时刻准备在英步兵发动攻击时，迅速抱着机枪进入各自的阵地。

德军和法国军队的激战场面

二月革命

20世纪初期的俄国是一个经济上落后、政治上反动的军事封建帝国主义国家，国内充满尖锐复杂的矛盾。处于饥寒交迫之中的人们再也无法忍受沉重的压迫，奋起反抗，革命斗争此起彼伏，连绵不断。沙皇尼古拉二世为了转移国内斗争的视线，也为了进行对外掠夺，把俄国拖入了第一次世界大战。结果俄国军队屡遭失败，本来就很落后的经济遭到了极大的破坏，这引起了广大人民的强烈不满。

1917年1月，俄国各地爆发了大规模的罢工示威。首都彼得格勒工人响应布尔什维克党的号召，高呼"打倒战争"的口号，也举行罢工和示威游行，这次行动成为二月革命的前奏。3月8日（俄历2月23日）是"三八"国际妇女节，彼得格勒50家工厂约13万男女工人举行罢工和游行，拉开了二月革命的序幕。第二天，参加罢工示威的群众增加到20万。3月10日，在布尔什维克党领导下，首都各大工厂举行了有30万人参加的联合总罢工。

革命风暴吓坏了沙皇尼古拉二世，他下令不惜采取任何措施，迅速恢复首都秩序。布尔什维克彼得格勒委员会的领导人和其他100多名革命积极分子被逮捕，激起了群众的极大愤怒。他们上街游行，抗议政府暴行，但遭到更

苏维埃社会主义共和国联盟的国旗

这是1910年在俄国农村举行的一次农民聚会的场景。

野蛮的镇压。于是领导罢工的维堡区党委决定将总罢工转变为武装起义，推翻沙皇政府。工人们立即行动起来，攻占军火库，夺取枪支弹药，筑起街垒，与反动军警展开战斗。同时工人们还积极开展争取军队的工作。在工人们的宣传下，有数万名士兵公开站到革命的一边。他们同起义工人一起，占领了沙皇的冬宫和政府各部门，逮捕了沙皇的大臣和将军。首都起义获得完全胜利。尼古拉二世不甘心自己的失败，立即从一战前线调军队企图夺回首都，但沙皇军队在革命影响下也发生了兵变。尼古拉二世见大势已去，被迫于3月15日退位。统治俄国达304年的罗曼诺夫王朝就这样被二月革命冲垮了，俄国资产阶级民主革命获得了胜利。

二月革命后，俄国出现了历史上罕见的两个政权并存的局面：一个是资产阶级临时政府，一个是工农兵代表苏维埃。为此，列宁又领导布尔什维克党和人民，进行了伟大的十月社会主义革命。十月社会主义革命胜利后，临时政府被推翻，世界上第一个无产阶级专政的国家——工农兵代表苏维埃诞生了。

四月提纲

二月革命后，俄国同时存在资产阶级的临时政府和工农兵代表苏维埃两个政权。掌握实权的临时政府继续进行帝国主义战争。布尔什维克党迫切需要制定正确的革命路线。在革命的关键时刻，列宁于1917年俄历4月3日回到彼得格勒，随后作了著名的《四月提纲》报告。《提纲》制定了从资产阶级民主革命向社会主义革命转变的方针、路线和策略。

苏德签订《布列斯特和约》

十月革命胜利时，俄国已饱受三年帝国主义战争之苦，整个国民经济濒临崩溃的边缘，苏维埃俄国迫切需要退出战争赢得和平。在十月革命胜利后的第二天，即1917年11月8日（俄历10月26日），苏维埃政权就颁布《和平法令》。但是，以英法为首的协约国集团根本不理睬苏俄的和平建议，苏维埃俄国被迫单独与德国开始和平谈判。

1917年12月5日，双方代表在德国军队占领的布列斯特－立托夫斯克进行谈判，并签订了一个为期25天的临时停战协定。1918年1月9日，双方开始和谈的第二阶段。德方于同年2月10日提出最后通牒，要求苏俄立即缔结和约，割让15万平方千米的国土，并赔款30亿卢布。列宁为了保护新生的苏维埃政权，同时恢复和发展国民经济，建立一支新的军队，决定实行暂时的退让。可是大多数党中央委员反对列宁的主张，不同意在这样的条约上签字。负责谈判的苏维埃政府代表团团长托洛茨基拒签和约，并以苏俄人民委员会的名义通知德方：苏俄单方面结束战争状态，收回军队。

德国政府对此恼羞成怒，马上宣布：8天后对苏维埃政府恢复军事行动。1918年2月18日，德军向苏俄发动全线进攻，占领了苏俄的大片领土。德国政府于2月21日对苏维埃政府提出，不仅要扩大割让国土的面积，而且把赔款数额增加到60亿卢布。此时，列宁坚决主张立即按德国条件签约；以布哈林为首的"左派共产主义者集团"则要求停止和谈，进行反对德国的"革命战争"；托洛茨基派则提出不战不和的方案。经过紧张的讨论，

正在发表演说的托洛茨基

苏维埃政府中央委员会最后终于通过了按德国条件签约的决议。

1918年3月3日，苏维埃政府代表团在布列斯特与德国签订和约。《布列斯特和约》先后被布尔什维克党的七大和苏维埃第四次非常代表大会批准。德国在第一次世界大战中战败后，苏维埃政府于1918年11月13日正式宣布废除《布列斯特和约》。

布列斯特和约

《布列斯特和约》全称《布列斯特－立托夫斯克和约》。1918年3月3日，苏维埃俄国与德国及其同盟在布列斯特－立托夫斯克（今布列斯特）签订了该和约。依照约定，苏俄丧失波兰、立陶宛、拉脱维亚、爱沙尼亚、芬兰和白俄罗斯一部分共计约100万平方千米领土；向德交付60亿马克赔款。1918年11月13日，苏俄政府利用德国在大战中的失败宣布废除该和约。

在苏俄和德国的和平谈判预备会上，托洛茨基故意拖延，希望无产阶级革命会波及整个欧洲。

苏俄反抗外国武装干涉期间，饥荒使数百万俄罗斯家庭遭受饥饿的苦难。

革命导师列宁

列宁（1870~1924年）的原名是弗拉基米尔·伊里奇·乌里扬诺夫，列宁是他参加革命后的化名。他是俄国革命家、苏联的创立者以及列宁主义的提出者，列宁主义的支持者称他为全世界无产阶级的革命导师和领袖。1903年，列宁出席俄国社会民主工党第二次代表大会，组建了布尔什维克党。1917年11月，列宁指挥十月社会主义革命取得了胜利，当选为第一届苏维埃政府主席，夺取政权后，他又颁布了《和平法令》和《土地令》。1918~1920年期间，列宁领导苏俄人民粉碎了帝国主义国家的联合武装干涉和国内多起大规模的反政府叛乱，稳定了苏联的国内局势。

由于长期超负荷、超强度工作，从1921年底起，列宁的身体每况愈下。他头痛得非常厉害，有时整夜整夜地失眠，但他仍然每天坚持工作。1922年，列宁带病参加了党的第十一次代表大会，并在会上作了报告。这是他最后一次参加党的代表大会。从1922年5月起，在医生和布尔什维克党中央的坚持下，列宁到了莫斯科郊外哥尔克村去疗养。在这里，他的动脉硬化症第一次严重发作，连语言功能也发生了障碍，经过治疗，两个月后病情有所好转。病中的列宁仍然保持着读书看报的习惯，并不时和前来探望他的政治局成员们讨论工作。医生不得不采取强硬措施，禁止他的这一切活动。有一次，列宁对前来看望他的斯大林开玩笑说："哎呀，这日子怎么过呀！我既不能看书报文件，又不能跟人家谈论政治！我甚至竭力躲避桌子上每一片纸，因为我怕它是报纸，看了它就违反纪律啦！"斯大林哈哈大笑说："医生也太疏忽了，哪有革命家在一起不谈政治的！"在1924年1月21日18时50分，列宁这位伟大的革命导师因脑溢血逝世。

列宁去世后，苏联政府和人民为了纪念列宁，在莫斯科的红场建造了列宁墓并将列宁的遗体保存在水晶棺内供群众瞻仰。

正在演讲的列宁

1919年的列宁

斯大林

列宁和其接班人斯大林在一起。

十月革命胜利后，约瑟夫·斯大林（1879~1953年）任全俄中央执行委员会委员、民族事务人民委员、国家监察部人民委员等。1922年4月，斯大林在共产党第十一次代表大会后当选为中央委员会总书记。列宁逝世后，斯大林成为继承者。

为纪念列宁，彼得格勒于1924年被改名为列宁格勒，直到1991年才恢复其最初的名字——圣彼得堡。

□ 巴黎和会

1918年11月11日凌晨5时，巴黎东北贡比涅森林的雷通车站，以外交大臣为首的德国代表团走上联军总司令、法国元帅福煦乘坐的火车，签订了第一次世界大战停战的条约。停战条约包括：14天内德军撤出在这次战争中占领的法国、比利时、卢森堡的领土，还有在普法战争中所占领的阿尔萨斯和洛林地区；一个月内将莱茵河以西的德国领土，以及莱茵河以东30千米的德国领土交给联军；交出海军部队中的巡洋舰、战斗舰、驱逐舰、潜水艇总计234艘，空军部队的全部飞机，陆军部队的500门大炮和大量枪支弹药；德国交付316.8亿美元的战争赔款（后削减为7.14亿美元）；德国要交出性能完好的火车头5000个、车厢15万个、卡车5000辆，等等。德国无奈地在这份条约上签了字，第一次世界大战在这一天全面停止。

战争结束后，为了建立国际新秩序，战胜国决定于1919年1月18日在法国巴黎的凡尔赛宫召开巴黎和会。参加巴黎和会的有27个国家代表团，总计1000多人，其中全权代表70人，但是起决定作用的是美、英、法三家，他们是巴黎和会的三巨头，也是主宰者。

1919年巴黎胜利大游行

各国代表在凡尔赛宫签署和平条约。

"血耻之会"

巴黎和会之所以要选在凡尔赛宫是有历史原因的。凡尔赛宫原是法国封建帝王的行宫，但在1871年1月18日，普鲁士国王威廉一世以战胜者的身份进入法国凡尔赛宫，宣布自己为德意志帝国的皇帝。为了回击他的不敬，法国总统在和会开幕式上洋洋自得地说："48年前的今天，德意志帝国就出生在这个大厅里，因为它生于不义，所以自当死于耻辱。"

和会时间长达半年，经过几个月的讨价还价，协约国之间终于达成协议：法国收回阿尔萨斯和洛林地区，德国最大的煤矿萨尔归法国所有；德国必须解散参谋总部，禁止生产军用飞机、重炮、坦克和潜艇等武器，只能保留10万陆军；莱茵河东50千米不准驻军，莱茵河西由协约国占领；德国所有的海外殖民地，由英、法、日、比等国瓜分。此外，德国还要向法英等众多战胜国交付大量战争赔款。5月7日，德国代表被召进会场。法国总理克里孟梭指着草拟好的条约草案对德国代表说："清算的时间到了。现在就把这份和平的文件交给你们，你们必须在15天内答复。"会议规定，德国代表不许在会上提出申诉。

6月28日是会议的最后一天，在凡尔赛宫镜厅里，全体战胜国和德国及其盟国在和约上签了字。这个和约全称《协约和参战各国对德和约》，亦称《凡尔赛和约》。它同协约国对奥、保、匈、土的条约构成了一个相互联系的体系，规定了战后国际格局的新秩序，历史上把它们称为"凡尔赛体系"。

为羞辱德国人，法国人将停战协定签署地址选在了贡比涅森林的一列火车上。

匈牙利革命

1918年10月，匈牙利发生资产阶级民主革命，推翻了统治匈牙利的奥地利哈布斯堡王朝，组成了以卡罗利为首的资产阶级和社会民主党的联合政府。但卡罗利当政以后，非但没有改变工农群众的困苦状况，反而镇压群众，激起了群众的不满。

1918年11月，匈牙利共产党诞生了。以库恩·贝拉为首的匈牙利共产党提出了"解除资产阶级武装，建立苏维埃政权"的口号。卡罗利逮捕了包括库恩·贝拉在内的40名共产党领导人。这一暴行激起了广大工人和士兵的愤慨。他们纷纷举行集会，要求实行社会主义革命。

协约国集团看到卡罗利政府摇摇欲坠，便乘机向匈牙利政府发出最后通牒，要求匈牙利把2/3的领土割让给它的一些邻国，企图借此来扼杀匈牙利革命。

卡罗利接到最后通牒后，把政权交给了社会民主党，但社会民主党孤立无援。在迫不得已的情况下，社会民主党跟在狱中的共产党领导人库恩·贝拉谈判。1919年3月，双方决定两党合并，建立苏维埃政权。

面对这一切重大变化，帝国主义者感到更加惊慌和害怕。协约国代表团到达匈牙利以后，装出"和平"面孔进行谈判。但谈判中，仍旧坚持要匈牙利把大片领土划给协约国。匈牙利苏维埃政府自然拒绝了这一无理要求。协约国见和谈没有成功，便开始实行武装干涉。

1919年4月16日，与匈牙利毗邻的资产阶级国家罗马尼亚首先发动武装进攻，法国、捷克斯洛伐克的军队也向匈牙利扑来。匈牙利的民众很快组织起来，保卫自己的国家。

匈牙利正是受了俄国十月革命的影响而爆发革命的。

几天以后，新建的匈牙利红军开赴前线，并很快取得了胜利。5月30日，红军在250千米长的战线上发动全线反攻，迅速收复许多失地。

正当红军在节节胜利的时刻，巴黎和会主席、法国总理克里孟梭以协约国的名义，于1919年6月13日向匈牙利政府发出一份照会，要求红军停止进攻，同时也保证撤退外国占领军。如果不同意，则对匈牙利正式宣战。

缺乏经验的匈牙利苏维埃政府接受了协约国的要求，然而协约国并没有履行诺言，匈牙利人民用鲜血换来的土地白白送给了敌人。

1919年8月1日，罗马尼亚军队进逼到布达佩斯城郊，匈牙利苏维埃政府全体成员被迫宣布辞职。存在133天的匈牙利共和国最终被国内外敌人颠覆了。

被多瑙河一分为二的布达佩斯

哈布斯堡王朝

哈布斯堡王朝是欧洲最大的王朝之一，又称奥地利王朝。哈布斯堡王朝是1020年斯特拉斯堡主教威纳尔和拉德波特伯爵在今瑞士阿尔高州创立的。其家族成员曾担任过神圣罗马帝国皇帝，奥地利公爵、大公、皇帝，匈牙利国王，波希米亚国王，西班牙国王，葡萄牙国王，墨西哥皇帝和意大利若干公国的公爵。在第一次世界大战时期，哈布斯堡王朝解体。

□ 非暴力不合作运动

第一次世界大战以后，印度仍然是英国的殖民地。英国一方面许诺印度逐步自治，另一方面又于1919年颁布法令，规定殖民当局可以随意逮捕、审判印度人，以加强恐怖镇压。这激起了全印度人民的强烈反对。

莫汉达斯·卡拉姆昌德·甘地（1869～1948年）在英国受过高等教育，曾在南非当过律师，参加过反对种族歧视的斗争，后成为印度国大党的领袖。他认为印度必须独立，但却主张反英斗争只能采用和平斗争方式，与英国殖民者实行"不合作"和"非暴力抵抗"。因此，他的斗争方式又称为"非暴力不合作运动"。"不合作"的内容主要包括：印度人辞去英国殖民者授予的公职和爵位，不参加殖民政府的任何集会；不接受英国教育，从公立学校领回子女，自设私立学校代替；不买英国货，自己纺纱织布，使用土布；印度人不在英国银行存款，等等。

早在1919年，甘地就曾发起了第一次"非暴力不合作运动"。1921年，为了抵制英国的纺织物在印度倾销的行为，甘地发动了一个"提倡纺织和使用土布"的运动。从此，甘地随身带着一架木制的纺纱机，用自己的双手纺织土纱。即使在周游全国或到英国去开会的时候，他也总是随身带着这架纺纱机，一有空就纺起纱来。为了表示争取民族独立的决心，他

甘地发起了土布运动，提倡用手纺车自己织布来抵制英货。

效法印度古代苦行僧的样子，削去了头发，时常赤裸着上身。这种装束一直保持到他逝世。1930年，甘地又领导了"食盐进军"运动以抵抗英国殖民者的食盐控制。英国殖民者逮捕了甘地，印度各地爆发了示威游行。

印度人民掀起的革命风暴吓坏了英国殖民当局。于是，他们又想利用甘地"非暴力"主张，来平息人民的斗争烈火。1931年1月，殖民当局释放了甘地，并撤销了取缔国大党的命令。甘地出狱以后，便和英国印度总督艾尔文在德里举行会谈，签订了《甘地－艾尔文协定》。协定规定：印度立即停止"不合作运动"；英国当局则同意释放主张"非暴力"的政治犯，允许沿海人民煮盐。由于印度仍旧没有得到自治，因此这个规定没有满足人民的根本要求。但是，甘地已经签订了《休战协定》，印度人民的革命浪潮最后还是被英国殖民当局镇压下去。后来，甘地虽然又发动了几次"个人不合作运动"，但都毫无结果，他本人也屡次遭到逮捕，多次被关入狱中。

1948年1月30日，甘地去世了，印度人民尊称这位民族运动的领袖为"圣雄"。

尼赫鲁与甘地

食盐进军

1930年，英国殖民当局为了加紧对印度人民的剥削，制定了《食盐专营法》，严格控制食盐生产，并且任意抬高食盐价格和盐税，这引起了印度人民的极大不满。于是，甘地就带领他的"非暴力不合作运动"信徒，步行到海边去用海水煮盐，以此来抵制英国殖民当局的《食盐专营法》。这就是有名的"食盐进军"。

华盛顿会议

第一次世界大战之后，各国都不愿在短期内再爆发一场大战。他们决定通过召开会议和进行谈判的方式来解决自己在远东的利益分配问题。

1921年11月12日，美、英、中、法、意、日、比、荷、葡9国代表汇聚华盛顿，美国国务卿休斯被选为大会主席。会议的正式议程有两项：一是限制海军军备问题，二是太平洋及远东问题。为此，会议组成了两个委员会：由美、英、法、意、日5国组成的"缩减军备委员会"和由与会9国组成的"太平洋远东问题委员会"，分别进行讨论。这次会议标榜废除秘密外交，但实际上几乎所有重大政治问题都是由美国国务卿休斯、英国枢密院大臣贝尔福和日本海相加藤友三郎幕后决定。

会议历时近三个月，到1922年2月6日闭幕。经过不断地讨价还价和各种幕后交易，各国最终达成妥协。美、英、日、法签订了《关于太平洋区域岛屿属地和领地的条约》，简称《四国条约》。英国根据条约规定解除英日同盟，美国借此消除了在远东争霸的一个障碍。而日本的扩张野心受到了美、英、法的遏制，但另一方面，该条约又使日本在国际上第一次处于与欧美列强平起平坐的地位，它在太平洋上的权益得到了大国的正式承认。这次会议还有一个主要议题就是限制海军军备问题，美、

1925年，德国代表团与欧洲各国签订《洛迦诺公约》。公约取得了运用外交手段和平解决国际冲突的巨大成功。

华盛顿体系

华盛顿会议签订的各项条约和通过的决议案构成了华盛顿体系。这一体系是在承认美国占优势的基础上，确定了凡尔赛体系未能包括的远东、太平洋区域的帝国主义国际关系体系，它是凡尔赛体系的补充。但它并未消除帝国主义之间的矛盾，美日两国之间在远东及太平洋地区的争夺愈演愈烈。华盛顿体系和凡尔赛体系一起构成了帝国主义战后在全球的新的国际关系格局，合称"凡尔赛－华盛顿体系"。

英、日、法、意签订《五国海军条约》。条约规定：美、英、日、法、意5国海军主力舰吨位的限额比例分别为5：5：3：1.75：1.75。美国取得同老牌海军强国英国同等的地位。在对中国问题的安排上，各国签订了《九国公约》。公约规定：尊重中国的主权和独立、领土与行政完整；为中国建立一个稳固的政府提供方便；建立并维护各国在全中国的商务实业机会均等原则；不得利用中国的状况谋取有损于其他国家公民的特权。但是，公约标榜的尊重中国主权、独立，只不过是表面文章。中国代表在会上提出的收回关税自主权、取消治外法权、归还外国在华租借地等正义要求都没有得到解决。反而又使中国回复到几个帝国主义国家共同支配的局面"。

华盛顿会议是继巴黎和会之后，在美国的操纵下召开的又一次分赃会议。会议补充了《凡尔赛条约》中的一些条款，也解决了巴黎和会上一些没有解决的问题，建立了第一次世界大战后帝国主义列强在亚太地区的新的国际关系结构——华盛顿体系。

20世纪初期的中国上海

希特勒加入德国工人党

1919年9月的一天晚上，在德国陆军政治部任职的阿道夫·希特勒在其上司的要求下，参加了德国工人党的集会。集会地点在一家啤酒馆的一个阴暗房间里，到会的有25个人。希特勒觉得会议开得很沉闷，正想离开时，会上忽然出现了争论：一个教授模样的人站了起来，建议巴伐利亚州同德国脱离关系，同奥地利另外组建一个南德意志国家。希特勒忍不住站起来进行反驳。他表示不赞成把巴伐利亚从德国分离出去，而主张建立一个强大统一的民族主义的德国。他的话引起了众人的注意。散会后，有个戴眼镜的人追上了希特勒，往他手里塞了一本小册子。

第二天早晨，希特勒想起了那本小册子，翻开一看，作者就是那个戴眼镜的人，名叫德莱克斯。他发现小册子里所写的正反映了他自己在过去几年中确立的许多思想，即要组织一个以工人群众为基础的，但要保持强烈民族主义的政党。希特勒感到颇有兴趣，便一页一页地读了下去。当天下午，希特勒收到德莱克斯给他的明信片，通知他已被接受参加德国工人党，并邀他去出席委员会会议。

开会的地点是一个下等酒店。当希特勒走进酒店时，只见在一盏昏暗的煤气灯下，围着桌子坐着四个青年，其中就有德莱克斯。他一见希特勒，就非常热情地打招呼，欢迎这个

希特勒挑起世界大战，给各国人民带来灾难。

希特勒

阿道夫·希特勒（1889~1945年），生于奥地利靠近德国南部的布劳瑙镇。1913年，他流浪到德国南部巴伐利亚首府慕尼黑，并在这里被征入伍，参加了第一次世界大战。德国战败后，希特勒成为仇恨共产党和犹太人的极端民族主义分子，极力煽动日耳曼人的民族情绪。1933年，他成为德国总理，不久挑起第二次世界大战。1945年4月底，柏林陷落，希特勒自杀。

德国工人党的新党员。就这样，希特勒成了德国工人党委员会的第七名委员。德国工人党开始只是一个不足百人的小团体，但希特勒以他的组织能力和富于煽动的演说，很快就攫取了工人党的领导权，并扩大了工人党的队伍和影响。1920年2月，他别有用心地出面宣布工人党的《二十五点纲领》，提出实现"社会主义""工人分享企业利润""取消地租"等口号。为了进一步欺骗群众，他还将工人党的名称改为"民族社会主义德国工人党"（按德文缩写音译为"纳粹党"）。

希特勒的罪行令人发指。

1921年7月，希特勒在党内确立了"领袖原则"。从此，希特勒终于当上纳粹党的最高领导，拥有至高无上的独裁权力。

受纳粹党蛊惑的德国工人正在游行。

意大利法西斯政权的建立

贝尼托·墨索里尼（1883～1945年）出生于意大利的一个铁匠家庭，是一个既有政治野心，又特别善于见风使舵、投机钻营的家伙。1900年，他加入意大利社会党。1911年，意大利爆发人民反战运动，墨索里尼因参加并领导了反战行动而成为全国闻名的反战英雄。1912年，他担任社会党机关报《前进报》的主编，并成为社会党的领导人之一。1914年，第一次世界大战爆发，墨索里尼来了个180度大转弯，成为主战派，意大利社会党为此把他开除出党。

被开除出社会党后，墨索里尼于1914年12月参加了意大利第一个法西斯组织——"国际行动革命法西斯"，他很快成了这个组织的核心人物。

第一次世界大战结束后，墨索里尼于1919年3月在米兰成立"战斗的意大利法西斯"组织，并发表政治声明和纲领，但这个组织在全国选举中遭到惨败。于是，墨索里尼决定投靠统治阶级，他建立了法西斯行动队，以反对社会党为首要目标，疯狂破坏工农革命组织，殴打和杀害社会党和工会领导人，公开镇压群众，在全国制造白色恐怖。

意大利法西斯残忍地迫害工农革命组织。

墨索里尼的反动行为得到垄断资产阶级和封建王室等统治阶段的赞许和支持，意大利法西斯运动在短期内获得重大发展。1921年11月，"战斗的意大利法西斯"在罗马召开代表大会，改名为"国家法西斯党"，确定了以古罗马的"束棒"为标志的党徽，选举墨索里尼为党的领袖。

墨索里尼是第二次世界大战的元凶之一。

罗马大会后，墨索里尼开始了夺取全国政权的准备活动。他将法西斯党各级组织全部军事化，实行全党皆兵，以帮助政府恢复秩序为名，加紧进行恐怖活动，广泛夺取地方政权。

1922年，"国家法西斯党"发展为意大利第一大政党，夺取全国政权的形势已不可逆转。1922年10月27日，由约5万名法西斯行动队员组织的"黑衫军"，手持简陋的武器，兵分三路，从那不勒斯浩浩荡荡地向罗马进发，墨索里尼和其他领袖乘火车跟随。他们一路长驱直入，所向披靡，很快就到了罗马城下。国王见大势所趋，只好做出让步，给墨索里尼发去电报，任命他为内阁总理。世界上第一个法西斯政权在意大利建立了。

墨索里尼

墨索里尼是意大利国家法西斯党首脑，法西斯军国主义独裁者，第二次世界大战的元凶之一以及在1922～1943年期间的意大利首相。他实行法西斯主义统治，宣布法西斯党为唯一合法政党，镇压共产主义运动和其他各种民主运动，和希特勒一起发动了第二次世界大战，1945年被意大利游击队俘虏后处决。

世界经济危机

寒冷的北风呼啸着，一个穿着单衣的小女孩蜷缩在屋子的角落里。"妈妈，天气这么冷，你为什么不生火炉呢？"小女孩瑟瑟发抖地说。妈妈叹了口气，说："因为我们家里没有煤。你爸爸失业了，我们没有钱买煤。""妈妈，爸爸为什么失业呢？""因为煤太多了。"这是发生在20世纪30年代美国一个煤矿工人家中的场景。

与此同时，在密西西比河畔，农场主们正把一桶桶牛奶和一车车大肥猪倒进河中。仅1933年一年，就有640万头猪被扔到河里活活淹死，有5万多亩棉花被点火烧光。同样，在英国、法国、丹麦、荷兰，整箱的橘子、整船的鱼、整袋的咖啡豆被倒进大海，无数的奶牛、小羊被杀死……难道当时生产的产品真的过剩了吗？不是的。当时在美国许多州的矿区，营养不良的儿童占到总数的90%以上。欧美各国大批的工厂矿山企业倒闭，300多万工人失业。

劳动者缺吃少穿、挨饿受冻，而资本家却在把大量的粮食肉奶和棉花羊毛毁掉。这是因为资本家为追求利润，一方面加紧进行生产，一方面加强剥削；广大劳动者被剥削得身无分文，无钱来购买足够的食物用品，产品的"过剩"只是相对于广大劳动者购买能力的"相对过剩"。资本家要追求利润，只有把产品毁掉，

股市崩溃的消息突然传出后，人们一片震惊。

经济危机

资本主义经济危机是指资本主义经济发展过程中周期性爆发的社会经济大混乱。生产过剩是这种危机的基本特征。经济危机发生的根本原因在于资本主义制度本身，在于生产社会化和资本主义私人占有形式之间的矛盾，因此，资本主义社会是无法摆脱周期性经济危机的。经济危机的周期平均为10年左右。1825年7月，在英国爆发了第一次经济危机。

漫画
人们将经济危机比喻成一只笼罩全球的巨大章鱼。

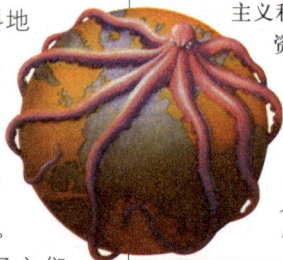

这样才能保证产品高价，保持高额利润。资本主义制度的腐朽和罪恶，资产阶级的虚伪和残忍，在此赤裸裸地表露出来！这就是资本主义社会的"经济危机"。

经济大危机中货币贬值，孩子们正在拿贬值的货币堆积木。

第一次世界大战之后的这次经济危机从1929年10月开始，首先在美国，随后向整个资本主义世界席卷而来，直到1933年才告结束，持续了4年之久，危机所造成的损失总计约2500亿美元。欧美各主要工业国家经济瘫痪，生产倒退了20多年。它引发了资本主义世界的政治危机。各地工人纷纷举行游行示威，反对资本家，反对政府。资产阶级政府如坐针毡，竭力寻找出路。

一些国家，如美国等，宣布实行"新政"，采取国家干预经济的办法，利用旧市场，开辟国内新产业来缓和经济危机。另一些国家，如德国、日本等，为获取新市场，用战争掠夺殖民地人民的物资和廉价劳动力，建立起了法西斯政权，疯狂地扩军备战，为重新瓜分世界而挥舞起了血腥的屠刀。于是，两个战争策源地在欧洲和亚洲分别形成了。战争的阴云开始飘向世界。

朝鲜抗日武装斗争

日本侵略中国的"九一八"事变发生之后，日本帝国主义把朝鲜作为侵华反苏、争夺亚洲和太平洋地区霸权的战略基地，大肆掠夺战争物资和粮食。朝鲜人民饥寒交迫，在以金日成（1912～1994年）为首的朝鲜共产主义者的领导下，反日斗争日益高涨。

朝鲜人民的领袖金日成于1912年4月15日诞生在平壤市万景台一个贫穷的农家。他的父亲在反日斗争中英勇献身，他继承父志，走上了抗日道路。

1926年10月17日，金日成建立了朝鲜历史上第一个真正的共产主义革命组织——打倒帝国主义同盟。1929年秋，金日成被反动警察逮捕。在狱中，他酝酿成熟了有关朝鲜革命的远大设想。出狱后，他向广大朝鲜人民提出了"武装要用武装来对付"的战斗口号，积极进行建立武装队伍的准备工作。

1932年4月25日，金日成向全世界宣布了朝鲜第一支真正意义上的革命武装力量——反日人民游击队（后来改称为朝鲜人民革命军）的建立。朝鲜人民革命军的建立，给朝鲜人民的革命斗争带来了一个大的转机。朝鲜人民抗日武装与中国共产党领导的抗日武装并肩战斗，生死与共，用鲜血凝成了牢不可破的战斗友谊。为了广泛团结朝鲜的一切抗日力量，1936年5月成立了以金日成为会长的朝鲜抗日民族统一战线组织——祖国光复会。该会成立后几个月，会员就发展到20万人，其组织遍布在中国东北和朝鲜各地。1937年6月4日，金日成亲自指挥朝鲜人民革命军突破鸭绿江，奇袭普天堡，取得大捷。这是30年代朝鲜人民在反日斗争中最突出的

毛泽东与金日成亲切会见。

日本法西斯专政

在1929年的世界经济危机中，日本国内受到了很大的冲击。日本军阀乘机要求取消议会制，建立军部独裁政权。1931年，军部势力显著加强，军部分裂成两个派别：认为不经过政变也能实现军部独裁的"统制派"和从未放弃发动政变的"皇道派"。1936年，以东条英机为首的统制派控制了日本广田弘毅内阁。1936年8月，广田内阁通过了《基本国策纲要》，把称霸东亚大陆和西太平洋提上了日程。为实现这个侵略目标，日本开始了空前规模的扩军备战，军事法西斯专政在日本形成。

一次战役，极大地鼓舞了朝鲜人民的斗志。

朝鲜人民革命军在抗日斗争中不断壮大，一直到第二次世界大战结束。它战斗在中朝边境，支援了中国人民的抗日战争，为世界反法西斯战争的胜利做出了自己的贡献。

表现日本企图占领中国的漫画

现在的鸭绿江大桥

罗斯福新政

自1929年经济危机爆发之后，美国各地的工人不断举行罢工运动，国内阶级矛盾激化。在这种形势下，纽约州长富兰克林·罗斯福（1882～1945年）在1933年的大选中赢得胜利，成为美国的第32任总统。他在接受提名的演说中说："我向你们保证，我对自己立下誓言，要为美国人民实行新政。"从此，"新政"就成为罗斯福施政纲领的标志。

入主白宫后，罗斯福向议会要求授予他使用"对紧急状态作战的广泛的行政权力"。他决定对经济活动进行国家干预，以此来消除危机。为了推行新政，罗斯福召集了一大批著名学者作为"智囊团"，专门为自己出谋划策。面对来势凶猛的金融风暴和银行挤兑风潮，罗斯福当即通令全国所有银行自3月6日～9日休假，进行整顿；成立联邦储备保证公司，保证存款人的存款安全，恢复银行信誉；稳定民心，使被藏起来的现金回到银行，重新流通。经过这些改革，美国银行的信誉得到恢复，金融市场重新稳定下来，金融风潮

罗斯福和他的幕僚们

罗斯福新政中引入了各种公民的社会福利。图为两名美国妇女正在展示她们的社会保险卡。

罗斯福新政时期成立的田纳西河流域开发局修建的水库

也告平息。为能将美国带出灾难的深渊，罗斯福不知疲倦地忘我工作。议会看到总统大有作为，也按照他的要求从3月9日～6月19日连续召开了99天特别会议，制定和通过了许多重要的法案，为实施新政铺路搭桥、保驾护航。

罗斯福新政取得了巨大成就，得到广大工人和农民的热烈拥护和支持，但却遭到垄断资本家的反对和指责，说什么"罗斯福想把美国带入社会主义……国家干预政策违反自由竞争的经济原则"。罗斯福在广大下层民众的支持下，顶住了资本家的压力，继续推行新政改革。在推行新政的同时，罗斯福还每周向全国发表一次电视讲话，介绍自己的政策，鼓励人们积极面对困难。这被人们亲切地称为"炉边谈话"。

罗斯福总统以自己的睿智和勇敢赢得了人们对他的信任与支持。他连任四届总统，成为美国历史上任期最长的一位总统。

罗斯福

富兰克林·罗斯福，美国政治家，民主党人。他39岁时因脊髓灰质炎而导致下肢瘫痪，但坚韧和乐观使他重返政界。1933年当选总统后，他实施新政，使美国成功地摆脱了经济危机。在第二次世界大战后期，他成为反法西斯联盟的领袖之一。罗斯福执政期间也是美国民主党最兴旺的时期。他被认为是美国历史上最伟大的总统之一。

国会纵火案

1933年2月27日晚上，德国首都柏林的人们正在家里吃饭、休息。忽然，一道红光照亮了夜空。"国会起火了!"街上的人惊慌地喊叫起来。只见国会大厦的窗户里冒出一股股浓烟，随之火苗也蹿了出来。几分钟以后，德国总理希特勒和他的宣传部长戈培尔已经来到了现场，而国会议长戈林比他们到得还早。戈林一口咬定是共产党人放火烧了国会大厦。

就在当天夜里，德国政府声称在现场抓住了一个叫卢勃的荷兰"共产党员"。事后，希特勒开始借这件事大做文章。他的政府立即宣布：为了对付共产党人的"暴力"，要马上停止执行魏玛共和国宪法中保障个人和公民自由的条款，限制个人自由，限制表示意愿、出版、结社和集会的自由，对邮件、电报、电话进行检查，政府可以搜查住宅和没收财产。这个法令一宣布，德国全国立刻紧张起来，陷入了令人心惊的恐怖之中。很显然，这是蓄谋已久的。可是，这件事到底是谁干的呢？事实其实是这样的：在戈林的国会议长府下面，有一条地下暖气管的通道通到国会大厦。纳粹党的柏林冲锋队队长恩斯特带领他的部下，经过这条地下通道钻到国会大厦，洒上汽油和易燃的化学品，点了火，然后再从原路返回戈林的议长府。接着，他们找来一个荷兰人冒充共产党员，让他在已经开始燃烧的国会大厦上又添了几把火。

原来，当时以台尔曼为首的德国共产党在德国人民当中威望很高，对法西斯主义的斗争也最坚决，成了希特勒的眼中钉。为了防止共产党人在选举中获胜，并在获胜后向全国推

国会纵火案

行共产主义，法西斯分子大造反对共产党的舆论，而国会纵火案正是在这种形势下发生的。

起火后两小时，法西斯分子便对共产党员和进步人士实行了大逮捕和大屠杀。仅27日一个晚上就逮捕了1万名反法西斯战士。在以后的三四个月里，被捕人数达到六七万人之多，共产党组织被迫转入地下，各地工会组织被勒令解散。

希特勒利用国会纵火案控制全国的目的暂时达到了。从1933年开始，德国开始了公开的战争准备。希特勒的疯狂叫嚣声传到了全国每个角落，整个欧洲都笼罩在紧张的不安气氛之中。

现在的柏林

燃烧的国会大厦

□ 埃塞俄比亚人民抗意斗争

20世纪30年代初期，意大利墨索里尼政府为了摆脱国内严重的经济危机，极力推行国民经济军事化，企图通过武力进行扩张，掠夺市场和原料产地，进一步同英法抗衡。意大利在欧洲敌不过英法的力量，就对非洲打起了主意。为了重新分割东非与北非的殖民地，独霸地中海，控制红海通向印度洋的航路，以削弱英法与亚洲殖民地的联系，意大利制订了侵占埃塞俄比亚的计划。

1934年12月5日，意大利在埃塞俄比亚毗邻意属索马里边界的瓦尔瓦尔蓄意制造边境事端，并侵占瓦尔瓦尔，导致埃塞俄比亚死伤百余人。1935年10月3日，意大利的30多万大军从北、东、南三面侵入埃塞俄比亚。在意大利发动侵埃战争的一个多星期后，国际联盟理事会才宣布意大利为侵略者，同时国际联盟大会也对意大利实行经济制裁。这些制裁包括禁止给意大利人以武器、贷款和某些生产原料，但其中并不包括主要原料——石油、煤、铁和钢等。

埃塞俄比亚人民开始了抗意斗争，其斗争分为两个阶段：正规战争阶段和游击战争阶段。

从战争爆发到1936年5月埃塞俄比亚首都沦陷，为正规战争阶段，埃军主要以阵地防御来抗击敌军。刚开始，埃军主力部队在海尔·塞拉西一世皇帝（1930～1974年在位）的领导下与入侵者展开正规战。意大利一些集团军陷入合围，损失惨重。但从1936年1月下旬起，意大利军队大规模使用飞机和毒剂，战局急转直下。1936年5月5

日，埃塞俄比亚首都亚的斯亚贝巴沦陷，海尔·塞拉西一世也被迫流亡海外。5月9日，墨索里尼宣布将埃塞俄比亚领土并入意大利。意大利法西斯开始在埃塞俄比亚建立残酷的殖民统治。

海尔·塞拉西

从此，埃塞俄比亚的抗战进入到一个新阶段——游击战争阶段。埃塞俄比亚人民成立了各种抵抗组织，游击战成为主要的抗战方式。游击队经常袭击意军驻地，炸仓库，拆电线，破坏交通。意大利占领者一方面加紧清剿主要的抵抗策源地，另一方面加强对埃塞俄比亚人民实施恐怖手段，杀害无辜平民。残酷的镇压并未能使埃广大人民放弃与外国侵略者进行斗争，游击战一直持续到1941年1月。1941年5月，由海尔·塞拉西一世组织的国外流亡者阵营在"自由法国"军队和英军的配合下，分别从苏丹和肯尼亚进入国土，给意军以沉重打击。至1941年底，意军被全部肃清，埃塞俄比亚人民取得了抗意战争的最后胜利。

战争中，埃塞俄比亚人民牺牲巨大，死亡达76万余人。他们不畏强暴，英勇斗争，给法西斯意大利以沉重打击，消灭意军14万人，为世界反法西斯战争的胜利做出了贡献，并鼓舞了被压迫民族的解放斗争。

墨索里尼的部队入侵埃塞俄比亚。

埃塞俄比亚

埃塞俄比亚位于非洲东北部，幅员广阔，地下资源十分丰富。在那一望无际的沙地下埋藏着大量的黄金和其他多种稀有金属。此外，埃塞俄比亚地处红海南大门，向来是兵家必争的战略要地。因此，埃塞俄比亚一直是帝国主义垂涎的对象。

马德里保卫战

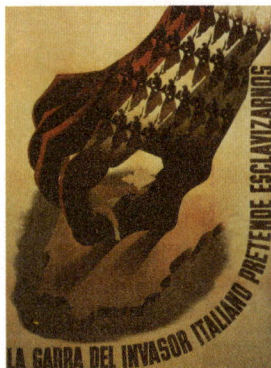
西班牙长枪

1936年2月，西班牙进行议会选举。由共产党、社会党和其他进步力量组成的"人民阵线"在选举中获得胜利，建立了以左翼共和党人为首的人民政府。与德意法西斯有勾结的西班牙法西斯势力对新政府恨之入骨。

1936年7月18日，西班牙属地摩洛哥殖民军首脑佛朗哥发动武装叛乱。他的这次叛乱得到了德意法西斯头目希特勒和墨索里尼的支持。其军队人数众多、装备精良，很快就占领了西班牙南部大片土地。与此同时，意大利和德国的正规部队也在西班牙登陆。7月30日，叛军成立国防执政委员会，佛朗哥成了叛军首领。叛军从北面和西面两个方向进军马德里，共和军和民兵在马德里以西构筑三道防线英勇抗击。9月28日，叛军占领马德里西南托莱多地区，随后分成四路进逼马德里。11月6日，叛军进抵马

逃难的西班牙孩子争领救济面包的情景

德里城郊，共和国政府迁往巴伦西亚。新组建的共和军和国际纵队两个旅赶赴前线，在米亚哈将军指挥下加强防御。同一天，两万叛军在德意干涉军的坦克和飞机支援下，从西南方向发起猛攻，其左

西班牙共和国标语
号召西班牙人同意大利侵略者做斗争。

翼经"田园之家"公园实施主要突击，强渡曼萨纳雷斯河，一周内占领马德里大学城3/4的地区。共和军兵力增加到7个旅（含1个坦克旅），给敌人以迎头痛击。11月25日，叛军停止进攻。为缩小包围圈，叛军于12月13日出动1.7万人在马德里西北方向实施突击，经过一个月激战，切断了马德里通往埃尔埃斯科里亚尔的公路。1937年2月6日，叛军又在马德里东南的哈拉马河谷发起进攻，企图切断马德里至巴伦西亚的公路，完成对马德里的合围。2月18日～27日，共和军实施反击，粉碎叛军从东南方向合围首都的企图。3月8日，意大利干涉军从东北方向对瓜达拉哈拉实施突击，企图配合叛军夺取马德里。共和军调整部署，投入三个师的兵力顽强防御，至3月22日终于粉碎意军进攻。

同年6月起，叛军的进攻重点从中部战线转向北部战线，马德里周围地区的态势趋于稳定。但是在1939年3月5日，共和军中部战线司令卡萨多上校在马德里发动军事政变，为叛军敞开马德里大门，致使马德里在3月28日陷落。不过，马德里军民在这场战争中表现出的为保卫共和国首都浴血奋战、宁死不屈的精神，鼓舞了正在进行反法西斯斗争的欧洲各国人民。

1936年，佛朗哥宣誓成为西班牙国家元首。

国际纵队

西班牙内战爆发后，西班牙人民的反法西斯斗争得到国际无产阶级和进步人士的支持。当时的共产国际向全世界共产党人发出号召，组织了国际纵队，支持西班牙政府对抗叛军。包括中国在内的50多个国家和地区的共产党员和革命军人响应号召，组成国际纵队与西班牙人民并肩作战。

慕尼黑阴谋

1938年3月，纳粹德国把侵略目标指向了捷克斯洛伐克。捷克斯洛伐克与德国相邻，在两国边境的捷克斯洛伐克苏台德区有300多万日耳曼人。希特勒一方面指使纳粹党徒和部分苏台德区的民众要求"民族自治""脱离捷克斯洛伐克"；另一方面又声称不能容忍德国境外的日耳曼人受到"欺侮"，要替他们"伸张正义"，准备用"军事行动扫荡捷克斯洛伐克"，为其陈兵边界创造舆论条件。捷克斯洛伐克政府自然不会任人宰割，也加强了边界的作战兵力。战争一触即发。

1938年9月13日晚上，英国首相张伯伦给希特勒发出一封十万火急的电报，表示要和希特勒见面，希望"和平解决"这一问题。张伯伦会提出这样的请求是因为第一次世界大战之后，捷克斯洛伐克在英法保护下恢复了主权，并同英法签订了互助同盟条约，所以如果德国和捷克斯洛伐克交战，英法按照条约必然卷入战争。次日，张伯伦和希特勒协定，在两人再次会见前，德国将不采取任何行动。会面结束后，张伯伦匆匆回到了伦敦。当晚就召集了内阁会议，鼓吹只有把苏台德区让给德国，才能阻止希特勒进犯整个捷克斯洛

张伯伦与希特勒的会晤

墨索里尼与德国总理及外相

英国奉行绥靖政策的首相张伯伦（右）

伐克。9月18日，法国总理达拉第也赶到伦敦。英法双方经过一番策划，很快炮制了一项出卖捷克斯洛伐克的计划：凡是苏台德区日耳曼居民占50%以上的全部领土，都直接转让给德国。英法把这个计划作为"建议"向捷克斯洛伐克政府提出。捷克斯洛伐克政府起初拒绝这一"建议"。张伯伦开始施加压力，法国更以解除法捷条约相要挟，还警告捷克斯洛伐克如果拒绝"建议"，就要捷克斯洛伐克负开战责任，法国绝不给予任何援助。在这种情况下，捷克斯洛伐克政府终于屈服了。

1938年9月29日，希特勒、墨索里尼、张伯伦和达拉第在德国慕尼黑的元首宫里召开了德意英法四国首脑会议，会议开到凌晨一点半，四国签订了《关于捷克斯洛伐克割让苏台德领土给德国的协定》（史称《慕尼黑协定》），根据协定，捷克斯洛伐克必须在从10月1日开始的10天内，把苏台德区及其附属的一切设备通通无偿交给德国。而被要求割让土地的捷克斯洛伐克却无权参加这次会议，他们只能在会议厅外等候四个大国的最后判决。协定签订几小时后，捷克斯洛伐克政府被迫宣布接受《慕尼黑协定》。这一事件历史上称为"慕尼黑阴谋"。

后来在柏林被捕的德军

绥靖政策

绥靖政策是通过在某些可能导致战争的事务上做出让步，来讨好某个咄咄逼人的竞争对手的一种外交政策。这个词一般用于贬义，指的是20世纪30年代英美法对德意日侵略者姑息、纵容，不惜牺牲他国的领土主权以及本国利益去满足侵略者的欲望，以图苟安的政策。慕尼黑阴谋就是绥靖政策的极端体现。

西线无战事

1939年8月31日午夜，在德国的东部国境靠近波兰的格雷威茨市，一场蓄谋已久的阴谋正在悄悄地实施。按照希特勒的预先布置，一群身穿波兰陆军制服的德国党卫队队员冒充波兰军队，突然向格雷威茨电台发起"进攻"。事后，希特勒宣称德国遭到"侵略"，立即下令以"武力对抗武力"，进行"反攻"。

1939年9月1日凌晨，德军向波兰发动突然袭击，第二次世界大战就此爆发。面对德国的入侵，波兰人民进行了英勇反抗。英国和法国是波兰的盟国，按照盟约，它们负有保障波兰安全的义务。在波兰频频告急之下，英法两国被迫于9月3日匆忙对德宣战。但是，此时的英法两国仍对德国心存幻想，认为德国占领波兰后一定会去进攻苏联，所以对德"宣"而不"战"，按兵不动。当时与英法两国军队对峙的德军只有23个师，而联军中单法军就超过80个师。假使法军发起进攻，他们所遇到的将是德国的一道军事纸屏，而不是真正的防御。但他们却只是静静地坐在"马其诺防线"的坚固工事后面，从没有采取过重大行动。在半年的时间里，法军每天发出的战报都是千篇一律："西线战争，无事可述。"到1939年12月9日，英法联军才有一人阵亡。人们把它称为"静坐战争""假战争"或"奇怪战争"。

由于英法联军放弃了反击法西斯的良机，波兰在经过35天的顽强抵抗后亡国了。占领波兰

德军绕过马其诺防线后，乘胜向法国挺进。

使希特勒解除了后顾之忧。1940年5月10日，"西线无战事"的局面被打破，德军开始全面进攻。希特勒的战争屠刀直接指向了英国和法国。在德军的强大攻势下，荷兰、比利时、卢森堡等小国很快被占领，法军号称固若金汤的"马其诺防线"也很快被德军突破。6月14日，德军不费一枪一弹占领了法国的首都巴黎。英国虽然有英吉利海峡的保护，但也损失惨重。

英法长期以来一直推行绥靖政策，怂恿德国去进攻苏联，结果却是自食苦果，搬起石头砸自己的脚。9月3日，英法两国在这种严峻的情形下，不得不开始真正的对德战争。第二次世界大战全面开始!

马其诺防线

第二次世界大战爆发前，法国为防备德国进攻，于1928～1936年在瑞士到比利时之间的东部国境线上修筑起了一道防御阵地体系。因为这道防线是在当时的法国陆军部长马其诺的倡导下修建的，所以被称为"马其诺防线"。

德国侵占波兰时，居住在波兰的犹太人受到迫害，不得不逃亡。

浴血奋战的波兰士兵

奥斯维辛集中营

在第二次世界大战中，德国为了对付各国人民的反抗，建立了许多集中营。在众多的集中营中，坐落在波兰南部的奥斯维辛集中营是德国法西斯营建的最大的一个杀人工厂。奥斯维辛原是波兰的一个宁静而美丽的村庄，1939年波兰被德国侵占后，一个布满毒气室、化验室和焚尸场的杀人工厂在这里建立起来了。从1940年6月开始，每天都有成批的战俘和无辜百姓从世界各地运送到这里。

有劳动能力的男人和女人从军用火车下来后，立即被送进消毒站。他们被剃光头发，换上一身破旧的囚衣，左臂上都刺上了纳粹给他们的编码，还有一块颜色不同的三角布：红色是政治犯，黄色是犹太人，黑色是拒绝劳动的人。他们被逼着做繁重的劳动，如果干活不好或稍有犯规，就要受到各种残酷的刑罚。

失去劳动力和没有劳动力的人，大多是老人、妇女和儿童。他们一下军用火车，立即被送到集中营里的毒气室成批地杀害。毒气室从外表看一点都不可怕，这里有修剪得很好的草地，四周还有鲜花，入口处挂着"浴室"的牌子，两旁还有军乐队在演奏美妙的轻音乐。"犯人"们鱼贯而入之后，厚厚的大门立即关上了，"浴室"被密封起来。德国兵从屋顶上的蘑菇形通气孔倒下了紫蓝色的毒药，倒完后立即把气孔封上。不一会儿，里面的人便痛苦地死去。当确信所有的人都死去后，纳粹分子

纳粹集中营中骨瘦如柴的囚犯

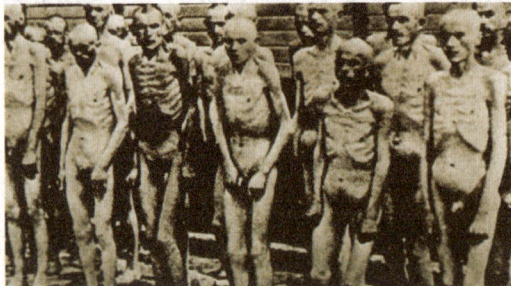

奥斯维辛集中营的广场

集中营

除奥斯维辛集中营外，纳粹党徒还在德国占领的各地建立了特雷布林卡、迈达内克等集中营。在这些地方，有600余万犹太人死于枪杀、活埋、肢解、毒气以及疾病和饥饿。罹难者死前一切财物被抢光，骨头被拿去制造磷肥，人皮被用来做成日用品和灯罩，人油做成军械润滑剂及肥皂……到1945年，全世界有1/3的犹太人死于希特勒的屠刀之下。

才把大门打开了。受害者的尸体被运往焚尸炉焚烧，所剩的骨渣则运到工厂磨成粉末，最后倒入河中。奥斯维辛集中营的毒气室有时一天竟能毒死6000多人。

奥斯维辛集中营里也有一家"医院"。这座医院并不是给"犯人"们看病的，这里的医生实际上是杀人不眨眼的刽子手。他们在"犯人"身上注射伤寒病菌、肺结核菌等各种病菌，然后观察病人的发病情况。他们还在"犯人"身上进行各种药物实验，就连儿童也逃不出他们的魔掌。而那些身体太虚弱或无法医治的人则被扒光衣服，关进一间专门房子里。纳粹给他们的心脏注射一针毒液，几秒钟，最多一分钟之内，病人就会死去。

从1940年第一批犯人运到集中营里，到1945年1月奥斯维辛被苏联军队解放为止，在这里被法西斯残酷杀害的人达到400多万，他们来自世界许多国家和地区，其中有波兰人、俄罗斯人、法国人、捷克人、中国人、比利时人、美国人……今天，波兰的奥斯维辛集中营被建成了一个博物馆。它默默屹立在那里，向前来参观的人们控诉德国法西斯的暴行。

萨克斯妙劝罗斯福

1939年8月，美、英、法等国科学家和从纳粹德国逃出来的一些著名犹太科学家在美国召开了一次研究原子理论方面的会议。会议在爱因斯坦原子物理理论的基础上，提出了以铀裂变的方法制造原子弹的构想。

会议结束后，美国总统罗斯福的科学顾问亚历山大·萨克斯带着爱因斯坦等著名科学家的亲笔签名信拜见了罗斯福总统。几位科学家在信中向罗斯福总统介绍了当时原子科学发展的状况，描述了原子科学研究成果运用于军事可能会给战争带来的巨大影响，并提醒罗斯福总统，德国人已着手进行这方面的研究，也许有一天希特勒会拥有一种威力惊人的武器。

被当时纷繁复杂的国际形势搞得头昏脑胀的罗斯福虽然对这封信的内容很感兴趣，但他认为马上制造还为时过早。萨克斯并未就此罢休，作为总统的科学顾问，他深感自己责任重大。一旦原子弹被德国人先搞出来，后果将不堪设想。他要想方设法让总统接受他的观点。

罗斯福总统

一天，罗斯福请萨克斯与他共进早餐。萨克斯见总统这一天显得十分轻松，便说："总统先生，您对拿破仑如何评价？"罗斯福不知他葫芦里卖的是什么药，便随便答道："算是一位英雄，他几乎征服了整个欧洲。""但他为什么没有征服英伦三岛呢？"罗斯福停顿了一下，没有回答。

萨克斯见时机成熟，便给总统讲述了当年拿破仑因拒绝采纳美国发明家富尔顿的建议而最终懊悔的故事。1807年，富尔顿向拿破仑提议制造蒸汽轮船，如果军队拥有一支由蒸汽轮船组成的舰队，那么不论在什么天气下都能在英国登陆。可是拿破仑没有听从富尔顿的建议。8年后，拿破仑在滑铁卢战役中战败被俘，由一艘英国帆船押往圣赫勒那岛，途中正好与富尔顿制成的蒸汽轮船相遇。他懊悔万分，痛心地说："这就是我没有眼光的代价，我赶跑了富尔顿，也就葬送了我的王冠！"如果当时拿破仑能采纳富尔顿的建议，19世纪的历史也许就会重写。萨克斯以动人的语言向总统讲述了这个故事，罗斯福听后沉思了一会儿，说道："我不会成为第二个拿破仑。"

罗斯福马上把萨克斯带到自己的办公室，让他详细介绍了原子科学的研究成果及其应用前景。"原子弹的研制工作马上就开始进行！"听完萨克斯的介绍，罗斯福下了决心。

1939年10月11日，罗斯福下令成立了"铀顾问委员会"，1945年7月16日，美国第一颗原子弹试爆成功。

世界上第一颗原子弹

当苏联获悉美国准备研制原子弹后，斯大林立即命令有关人员全力以赴研究原子弹。苏联建立了规模庞大的核试验基地，集中了所有的一流科学家和逃亡到苏联的外国专家，经过一年左右的攻关，于1943年9月制造出一个当量只有2000吨左右的小型核装置，并试爆成功。由于这次核爆炸采取了保密措施，在当时鲜为人知。此后一段时间，因研究经费不足，苏联有关原子弹的研制速度降了下来。

图为1946年美国在比基尼进行水下原子弹试验爆炸的恐怖景象。

丘吉尔临危受命

1940年5月，西线德军即将发动进攻时，英国首相张伯伦在国内一片严厉的谴责声中灰溜溜地下台了。他一贯推行对德绥靖政策，本想搬起希特勒这块石头去打苏联，结果却砸了自己的脚。5月10日，保守党主战派领袖丘吉尔担任首相，组成了战时内阁。

丘吉尔（1874～1965年）生于贵族家庭，1894年毕业于皇家军事学院，次年入伍，先后参加了英国在印度、苏丹和南非等地的殖民战争。1899年，他弃武从政，次年以保守党候选人资格当选下院议员。后又退出保守党，加入自由党。1906年，他以自由党成员的身份入阁，历任贸易大臣、殖民大臣、内政大臣和海军大臣等职，1917年出任军需大臣。此间，他十分仇视新生的苏维埃政权，疯狂叫嚣要把它"扼杀在摇篮里"，策划并参加了武装干涉活动。由于其反苏活动不得人心，竞选接连失利。1924年他重新加入保守党。"二战"前夕，他感到战争危险日益迫近，提出了较有远见的以英法为核心、联苏制德的主张，反对张伯伦的绥靖政策。

丘吉尔

"二战"爆发后，丘吉尔受命于危难之际，自知前途艰难，但他决心不顾一切抗击德国法西斯。当时，他所面临的形势非常严峻。德国人在欧洲大陆的进军十分顺利，势如破竹，不仅荷兰和比利时无法阻挡，就连一直被视为欧洲最强大的法国陆军也败下阵来。德军的装甲师团和轰炸机群蜂拥而来，从比利时境内越过阿登山脉和马斯河，于1940年5月14日冲破了法军在色当和迪南的防守阵地，把法国第二军和第九军打得溃不成军。

德军的这一胜利不仅威胁着被牢牢牵制在北部的盟军后方，也使东南德法边境上耗资巨大、号称固若金汤的马其诺防线成为废物。5月14日晚，荷兰军队向德军投降。英国危机重重，不过此时的丘吉尔表现出了无比的镇定和乐观以及挫败纳粹法西斯的坚定决心。

法国沦亡后，英伦三岛岌岌可危。希特勒企图劝英国妥协议和，但遭到丘吉尔的拒绝。7月16日，希特勒下令制订进攻英伦三岛的"海狮计划"，并要求8月中旬完成作战准备。由于英国握有制海权，德军将领请求希特勒推迟行动。德国统帅部决定先利用德国的空军优势夺取制空权，以打击英国的制海权，为登陆英国本土创造条件。于是，德国空军对英国开始了猛烈空袭，给英国造成了巨大破坏。

丘吉尔于1951年大选获胜后，再一次打出了他那标志性的"V"形手势。

"二战"时期，丘吉尔不仅是英国精神的化身，而且是英国人心目中的坚强领袖。

三环外交

三环外交是"二战"后丘吉尔为英国设计的外交方针。1948年10月，丘吉尔提出，英国存在着三个大环：第一环是英联邦和英帝国；第二环是包括英国、加拿大和美国在内的英语世界；第三环是联合起来的欧洲。这三环同时存在，一旦连接在一起，就没有任何一种力量敢于向它们挑战，而英国就处在三环的连接点上。战后，历届英国政府的对外政策都以它为基本框架。

敦刻尔克大撤退

1940年，希特勒开始全面进攻西欧诸国。在短短几个月时间内，他便吞并了欧洲14国，并于当年5月21日将英法联军逼退到法国北部敦刻尔克海港，英法联军三面被围，一面临海，处境非常危险。在这种情况下，英国新首相丘吉尔命海军制订了代号为"发电机"的计划，准备把大部队撤回到英国。

1940年5月26日晚，英国海军开始执行"发电机"撤退计划。首批撤退的共有1312人，主要是后勤部队，他们顺利离开敦刻尔克回到英国。英国海军部在沿海和泰晤士河岸征用船只，甚至通过广播呼吁附近所有拥有船只的人前往敦刻尔克救援。5月27日，德国空军第二航空队和第三航空队大举出动，对敦刻尔克港区和海滩进行了猛烈轰炸，总共投下1.5万枚高爆炸弹和3万枚燃烧弹，敦刻尔克几乎被夷为平地。英国空军竭尽全力掩护海滩上的登船点和执行运输任务的船只。英国海军也全力以赴，抽调1艘巡洋舰、8艘驱逐舰和26艘其他舰艇前来运输人员。但由于缺乏小型船舶，英军无法迅速将人员从海滩接到停泊在近海的大型船只上，撤退速度很慢，全天只撤出了7669人。5月28日上午，敦刻尔克地区大雾弥漫。英国利用这一时机，抓紧组织官兵撤退。当天有17804人撤

离，这是因为民船开始陆续到达，并发挥了作用。5月29日，全天共撤走了47310人。5月30日，共撤出53822人。5月31日，有68014人撤回英国。6月1日，天气转晴，德国空军全力出动。英国空军也几乎派出了所有能够派出的飞机，甚至连侦察机都投入到敦刻尔克。但德军战斗机还是阻截了英机，掩护了轰炸机的攻击。在这次袭击中，德机虽被击落23架，但击沉了包括4艘满载官兵的驱逐舰在内的31艘船只，还重创11艘，这天是英军损失最惨重的一天。尽管如此，这一天还是有64429人得救了。6月2日~3日，又撤出了52431人。6月4日9时40分，德军第18集团军所属的装甲部队冲入敦刻尔克市区。海滩上的后卫部队有26175名法军官兵撤离敦刻尔克，但余下的约4万法军来不及撤离，全数被俘。

在敦刻尔克大撤退中，英国共动员了800多艘各种类型的船只，载运了被围的近34万的英法联军。这次大撤退为日后盟军的反攻保存了有生力量。

满载英法盟军士兵的船只从敦刻尔克撤退途中被德军的飞机击沉。

敦刻尔克大撤退

敦刻尔克

敦刻尔克是一座历史悠久的古城堡，自公元9世纪以来一直是法国北部的重要港口，1939年因其吞吐量大而成为法国第三大港，拥有7个供大型船只停泊的深水泊位、4个船坞以及长8000米的码头。在大撤退前，该地区一直遭到德军猛烈轰炸，4个船坞全部被毁，8000米长的码头被炸成一片废墟，甚至敦刻尔克大半个市区也在空袭中被夷为平地，这给大撤退带来了很大的困难。

戴高乐与"自由法国"运动

1940年5月，德国绕过马其诺防线攻入了法国。6月17日，由卖国贼贝当组成的法国新内阁向德国投降，法国陷入一片恐慌之中。其实在法国军队中，有一位坚决主张抵抗法国侵略者的人，他就是法国国防部副部长夏尔·戴高乐将军。

法国投降德国的当日，戴高乐将军就逃离法国，到国外重新组织力量继续抗击德国侵略者。逃离到英国伦敦后，在英国首相丘吉尔的支持下，戴高乐将军于6月18日下午在英国广播电台发表了《告法国人民书》，他向法国人民和全世界庄严宣布："法国的事业没有失败……法国并非孤军奋战！它不是单枪匹马！它不是四处无援……法国的抵抗火焰绝不应该熄灭，也绝不会熄灭……"他的宣言激励了三千万法国人民的心灵。他们在失败的痛苦中重新昂起斗志。巴黎的学生在凯旋门集会，表示他们对戴高乐的热烈拥护。戴高乐将军高扬"自由法国"的旗帜，以顽强的毅力开始了拯救法国的斗争。

1940年6月29日，从敦刻尔克撤退的200多名步、炮兵向戴高乐将军报到，投入"自由法国"的运动。法国海军中将米塞利埃也来到伦敦，支持戴高乐将军。到7月底时，已有7000多人拿起武器为"自由法国"而战。7月14日是法国的国庆节，这一天清晨，戴高乐将军检阅了首批"自由法国"的战士。一周以后，首批"自由法国"飞行员参加了对德国鲁尔区的轰炸。同年8月，戴高乐将军率领一支英法联合舰队向侵占法国的德国军队进攻，不幸失败，但戴高乐将军并不屈服，而是以顽强的精神继续战斗着。

1943年5月，法国共产党等六个政党

戴高乐将军

夏尔·戴高乐（1890～1970年），法国圣西尔军校毕业。第二次世界大战初期，他先后任法国第四装甲师师长、国防部副部长。法国投降后，在英国领导"自由法国"（后改称"战斗法国"）运动，开展抵抗活动。1944年，他就任法兰西共和国临时政府首脑，1958年出任总理，次年就任法兰西第五共和国总统，1965年连任。1968年"五月风暴"后，戴高乐下台，著有《战争回忆录》等书。

性格刚强坚毅的戴高乐

团体共同组建了抵抗运动全国委员会，由戴高乐派往国内的代表让·穆旦担任第一届主席。1944年3月，法国国内各抵抗组织的武装力量联合为统一的内地军，与戴高乐将军的将士们一起和德军进行着英勇的战斗。1944年6月，苏联红军解放了波兰，盟军从诺曼底登陆后向法国挺进。同年8月20日，戴高乐将军率领"自由法国"的部队随同盟军向巴黎挺进。他的军队受到了法国人民的热烈欢迎。

戴高乐将军和千百万法国人民一起战斗，解放了巴黎。他以顽强的毅力和爱国精神，为拯救和维护法国的民族独立，建立了不可磨灭的功勋，是法国人民热爱的一位英雄和领袖。

戴高乐在伦敦检阅抵抗运动部队。

戴高乐为寻求支持来到英国，英国伊丽莎白王后接见了他。

□ 不列颠空战

当希特勒的"闪电战"席卷西欧大陆之后，一个入侵英国的"海狮计划"也即将实施了。1940年7月10日，德国空军开始轰炸英国港口船只。8月13日，德国飞机开始连续不断地大规模空袭英国本土。一开始，德国就调集了2400架作战飞机，而英国这时只有不到700架战斗机，双方实力相差悬殊。面对希特勒的淫威，英国实行全国总动员，就连英国国王乔治六世也携同王后参与到反击希特勒进攻的战斗中。1800门高射炮和沿东海岸设立的一系列雷达、观察哨等防空设施组成了一道防护网，加上英国事前就截获和破译了德国的通讯密码，所以德国的"空中闪电战"一开始就没有奏效。

1940年8月15日下午，德国出动1786架次飞机，开始对英国的主要目标进行轮番轰炸。英国出动974架次飞机进行迎战，空战十分激烈。德机尽管占据数量上的优势，但空战能力却很差。不一会儿，德国轰炸机便一架一架地中弹坠地。这次行动的失败使希特勒大为恼火，但也使他意识到在短期内赢得对英国的全面制空权是不可能的。9月上旬，德国开始对伦敦等城市不分昼夜地进行狂轰滥炸，企图瓦解英国人民的斗志，逼迫英国就范。9月15日，德国再次出动了上千架次飞机对伦敦进行空袭。英国空

"二战"时期的英国空军

军得知消息后，立即做好了防御准备。这次战斗整整持续了一天。德国飞机被击落56架，英军也付出了损失26架飞机的代价。

1940年7月～10月是"不列颠空战"最紧张、最激烈的四个月。在这四个月中，英国共损失作战飞机915架，但英勇善战的英国空军却让纳粹德国损失飞机1733架。

"不列颠空战"的失败，是希特勒德国自第二次世界大战开战以来所遭受的第一次严重挫折。德国被迫放弃了登陆英国的"海狮计划"。在长达四个多月的空袭和反空袭的不列颠空战中，英国人民坚强不屈，在生死存亡的搏斗中赢得了第一个回合，为世界反法西斯战争的胜利做出了巨大贡献，在第二次世界大战史上写下了光辉的一页。

空战过后，伦敦消防队员奋力扑灭因空袭引起的大火。

德军空袭期间，丘吉尔一步也没有离开伦敦，许多重灾区都留下了丘吉尔的身影。

海狮计划

1940年7月16日，希特勒制订了准备进攻英国"海狮计划"。这个计划的内容是：在从英国拉姆斯格特到怀特岛以西的广阔战线上，进行一次对英的突然军事行动；以部署在挪威、荷兰、比利时和法国的3000架飞机去摧毁英国的防御体系，在空战中消灭英国空军，并用火力压制住英国海军，夺取制空、制海权，然后派25～40个师登陆作战，一举占领英国。

□ 巴巴罗萨计划

1940年12月18日，希特勒批准了代号为"巴巴罗萨"的作战计划，准备用速战速决方式来击败苏联。"巴巴罗萨"在德语中的意思是"红胡子"，而"红胡子"是神圣罗马帝国皇帝腓特烈一世的绰号。腓特烈一世极端残暴，穷兵黩武，曾六次带兵侵入意大利，还指挥过十字军东征。希特勒以"巴巴罗萨"命名侵苏计划，充分暴露了他想效法腓特烈一世称霸欧洲的野心。

为了使"闪电战"计划得到充分的准备，德国不断地向苏联施放烟雾弹，制造各种假象进行战争伪装。德军总参谋部情报处和反间谍处故意把德军的东移说是为了进攻英国。为此，德国出版了许多英国地图，军队配备了英语翻译，甚至还故意制订了代号为"鲨鱼"和"鱼叉"的向英国登陆的计划。而德国与苏联之间则仍保持着正常的贸易关系。德国的这些伪装使苏联大上其当。虽然他们知道苏德之间的战争是不可避免的，但始终认为不会那么快就爆发，所以在军事准备上很不充分。

1941年6月22日凌晨2时，纳粹德国的6000门大炮脱下了伪装的炮衣，近300万德军等待着进攻的命令。凌晨3点半，希特勒撕毁《苏德互不侵犯条约》，下达了向苏联进攻的命令。霎时，静谧的黎明被千万发炮弹的爆炸声撕裂，德军的2000架飞机像乌云一样压向苏军阵地，

入侵苏联的德国士兵在坦克后面躲避苏军的炮火。

炸弹如雨点般降落下来，成千上万的苏军官兵在睡梦中死去。

面对德国突如其来的猛烈轰炸和炮击，苏军一时陷入极端被动的局面。到当天中午，苏军就失去了1200架

遭到德军"闪电战"袭击后，斯大林领导苏联人民进行了轰轰烈烈的卫国战争。

飞机，其中有800架是在机场上尚未起飞就被击毁的。到傍晚时分，德军的坦克部队已向苏联境内推进了50千米。直到当天晚上7时15分，苏联才正式下令苏军士兵向入侵的德军开火。偷袭获得成功后，德军动用了190个师、3700辆坦克、4900架飞机、47000门大炮和190艘舰艇，在从波罗的海到黑海1500千米的战线上，发动了对苏联的全面进攻。

德军兵分三路：北路攻打苏联波罗的海沿岸和列宁格勒；中路指向莫斯科；南路夺苏联的"粮仓"乌克兰。当时的形势非常险恶：北路德军在18天内深入苏联腹部400～450千米。到11月，德军已占领了苏联150万平方千米的土地。

希特勒妄想在一个半月到两个月的时间内打垮苏联，在冬季到来之前结束战争。但是，这时的苏联已经清醒过来。1941年7月3日，斯大林向苏联人民发表广播演说，号召全体苏联人民行动起来，坚决同法西斯斗争。苏联"伟大的卫国战争"开始了。

苏德互不侵犯条约

1939年8月23日，苏联和德国为了各自的利益签订了《苏德互不侵犯条约》，条约规定：缔约双方保证不单独或联合其他国家对对方进行任何武力行动、任何侵略行为或者任何攻击；如果缔约一方成为第三国敌对行为的对象时，另一方不向该第三国提供任何支持；缔约任何一方不加入任何直接或间接旨在反对另一方的国家集团。

□ 保卫列宁格勒

1941年6月，希特勒调集了40个师、6000门大炮和1000多架飞机准备向苏联第二大城市列宁格勒进攻。7月10日，希特勒的部队兵临城下，希特勒得意忘形地向全世界宣布：要在9月1日前占领列宁格勒！

列宁格勒全城不分男女老少，纷纷行动起来，拿起手中的武器，修筑战壕街垒，投入到保卫列宁格勒的伟大斗争中去。由于列宁格勒人民的殊死抵抗，希特勒扬言9月1日前占领列宁格勒的计划很快成了泡影。德军每前进一步都必须付出巨大的代价。从9月初到9月下旬，在进攻列宁格勒不到一个月的时间内，德军死伤官兵17万人，损失飞机300架、坦克500辆、大炮500门。德国负责进攻列宁格勒的莱布元帅焦头烂额，不得不向希特勒告急。希特勒接到报告后，暴跳如雷，痛骂莱布的无能，并疯狂地叫嚣道："给我把列宁格勒城从地球表面抹掉！"

随后，德军使用了更阴险毒辣的计策：从陆海两方面严密封锁列宁格勒，同时日夜不停地轰击，企图迫使城内的军民整天待在防空洞里，无法进行抵抗。围困的时间越来越长，城里的粮食越来越少，政府不得不一次又一次降低粮食供应标准。11月下旬以后，工人每天只配给250克面包，居民只供应120克黑面包。城里

二战时期苏联的反法西斯海报

慢慢有人因饥饿而丧生。1941年11月下半旬，列宁格勒的粮库宣告枯竭。在这危急关头，列宁格勒人民历尽千辛万苦，在冰封的拉多加湖上开辟了一条冰上运输线。这条运输线连接拉多加湖东西两岸的运输线，列宁格勒终于取得了外界的支援。

德军很快发现了这条运输线，他们派飞机整天轰炸湖面，使冰面上无法正常通车。但列宁格勒人民以顽强的斗志和勇敢的牺牲精神，最终保住了这条"生命之路"。60辆卡车在运输线上昼夜不停地行驶着，列宁格勒的人民摆脱了饥饿的威胁，希特勒妄图困死、饿死列宁格勒人民的阴谋诡计被彻底粉碎了。

1943年1月，苏军开始反攻了，2000门火炮和迫击炮一齐轰鸣，列宁格勒的战士们从四面八方向敌人发起了猛烈的进攻。德国法西斯对列宁格勒长达17个月的围困，终于被突破了。1943年1月18日，列宁格勒又回到了人民的怀抱。列宁格勒人民沉浸在胜利的喜悦中，英勇的列宁格勒人民信守了自己的诺言："列宁的城市永远是我们的！"

苏联红军战士整装待发。

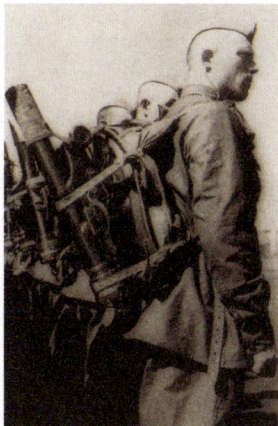

一辆德军坦克轧过苏军的战壕。

列宁格勒

列宁格勒位于东欧平原的西北部，是"十月革命"诞生的摇篮。它是苏联的第二大城市，又是极其重要的海港和著名的工业文化中心。这座城市原来叫圣彼得堡，后改称彼得格勒。1924年列宁逝世后，苏维埃政府决定将彼得格勒改名为列宁格勒。

珍珠港事件

1941年12月7日的早晨，夏威夷珍珠港阳光灿烂。驻扎在这里的美国太平洋舰队的官兵们有的在吃早饭，有的上岸度假去了。此时，雷达监视器的荧屏上显示出东北方向130海里外，一群飞机正朝瓦胡岛飞来，但值班官兵误认为是己方的飞机而未引起警觉。

雷达屏上显示的机群实际上是从日本特遣舰队的6艘航空母舰上起飞的183架日本飞机，它们的袭击目标正是珍珠港。日本法西斯偷袭珍珠港的阴谋策划已久，苏德战争爆发后，日本把占领印度和南太平洋诸国、夺取石油资源作为主要目标。而驻守在夏威夷群岛上的美国太平洋舰队就成为日本军国主义南进太平洋的最大障碍。于是，日本制订了远渡重洋偷袭珍珠港的计划。

为了迷惑麻痹美国，日本派出特使到华盛顿进行谈判，要求和平解决两国争端。与此同时，偷袭珍珠港的特遣舰队则在11月26日秘密离开了日本。12月7日早晨，偷袭珍珠港机群的指挥官渊田美津雄中佐带领机队飞临珍珠港上

珍珠港烈火中的美国战舰

空。穿过厚厚的云层后，珍珠港中停泊的军舰和瓦胡岛机场上的美军飞机清晰地暴露在了偷袭者眼前。"开始攻击！"一声令下，日本机群呼啸而下。随着一阵阵巨大的爆炸声，岛上的机场升起滚滚烟火，港湾的军舰四周水柱冲天而起。舰队司令部的军官们这才醒过神来，这是一次意外的空袭。顷刻间，珍珠港已笼罩在了硝烟战火之中。日机总共进攻了两次，前后历时1小时50分钟的袭击，共炸沉美战列舰4艘，重创1艘，炸伤3艘，另炸沉、炸伤驱逐舰、巡洋舰等各类辅助舰10余艘，击毁飞机232架，机场全部炸毁，美军官兵死伤3600多名。而日本仅损失29架飞机。

日本偷袭珍珠港，宣告了太平洋战争的全面爆发。第二天，美国总统罗斯福要求议会宣布对日宣战。美国电台向全国广播："珍珠港遭到卑鄙的偷袭！"罗斯福总统说："必须记住这个奇耻大辱的日子！"接着，澳大利亚、荷兰等20多个国家也对日宣战。随后，德、意对美宣战。第二次世界大战范围更加扩大。

太平洋战争中的美国"埃塞克斯"号航空母舰

珊瑚海海战

1942年5月7日～8日，日本与美英舰队在太平洋西南的珊瑚海交锋，目标是争夺具有重要战略地位的莫尔兹比港。最后，双方由于损失惨重而不得不结束战争。日本并没有通过此役达到其预计的目的，即成功占领莫尔兹比港，这是日本自发动太平洋战争以来侵略行动的第一次受挫。不过在这场战争中，双方都出动了航空母舰，它开创了海战的新模式，交战双方首次互相在视线之外使用航母舰载机一决胜负，标志着航母决胜时代的来临。

撞向美国航母的日本海军"神风敢死队"飞机

世界反法西斯联盟的形成

"二战"初期，英国与受到纳粹德国侵犯的各国政府开始合作，共同对付德国。1939年底，美国议会修改了中立法，以"现购自运"的方法向英法提供武器。1941年3月，美国议会又通过了《租借法案》，向与美国防务有关的国家提供战时援助。苏德战争爆发后，世界人民和各国共产党纷纷声援苏联卫国战争。英美统治集团出于自身利益考虑，也表示支持苏联的反法西斯战争。丘吉尔和罗斯福先后发表声明，表示将全力援助苏联。

在这种情况下，斯大林正确分析了时局，决定争取同英美以及其他受法西斯侵略和威胁的国家建立反法西斯联盟。1941年7月12日，英苏在莫斯科签订了关于对德作战采取一致行动的协定。7月底，美国总统罗斯福派其随身顾问霍普金斯访问苏联，表示给苏联以全面援助。

1941年，英国首相丘吉尔与美国总统罗斯福在"威尔士王子"号战列舰上签订《大西洋宪章》。

8月，罗斯福和丘吉尔在大西洋纽芬兰阿金夏湾的一艘军舰上会晤，并于14日发表了关于和平宗旨的联合宣言，即《大西洋宪章》，声明两国不承认法西斯国家通过侵略所造成的领土变更，表示要彻底摧毁纳粹暴政，并提出了建立战后国际和平的政策

1940年的丘吉尔

罗斯福与丘吉尔在泊于大西洋的战列舰上会晤。

原则。苏联于9月24日发表声明，宣布加入《大西洋宪章》，以推动反法西斯联盟的形成。9月底至10月初，英、美、苏外长在莫斯科举行会议，并签订军事供应议定书。按照规定，三国在反希特勒法西斯战争中采取联合行动，英美向苏联提供武器和物资，而苏联则向英美提供原料。这个协定为反法西斯联盟的建立奠定了基础。11月，美国通知苏联，《租借法案》同样适用于苏联，并初步给苏联10亿美元的贷款。

太平洋战争爆发后，中、苏、英、美等26个国家于1942年1月1日在华盛顿签署和发表了《联合国家宣言》，各签订国保证用自己全部的经济资源和军事力量对轴心国集团作战，不单独同敌人缔结停战协定或和约。这一宣言的签署，标志着世界反法西斯统一阵线的最后形成。

轴心国集团

1936年，德、意、日法西斯势力开始勾结在一起。10月，德意外长在柏林秘密签约，形成柏林—罗马轴心。一个月后，德日代表在柏林签订《反共产国际协定》。一年后，意大利也加入此协定，正式形成德、意、日法西斯侵略集团，即柏林—罗马—东京轴心国，又称轴心国集团。

中途岛海战

日本偷袭珍珠港虽然获得了重大胜利，但美国的航空母舰当时不在港内，所以没有一艘受到损失。日本决定再集中优势兵力，彻底歼灭美国航空母舰。要实现这一计划，首先就要拿下位于夏威夷群岛东北方的美国重要的航空基地——中途岛，把它变成日军的作战基地。进攻中途岛的日本海军仍由策划指挥偷袭珍珠港的海军大将山本五十六率领。

但日本海军没有想到的是，美国情报机关不仅破译出了日军的密码电报，而且弄清了密码电报中"AF"这个目标就是指中途岛。美国决定将计就计，设下埋伏，让日本海军自投罗网。1942年6月4日，在黎明的晨曦中，隐蔽在预定海域的日本舰队开始进攻了。108架飞机飞离了航空母舰的甲板，向中途岛飞去。这个时候，中途岛的美国空军早已严阵以待。当日机距离中途岛还有48千米时，25架美军战斗机组成的拦截队出现在日本机群前。日本护航的战斗机随即上前与之展开了激战，日本轰炸机则继续飞赴中途岛。12架水平轰炸机开始用800千克重的炸弹，轰炸机场和跑道。然而，美军飞机早已准备好一切，有的飞到空中，有的进行拦截和攻击，其他的则隐藏了起来。

负责指挥轰炸的日本指挥官返航时，向南云中将报告了轰炸的情况，并请求对中途岛进行第二次轰炸。就在此刻，日本侦察机报告：东北322千米处发现10艘美国军舰。南云大吃一惊，他知道，这么大的舰队中至少有一艘航空母舰，于是急忙命令准备实施第二波攻击的轰炸机卸下部分炸弹，改装鱼雷。就在日军飞机重装鱼雷的混乱时刻，200余架美军飞机飞临日军舰队上空，对日军航空母舰发起了猛烈攻击。日军的"赤

中途岛战役

城""加贺"和"苍龙"号航空母舰先后沉没，到6月4日中午，只有"飞龙"号航空母舰幸存了下来。不久，在6架零式战斗机掩护下，"飞龙"号上的18架轰炸机对美国航空母舰"约克顿"号进行了猛烈的报复，"约克顿"号遭受重创，慢慢沉入海底。"飞龙"号随之成为美国舰队猛烈攻击的目标。虽然它成功地躲过美军26颗鱼雷和大约70颗炸弹，最后却被己方的鱼雷击沉。5日凌晨，日本舰队听到山本五十六的命令："取消中途岛行动。"

中途岛战役后，日本丧失了在太平洋的制空权和制海权。从此，日本海军一蹶不振，在太平洋战场上转入了战略防御阶段。中途岛海战也成为太平洋战争的转折点。

美军占领冲绳岛。

参加过中途岛海战的美军"企业"号航空母舰

斯大林格勒大血战

德军在围攻列宁格勒后，又于1942年7月17日投入150万的兵力进攻斯大林格勒。希特勒甚至定下了7月25日以前攻占斯大林格勒的计划。但苏联军民在斯大林的号召下，誓死抗敌，人人都投身到反击德国法西斯的斗争中去。

德军集中了40个师的精锐部队，每天出动上千架次飞机，把100多万颗炸弹投向这座城市，斯大林格勒的建筑几乎全被炸毁。9月13日，德军17万人、500辆坦克向保卫斯大林格勒的苏联第62集团军发起猛攻。德军在几个地段突破了苏军防线，进入市区阵地。在这危急的时刻，苏军进行了英勇的抵抗。苏联人民也团结起来，人人手执武器在废墟中同冲进市区的德军展开搏斗，前面的倒下了，后面的冲上去。一场最为残酷、最为激烈的市区争夺战开始了。

9月14日，争夺市中心的激战达到了白热化阶段。为了争夺火车站，苏德双方展开了激烈的战斗，一周内火车站13次易手。为了争夺被德军占领的马耶夫岗高地，苏维埃近卫军猛扑高地东北面的陡峭斜坡，冲入战壕与德军展开了白刃搏斗，终于把高地夺回。守卫"巴甫洛夫大楼"的激战持续了58个昼夜，德军用火炮、迫击炮进行射击，还派飞机向楼房轰炸，楼房虽被炸得面目全非，却始终未被摧毁，苏军坚守楼房，打退了敌人一次又一次的进攻。

希特勒原想速战速决，但斯大林格勒人民的顽强反击使德军陷入困境。从9月13日~26日，德军几乎每天伤亡3000多人，而且始终不能占领全城。德军的士气一天天低落下去。

在斯大林格勒战役中，德国陆军元帅鲍罗斯被俘。

严寒的冬季终于来到了，毫无过冬准备的德国士兵陷入饥寒交迫中，很多士兵被冻死，德国的战斗力一天天衰弱下去，战争的形势逐渐开始变化。11月19日，苏联红军终于迎来了激动人心的时刻，斯大林发起了大反攻的命令。11月23日，苏军把33万德军困在了包围圈中。德军弹尽粮绝，德军司令鲍罗斯向希特勒发出撤退的请求，但希特勒不许他们撤兵。1943年2月2日，历时6个月的斯大林格勒大会战终于结束了。所有被俘的德国官兵被关进了寒冷的西伯利亚战俘营。

斯大林格勒大战给希特勒法西斯以致命的打击，德军再也无力进行大规模的反攻了。苏联人民和全世界人民都从斯大林格勒大战中看到了胜利的希望，也坚定了彻底打败德国的信心。斯大林格勒大战的胜利，是苏德战争的转折点，也是第二次世界大战的伟大转折。

在斯大林格勒北部等待前进指令的德军

漫画
反法西斯战争使英苏两国成为盟友。

苏联的卫国战争

1941年6月22日，苏德战争爆发后，苏联军民在斯大林的领导下，同仇敌忾，展开了伟大的卫国战争。经过莫斯科保卫战、斯大林格勒保卫战等几场著名的战役后，苏联人民赢得了卫国战争的伟大胜利，为世界反法西斯战争的胜利做出了巨大贡献。

诺曼底登陆

1944年，近300万盟军陆海空将士在英伦本土集结，准备横跨英吉利海峡，登上欧洲大陆，开辟第二战场，和东线的苏联红军配合，夹击德军。这个大规模的作战计划代号为"霸王"。

盟军参谋部把登陆地点选在法国西北部的诺曼底。为了不让希特勒知道他们真正的登陆地点，盟军总司令艾森豪威尔将军下令盟军特意摆开了"迷魂阵"，使希特勒误以为他们准备从法国的加莱海岸登陆。德军元帅隆美尔下令加强加莱海岸一带防线。希特勒还把最精锐的第15集团军集中到这一地区，归隆美尔指挥。加莱已成为德军"大西洋铁壁"最坚固的一环。

1944年6月6日凌晨，载着三个伞兵空降师的3000余架英美运输机、滑翔机，从英国机场起飞，飞向法国诺曼底海岸。4000艘舰艇和众多登陆艇在飞机掩护下，驶出了英国南海岸基地。直到此时，德军仍然蒙在鼓里。

黎明时分，英国皇家空军1136架飞机对事先选定的德军海岸的10个堡垒，投下了5853吨炸弹。美军第八航空队的1082架轰炸机又对德军海岸防御工事投下了1763吨炸弹。盟军的各种飞机轮番轰炸德军阵地。同时，盟军的海军战舰也开始向沿海的德军阵地开火。诺曼底海滩成了一片火海。

盟军五个师的先头部队分别在五个滩头实施登陆。清晨6时30分，美军第四师在诺曼底滩头阵地登陆。7时20分，英国元帅蒙哥马利指挥的英国第二集团军也登上海岸。德军西线司令

"二战"中的英美盟军士兵

伦斯特和几个德军将领焦急地把情况汇报给了希特勒，要求批准急调两个精锐坦克师去诺曼底。希特勒回答说，这两个坦克师不能轻举妄动，要看看形势的发展再决定。到了下午3时，希特勒接到前线报告：盟军已有大批部队登陆，并深入陆地几千米了。他这才慌忙派出坦克支援诺曼底，但是，一切都晚了！

到傍晚时分，登陆的盟军已在诺曼底建立了牢固的阵地。深夜，盟军将近10个师的部队连同坦克、大炮及其他武器都已上岸，后续部队仍源源而来。6月12日，盟军在诺曼底的几个滩头连接成了一条阵线。希特勒所吹嘘的"大西洋铁壁"被突破了！从此，法西斯德国陷入了苏联和英美盟军东西夹击的铁钳中，加快了走向灭亡的步伐。

艾森豪威尔

诺曼底登陆战役中，美军登陆奥马哈滩。

艾森豪威尔

艾森豪威尔（1881～1969年），美国第34任总统，陆军五星上将。1942年11月起，他先后担任北非和地中海盟军总司令，迫使意大利投降和对德宣战；1944年6月，指挥盟军实施了诺曼底登陆战役。德国投降后，艾森豪威尔出任美国驻德国占领军总司令，1945年11月任美国陆军参谋长，1953～1961年连任两届美国总统，1969年3月28日在华盛顿去世。

墨索里尼被擒

1945年初，意大利人民的反法西斯起义席卷了整个意大利北部。意大利法西斯面临着彻底覆灭的命运。4月26日深夜，意大利游击队指挥部获悉，一支由30辆汽车组成的德国和意大利法西斯分子的车队开到了边境穆索附近，企图逃出国境。

"立即出动！"游击队的奈里大尉一声令下，全体队员立即赶赴边界线，封锁了主要哨口。不一会儿，一支混合车队来了。前面是德国装甲车，后面紧跟着的是意大利的一些私人小汽车。"停车！"游击队截住了车队，并将这些人全部抓获。

游击队指挥部派了两名队员，押着车队开到东戈市，在那里进行检查。当搜查完毕时，奈里大尉突然发现第三辆汽车上的德国人在窃窃私语。于是，他爬上这辆车，以犀利的目光向车尾扫视了一下。只见车的角落里有一个人蜷缩着，身上盖着一件德国军大衣，大衣底下露出的裤子是高级军官才有的镶着金色条纹的法西斯军裤。奈里装作若无其事的样子跳下了车。他对身边的一个游击队战士小声说道："注意第三辆卡车，别让它开走！"随即向游击队的区指挥部（原东戈市政府）报告卡车上藏

墨索里尼被捕漫画

墨索里尼的最后时光

1943年7月以后，意大利法西斯军队节节败退，墨索里尼众叛亲离。意大利上层集团发动了一次政变，将他软禁在亚平宁山脉的一座高山顶上。不久，意大利宣布投降，退出战争。但是，同年9月13日，希特勒将其救了出来。两天后，墨索里尼在希特勒的扶植下，在德军占领下的意大利北部，宣布成立了新的法西斯"社会共和国"。在那里，墨索里尼又苟延残喘了一年多时间。

着一个神秘人物。这时，一个叫奥特利的原东戈市宪兵也注意到了第三辆车的不正常迹象。他走到车的后面，打开后挡板，只见那个穿着金色条纹军裤的人立即高举双手，表示投降，然后弯着腰下车。奥特利把那人押往原东戈市政府。经过审讯，这个穿金色条纹军裤的家伙竟然就是意大利法西斯魁首墨索里尼。

原来，到了1945年初，德军防线被一一摧毁，墨索里尼预感到末日即将来临，于是化装成德国人，企图混在德国人的车队里逃出国境，去瑞士过流亡生活。他原先乘的是意大利私人小汽车，游击队封锁哨口以后，他被转移到德国人车上。但是，不管他的行动多诡秘，也逃避不过游击队员的犀利目光。墨索里尼被捕后，于1945年4月28日被处死。他的尸首被运到米兰洛雷托广场，并被倒挂在一个加油站棚顶的铁架上示众。这个臭名昭著的法西斯分子受到了千百万人的指斥和唾骂。

墨索里尼与其情妇克拉拉的尸体被挂到米兰洛雷托中心广场的铁架上任万人唾骂。

攻克柏林

从1943年开始，战争局势越来越对德国不利。1943年7月，盟军在西西里岛登陆，意大利全境逐步被解放。1944年6月6日，盟军在诺曼底登陆；8月15日，盟军在地中海的法国海岸登陆。到1945年5月时，西线盟军的总兵力已增加到600万人以上，拥有1.6万多辆坦克和1.6万多架飞机。

在东线，700多万苏联红军在1945年1月~4月，以破竹之势突破德军纵深600千米的7道防线，解放了波兰、匈牙利的全部国土，以及捷克斯洛伐克、奥地利的部分国土，推进到离柏林只有60千米的奥得河畔。此时，柏林已近在眼前。

1945年4月16日，苏联红军攻克柏林的战役开始了。凌晨5时整，在柏林东郊，红军的数千门大炮、迫击炮和火箭炮经过半小时猛烈轰击后，数千枚信号弹腾空而起。同时，间距为200米的140部强力探照灯齐放光芒，照亮了德军阵地。红军的步兵在坦克的协同下发起了冲锋。在交战的头一个昼夜里，苏军出动了6550架轰炸机，发射了123万多发炮弹，大批德军被埋葬在火海之中。拂晓，苏军已突破敌人第一道防线，开始向柏林市区挺进。

4月25日，苏联红军完成了对柏林的包围，并与美英联军会师。红军随即突入市区，开始了激烈的巷战。4月30日下午，整个柏林只有总理府所在的那条街未被苏军占领了。陷入绝

二战刚结束时的德国

斯大林、罗斯福和丘吉尔正在举行会谈。

境的希特勒开枪结束了自己的生命。就在这一天，苏军把红旗插到了德国国会大厦的屋顶上。5月2日，苏联红军占领了整个柏林，30万德军残部投降。

5月7日，在西方盟军司令部所在地巴黎东郊的兰斯，德国政府的代表向美、英、苏代表签署了无条件投降书。但斯大林对兰斯投降仪式不满意，认为苏军是战胜法西斯的主力，柏林是苏军攻克的，因此兰斯的投降仪式从地点到方式都有损于苏军威望。于是苏联政府与美英政府商定，兰斯投降仪式只能当成预演，正式仪式应在柏林举行。5月8日，在柏林正式举行了德国无条件投降仪式。苏方代表是朱可夫元帅，盟军最高元帅部的代表是英国空军上将泰德、美国战略空军司令斯巴兹将军和法国总司令塔西尼。德国统帅部代表在投降书上签了字。

德国投降书的签订，标志着苏联人民和世界各国人民经过艰苦卓绝、可歌可泣的战斗历程，终于彻底打垮了希特勒法西斯。5月8日这一天，被宣布为欧洲胜利日，也标志着第二次世界大战欧洲战场的战争结束。

德国的分裂

二战结束后，根据雅尔塔和波茨坦会议原则，德国被分成四块占领区，东区由苏联占领，西北区由英国占领，西南区由美国占领，西区由法国占领。大柏林区由四国共同占领。由四国占领军总司令组成的盟国管制委员会，作为占领期间德国境内最高权力机构。美苏开始冷战后，德国被分裂为东德和西德。

广岛的悲剧

1945年8月6日早晨，日本广岛天气晴朗，闷热异常。清晨7时9分，忽然响起了一阵警报，但人们对此已经习以为常了，因为美国飞机几乎每天都要向日本本土扔下成吨成吨的炸弹，不过广岛一直未遭到严重破坏。警报响过，数架美国飞机飞入广岛上空，但盘旋几周即行离去，并未扔下炸弹。

8时整，美军3架B-29重型轰炸机又从高空进入广岛上空。此事根本未引起市民警觉，甚至有很多市民未进入防空洞。8月6日以前，B-29机已连续数天飞临日本领空进行训练，但这一次，这三架飞机中有一架已经装上了一颗名为"小男孩"的原子弹。原来，为了敦促还在负隅顽抗的日本法西斯投降，盟军决定在日本本土投放刚刚研制出来的、威力巨大的原子弹。

8时15分，当那架装有原子弹的美机在1万米高空用视准仪对准广岛一座桥的正中时，自动装置打开了。60秒钟后，原子弹从打开的舱门落入空中。这时飞机一转弯，俯冲下来，一瞬间，飞离原来的位置300多米。美机

爆炸后的原子弹形成了巨大的蘑菇云。

设在广岛的日军大本营

原子弹轰炸后的广岛

这样做是为了尽量远离爆炸地点。50秒钟后，原子弹在空中爆炸，瞬间发出令人目眩的强烈的白色闪光，随之而来的是震耳欲聋的爆炸巨响。顷刻间，城市上空突然卷起巨大的黑色蘑菇状烟云，接着便竖起几百根火柱，广岛市马上沦为一片火海。

这颗原子弹的爆炸威力相当于2万吨TNT炸药的能量。它的强烈光波，使成千上万的人双目失明；10亿度的高温把一切都化为灰烬；辐射使侥幸存活下来的人在以后20年中缓慢地走向死亡；冲击波形成的狂风，又把所有的建筑物摧毁殆尽。当时广岛人口为24.5万人，原子弹爆炸当日即死亡9.2万人，负伤3.7万人，失踪近1.4万人；全市7.6万幢建筑物中，全毁的4.8万幢，半毁的2.7万幢。

但是，广岛的悲剧并未使日本立即同意无条件投降。日军把希望寄托在苏联调停上，希望能够有条件投降。但苏联政府遵守对联合国的义务，接受联合国的要求，当天对日宣战，8月9日上午11时30分，美国在日本长崎投下了第二颗原子弹，酿成了广岛之后的又一次悲剧。

原子弹

原子弹也被称为"核裂变武器"，是利用易裂变重原子核链式反应瞬间释放出来的巨大能量，达到杀伤作用的武器。它主要由核装料（铀235或钚239）构成的核部件、引爆控制系统、炸药部件、核点火部件和外壳等组成，其爆炸威力相当于几百到几万吨TNT（一种最常用的军用炸药）的能量。

日本投降

1945年5月7日，德国投降后，轴心国集团只剩下日本仍在负隅顽抗。1945年8月6日和9日，美国分别向日本的广岛、长崎两个城市投放原子弹，给日本以沉重打击。1945年8月9日零时，苏军兵分三路向日本关东军发起猛攻，使本已遍体鳞伤的日本更加狼狈不堪。1945年8月10日，中国共产党主席毛泽东发表《对日寇的最后一战》声明，日本在中国的军队顿时陷入了中国人民的天罗地网之中。

1945年8月9日上午11时，日本裕仁天皇在皇宫的防空洞里召开御前会议，讨论对同盟国投降事宜。外相东乡茂德说："对日本来说，接受《波茨坦公告》虽不体面，但在目前情况下不得不接受。再加上原子弹出现，苏联又对日宣战，时局急变，对方态度极其强硬……此时此刻，我们只能向对方提出一个要求，即维

在日本投降书上签字的麦克阿瑟将军

护天皇制度。只要天皇保存，日本民族就有复兴之日。"但东乡茂德的建议遭到包括日本陆相阿南惟几在内的几位大臣的坚决反对。最后，一直沉默的裕仁天皇发话了，他挥挥手说："就目前的样子，要对付盟国军队，看来已无胜利的希望了……此时只有作这样的决定了……"8月14日，日本再次召开御前会议，陆相阿南惟几等大臣声泪俱下，恳请天皇决战到底。但是裕仁天皇最终下令起草接受无条件投降的诏书，并将诏书进行录音。8月15日，裕仁天皇以广播"停战诏书"的形式，宣布日本投降。

1945年9月2日上午9时许，同盟国在停泊于东京湾的美国战列舰"密苏里"号上，举行隆重的受降仪式。首先是日本代表新任外相重光葵和日本参谋总长梅津美治郎在投降书上签字，然后是同盟国代表、盟军最高统帅麦克阿瑟上将，美国代表尼米茨海军上将，中国代表徐永昌将军，以及澳大利亚、加拿大、法国、荷兰、新西兰等国代表依次在受降书上签字。9月9日，日本在中国战区的投降仪式在南京举行。至此，第二次世界大战以全世界人民的伟大胜利而结束。

日本投降签字仪式

关岛的日本军人尸体

裕仁天皇

裕仁天皇（1926~1989年在位），日本第124代天皇，1926年12月25日即位，改年号为昭和。"二战"前裕仁天皇总揽统治权，决定发动全面侵华战争和太平洋战争。1945年8月15日宣布日本无条件投降。战后，裕仁根据1947年《日本国宪法》，只能行使宪法规定的有关国事行为。1978年10月，他曾会见邓小平，就日本侵华间接地向中国表示谢罪。1989年1月7日，裕仁天皇逝世，昭和时代宣告结束。

联合国成立

1943年10月，中、美、苏、英代表在莫斯科举行会议，在会上决定成立保障和平的国际组织。不久后，中、美、英和苏、美、英分别举行了开罗会议和德黑兰会议，商讨战胜德国、日本及战后的共同策略，为大国之间的合作奠定了基础。

德黑兰会议期间，美国总统罗斯福和苏联部长会议主席斯大林单独会见，正式提出了成立联合国的建议。随着反法西斯战争即将胜利结束，如何防止新的世界战争的发生、防止出现新的世界战争策源地，成了人们普遍关注的问题。

1944年8月～9月，美、苏、英代表在美国华盛顿的敦巴顿橡胶园举行会议，商讨成立联合国的问题。美苏两国都极力在联合国的机构和权力上争取有利于自己国家的规定。苏联提出，联合国安全理事会中，苏、英、美、中、法5个常任理事国应有否决权，即只要有一个国家反对，表决就无效。英美代表则主张少数服从多数。双方争执不下，问题一直没有解决。直到1945年2月，在雅尔塔会议上，罗斯福和丘吉尔考虑到要争取苏联同意，全力击败德国并对日宣战，才同意了苏联的建议，并计划在4月间，在美国旧金山召开世界各国反法西斯国家

由10个国家的设计师联手设计的联合国总部大厦

联合国安全理事会

联合国安全理事会是联合国的权力机构，负责维持国际间的和平与安全。根据《联合国宪章》，安理会与其他联合国机构不同，它做出的决定必须被相关成员国遵守与执行，安理会所做出的决定被称为联合国安全理事会决议。安理会拥有5个常任理事国，这5个国家是：法国、中国、英国、美国和俄罗斯。

三巨头——丘吉尔（左）、病中的罗斯福（中）和斯大林（右）于1945年2月9日在雅尔塔会议期间。

代表大会，讨论成立联合国问题。

1945年4月25日，来自50个国家（波兰因故未参加）的代表在美国旧金山举行联合国国际组织会议。4月26日，美、英、中、苏4个发起国的外长在会上依次发言，共同表示要为维护世界和平而竭尽全力。这次会议整整开了两个月，6月26日，51国代表签署《联合国宪章》（波兰事后补签）。宪章规定，联合国安全理事会决定实质性问题时采取"大国一致"原则，即中、法、苏、英、美5个常任理事国拥有"否决权"。同年10月24日，联合国正式成立，总部设在美国纽约。51个宪章签字国为创始会员国。

美苏冷战

随着第二次世界大战的胜利结束，美苏之间的冲突和矛盾越来越明显和激化。美国想凭借雄厚的经济和军事实力，向全球扩张，称霸世界。但是，苏联和各国人民的革命力量妨碍了美国的称霸计划。

1945年4月，哈里·杜鲁门（1884～1972年）接替罗斯福成为美国总统。他一上台，就彻底破坏了罗斯福同苏联战时的"合作"关系，把苏联摆在了战后主要敌手的位置。1946年3月5日，英国前首相丘吉尔在美国密苏里州的富尔顿发表了名为《和平砥柱》的演说。在演讲中，丘吉尔毫不掩饰地指出："中欧和东欧的国家和人民无一不处于苏联的势力范围之内，不仅以这种或那种形式屈服于苏联的势力影响，而且还受到莫斯科日益增强的高压控制。"号召所有的西方国家联合起来，反对苏联和东欧各国。这实际上是杜鲁门借丘吉尔的口向世界发出了第一个明白无误的"冷战"信号。

1947年3月12日，杜鲁门出席了议会的一次特别会议，他在咨文中宣称："美国的政策必须是支持各国自由人民，他们正在抵制武装的少数集团或外来压力所试图的征服活动"，"不论什么地方，不论直接或间接侵略威胁了和平，都与美国的安全有关"，等等。他大肆渲染希腊、土耳其受到"共产主义的严重威胁"，要求议会批准向希腊和土耳其提供4亿美元的紧急援助，"以抵制极权政体强加于它们的种种侵犯行动"。5月，这项要求得到议会的批准，这种政策也成为美国的官方政策。这就是被人们称为"杜鲁门主义"的政策，它意味着美国公开声称要干涉世界各国内政。"杜鲁门主义"的出笼标志着美苏战时同盟的正式破裂。在杜鲁门主义指导下，美国国务卿马歇尔又提出了一个"欧洲复兴计划"（又称马歇尔计划），它的主要目的是挽救西欧的资本主义制度，增加抵抗苏联的力量。

从此，美国完全放弃了对苏合作政策，开始以武力为后盾，对苏采取强硬的方针，用武力以外的各种措施来"遏制"苏联，对苏联进行"冷战"。

马歇尔计划

马歇尔计划指的是"二战"后由美国国务卿乔治·卡特利特·马歇尔于1947年6月5日提出的"欧洲复兴计划"。苏联政府和中东欧的社会主义国家宣布拒绝接受。这一计划虽然为把欧洲从战后的废墟中恢复起来起了重要作用。但是，它和杜鲁门主义共同构成了美国战后的全球扩张战略。

平民出身的美国总统杜鲁门

美国支援英国的蔗糖运抵伊丽莎白港。

Part12 [第十二章]

现代科技文化

20世纪初，一批不为传统观念所束缚的科学家们勇于打破本已相当完善的理论系统，在新知识的基础上建起了一座座新的科学大厦，完成了人类历史上一场伟大的科学革命。机器人技术、航空航天技术、克隆技术……一项项技术革新使整个社会发生了翻天覆地的变化。人们充分认识到：科学技术是推动社会生产力加速发展的巨大动力。此外，人们在文化生活方面也不断开辟新的领域，人们的生活变得丰富多彩。

电视机的诞生

电视机

1884年，德国科学家尼普科夫发明了旋转盘扫描式的传播方式，为日后电视机的发明奠定了基础。1906年，18岁的英国青年约翰·洛吉·贝尔德在英格兰西南部的黑斯廷斯建立了一个简陋的实验室，他决定要用电信号将人物形象搬上屏幕。可是，他对电子传播的原理只是略有所知。那就是：必须把所要发送的场景分成许多明的或暗的小点，然后再以电信号的形式发送出去，最后在接收的一端使它重现出来。就是根据这原理，他开始了实验。

贝尔德整年整月地在他那简陋的实验室里忙碌着，他找来一套电子传播设备，耐心地装了又拆、拆了又装。经过十几年的努力，终于在1924年春天成功地用有线电发射了一朵十字花。虽然发射的距离仅3米，图像也忽现忽隐，仅能看出一个轮廓，但他的这套装置实际上成了世界上第一套电视发射机和接收机。贝尔德想，图像不清晰，发射距离不远，很可能是电压不够。于是他把好几百个干电池连接起来，这样就可以得到2000伏电压。他刚刚接通电路，一不小心，左手触到了一根裸露的连接线，电流立即把他击倒在地。他的身体蜷缩成一团，昏迷了过去。

贝尔德的实验这个时候陷入了困境，偏偏资金又周转不灵。幸运的是，家乡的两个堂兄弟给他寄来了500英镑，作为这项试验的入股资金。贝尔德高兴极了，立即全力以赴地投入实验。这时他仍旧是一个人苦干，唯一陪伴他的是那个作为发射对象的木偶头像，他管它叫"比尔"。"什么时候能把比尔的脸部清晰地发射出去呢？"他经常一边干着，一边自言自语地说道。成功的日子终于到来了。1925年10月2日早晨，贝尔德在室内安装了一具能使光线转化成电信号的新装置。就在这天下午，他一按电钮，在接收机上，比尔的头部和面孔特征被清晰地显示出来，而且是那样逼真。"太好了！太好了！"他兴奋得一跃而起，"快找一个活比尔来！"他一边说一边跑到楼下，在那儿见到了一个15岁的店堂小伙计。贝尔德不待细说便把小伙计推到小楼上，让他坐在比尔的位置上。几秒钟后，在贝尔德的"魔镜"里，终于显示出了第一张人脸。就这样，世界上第一台电视机诞生了。

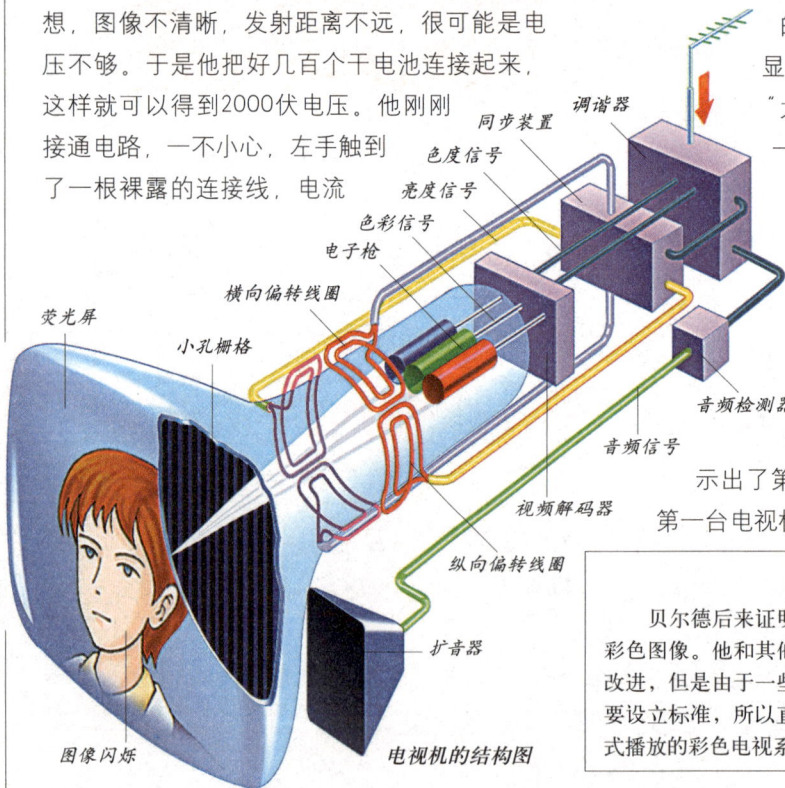

同步装置
调谐器
色度信号
亮度信号
色彩信号
电子枪
横向偏转线圈
荧光屏
小孔栅格
音频检测器
音频信号
视频解码器
纵向偏转线圈
扩音器
图像闪烁

电视机的结构图

彩色电视

贝尔德后来证明他的电视系统还能复制简单的彩色图像。他和其他发明家都试图对彩色电视进行改进，但是由于一些技术问题尚未解决好，加上又要设立标准，所以直到1953年，才在美国出现能正式播放的彩色电视系统。

□ 计算机的发明和应用

第二次世界大战以来，枪炮的弹道计算和火力表的测试日趋重要。每一个弹道参数，都需用几个不同的微分方程来计算。美国陆军军械部为此大伤脑筋。他们雇佣了200多名计算快手，但还是不够用。军方迫切需要开发一种计算机，把计算弹道参数的时间提速到以秒计算。

美国莫尔电工学院的计算技术专家莫奇利博士拿出了一个研制电子计算机的设计方案。经过两年多的不懈努力，1946年2月，一个占地140平方米的庞然大物终于出现在人们的面前。它耗资48万美元，用了1.88万个电子管、1500只继电器、7000只电阻、1万只电容，其功率为150千瓦，体积85立方米，重达36吨，这就是世界上的第一台电子计算机，人们给它起名为"埃尼阿克"（ENIAC）。如果以现在的技术标准来衡量，"埃尼阿克"简直就是计算机家族中的低能儿，但在当时，它却显示出空前的威力。"埃尼阿克"被专门用于火炮弹道计算，每秒钟能完成加法5000次，只需3秒钟就可完成人工计算需7个小时才能完成的计算工作。但它的缺点是体形笨重，储存量小，用"外插型"程序极不方便，进行几分钟的计算往往需要准备几小时、甚至几天。这些缺点使"埃尼阿克"还不能被完全称为现代计算机。

真正现代的计算机，是由出生于匈牙利的美国数学家冯·诺伊曼领导的设计小组设计的。1944年，冯·诺伊曼中途加入到"埃尼阿克"计算机的研制小组中。在"埃尼阿克"还没有问

著名的苹果 II 型电脑

世时，冯·诺伊曼就已经洞察到它的弱点，并提出了制造新型电子计算机"埃迪瓦克"的方案。在这个新方案中，他提出了存储程序和采用二进制系统的两个至关重要的设想。1949年，"埃迪瓦克"的研制成功使人类告别电子计算机发展的萌芽时期，进入现代计算机的发展时期。从此以后，电子计算机相继经历了电子管、晶体管、集成电路和大规模集成电路四个时代。

80年代以后，日本、美国、西欧等竞相研制人工智能计算机和仿人脑计算机，即第五代计算机。这类计算机的主要功能是从信息处理上升为知识处理，使计算机具有人类的某些智能。第五代计算机给人类生活带来了魔术般的变革。计算机的应用日益深入到社会的各个领域，如管理、办公自动化等。由于计算机日益向智能化发展，于是人们干脆把微型计算机称为"电脑"了。

日益普及的网络给人们生活带来了便捷。

冯·诺伊曼

冯·诺伊曼（1903~1957年），原籍匈牙利，布达佩斯大学哲学博士，先后执教于柏林大学和汉堡大学。1930年移居美国，后加入美国籍。早期以算子理论、量子理论、集合论等方面的研究闻名。他在电子计算机的研制过程中，曾提出过关键性的基础性方案。他的代表作有《博弈论与经济行为》《量子力学的数学基础》《计算机与人脑》《连续几何》等。

□ 人类基因的破译

中国有句古话，叫"种瓜得瓜，种豆得豆"，这句话反映了生物界物种代代相传的普遍规律。人们早就发现，生物的特性可从上一代传至下一代，这就是遗传现象，也是为什么儿女的肤色、相貌、高矮等总是与父母相像的原因。人们相信，必定有什么物质在决定这一切。

DNA分子
结构模型

1866年，奥地利遗传学家孟德尔神甫发现了生物的遗传规律。1868年，瑞士生物学家弗里德里希发现细胞核内存有酸性和蛋白质两个部分。酸性部分就是后来所谓的DNA（脱氧核糖核酸）。1882年，德国胚胎学家瓦尔特·弗莱明在研究蝾螈细胞时，发现细胞核内包含有大量分裂的线状物体，也就是后来的染色体。19世纪的这些发现，为后人揭开生命之谜奠定了基础。

1953年2月的一天，英国分子生物学家克里克兴冲冲地走进剑桥的一家酒吧，大声地对在场的人们宣布："我们找到了生命的秘密！"也许当时酒吧里的人还不知道，正是这位科学家发现了DNA之谜。1962年，他和沃森及另一名生物物理学家维京斯分享了当年的诺贝尔医学奖。他们在论文《核酸的分子结构——脱氧核糖核酸的一个结构模型》中，阐述了DNA的双螺旋结构以及DNA为什么是遗传信息的携带者，并且说明了基因的复制和突变的机制。从此，生命科学进入了新的时代。

现代遗传学家们认为，人体细胞中有23对共46条染色体，一个染色体由一条脱氧核酸即DNA分子组

基因工程培育出的西红柿新品种

成，基因是DNA分子上具有遗传效应的特定核苷酸序列的总称。基因不仅可以通过复制把遗传信息传递给下一代，还可以使遗传信息得到发展。不同人种之间头发、肤色、眼睛、鼻子等不同，正是基因差异所致。科学家

孟德尔神甫

们在了解基因的遗传特性后，还想知道为什么有的人生下来就有缺陷，为什么有的疾病也会遗传，难道这是人体内有缺陷基因造成的吗？科学家们估计，在人体内5万～10万个基因中，大约有30%～40%与人类疾患有关。因此，能破解这些基因密码，就成为现代生物学的重要任务。人类基因组由此产生。人类历史上第一次由全世界各国科学家共同执行的基因组工程于1990年10月正式启动。经过上千名科学家10年的艰辛努力，被喻为"生命天书"的人类基因组草图在2001年6月完成。随着"人类基因组DNA序列图"的完成，以提示基因组功能及调控机制为目标的功能基因组学和医学（疾病）基因组学，已经提上了议事日程。

人类基因组计划为推动医学进步带来了空前的机遇。一旦人体23对染色体基因密码被全部破译，科学家就会清楚地了解有关人类的生老病死、性格形成和生命本质。而且这一研究在帮助人们治疗疾病和延长寿命方面，将发挥难以估量的作用。

基　因

基因是一种连串排列在染色体上的遗传物质，每个基因都携带着生物某一特征的信息。各种各样的基因在染色体上都有各自特定的位置。每个基因由排列顺序不同的许多核苷酸组成。基因控制蛋白质的制造过程，不同的基因只对不同的蛋白质起作用。

☐ 青霉素的问世

1928年9月的一天早上，英国细菌学家亚历山大·弗莱明（1881～1955年）像平常一样，来到他的实验室。他对其中的葡萄状球菌的培养特别重视，因为这种细菌存在范围很广、危害很大，伤口之所以感染化脓，主要是它在作祟。弗莱明试验各种药剂对它的克制作用，力图找到一种能杀死它的理想药品，但是一直未能成功。

弗莱明进入实验室后，先检查培养皿中的细菌有什么变化。当检查到靠近窗户的一只培养皿的时候，他忽然皱起了眉头，自言自语道："唉，怎么搞的，竟会变成这个样子！"原来，这个培养皿里盛放的培养基发霉了，长出一团青色的霉花。他的助手赶紧过来说："这是被杂菌污染了，别再使用它了，让我倒掉吧。"弗莱明没有把这只培养皿交给助手，而是仔细观察了一会儿。令他感到惊奇的是，在青色霉菌的周围呈现出一小圈空白的区域，原先生长在那里的葡萄状球菌消失了。看来，很可能是这种青霉菌的分泌物把葡萄状球菌杀灭了。他兴奋地把它放在显微镜下观察，结果发现青霉菌附近的葡萄状球菌已经全部死去。他立即决定，把青霉菌放进培养皿中培养。

几天后，青霉菌明显地繁殖起来。弗莱明用一根线蘸上溶了水的葡萄状球菌，放到青霉菌的培养皿中。几小时后，葡萄状球菌全部死亡。接着，他分别把带有白喉菌、肺炎菌、链状菌、炭疽菌的线放进去，这些细菌也很快死亡。显然，这是人类所发现的杀菌药物里面最强有力的一种杀菌物质。现在必须再进行试验的是，这种青霉菌液体对动物的身体是否有害。弗莱明把这种青霉菌稀释后，小心地注射进兔子的血管，然后紧张地观察它的反应。结果发现兔子安然无恙，没有任何异反应。这证明青霉菌液体没有毒性。

1929年6月，弗莱明把他的发现写成论文，发表在英国《实验病理学》季刊上。论文中称这种由青霉菌分泌的杀菌物质为青霉素。令人遗憾的是，这项发现没有马上临床应用，因为从青霉素培养液中提取青霉素太困难了，所以弗莱明暂时停止了这项研究工作。但他的发现为后来的科学家开辟了道路。英国科学家佛罗里和钱恩正是在弗莱明研究的基础上继续研究，才使青霉素的提取获得成功，并用来造福于人类的。

为纪念青霉素的发现者——弗莱明，许多国家制造了印有他头像的纪念币。

弗莱明发现的青霉菌所产生的青霉素能杀死许多病菌。

这是1943年弗莱明在伦敦圣玛丽医院工作时的照片。

青霉素

青霉素是抗菌素的一种，是从青霉菌培养液中提制的药物，是第一种用来治疗人类疾病的抗生素。青霉素的发现和大量生产，拯救了千百万肺炎、脑膜炎、脓肿、败血症患者的生命，及时抢救了许多伤病员。它的出现在当时曾轰动世界。为了表彰这一造福人类的贡献，其发现者弗莱明、钱恩、佛罗里于1945年共同获得诺贝尔生理医学奖。

☐ 机器人的出现

1920年，捷克斯洛伐克作家萨佩克创作了一个名为《洛桑万能机器人公司》的剧本。他把剧中这家公司生产的机器人取名为"罗伯特"，意思是"奴隶""强迫劳动"。剧中的这些机器人每天只顾埋头干活，没有思维能力，也没有感情，任由人类摆布，存在的价值只是服务于人类。一个机器人能干三个人的活，这家公司为此生意兴隆。后来一个极其偶然的原因，机器人开始有了知觉。它们不堪忍受人类的统治，向人类发动攻击，最后彻底毁灭了人类。"机器人"由此进入了人类的视线。

20世纪40年代，机器人开始逐步转为现实。美国科学家德沃尔曾于1946年发明了一种系统，可以"重演"所记录的机器的运动。1954年，他又获得可编程机械手臂的专利。这种机械手臂按程序进行工作，可以根据不同的工作需要编制不同的程序，因此具有通用性和灵活性。1959年，他与另一位科学家英格伯格联手研制出了世界上第一台工业机器人。这台工业机器人名叫"尤尼梅特"，意思是"万能自动"。

此后，英格伯格和德沃尔成立了"尤尼梅特"公司，兴办了世界上第一家机器人制造工厂。第一批工业机器人均被称为"尤尼梅特"，他俩也因此被称为"机器人之父"。1962年美国机械与铸造公司也制造出工业机器人，称为"沃尔萨特兰"，意思是"万能搬动"。"尤尼梅特"和"沃尔萨特兰"是世界上最早的、至今仍在使用的工业机器人。

近几十年来，机器人的发展大致经历了三个成长阶段，也即三个时代。第一代是简单个体机器人，这类机器人需要人把应当要完成的任务先做一次，然后机器人再进行模仿。英格伯格和德沃尔制造的工业机器人，就是这种类型的机器人。第二代是具备一定反应能力的群体劳动机器人，20世纪70年代，第二代机器人开始普及。第三代是类似人类的智能机器人，它能完成较为复杂的工作。

机器人的出现及其队伍的不断壮大，使人们看见了原先只有在科幻故事里才能够看到的场景。随着科技的进一步发展，未来的机器人将会更好更全面地为人类服务。

智能机器人

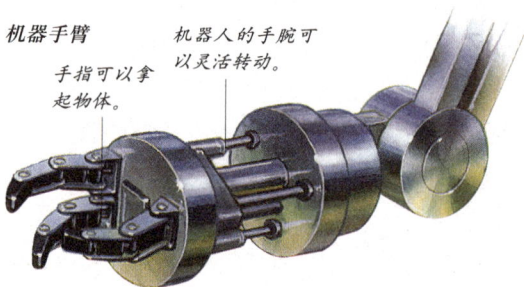

机器手臂

手指可以拿起物体。

机器人的手腕可以灵活转动。

会跳舞的机器人

机器人三大定律

美国著名科学家艾萨克·阿西莫夫为机器人提出了三条原则，即"机器人三定律"。第一定律：机器人不得伤害人，或看人受到伤害时而无所作为；第二定律：机器人应服从人的一切命令，但该命令与第一定律相抵触时例外；第三定律：机器人必须保护自身的安全，但不得与第一、第二定律相抵触。三大"定律"构成了支配机器人行为的道德标准。

□ 阿波罗登月

1969年7月16日清晨，美国肯尼迪休斯敦航天中心周围聚集着成千上万的观众，正翘首期待着具有历史性的一刻——人类第一次登月。不远处的纳维拉尔角发射场上，耸立着"阿波罗"11号宇宙飞船。这个经过8年的研制、试验，花费255亿美元的宇宙飞船，即将履行它的职责，将人类送上月球。

大约在清晨6点左右，指令长阿姆斯特朗及奥尔德林、科林斯来到发射台。这三位登月者身穿厚重的白色增压服，头戴圆形头盔，登上可动式发射塔，走进了宇宙飞船。他们躺在指挥舱内，安静地等待着发射指令。这时，控制中心的工作人员盯着荧光屏，紧张地监测着宇宙飞船每个部件的工作情况。在地球上，有将近20亿人正在热切地注视着电视屏幕，等待着令人激动的那一刻。倒计时开始了：10-9-8-7-6-5-4-3-2-1，发射！"美国东部时间上午9时32分，随着助推器发出的轰鸣声，"土星"5号火箭载着"阿波罗"11号腾空而起，离开了发射架，其身后拖着500多米长的橙色火焰和浓烟。

1969年7月20日，"阿波罗"11号飞船在75小时50分钟之后，飞行了近50万千米，顺利进入月球轨道。美国东部时间16时11分40秒，飞船抵达月球后，登月舱的门打开了，阿姆斯特

朗在奥尔德林的帮助下，倒退着钻出舱门。不久，阿姆斯特朗下到了舷梯的最后一级时，他稍微停顿了一下，调整一下呼吸，小心地向月球表面有力地迈出了左脚。

美国宇航员阿姆斯特朗

1969年7月20日美国东部时间16时17分43秒，月球上第一次印下了人类的足迹。人类几千年来的登月梦想终于实现了。

宇航员在月球上停留了约22小时，并采集了近22千克月球上的土壤标本。7月28日，"阿波罗"11号安全返回地球。在返回地球之前，阿姆斯特朗和奥尔德林将一块金属牌树立在月球上，上面绘着由黑色合成树脂塑料压铸而成的地球东西两个半球的平面图，还有由两名宇航员共同署名的一段文字："公元1969年7月，来自行星地球上的人类首次登上月球。我们谨代表全人类来这里进行一次和平旅行。"

美国宇航员在月球表面行走。

土星火箭

土星火箭是美国马歇尔太空中心所开发的巨型火箭。第一代的"土星"1号为2节式，第一节拥有8个H-1型引擎，能产生670吨的推力。第二节采用能产生40吨推力的液态氢引擎。第二代为"土星"1B号，也是2节式，第一节基本上与"土星"1号相同，但推力稍微大些，第二节即使用1具推力90吨的J-2型液态氢引擎。第三代是巨型火箭"土星"5号。它是3节式，能把130吨的卫星送上环绕地球的轨道。阿波罗计划就是由它来完成的。

"土星"5号火箭

□ 试管婴儿

1978年7月25日深夜，在英国奥德姆总医院里，布朗夫人被推进了妇产科的手术室，准备进行剖腹手术。此时此刻，不仅仅是布朗夫妇，就连整个医院乃至整个英国，都在热切地等待着这个特殊婴儿的诞生。深夜11时47分，一声啼哭终于打破了夜晚的寂静，同时也打破了世界医学史上的一个记录：第一个试管婴儿——路易丝诞生了。路易丝的诞生轰动了全世界。她的照片登上了各家报纸的头版，被称为"世纪之婴"。这个孩子的诞生，意味着那些无法生育的父母有了新的希望。

试管婴儿实质上是"体外受精"和"胚胎移植"的产物，并非真是在试管里产生的。它可以简单地理解成由实验室的试管代替了输卵管的功能。试管婴儿的研究有着漫长的历史。早在20世纪40年代，科学家们就开始在动物身上进行实验。1947年，英国科学家将一只雌兔的兔卵转移到别的兔体内，借腹生下幼兔的试验获得成功。但直到1978年，这项研究才首次应用在人体上。到20世纪末21世纪初，试管婴儿通过近30年的研究，已经在技术上有了很大改进。

事实证明试管婴儿可以和正常出生的孩子一样健康成长。

试管婴儿的诞生为许多家庭带来了欢乐。

试管婴儿的成果为人们带来了希望，只要能够正确应用这项技术，它将会发挥出更大的作用。

随着分子生物学的发展，在人工助孕与显微操作的基础上，婴儿出生前就能进行遗传病的诊断，使不孕不育的夫妇不仅能喜得贵子，而且能优生优育。现在世界上试管婴儿的成功率一般为30%～40%。

欧盟最近还公布了一项历时五年的跟踪调查，结果表明，试管婴儿和正常出生的孩子一样健康，无论在生理上还是心理上都没有任何问题。欧盟在英国、比利时、瑞典、希腊和丹麦等国，对1500名儿童进行了这项调查。调查人员选择了975名试管婴儿和525名自然出生的婴儿作为观测对象。调查显示，出生方式不同的两类孩子在身体、智力、心理发育或是家庭关系和社交能力方面都很正常。唯一不同的是，试管婴儿的畸形发生率稍微偏高，约占6.2%，而自然出生的婴儿的这个比例为2.4%。专家分析认为，导致这种现象的原因，可能与试管婴儿的母亲年龄普遍偏大有关，而和试管婴儿技术没有直接关系。

在试管婴儿技术日臻完善的今天，医学科研人员正在向更高的领域进军。不少专家认为，不久的将来，生育问题将不再是困扰人类的一个问题，每个想当母亲的人都可以如愿以偿。

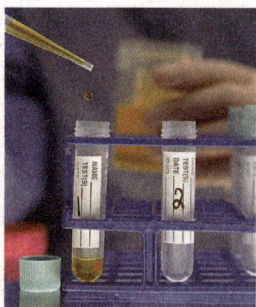
试管婴儿技术极其精细，不能产生丝毫的差错。

第三代试管婴儿

试管婴儿技术已发展到第三代。第三代试管婴儿的技术满足了某些携带遗传病基因的夫妇渴望生一个健康无遗传疾病的孩子的愿望，这项技术不仅能使不孕不育夫妇喜得贵子，而且出生的孩子十分健康。今后的辅助生育技术可以先经过基因检测，去掉不良的基因或修补基因，从而达到优生优育的目的。

□ 克隆羊 "多莉"

1996年7月5日晨，在距英国苏格兰首府爱丁堡10千米的罗斯林研究所里，一只成年雌性绵羊生出了一只粉色的小羊羔。"成功了！终于成功了！"科学家们怀着无比兴奋和喜悦的心情，望着这个不寻常的小生命。它，就是世界上第一只被成功克隆的绵羊。它的"助产士"——维尔穆特教授用他最喜爱的乡村歌手多莉·帕顿的名字，为这个小家伙取名为"多莉"。克隆羊"多莉"的诞生，被认为是20世纪末重大的科学成就之一。

这只小羊的诞生，是几代科学家40多年奋斗的结果。早在20世纪30年代，就有德国的科学家首次提出了克隆的设想。到了50年代，科学家们开始用青蛙进行克隆的试验，由于当时的技术还不是非常先进，所以试验一直没有取得成功。70年代，克隆青蛙的试验取得突破，青蛙卵发育成了蝌蚪，可惜的是小蝌蚪很快就死亡了。80年代，克隆技术有了长足的进步，培育出了正常的克隆鼠，这为后来"多莉"的诞生提供了技术基础。到了90年代，英国最大的家畜家禽研究所——罗斯林研究所的两位生物学家伊恩·维尔穆特博士和基恩·坎贝尔，率领12人的科学小组，

多莉与普通的羊并无多大区别。

"克隆羊"多莉

低级生物的无性繁殖

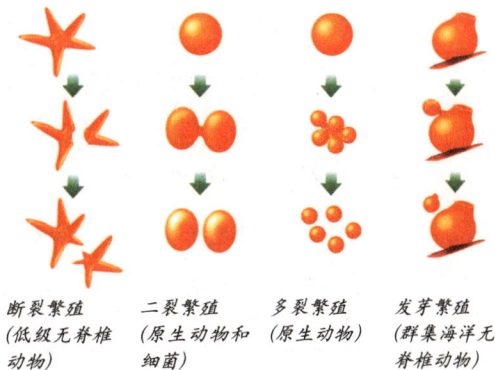

断裂繁殖（低级无脊椎动物）　二裂繁殖（原生动物和细菌）　多裂繁殖（原生动物）　发芽繁殖（群集海洋无脊椎动物）

克 隆

克隆是英文clone的音译，简单讲就是一种人工诱导的无性繁殖方式。但克隆与普通的无性繁殖不同。因为绵羊和猴子等动物没有人工操作便无法进行无性繁殖。科学家把用人工遗传操作动物繁殖的过程叫"克隆"，而把这门生物技术叫"克隆技术"。

经过近300次的试验失败，终于在1996年成功地培育出了克隆羊"多莉"。

多莉没有生身父亲，却有三个"母亲"。与多莉关系最为密切的是提供乳腺细胞的那只6岁的母绵羊，多莉身上的基因完全是复制了它的基因。另外两个"母亲"，一个提供了卵细胞，但里面的基因被人为地抽走，植入了上面那只母绵羊乳腺细胞里的基因；一个提供了供多莉发育的子宫。经过148天的孕育，多莉出生了。除了在体重（6.6千克）上稍微重一点外，多莉跟其他正常出生的小绵羊在表面上看不出什么区别。

克隆羊多莉的诞生，标志着人类在生物工程领域取得了划时代的进展。克隆技术可以促进人类了解生物生长发育的机理，特别是发现影响生长和衰老的因素，可以为移植手术提供合适的器官，可以大批量生产制造某些药物的生物原料，可以为科学实验提供适合的动物，可以培育出优良的农作物、家畜家禽品种……不过，克隆技术目前仍然很不成熟。多莉在2003年2月14日也因重病累累而死亡。所以在克隆技术方面，还有待科学家们进一步研究与完善。

图书在版编目（CIP）数据

世界上下五千年／龚勋主编. — 北京：同心出版社，2015.7（2024.2重印）
ISBN 978-7-5477-1601-4

Ⅰ.①世… Ⅱ.①龚… Ⅲ.①世界史—通俗读物 Ⅳ.①K109

中国版本图书馆CIP数据核字（2015）第123443号

同心出版社已更名为北京日报出版社

世界上下五千年

责任编辑	刘英雪		**经　销**	各地新华书店
出版发行	北京日报出版社		**版　次**	2015年7月第1版
地　址	北京市东城区东单三条8-16号			2024年2月第9次印刷
	东方广场东配楼四层		**开　本**	720毫米×1020毫米　1／16
邮　编	100005		**印　张**	19
电　话	发行部：（010）65255876		**字　数**	480千字
	总编室：（010）65252135		**定　价**	68.00元
印　刷	水印书香（唐山）印刷有限公司			